江苏高校优势学科建设工程资助项目(PAPD)资助
江 苏 省 研 究 生 培 养 创 新 工 程 项 目 资 助

船舶先进制造技术

周 宏 蒋志勇 王 岳 主 编

人民交通出版社
China Communications Press

内 容 提 要

本书上篇内容包括船舶先进制造技术概述，现代设计技术，先进制造工艺技术，制造自动化技术，先进管理理念与技术，船舶先进制造战略、理念、模式及现代造船模式的技术基础等；下篇以专题的形式介绍了数字化造船技术、精度造船技术、模块化造船技术及船舶制造机械化、自动化技术。该书知识面广、信息量大，内容翔实、新颖，反映了近年来国内外船舶先进设计制造技术的最新发展及成果；论述深入浅出，图文并茂。

本书既可以作为船舶与海洋工程先进制造技术方向专业学位研究生教材，也可供工程技术人员、科研人员参考，还可以作为自学教材。

图书在版编目(CIP)数据

船舶先进制造技术/周宏，蒋志勇，王岳主编.
—北京：人民交通出版社，2012.11
ISBN 978-7-114-10170-0

Ⅰ.①船… Ⅱ.①周… ②蒋… ③王… Ⅲ.①造船-研究生-教材 Ⅳ.①U671

中国版本图书馆 CIP 数据核字(2012)第 255460 号

书　　名：船舶先进制造技术
著 作 者：周　宏　蒋志勇　王　岳
责任编辑：赵瑞琴
出版发行：人民交通出版社
地　　址：(100011)北京市朝阳区安定门外外馆斜街 3 号
网　　址：http://www.ccpress.com.cn
销售电话：(010)59757969,59757973
总 经 销：人民交通出版社发行部
经　　销：各地新华书店
印　　刷：北京市密东印刷有限公司
开　　本：787×1092　1/16
印　　张：16.5
字　　数：362 千
版　　次：2012 年 11 月　第 1 版
印　　次：2012 年 11 月　第 1 次印刷
书　　号：ISBN 978-7-114-10170-0
定　　价：39.00 元
(有印刷、装订质量问题的图书由本社负责调换)

前言

Preface

西方国家普遍认为,“现代生产和研究的重点已转移到制造技术问题上,制造技术问题已成为主宰”。美国国家生产率委员会调查表明,在企业生产率的构成中,制造技术的作用占62%。先进制造技术(AMT)是造船业发展的根本。船舶制造技术的创新是船舶工业现代化的基本保障,也是推动船舶工业持续、快速发展的力量源泉。在船舶制造技术方面中国与国际先进水平的差距正在扩大,我们必须以科学发展观为指导,科学地认识船舶制造技术的深刻内涵,充分认清船舶制造技术的发展方向,加强船舶制造技术的理论研究与应用研究,缩小与世界先进造船企业的差距,增强国际市场竞争力,为实现世界造船大国和造船强国的目标提供技术支撑。

本书上篇介绍了先进设计方法及现代造船技术的基本理论,下篇以专题的形式反映了船舶先进制造技术领域的最新研究成果。书中知识面广、信息量大,内容翔实、新颖,反映了近年来国内外船舶先进制造技术的最新发展;论述深入浅出,图文并茂。该书既可以作为船舶先进制造技术专业学位研究生教材,也可供工程技术人员、科研人员参考,还可以作为自学教材。

编　者

2012 年 8 月 7 日

目录 Contents

上篇　船舶先进制造技术理论

下篇　船舶先进制造技术专题

上　篇

船舶先进制造技术理论

第一章　概　述

第一节　制造技术的基本概念与发展概况

一、制造与制造业

1. 制造

人类按照市场需求，运用掌握的知识和技能，借助于手工或可以利用的客观物质工具，采用有效的工艺方法和必要的能源，将原材料转化为最终物质产品并投放市场的全过程。

狭义的制造：指生产车间内与物流有关的加工和装配过程。

广义的制造：包括市场分析、产品设计、工艺设计、生产准备、加工装配、质量保证、生产过程管理、市场营销、售前售后服务，以及报废后的回收处理等整个产品生命周期内一系列相互联系的生产活动。

随着人类生产力的发展，“制造”的概念和内涵在“范围”和“过程”两个方面大大拓展。

国际生产工程学会 1990 年给“制造”下的定义是：

制造是一个涉及制造工业中产品设计、物料选择、生产计划、生产过程、质量保证、经营管理、市场销售和服务的一系列相关活动和工作的总称。

2. 制造业

制造业是所有与制造有关的企业群体的总称。

制造业是指将制造资源，包括物料、设备、工具、资金、技术、信息和人力等，通过制造过程转化为可供人们使用和消费的产品的行业。

制造业涉及国民经济的许多部门，包括一般机械、食品工业、化工、建材、冶金、纺织、电子电器、运输机械等。

制造业是国民经济的支柱产业，它一方面创造价值，生产物质财富和新的知识，另一方面为国民经济各个部门，包括国防和科学技术的进步与发展提供先进的手段和装备。

在工业化国家中，约有 1/4 的人口从事各种形式的制造活动，在非制造业部门中，约有半数人的工作性质与制造业密切相关。

二、制造系统与制造技术

1. 制造系统

制造系统是指由制造过程及其所涉及的硬件、软件和人员组成的一个具有特定功能的有机整体。

这里所指的制造过程，即为产品的经营规划、开发研制、加工制造和控制管理的过程。所谓的硬件包括生产设备、工具和材料、能源以及各种辅助装置；而软件则包括制造理论、制造工艺和方法及各种制造信息等。

上述所定义的制造系统实际上就是一个工厂(企业)所包含的生产资源和组织机构。而通常意义所指的制造系统仅是一种加工系统，是上述所定义系统的一个组成部分，如柔性制造系统，只应称为柔性加工系统。

2. 制造技术

制造技术是制造业为国民经济建设和人民生活生产各种必需物资(包括生产资料和消费品)所使用的一切生产技术的总称，是将原材料和其他生产要素经济、合理地转化为可直接使用的具有高附加值的成品、半成品和技术服务的技术群。

制造技术的发展是由社会、政治、经济等多方面因素而决定的。但纵观近 200 年的发展历程，影响其发展的主要因素则是技术推动以及市场的牵引。

3. 制造系统分类

可以从不同的角度对制造系统进行分类，按人在系统中的作用、零件品种和批量及其工艺类型、系统的柔性和自动化程度及其智能程度分，如图 1-1 所示。

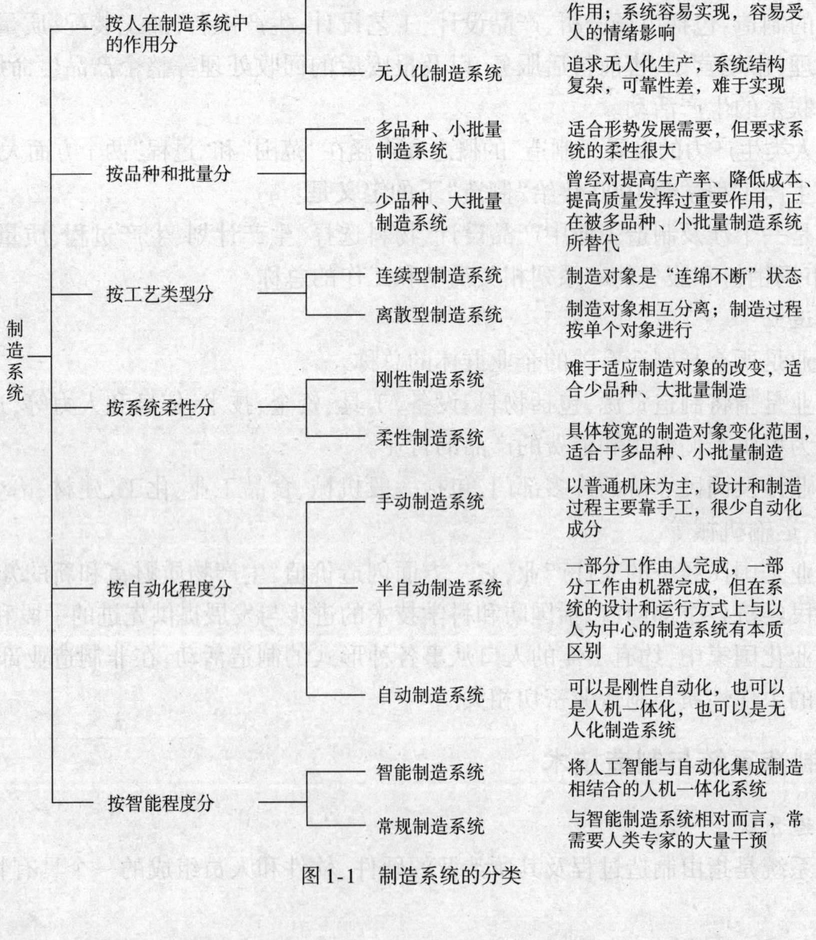

图 1-1　制造系统的分类

各种类型的不同组合,可以得到不同类型的制造系统。

三、制造业及其技术的发展

1. 制造业发展历史

纵观200年制造业发展的历史,是科学技术不断进步、制造产业不断发展创新的历史。

(1)18世纪——以蒸汽机和工具机的发明为标志的英国工业革命:

①揭开了工业经济时代的序幕;

②开创了以机器占主导地位的制造业新纪元;

③造就了制造业企业的雏形——工场式生产。

(2)19世纪末20世纪初——交通与运载工具对高效发动机的要求是引发内燃机发明的社会动因:

①内燃机的发明及其宏大的市场需求继而引发了制造产业的革命;

②人类社会对以汽车、武器弹药为代表的产品的大批量需求促进了标准化、自动化的发展;

③大批量流水线生产模式和科学管理理论导致了制造技术的分工和制造系统的功能分解,从而使成本大幅度降低。

(3)第二次世界大战以后——市场需求多样化、个性化及高品质趋势推动了微电子技术、计算机技术、自动化技术的飞速发展,导致了制造技术向程序控制的方向发展:

①柔性制造单元、柔性生产线、计算机集成制造及精益生产等相继问世;

②制造技术由此进入了面向市场多样需求的柔性生产新阶段;

③引发了生产模式和管理技术的革命;

④以集成电路为代表的微电子技术的广泛应用有力地推动了微电子制造工艺水平的提高和微电子制造装备业的快速发展。

(4)20世纪末——信息技术的发展促成传统制造技术、以计算机为核心的信息技术和现代管理技术三者工艺的有机结合,形成了当代先进的制造技术和现代制造业:

①激光的发明导致巨大的光通信产业及激光测量、激光加工和激光表面处理工艺的发展;

②无线通信、手提电话的发展引发了人类对移动通信的新需求。

2. 传统制造技术的3个发展阶段

1)用机器代替手工,从作坊形成工厂

20世纪初,各种金属切削加工工艺方法陆续形成,近代制造技术已成体系。但是机器(包括汽车)的生产方式是作坊式的单件生产。它产生于英国,在19世纪先后传到法国、德国和美国,并在美国首先形成了小型的机械工厂,使这些国家的经济得到了发展,国力大大增强。

2)从单件生产方式发展成大量生产方式

美国人泰勒首先提出了以劳动分工和计件工资制为基础的科学管理,成为制造工程科学的奠基人。

美国人福特首先推行所有零件都按照一定的公差要求来加工(零件互换技术),1913 年建立了具有划时代意义的汽车装配生产线,实现了以刚性自动化为特征的大量生产方式。它对社会结构、劳动分工、教育制度和经济发展,都产生了重大的作用。

20 世纪 50 年代大量生产方式发展到了顶峰,产生了工业技术的革命和创新,传统制造业及其大工业体系也随之建立和逐渐成熟,近代传统制造工业技术体系形成。其特点是以机械—电力技术为核心的各类技术相互联结和依存的制造工业技术体系。

3)柔性化、集成化、智能化和网络化的现代制造技术

20 世纪 80 年代以来所产生的现代制造技术沿着 4 个方向发展:

①传统制造技术的革新、拓展;

②精密工程;

③非传统加工方法;

④制造系统的柔性化、集成化、智能化和网络化。

3. 传统制造业的生产和技术特点

(1)单件小作坊式生产加高度的个人制造技巧,大量的机械化刚性规模生产加一体化的组织生产模式、再加细化的专业分工。

(2)制造技术的界限分明及其专业的相互独立。

(3)制造技术一般仅指加工制造的工艺方法,即制造全过程中某一环节的技术方法。

(4)制造技术一般只能控制生产过程中的物质流和能量流(原材料到产品的物质流动过程,能量的投入、转换和消耗过程)。

(5)制造技术与制造生产管理的分离。

4. 现代制造及其技术的形成和发展特点

(1)在制造的生产规模上,从少品种大批量⟶单件小批量⟶多品种变批量的发展。

(2)生产方式上,呈现出从劳动密集型⟶设备密集型⟶信息密集型⟶知识密集型的变化。

(3)制造装备的发展过程是手工⟶机械化⟶单机自动化⟶刚性自动线⟶柔性自动线⟶智能自动化。

(4)在制造技术和工艺方法上,现代制造在发展中其特征表现为:重视必不可少的辅助工序,如加工前后处理;重视工艺装备,使制造技术成为集工艺方法、工艺装备和工艺材料为一体的成套技术;重视物流、检验、包装及储藏,使制造技术成为覆盖加工全过程的综合技术,不断发展优质、高效、低耗的工艺及加工方法,以取代落后工艺;不断吸取微电子、计算机和自动化等高新技术成果,形成 CAD、CAM、CAPP、CAT、CAE、NC、CNC、MIS、FMS、CIMS、IMT、IMS 等一系列现代制造技术,并实现上述技术的局部或系统集成,形成从单机到自动生产线等不同档次的自动化制造系统。

(5)引入工业工程和并行工程概念,强调系统化及其技术和管理的集成,将技术和管理有机地结合在一起,引入先进的管理模式,使制造技术及制造过程成为覆盖整个产品生命周期,包含物质流、能量流和信息流的系统工程。

第二节　先进制造技术的提出和进展

中国机械工程学会理事长、中国科学院院长路甬祥院士在2002年中国机械工程学会年会主旨报告中说："制造业、特别是装备制造业的整体能力和水平将决定各国的经济实力、国防实力、综合国力和在全球经济中的竞争与合作能力，决定着一个国家、特别是发展中国家实现现代化和民族复兴的进程。作为刚刚进入工业化中期的发展中国家，我们必须清醒地认识到全面提高制造业、特别是装备制造业整体能力和综合竞争能力对于自身发展的重要性。因此我们必须以坚韧不拔的精神，持之以恒地开拓出一条通往制造强国之路。"他还说："没有强大的制造业，一个国家将无法实现经济快速、健康稳定的发展，劳动就业问题将日趋突显，人民生活难以普遍提高，国家稳定和安全将受到威胁，信息化、现代化将失去坚实基础。制造业对于一个国家现代化建设具有不可替代的重要地位和作用。"

一、先进制造技术产生背景

在人类历史上，科学技术的每次革命，必然引起制造技术的不断发展，也推动了制造业的发展；另一方面，随着人类的不断进步，人类需求的不断变化，从另一方面推动了制造业的不断发展，促进了制造技术的不断进步。

制造技术200多年来的历程，充分显示了技术推动与市场牵引两个原则（因素）对于制造技术发展的作用，也显示了先进制造技术对于制造业的革命以及对于国民经济所起的作用。先进制造技术的产生和发展有其自身的社会经济、科学技术以及可持续发展的根源和背景。

1. 社会经济发展背景

市场环境的巨大变化，一方面表现为消费者需求日趋主题化、个性化和多样化，消费行为更具有选择性，使产品的生命周期缩短，产品的质量和性能至关重要；另一方面全球性产业结构调整步伐加快，制造商着眼于全球市场激烈竞争的同时，着力于实力与信誉基础上的合作和协作。

制造业的核心要素是质量、成本和生产率。面对当代社会变化快且无法预料的买方市场和多品种批量成为主导生产方式，上述3个要素的内涵发生了深刻的变化。首先，产品质量观发生了变化，现代质量观主要指全面满足于用户的功能需求和非功能需求（自然条件、社会时尚）。产品成本不仅仅指制造成本，还应包含用户使用成本、维护成本以及社会环境成本，在满足用户个性化要求的前提下应尽量减少上述各类产品成本。赢得订单及高速开发产品是企业成败的关键，是非常规意义上的生产率。

因此，制造业应对市场的快速响应为宗旨，满足顾客已有的和潜在的需求，主动适应市场，引导市场，从而赢得竞争，获取最大利润。

2. 科学技术发展背景

制造业从20世纪开始逐步走上科学发展的道路。

制造技术已由技艺发展为集机械、材料、电子及信息等多门学科的交叉科学——制造工程学。

科学技术和生产发展在推动制造技术进步的同时,以其高新技术成果,尤其是计算机、微电子、信息、自动化等技术的渗透、衍生和应用研究,极大地促进了制造技术在宏观(制造系统的建立)和微观(精密、超精密加工)两个方向上蓬勃发展,急剧地改变了现代制造业的产品结构、生产方式、生产工艺和设备及生产组织体系,使现代制造业成为发展速度快、技术创新能力强、技术密集甚至知识密集型产业。

尤应指出:信息逐渐成为主宰制造业的决定性因素,企业内联网和国际互联网已经对制造业产生重大影响,并将产生更大影响。

3. 可持续发展战略

日益严峻的环境问题引起国际社会的普遍关注,世界环境与发展委员会(WCED)于1987年向联合国42届大会递交的报告《我们共同的未来》正式提出了"可持续发展"的思路,其定义是:既满足当代人的需求,又不对子孙后代满足其需要之生存环境构成危害的发展。世界资源研究所于1992年对可持续发展给出了更简洁、明确的定义:建立极少产生废料和污染物的工艺或技术系统。上述定义强调了当代人在创造和追求今世发展和消费的时候,不能以牺牲今后几代人的利益为代价;社会经济发展模式应由粗放经营、掠夺式开发向集约型、可持续发展转变。面向可持续发展的制造业,应力求对环境的负面影响最小、资源利用效率最高。

鉴于上述社会、经济、科学技术以及环境资源保护的历史背景下,各国政府和企业界都在寻求对策,以获取全球范围内竞争优势,传统的制造技术已变得越来越不适应当今快速变化的形势。

先进的制造技术,尤其是计算机技术和信息技术在制造业中的广泛应用,使人们正在或已经摆脱传统观念的束缚,使人类跨入制造业的新纪元。

先进制造技术作为一个专用名词的出现,是在20世纪80年代末由美国根据本国制造业面临的挑战与机遇,对其制造业存在的问题进行深刻反省,为了加强其制造业的竞争力和促进本国国民经济的增长而提出来的。

二、先进制造技术的发展概况

先进制造技术的提出是制造业新技术发展实际进程的反映,它一经提出,立即得到欧洲各国、日本以及亚洲新兴工业化国家的响应。近年来,各国纷纷制定了多种发展计划,以支持发展先进技术。中国近年来也十分支持先进制造技术的发展。

1. 美国——先进制造技术计划和制造技术中心计划

先进制造技术计划是美国联邦政府科学、工程和技术协调委员会于1993年制定的6大科学和开发计划之一,其目标为:

(1)为美国工人创造更多的高技术、高工资的就业机会,促进美国经济增长。

(2)不断提高能源效益,减少污染,创造更加清洁的环境。

(3)使美国的私人制造业在世界市场上更具有竞争力,保持美国的竞争地位。

(4)使教育系统对每位学生进行更具有挑战性的教育。

(5)鼓励科学界把确保国家安全及提高全民生活质量作为核心目标。

该项计划1994年度的预算为14亿美元,围绕如下的3个重点领域开展研究:

(1)下一代的"智能"制造系统。

(2)为产品、工艺过程和整个企业的设计提供集成的工具。

(3)基础设施建设,包括扩展和联合已有的各种推广应用机构、建立地域性的技术联盟(技术联合体)、制定有关国家制造技术发展趋势的监督和分析机制、制定评测准则和评测指标体系等。

此外,各政府部门还结合本部门职责,制订了有关先进制造技术专项计划,如美国国家科学基金会(NSF)工程部的专项计划包括:设计、制造和工业创新、战略性制造倡议计划、工程研究中心计划、管理和技术创新计划、面向小企业创新研究计划和新技术推广计划、促进产业和学术界结合计划等。

制造技术中心计划——又称为合作伙伴计划,指政府与企业在共同发展制造技术上进行密切合作,针对美国35万家中小企业,政府的职责不是让这些企业生产什么产品,而是要帮助他们掌握先进技术,使他们具有识别、选择适用于自己技术的能力。该计划要求在每个地区设立一个制造技术中心,为中小企业展示新的制造技术和装备,组织不同类型的培训,帮助企业了解和选用最新的或最适合于他们使用的技术和装备。

制造技术中心于1988年颁布。根据该计划,1989年全美建立了3个制造技术中心,他们已帮助6000多家企业通过技术进步节约了1.3亿美元的生产成本。1991年春天又成立了2个中心,到1992年这5个中心的活动费用为1500万美元,1993年为1800万美元,全部由美国国会拨款。至1994年底,在全美共计建立了约30个这样的中心。

这些制造技术中心的作用,是在制造技术的拥有者与需要这些技术的中小型企业之间建立沟通桥梁。制造技术的拥有者通常是政府的研究机构、试验室、大学及其他研究机构。

2. 日本——政策和智能制造技术计划

自第二次世界大战之后,日本在数控机床、机器人、精密制造、微电子工艺领域取得了世界领先的进展,在产业技术政策上逐步从重视应用研究转向加强基础研究,以便彻底摆脱"美国出创新概念,日本出创新产品"的局面。日本走出一条:技术引进—自主开发—加强基础研究的技术发展的道路。

1990年日本通产省提出了智能制造计划(Intelligent Manufacturing System, IMS),并约请美国、欧共体、加拿大、澳大利亚等国参加研究,形成了一个大型国际共同研究项目,由日本投资10亿美元保证计划的实施。该计划目标为:要全面展望21世纪制造技术的发展趋势,先行开发未来的主导技术,并同时致力于全球信息、制造技术的体系化、标准化。

智能制造计划的研究目的为:通过各发达国家之间的国际共同研究,使制造业在接受订货、开发、设计、生产、物流直至经营管理的全过程中,做到使各个装备和生产线自律化,制造全球化的发展趋势,减少庞大的重复投资,并通过先进、灵活的制造过程的实现来解决制造系统中的人为因素。这里所谓的"自律化",是指能够根据周围环境以及生产作业状况自主地进行判断,并进行及时决策变更作业工程,也就是说,给予装备和生产线一定的决策智能。

3. 欧共体——EREKA 计划、ESPRIT 计划和 BRITE 计划

西欧各国的制造业强烈地感受到来自美国和日本的压力，并清楚地认识到，如果欧洲共同体成员保持各自分散的市场，那将无法同美日抗衡。正如德国前总理科尔说："任何一个欧洲国家都不可能仅靠自身的力量有效地对付美国和日本的技术挑战，欧洲只有把财力和人力集中起来，才能保持自己在未来世界上的经济地位。"法国前总统密特朗提出，要使欧洲不致落后太多，一个统一的欧洲是激发国家创造力的重要支柱，欧洲必须团结在一项伟大工程的周围才能拯救欧洲。为此，欧共体各国政府与企业界共同掀起了一场旨在通过"欧共体统一市场法案"的运动，并制定了"尤里卡计划（EREKA）"、"欧洲信息技术研究发展战略计划（ESPRIT）"和"欧洲工业技术基础研究（BRITE）"等一系列发展计划。

在尤里卡计划中，1988 年用 5 亿美元资助了涉及 16 个欧洲国家 600 家公司的 165 个合作性高科技研究开发项目。

欧洲信息技术研究发展战略计划的 13 个成员国向 5500 名研究人员提供了资助。把 CIM 中信息集成技术的研究列为五大重点项目之一，明确向 CIM 投资 620 万欧元作为研究开发费用，抓好 CIM 的设计原理、工厂自动化所需的先进微电子系统及实时显示系统进行生产过程管理的三大课题。

欧洲工业技术基础研究计划重点资助材料、制造加工、设计以及工厂系统运作方式等方面的研究。

4. 韩国——先进制造系统计划

1991 年韩国提出了"高级先进技术国家计划"，目标是将韩国的技术实力提高到世界第一流工业发达国家的水平，并希望通过这一计划的实施，在 21 世纪初加入七国集团。

该计划包括 7 项先进技术和 7 项基础技术，其中的"先进制造系统"是一个将市场需求、设计、车间制造和营销集成在一起的系统，旨在改善产品质量和提高生产率，最终建立起全球竞争能力。该项目由 3 部分组成：

（1）共性的基础研究：包括集成的开放系统、标准化及性能评价。

（2）下一代加工系统：包括加工设备、加工技术、操作过程技术。

（3）电子产品的装配和检验系统：包括下一代印制电器的装配和检验系统、高性能装配机构和制造系统、先进装配基础技术、系统操作集成技术、智能技术。

5. 中国先进制造技术的发展现状

（1）在设计方面，计算机辅助设计（CAD）技术普及化。计算机辅助设计（CAD）技术，是电子信息技术的一个重要组成部分，是促进科研成果的开发和转化，促进传统产业和学科的更新和改造，实现设计自动化，增强企业及其产品在市场上竞争能力，加速国民经济发展和国防现代化的一项关键性高新技术，也是进一步向计算机集成制造（CIMS）发展的重要技术基础。CAD 技术的广泛应用，提高了中国企业整体的设计水平和产品开发能力。以二维 CAD 和产品数据管理为重点，在软件市场和企业应用方面得到充分的发挥。

(2)在应用方面,各种高新技术发展迅速,并取得了显著的成效。主要表现在以下几个方面:快速原型制造技术由起步迈向成熟,应用初具规模;精密成形与加工技术水平显著提高,在汽车零部件、重大装配制造中获得广泛应用;热加工工艺模拟优化技术取得重要进展,使材料热加工由“技艺”走向“科学”;激光加工在基础研究和技术开发方面有实质性进展,产业应用获得经济效益;数控技术取得重要进展,国内市场占有率有所提高;现场总线智能仪表研究开发获重要进展,应用已有一定的基础;现代集成制造系统研究和应用取得突破,在国际上已占有一席之地。

(3)在管理方面,新生产模式的研究和实践具有特色,推动了中国制造业的技术进步和管理现代化。通过学习和引进工业发达国家的先进管理经验,采用计算机管理,重视组织和管理体制、生产模式的更新发展,推出了准时生产(JIT)、敏捷制造(AM)、精益生产(LP)、并行工程(CE)等新的管理思想和技术;通过精简机构、减少管理层次和消除各种浪费现象,显著提高了企业的经营效益。

三、先进制造技术的定义和分类

1. 先进制造技术的定义

先进制造技术(Advanced Manufacturing Technology,AMT)是为了适应时代要求,提高竞争能力,对制造技术不断优化所形成的。目前对先进制造技术仍没有一个明确的、一致公认的定义,一般定义为:“先进制造技术是制造业不断吸收机械、电子、信息(计算机与通信、控制理论、人工智能等)、能源及现代系统管理等方面的成果,并将其综合应用于产品设计、制造、检测、管理、销售、使用、服务乃至回收的全过程,以实现优质、高效、低耗、清洁、灵活生产,提高对动态多变的产品市场的适应能力和竞争能力的制造技术的总称。”

先进制造技术的主要特点体现在精密化、自动化、系统化、集成化、加工方式多样化等方面。起推动作用的先进制造技术主要有两类:一是制造自动化技术;二是高精密制造技术。生产效率、加工精度和成本是表征先进制造技术经济效益的主要标志。因而,制造技术从提高生产效率和加工精度两方面同时迅速地发展起来。前者是在保证生产效率的条件下,达到一定的加工精度并降低成本;而后者是在保证达到所要求的精度下,实现自动化和高效率。

2. 先进制造技术的构成

先进制造技术在不同发展水平的国家和同一国家的不同发展阶段,有着不同的技术内涵。

对中国而言,它是一个多层次的技术群。从内层到外层分别为基础技术、新型单元技术和集成技术。

1)基础技术

第一层次是优质、高效、低耗、少或无污染的基础制造技术。铸造、锻压、焊接、热处理、表面保护、机械加工等基础工艺,至今仍是生产中大量采用、经济适用的技术。这些基础工艺经过优化而形成的基础制造技术是先进制造技术的核心及重要组成部分。

这些基础技术主要有:精密下料、精密成形、精密加工、精密测量、毛坯强韧化、无氧化热处理、气体保护焊及埋弧焊、功能性防护涂层等。

2)新型单元技术

第二层次是新型单元技术。它是在市场需求及新兴产业的带动下,将基础制造技术与电子、信息、新材料、新能源、环境科学、系统工程、现代管理等高新技术相结合而形成的崭新的制造技术。

这些技术主要有:制造业自动化单元技术、极限加工技术、质量与可靠性技术、系统管理技术、现代设计基础与方法、清洁生产技术、新材料成型与加工技术、激光与高密度能源加工技术、工艺模拟及工艺设计优化技术等。

3)集成技术

第二层次是先进制造集成技术。它是应用信息、计算机和系统管理技术对上述两个层次的技术局部或系统集成而形成的先进制造技术的高级阶段。集成技术主要有:柔性制造系统(FMS)、计算机集成制造系统(CIMS)、智能制造系统(IMS)等。

1994 年,美国联邦科学、工程和技术协调委员会(FCCSET)下属的工业和技术委员会先进制造技术工作组提出,将先进制造技术分为 3 个技术群:①主体技术群;②支撑技术群;③制造技术环境。这三个技术相互联系、相互促进,组成一个完整的体系。图 1-2 给出了先进制造技术的体系结构。

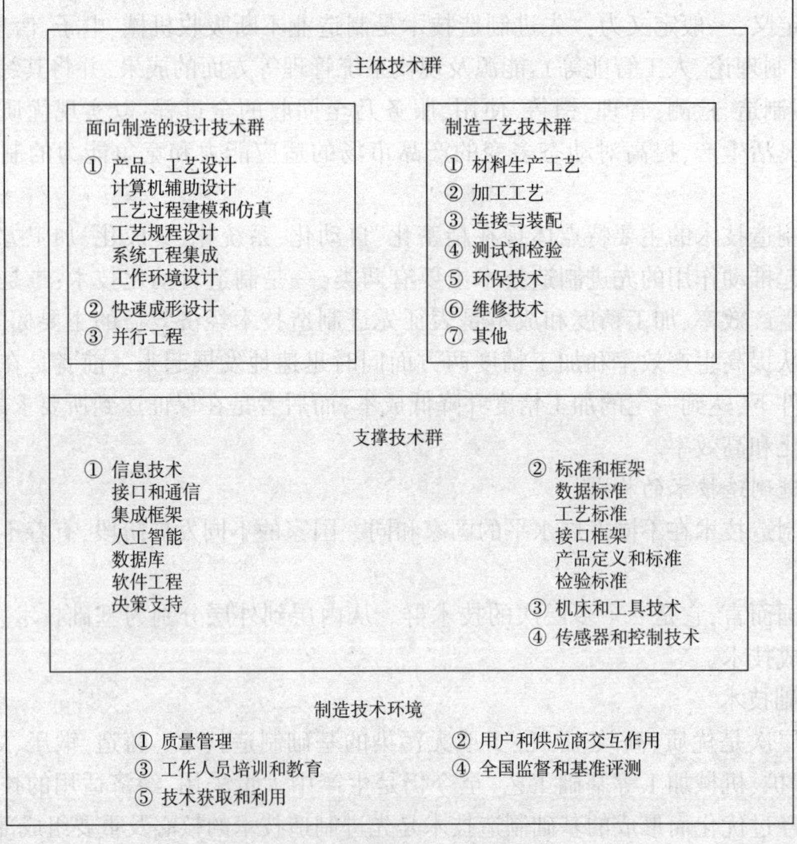

图 1-2 先进制造技术的体系结构

3. 先进制造技术的分类

将目前各国掌握的制造技术系统化，对先进制造技术的研究分为下述4大领域，它们横跨多个学科，并组成一个有机整体。

1）现代设计技术

现代设计技术主要包括计算机辅助设计技术、优化设计技术、竞争优势创建技术、全生命周期设计技术、可持续性发展产品设计技术和设计试验技术。

2）先进制造工艺

先进制造工艺包括精密洁净铸造成形工艺、精确高效塑性成形工艺、优质高效焊接及切割技术、优质低耗洁净热处理技术、高效高精度机械加工工艺、现代特种加工工艺、新型材料成形与加工工艺、优质清洁表面工程新技术、快速模具制造技术和虚拟制造成形加工技术等。

3）自动化技术

自动化技术主要包括数控技术、工业机器人技术、柔性制造技术、计算机集成制造技术、传感技术、自动检测及信号识别技术和过程设备工况监测与控制技术等。

4）系统管理技术

系统管理技术包括先进制造生产模式、集成管理技术和生产组织方法等。

四、先进制造技术的内涵及体系结构

随着社会需求个性化、多样化的发展，生产规模朝小批量—大批量—多品种变批量的方向发展，以计算机为代表的高技术和现代化管理技术的引入、渗透与融合，不断地改变着传统制造技术的面貌和内涵，从而形成了先进制造技术。

1. 内涵和特点

核心——优质、高效、低耗、清洁等基础制造技术。

（1）从传统的制造工艺发展起来的，并与新技术实现了局部或系统集成，其重要的特征是实现优质、高效、低耗、清洁、灵活的生产。

（2）这意味着先进制造技术除了通常追求的优质、高效外，还要针对21世纪人类面临的有限资源与日益增长的环保压力的挑战，实现可持续发展，要求实现低耗、清洁。

（3）此外，先进制造技术也必须面临人类在21世纪消费观念变革的挑战，满足对日益“挑剔”的市场的需求，实现灵活生产。

最终的目标——提高对动态多变的产品市场的适应能力和竞争能力。

（1）为确保生产和经济效益持续稳步的提高，能对市场变化做出更敏捷的反应，以及对最佳技术经济效益的追求，提高企业的竞争力，更加重视技术与管理的结合，更加重视制造过程组织和管理体制的简化以及合理化，从而产生了一系列先进的制造模式。

（2）随着世界自由贸易体制的进一步完善，以及全球交通运输体系和通信网络的建立，制造业将形成全球化与一体化的格局，新的先进制造技术也必将是全球化的格式。

先进制造技术的特点：

(1)集成性。

①由于专业和学科间的不断渗透、交叉、融合，界限逐渐模糊甚至消失，技术趋于系统化、集成化。

②发展成为集机械、电子、信息、材料和管理技术为一体的新型交叉学科，因此可以称其为“制造工程”。

(2)系统性。

①先进制造技术是可以驾驭生产过程的物质流、能量流和信息流的系统工程。

②一项先进制造技术的产生往往要系统地考虑到制造的全过程，如并行工程就是集成地、并行地设计产品及其零部件和各种相关过程的一种系统方法。这种方法要求产品开发人员与其他人员一起共同工作，在设计的开始，就考虑产品整个生命周期中从概念形成到产品报废处理等所有因素，包括质量、成本、进度计划和用户要求等。

③一种先进的制造模式除了考虑产品的设计、制造全过程外，还需要更好地考虑到整个制造组织。

(3)应用的广泛性。

由于其组成中包括了设计技术、自动化技术、系统管理技术，因而将其综合应用于制造的全过程，覆盖了产品设计、生产准备、加工与装配、销售使用、维修服务甚至回收再生的整个过程。

(4)动态性。

①由于先进制造技术本身是在针对一定的应用目标，不断地吸收各种高新技术逐渐形成、不断发展的新技术，因而其内涵不是绝对的和一成不变的。

②反映在不同的时期，先进制造技术有其自身的特点；也反映在不同的国家和地区，先进制造技术有其本身重点发展的目标和内容。

③通过重点内容的发展以实现这个国家和地区制造技术的跨越式发展。

(5)实用性。

①先进制造技术是一项面向工业应用、具有很强实用性的新技术。

②从先进制造技术的发展过程，从其应用于制造全过程的范围，特别是达到的目标与效果，无不反映这是一项应用于制造业，对制造业、对国民经济的发展可以起重大作用的实用技术。

③先进制造技术的发展往往是针对某一具体的制造业(如汽车制造、电子工业)的需求而发展起来的先进、适用的制造技术，有明确的需求导向的特征。

④先进制造技术不是以追求技术的高新为目的，而是注重产生最好的实践效果，以提高效益为主，以提高企业的竞争力和促进国家经济增长和综合实力为目标。

2. 体系结构

先进制造技术的主要有3种体系结构，分别如下。

1) AMST多层次先进制造技术体系

机械科学研究院(AMST)提出的先进制造技术由多层次技术群构成的体系如图1-3所示。

(1)强调先进制造技术从基础制造技术、新型制造单元技术到先进制造集成技术的发展过程。

(2)表明在新型产业及市场需求的带动之下,在各种高新技术(如能源技术、材料技术、微电子计算机技术以及系统工程和管理科学)的推动下先进制造技术发展过程。

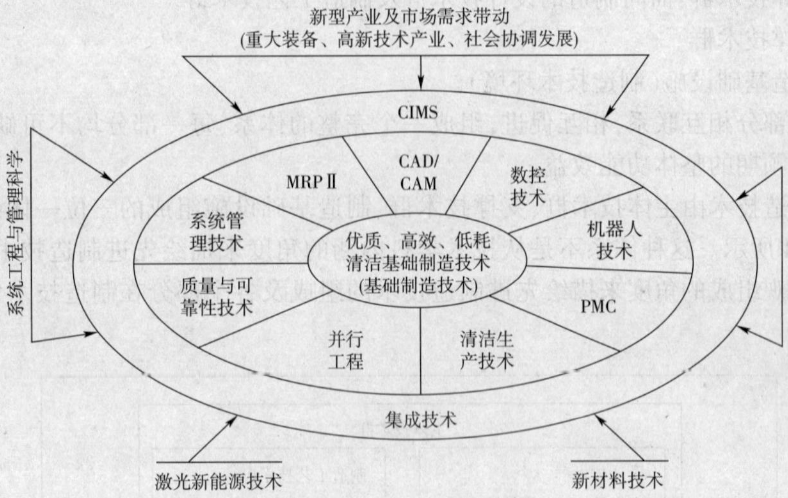

图 1-3　先进制造技术体系结构之一

先进制造技术是制造业为了提高竞争力以适应时代要求,对制造技术不断优化及推陈出新而形成的高新技术群。在不同的国家、不同的发展阶段,先进制造技术有不同的内容及组成。中国目前属于先进制造技术范畴的技术是一个 3 层次的技术群。

(1)第一个层次是优质、高效、低耗、清洁基础制造技术。铸造、锻压、焊接、热处理、表面保护、机械加工等基础工艺至今仍是生产中大量采用、经济适用的技术,这些基础工艺经过优化而形成的优质、高效、低耗、清洁基础制造技术是先进制造技术的核心及重要组成部分。这些基础技术主要有精密下料、精密塑性成型、精密铸造、精密加工、精密测量、毛坯强韧化、精密热处理、优质高效连接技术、功能性防护涂层及各种与设计有关的基础技术、各种现代管理技术。

(2)第二个层次是新型的制造单元技术。这是在市场需求及新兴产业的带动下,制造技术与电子、信息、新材料、新能源、环境科学、系统工程、现代管理等高新技术结合而形成的崭新的制造技术,如制造业自动化单元技术、极限加工技术、质量与可靠性技术、系统管理技术、CAD/CAM、清洁生产技术、新材料成形加工技术、激光与高密度能源加工技术、工艺模拟及工艺设计优化技术等。

(3)第三个层次是先进制造集成技术。这是应用信息技术和系统管理技术,通过网络与数据库对上述两个层次的技术集成而形成的,如 FMS、CIMS、IMS 及虚拟制造技术等。

以上 3 个层次都是先进制造技术的组成部分,但其中每一个层次都不等于先进制造技术的全部。

2)FCCSET 先进制造技术体系结构

1994 年初,美国联邦科学、工程和技术协调委员会(FCCSET)下属的工业和技术委员会先进制造技术工作组对现代制造技术内涵首次进行了系统的说明。先进制造技术主要包括以下 3 个技术群,如图 1-4 所示:

(1)主体技术群:面向制造的设计技术群及制造工艺技术群。

(2)支撑技术群。

(3)制造基础设施(制造技术环境)。

上述三部分相互联系,相互促进,组成一个完整的体系,每一部分均不可缺少,否则就很难发挥预期的整体功能效益。

先进制造技术由主体技术群、支撑技术群、制造基础设施组成的三位一体的体系结构,如图 1-4 所示。这种体系不是从技术学科内涵的角度来描绘先进制造技术,而是着重从相对宏观组成的角度来描绘先进制造技术的组成及各个部分在制造技术发展过程中的作用。

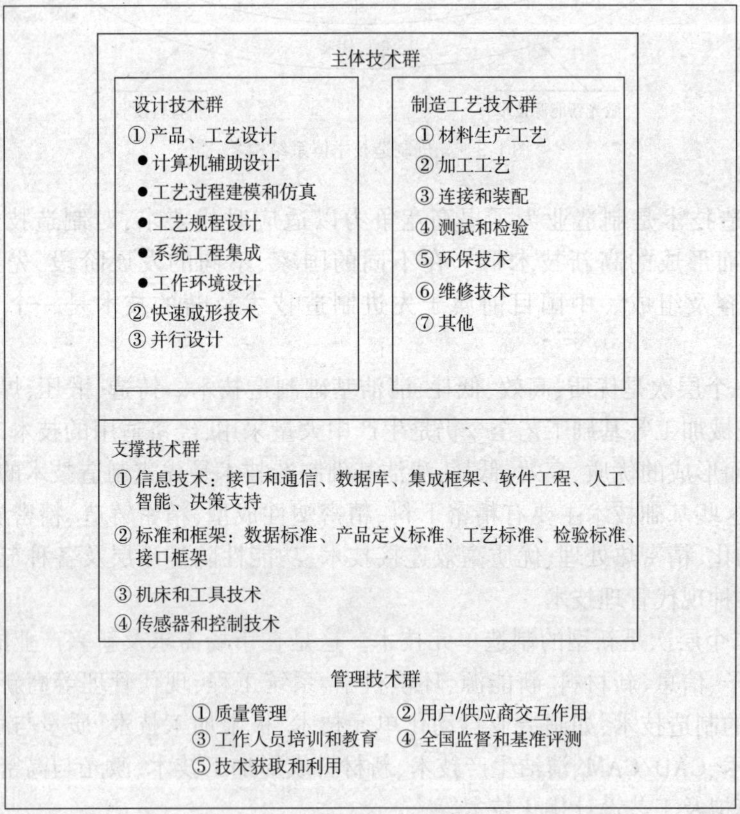

图 1-4　先进制造技术体系结构之二

3)在 FCCSET 先进制造技术体系结构基础上,进行改进和充实,中国学者提出的先进制造技术体系结构

国内学者在此基础上进行了改进和充实,将其分为 3 大主体技术群和 1 个支撑技术群,如图 1-5 所示。

(1) 现代制造工程设计技术群：包括所有与产品和工艺设计有关的技术，如 CAX 技术、DFX 技术、可靠性设计、动态设计、疲劳设计、智能优化设计、反求工程、系统建模与仿真、系统集成、并行设计、快速原型制造等。

(2) 制造系统管理技术群：包括与企业管理有关的各种技术，强调信息集成，企业生产模式的创新，人、技术和管理的集成等，如成组技术、全面质量管理、制造资源计划、准时生产、计算机集成制造、并行工程、精益生产、敏捷制造等。

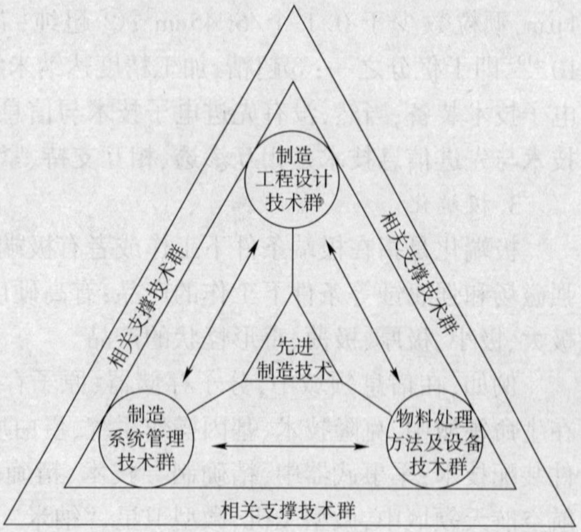

图 1-5　先进制造技术体系结构之三

(3) 物料处理和设备技术群：是研究与物料处理过程和与物流直接相关的各项技术，如材料生产工艺及设备、加工工艺及设备、少无切削加工、精密工程技术、超高速加工技术、特种加工技术、加工设备及其监控、质量控制技术等。

(4) 相关支撑技术群：是制造工程科学的理论基础，是 3 大主体技术群赖以生存并不断取得进步的相关技术，包括计算机技术、微电子技术、信息技术、自动化技术、系统工程、管理科学、材料科学等。

第三节　先进制造技术的发展趋势

一、发展趋势

在 21 世纪里，随着电子信息等高新技术的发展以及市场需求个性化与多样化，先进制造技术正在向精密化、柔性化、网络化、虚拟化、智能化、清洁化、集成化、全球化的方向发展。这 8 个方面的发展趋势与特色如下。

1. 数字化

数字化是先进制造技术发展的核心，是制造技术、计算机技术、网络技术与管理科学的交叉、融合、发展与应用的结果，是制造企业、制造系统与生产过程、生产系统不断实现数字化的必然趋势。它包含了 3 大部分：①以设计为中心的数字制造；②以控制为中心的数字制造；③以管理为中心的数字制造。

对制造设备而言，其控制参数均为数字化信号。

对制造企业而言，各种信息（如图形、数据、知识和技能等）均以数字形式通过网络在企业内传递，实现生产过程的快速重组与对市场的快速响应，以满足客户的需求。

对全球制造业而言，在数字制造环境下，在广泛领域乃至跨地区、跨国界形成一个数字化组成的网，企业、车间、设备、员工、经销商乃至有关市场均可成为网上的一个“结点”；在研究、设计、制造、销售和服务的过程中，彼此交互，围绕产品所赋予的数字信息，成为驱动制造业活动的最活跃的因素。

2. 精密化

精密化是指对产品、零件的加工精度要求越来越高，加工的极限精度正向纳米、亚纳米精度发展。微电子芯片的制造有所谓的“三超”：①超净，加工车间尘埃颗粒直径小于1μm，颗粒数少于 0.1 个/6.45cm^2；②超纯，芯片材料中的有害杂质的质量分数小于10^{-10}，即十亿分之一；③超精，加工精度达纳米级。显然，没有先进制造技术，就没有先进电子技术装备；当然，没有先进电子技术与信息技术，也就没有先进制造装备。先进制造技术与先进信息技术是相互渗透、相互支持、紧密结合的。

3. 极端化

极端化是指在极端条件下工作或者有极端要求的产品。它包括在高温、高压、高湿、强磁场和强腐蚀等条件下工作的产品；有高硬度、大弹性等要求的产品，或在几何形体上极大、极小、极厚、极薄、奇形怪状的产品。

例如，在信息领域中，分子存储器、原子存储器、量子阱光电子器件、芯片加工设备；在生命领域中，克隆技术、基因操作系统、蛋白质追踪系统、小生理器官处理技术、分子组件装配技术；军事武器中，精确制导技术、精确打击技术、微型惯性平台、微光学设备；在航空航天领域中，微型飞机、微型卫星、“纳米”卫星(0.1kg 以内)；在微型机器人领域中，脑科手术、清除脑血栓、管道内操作；其他，微型测试仪器、微传感器、微显微镜、微温度计、微仪器等。

4. 自动化

自动化正从自动控制、自动调节、自动补偿和自动辨识等发展到自学习、自组织、自维护和自修复等更高的自动化水平；而且今天自动控制的内涵也发生了巨大的变化，从控制理论、控制技术到系统控制元件都有极大的发展。自动化是先进制造技术发展的前提条件。

5. 集成化

集成化有 3 个方面：技术的集成、管理的集成、技术与管理的集成。包括：

(1) 现代技术的集成，机电一体化是其典型特征。它是高技术装备的基础，如微电子制造装备，信息化、网络化产品及配套设备，仪器、仪表、医疗、生物和环保等高技术设备。

(2) 加工技术的集成，特种加工技术及其装备是典型特征，如快速原型、激光加工、高能束加工和电加工等。

(3) 企业集成，即管理的集成，包括生产信息、功能、过程的集成。其中，过程的集成包括生产过程的集成，全生命周期过程的集成，企业内、外部的集成。

6. 网络化

制造技术的网络化是由两个因素决定的：一是生产组织变革的需要，二是生产技术发展的可能。

企业要避免传统生产组织所带来的一系列问题，必须在生产组织上实行某种深刻的变革。

在制造技术网络化中，电子商务得以应用。电子商务是将业务数据数字化，并将数字信息的使用和计算机的业务处理同网络进行集成，成为一种全新的业务操作模式。在电子商务的网络化制造中，供应链管理、客户关系管理、产品生命周期管理共同构成了制造的增值链。

7. 智能化

智能化具有以下特点：①人机一体化；②自律能力；③自组织与超柔性；④学习能力与自我维护能力；⑤在未来，具有更高级的类人思维的能力。

可以说智能制造作为一种模式，是集自动化、集成化和智能优于一身，并具有不断向纵深发展的高技术含量和高技术水平的先进制造系统，也是一种由智能机器和人类专家共同组成的人机一体化系统。

8. 绿色化

绿色化是从环境保护领域中引用来的。制造业的产品从构思开始，到设计阶段、制造阶段、销售阶段、使用与维修阶段，直到回收阶段、再制造阶段，都必须充分考虑环境保护。

环境保护是广义的，不仅要保护自然环境，保护社会环境、生产环境，还要保护生产者的身心健康。

作为"绿色"制造，产品还必须在一定程度上是艺术品，并与用户的生产、工作、生活环境相适应，给人以精神享受，体现物质文明、精神文明与环境文明的交融。

二、中国先进制造技术的发展战略

根据先进制造技术的发展趋势以及各国先进制造技术的发展情况，并结合中国国情，中国的先进制造技术发展战略应为：

1. 提高认识，全面规划

大力促进先进制造技术的发展，是提升产业整体素质、增强综合国力的重要技术手段，是国家、行业、企业共同利益所在。

政府是国家创新体系的发动者、组织者和推动者，在发展先进制造技术方面起到组织推动、规划协调、政策导向与资金扶植作用。

2. 深化科技体制改革，推动技术创新体系的建设

(1) 采取激励措施，加快建立以制造企业为中心，产、学、研相结合的先进制造技术创新体系与开发体系。

(2) 先进制造技术基础共性技术的研究，既要着眼未来、立足创新、高起点，适度跟踪国际发展前沿，又要将研究重点放在中国亟待解决、应用前景广阔、有重大牵动效应的制造科学基础理论和关键共性技术问题上。

(3) 制造企业是制造技术创新的核心，要大力创办企业自己的研发机构和技术中心，强化企业新产品开发能力，开辟高新制造技术走向产业化的通道。

(4) 科技中介服务机构是沟通科技与经济的桥梁，是世界各国政府推动知识和技术扩散的重要手段。为此，须大力加强以生产力促进中心、高科技创业服务中心、技术市场等为主体的制造技术创新支撑服务体系的建设。

3. 引进、消化与自主开发创新相结合

中国的技术引进要走"技术引进—消化吸收—改进创新—扩大出口"道路。在搞好

技术引进与消化吸收的同时，要加强自主开发能力与创新体系建设，选择有一定基础和优势的制造科技领域，瞄准国际前沿进行跟踪创新和自主创新，赶超国际先进水平。

4. 大力发展先进高新制造技术及其产业

在用高新技术来改造传统制造业，促进制造的高技术化和高附加值化的同时，大力推动制造高新技术的产业化，以培育新的经济增长点，形成一批新兴产业和产业群，并以此带动整个制造业的结构优化和产业升级。

5. 积极培养创造性人才，努力提高制造业的全员素质

(1)人才是制造业振兴的希望，制造技术创新的原动力，也是国际先进制造技术的决胜点。

(2)人才特别是高层次人才的短缺，已成为制约中国先进制造技术可持续发展的“瓶颈”。

(3)创造条件吸纳优秀人才和创造人尽其用的良好环境，把培养和提高各级各类人员的素质放在突出的战略地位。

第四节　船舶先进制造技术概述

一、有关名词和概念

(1)船舶——能航行或停泊于水域进行运输或作业的交通工具，按不同的使用要求而具有不同的技术性能、装备和结构形式，体现当代工业和科技水平的综合性产品(含科技、工业、软硬技术)。

(2)造船——兼容制造(Manufacture)和建造(Constructor)的复杂过程。

(3)模式——是解决某一类问题的方法论。把解决某类问题的方法总结归纳到理论高度，那就是模式。包含体制(System)和技术(Technology)两个方面。

(4)船舶先进制造技术的技术体系。

鉴于船舶产品的复杂，船舶先进制造技术不可能仅指某一单项技术，而是指完整的一个技术体系。如图 1-6 所示，整个体系是由核心技术、基础技术和支撑技术所组成，并涵盖造船有关设计、制造、管理三方面技术。

①体系中的核心技术。

所谓核心技术是对船舶制造技术带有根本性变革的一种技术，成组技术与系统工程技术就属船舶先进制造技术体系中的核心技术。

②体系中的基础技术。

所谓基础技术是确保核心技术实施的技术。成组技术的原理与系统工程的理论如何应用到造船实践中，使之以工作图、管理图表，以及相关文件指导现场施工，需要生产设计与工程管理两门技术作为整个体系中的技术基础，以确保核心技术的实施。

③体系中的支撑技术。

所谓支撑技术，指支撑核心技术应用和支撑转模增效的先进制造技术，主要指：计算机辅助技术、机电一体化技术、高效焊接技术、涂装技术。

④船舶制造业的发展：以技术为中心。

20 世纪 50 年代前——造船业由于应用“铆接技术”，使古老的木船建造发展为以钢船建造为主体的近代造船。

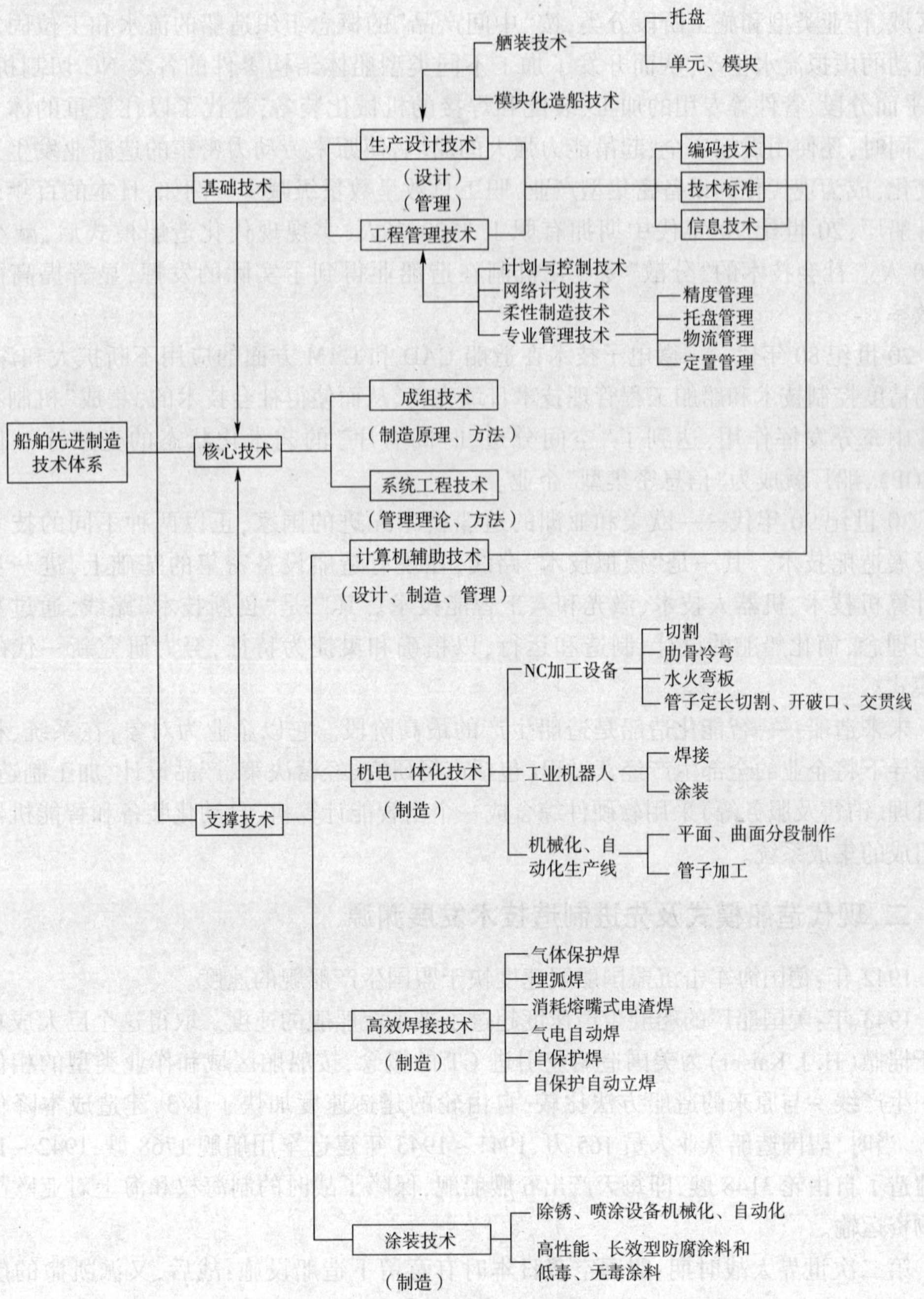

图 1-6　船舶先进制造技术体系

20 世纪 60 年代——“焊接技术”普遍地替代铆接技术，使原来以功能分类的“系统”导向的古代造船方法，转变为以“区域”导向；使原来集中在船台和码头的装配、舾装、涂装作业，扩展到车间和平台等更大的作业面上进行，这样提高了生产效率，缩短了造船周期。

20 世纪 70 年代——随着船舶大型化，在新船厂的建设和老船厂的现代化改造中，引进并全面深入地研究了“成组技术”，通过不同类型船舶的建造过程的相似性分析，以船舶区域、作业类型和施工阶段分类，按“中间产品”的概念组织造船的流水和工位固定人员流动的虚拟流水生产，从而开发了加工不同类型船体结构零件的各类 NC 切割机，型材、平面分段、管件等专用的加工、装配和焊接的机械化装备，替代了以往繁重的体力劳动。同时，还使用设施齐全、起吊能力强大的船坞，使原来劳动力密集的造船业发生了质的变化，成为现代化的设备密集型产业，职工总数呈数量级减少。例如，日本的百年老厂千叶船厂，20 世纪 70 年代中期拥有职工 7500 多人，实现现代化造船模式后，减少到 1300 人。社会技术的“分散”专业化机制在造船业得到了实际的发挥，显著提高了生产效率。

20 世纪 80 年代——微电子技术在造船 CAD 和 CAM 方面的应用不断扩大和深入，造船精度控制技术和船舶工程管理技术日臻完善，从而使得社会技术的“集成”机制在造船业中充分发挥作用，达到了“空间分道、时间有序”的艺术化状态的壳舾涂一体化(IHOP)，船厂就成为“信息密集型”企业。

20 世纪 90 年代——欧美和亚洲的造船技术先进的国家，正以两种不同的技术路线发展造船技术。其一是“模拟技术”路线，在现有造船设备密集的基础上，进一步采用计算机技术、机器人技术、激光和人工智能技术。其二是“创新技术”路线，通过数字化的理念，简化船舶的设计、制造和运行，以精确和灵捷为特征，努力研究新一代的造船模式。

未来造船——智能化造船是造船生产的最高阶段。它以企业为对象，在系统、科学的指导下将企业的全部生产经营过程(包括市场研究、经营决策、产品设计、加工制造、生产管理、销售及服务等)采用软硬件综合成一个由智能计算机、自动化装备和智能机器人所组成的集成系统。

二、现代造船模式及先进制造技术发展渊源

1942 年：德国海军击沉盟国船舰速度快于盟国生产船舰的速度。

1943 年：美国船厂的船舰生产速度超过了被击沉船舰的速度。取得这个巨大成功是由于恺撒(H. J. Kaiser)为美国造船业引进 GT 的概念，按船舶区域和作业类型的相似性组织生产线。与原来的造船方法比较，自由轮的建造速度加快了 1/3，建造成本降低了 1/4。当时，盟国造船从业人员 165 万，1941 ~ 1943 年建造军用船舰 1768 艘，1942 ~ 1944 年建造了自由轮 3148 艘，即每天产出 6 艘船舰，保障了战时的制海权和海上对亚欧战场的物资运输。

第二次世界大战时期：盟国空袭日本时有意留下造船设施；战后，又派凯撒的船厂主管依尔莫(H. Elmer)率专家团赴日本传授造船技术。同时，纽约大学教授德明(W. E. Deming)向日本传授了统计控制提高产品精度的方法。日本的真藤(H. Shinto)博士，当时是依尔莫管辖的总工程师，在美国专家回国后，他出任石川岛播磨重工(IHI)公司负责人。在他的领导下，通过 2000 多艘船舶建造实践和持续改进，到 20 世纪 70

年代末,日本船厂生产率超过美国船厂的60%。但是,真藤博士仍公认,“现代造船方法的渊源,在于依尔莫到达日本”。

20世纪80年代:美国又向日本学习现代造船方法,并拟定了“全美造船研究计划”(NSRP)实施“先进的船舶生产体制和技术”(ASSAT)的研究。作为该项研究最终结果,由NSRP组织编撰出版了以GT为指导的,现代造船理论系列丛书。

从此,美国的其他装备制造业也在军事工业发展的基础上,借助新技术飞速发展。

三、现代造船模式的内涵

现代造船模式是一个完整的生产体系,目标是贯彻以“中间产品”为导向的建造策略,其主要由以下11项专有技术组成:

(1)质量控制循环活动。

造船企业中的每个人都置身于各自业务的“计划—实施—校核—改进—再计划”的无限循环和提高之中。

(2)船舶建造标准化。

为达到有效的控制,实现一切与船舶生产有关的活动的全面标准化,包括产品设计、加工、装配、安装、检验和各项管理工作。

(3)建造合同技术谈判。

为避免船舶设计修改引起的生产混乱和成本增加,合同谈判须明确设计标准、建造标准、造船方法、质量指标、分段划分、精度数据、焊接和工艺通道等。

(4)产品导向工程分解。

按船上区域、作业类型和施工阶段的相似性,将全船逐级分解为各类“中间产品”,直至市场采购的物资按“中间产品”的专业化生产,组建整个生产系统。

(5)船体分道建造技术。

按船体零件、部件、分段和总段的工艺过程的相似性组建各类生产线,达到均衡生产和生产资源的高效使用。同时,采用建造精度控制技术,以消除修整作业。采用加热校正和成形技术,使船体零部件和分段达到规定尺寸,且节省工时。

(6)区域舾装技术。

在船舶产品设计之前即制定建造策略,最大限度地把舾装作业提前在施工条件较好的车间内完成,开展单元舾装和分段舾装,采用各类模块,严格按区域划清各个舾装阶段。建立计算机辅助的“物资采办系统”,确保舾装所需的物资,准时抵达船厂;同时,建立厂内的“托盘集配系统”,把物资和“中间产品”准时送抵更高一级的“中间产品”现场。

(7)区域涂装技术。

在设计阶段就严格规定涂装的区域和阶段,即原材料涂装、部件涂装、分段涂装和船上涂装,使涂装成为贯穿所有制造级的作业过程,从而提高涂装质量,并消除不同工种的相互干扰。

(8)管件族制造技术。

把具有相似工艺过程的管子集聚为族，按“族”组织流水线生产，使下一个循环所需的各管件族在本循环期完成，并以“托盘”形成集配，适时地提供给各个舾装现场。

(9)壳舾涂一体化。

在上述船体、舾装、涂装和管件加工等4项技术实施并完善的基础上，运用统计控制技术分析生产过程，使各类造船作业实现空间分道、时间有序、责任明确、相互协调的作业排序，并由计算机全面辅助，这就是造船CIMS。

(10)一体化的柔性造船设计、生产、管理系统。

按生产区域编制生产计划，使“中间产品”的生产与船舶系统无直接联系。运用物流控制技术统管生产过程，确保船舶按时交付。

(11)造船编码技术。

对从合同设计开始到交船与售后服务，造船的所有活动内容进行信息分组、传递、交流和管理。编码是造船信息的载体，是应用成组技术、计算机技术和虚拟制造技术的基础。未来编码的发展是信息数字化，不但在全厂范围使用统一编码，而且厂际包括配套厂、原材料工厂、地区、全国乃至世界范围都将使用统一的产品模型数据标准，即STEP，以适应经济全球化和21世纪灵捷制造模式的需要。

上述各项技术必须制度化、规范化，即融合到技术设计、生产设计、组织体制和生产管理中去，体现在船舶生产的分散专业化基础上的一体化集成，体现在造船信息、作业组织和人员安排中。建立现代造船模式必须建立以船舶“中间产品”为导向的建造策略，替代以工种专业化为导向的组织原则。其关键是船厂的设备按分道生产排列，替代机群式的布置；以短循环期流通量控制的生产管理，替代长循环期库存量的控制；以优化的、壳舾涂一体化的作业排序，替代概略的以原始工艺为导向的生产计划；以固定生产某类“中间产品”的复合和混合工种的生产单元，替代单一工种的只能承担某道工序的生产班组。通过这些变革，使得以分道生产为基本特征的区域建造体制，替代传统的以某船舶产品为主线的工种建造体制。

四、国内外先进制造技术和现代造船模式的研究和实践

(1)国外：

①日、韩：全面推行先进制造技术，生产能力和效率大幅上升。

②英国：模式改造起步晚、优势地位丧失。

③美国：不同企业由于是否应用先进制造技术，有截然不同的两种结果。

④西班牙：稳步实施，探索适应模式，高水平的发展。

⑤其他西方国家：曾有辉煌，也有基础。

(2)国内：4个过程。

①引进前苏联模式，促进分段建造技术。

②引进和研究日本造船技术，实施船体分道建造（少数厂：广船、江南）。

③空前的行政力度、部署并实施转模。

④各企业自觉认识到模式及先进制造技术的重要性，寻求适应的模式和适用的技术。

尽管中国推行现代造船模式已取得可喜的成绩,但与日本、韩国比较仍存在较大差距。主要表现在:总装造船作业流程的合理性既因老企业原有先天不足,又因后天调整力度不够而存在较大差距;生产管理由于存在组织机构庞大,管理层次多,过于强调个性等问题,管理效率、效能与日、韩高效的扁平化综合管理体制存在较大差距;由于信息化水平低,设计经验不丰富,数据积累不足等原因,生产设计深度难以适应现代造船模式的需要,与日、韩船舶产品全过程设计差距较大;船厂总装造船主体还不够精干,中间产品商品化、社会化体制与体系尚未形成。

第二章 现代设计技术

好的产品首先是设计出来的,然后才是制造出来的,因此新产品开发中首先应用了各种先进的设计技术。在设计理论方面,除了大量采用与特定产品相关的技术领域内最新的理论外,还大量采用现代设计方法学理论的最新研究成果。在设计手段方面,则大量采用计算机作为辅助手段。先进理论与先进手段相结合,形成了许多新的设计技术。

本章在介绍现代设计技术的内涵和体系结构的基础上,对现代设计方法学、计算机辅助设计技术、可信性设计展开讨论。

第一节 现代设计技术的内涵与体系结构

一、现代设计技术的内涵

设计是人类改造自然的一种基本活动,也是一种复杂的创造性思维过程。设计有广义和狭义之分,广义的设计指的是发展过程的安排,包括发展的方向、程序、细节和达到的目标;狭义的设计指的是将客观需求转化为满足该需求的技术的系统活动,各种产品包括机械产品的设计即属此类。所谓的设计技术,也就是在设计过程中解决具体设计问题的。

从设计任务的要求来划分,通常有 3 种不同类型的设计:

(1)开发性设计。运用成熟的科学技术,从工作原理和结构上设计过去没有的新型产品,这是一种完全创新的设计。

(2)适应性设计。在原理、方案基本保持不变的前提下,对产品作局部的变更设计,使之更能满足用户的需求。

(3)变型设计。在功能和工作原理不变的情况下,变更现有产品的结构配置、布置方式和尺寸,使之适应多方面的使用要求。

传统设计技术是以"静态、经验、被动和手工"为基本特征。目前,现代设计所指的新兴设计技术和方法见表 2-1。

现代设计所指的设计技术和方法 表 2-1

计算机辅助设计	设计方法学	优化设计	人工神经网络法	工程遗传算法	并行工程	价值工程	可靠性设计	有限元法	动态设计	工业艺术造型设计	人机工程	模块化设计	相似性设计	摩擦学设计	健壮(三次)设计	反求工程	智能工程	虚拟设计

现代设计技术与方法这一术语的概念已提出多年,但是,由于现代设计技术是一门新兴的科学,迄今为止国内外的文献尚无普遍公认的严格定义,也没有明确的边界。

我们给出一个现代设计技术的定义:以满足适应市场的产品的质量、性能、时间、成本/价格综合效益最优为目的,以计算机辅助设计技术为主体,以知识为依托,以多种科学方法及技术为手段,研究、改进、创造产品活动过程所用到的技术群体的总称。

因此,可以说现代设计技术是在传统设计方法基础上继承和发展起来的,是一门多专业和多学科交叉且综合性很强的基础技术科学。

若从系统工程的观点分析,现代设计技术是一个由时间维、逻辑维和方法维共同组成的三维系统,如图 2-1 所示。

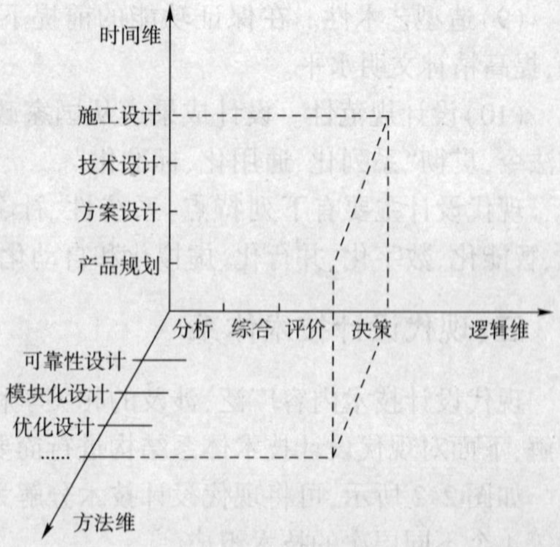

图 2-1 从系统工程观点对现代设计技术的定义示意图

(1)时间维:是反映按时间顺序的设计过程,分为产品规划、方案设计、技术设计和施工设计四个设计阶段。

(2)逻辑维:是解决问题的逻辑步骤。在设计过程中解决问题的合理步骤是:分析—综合—评价—决策过程。

(3)方法维:是指设计过程中的各种思维方法和工作方法。传统设计多采用直觉法、类比法等以经验为主的设计方法,其设计周期长、反复多;而现代设计采用各种先进的设计理论、方法和工具,使产品设计过程进入高效、优质和创新的新阶段。

二、现代设计的目标和特点

设计目标是设计对象—技术系统具有的总体性能。按照现代设计理论与方法进行产品设计,应能达到以下设计目标:

(1)工效实用性。一般用系统总体的技术指标的形式提出,如产量、质量、精度等。

(2)系统可靠性。指系统在预定时间内和给定的工作条件下,能够可靠地工作的概念。

(3)运行稳定性。系统的输入量变化或受干扰时,输出量不发生超过限度的或非收敛性的变化,而过渡到新的稳定状态。

(4)人机安全性。采取一切措施,保证人身绝对安全,使机器故障造成的损失最小。

(5)环境无害性。机器对环境的噪声及油液对环境的污染减小到无害的程度。

(6)操作宜人性。操作者工作时心情舒畅,不易疲劳。

(7)结构工艺性。系统的结构设计应满足便于制造、加工、装配、运输、安装、维修等工艺要求,特别是自动化的要求。

(8)技术经济性。一是评价一次投资变为系统或设备时,不同设计方案的经济性比较;二是评价保持系统或设备正常运行时,资源运用的合理性,如运行费用的经济性的比较。

(9)造型艺术性。在保证功能的前提下,造型合乎艺术规律,使人产生美感和时代感,提高精神文明水平。

(10)设计规范性。设计成果遵从国家政治、经济政策和法规,符合国家的技术规范和法令,贯彻"系列化、通用化、标准化"。

现代设计主要有下列特点:系统性、社会性、创造性、宜人性、主动性、最优化、动态化、智能化、数字化、并行化、虚拟化和自动化。

三、现代设计技术体系

现代设计技术内容广泛,涉及的相关学科门类多。为了便于对现代设计技术的全貌了解,下面对现代设计技术体系结构进行简要的分析。

如图 2-2 所示,可将现代设计技术分解为由基础技术、主体技术、支撑技术和应用技术等 4 个不同层次的技术组成。

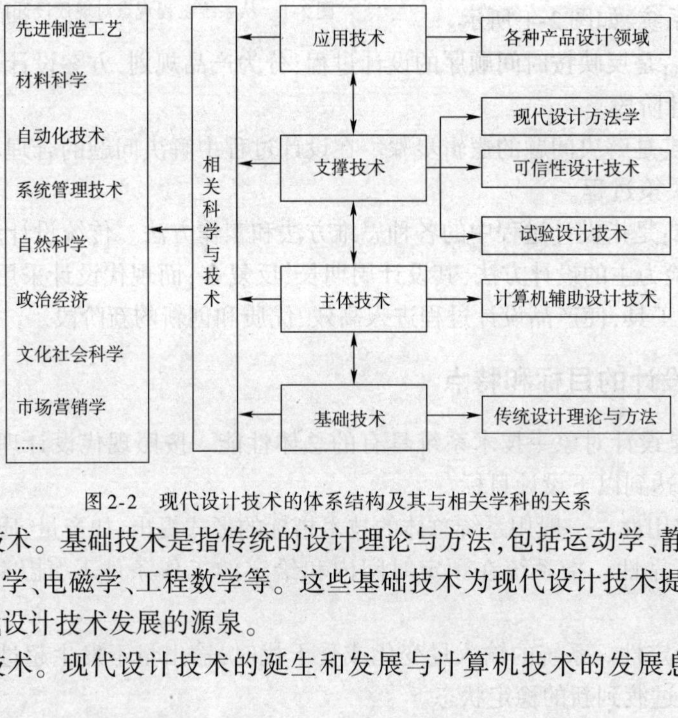

图 2-2　现代设计技术的体系结构及其与相关学科的关系

(1)基础技术。基础技术是指传统的设计理论与方法,包括运动学、静力学、动力学、材料力学、热力学、电磁学、工程数学等。这些基础技术为现代设计技术提供了坚实的理论基础,是现代设计技术发展的源泉。

(2)主体技术。现代设计技术的诞生和发展与计算机技术的发展息息相关,相辅相成。

(3)支撑技术。设计方法学、可信性设计技术及试验设计技术,为设计信息的处理、加工、推理与验证提供了多种理论、方法和手段的支撑。

(4)应用技术。应用技术是针对实用的目的,解决各类具体产品设计领域的技术,如机床、汽车、工程机械、精密机械等设计的知识和技术。

现代设计已扩展到产品的规划、制造、营销和回收等各个方面。因而,所涉及的相关学科和技术除了先进制造技术、材料科学、自动化技术、系统管理等技术之外,还涉及政治、经济、法律、人文、艺术等领域。

第二节　并行设计

并行工程(Concurrent Engineering,CE)作为一种崭新的设计“哲理”,是以缩短产品开发周期、降低成本、提高产品质量和产品设计一次成功率为目标,把先进的管理思想和先进的自动化技术结合起来,采用集成化和并行化的思想设计产品及其相关过程。它是对产品及其相关过程(包括制造和支持过程)进行集成化的并行的设计的系统化工作模式。

并行设计正是在市场激烈竞争的背景下,为缩短产品开发周期,同时提高产品质量、降低设计制造成本,而逐步形成和建立起来的新的设计思想和策略方法。

一、技术特征

并行设计通过下列技术特征表现出它的具体内涵。

1. 产品开发过程的并行重组

产品开发是一个从市场获得需求信息,据此构思产品开发方案,最终形成产品投放市场的过程。虽然在产品开发过程中并非所有步骤都可以平行进行,但根据对产品开发过程的信息流分析,可以通过一些工作步骤的平行交叉,大大缩短产品开发时间。

2. 支持并行设计的群组工作方式

在工业化社会大生产的环境下,设立供应、销售、设计、工艺、制造这些部门是必要的,但产品开发过程的并行化要求与产品开发有关各部门的工程技术人员不再是“你方唱罢我登场”,而是同时工作、共同工作,因而需要确立一种新的组织形式和工作方式,这就是由各有关部门工程技术人员组成的产品开发工作群组(必要时还可分成若干小组)。在产品开发过程中,有关人员同时在线,有关信息同时在线,工作步骤交叉平行,这是群组工作方式区别于传统串行工作方式的鲜明特点。

3. 统一的产品信息模型

统一的产品信息模型是实施并行设计的基础。产品设计过程是一个产品信息由少到多、由粗到细不断创作、积累和完善的过程,这些信息不仅包含完备的几何形状、尺寸信息,而且包含精度信息、加工工艺信息、装配工艺信息、成本信息等。二维几何模型显然不能满足这一要求,仅包含几何信息的三维模型也不能满足这一要求。因此,并行设计的产品信息模型应能将来自不同部门、不同内容、不同表述形式、不同抽象程度、不同关系、不同结构的产品信息包容在一个统一的信息模型之中。

4. 具有人工智能处理不完备、不确定信息的功能

正因为产品设计过程是一个产品信息由少到多、由粗到细的过程,因此在设计初期,有关产品的信息往往是不完备,甚至是不确定的。同时,在产品设计的全过程中,要处理的信息是多种形式的,既有数字信息,又有非数字信息;既有文字信息,又有图像信息,还要涉及大量知识型信息(概念、规则等)。因此,并行设计系统一定要具有能处理以上这些信息的人工智能。

5. 基于时间的决策

设计的过程是优化决策的过程,实施并行设计的首要目的是大幅度缩短产品开发周

期,因此要通过一系列的优化决策,组织、指导并控制产品开发过程,使之能以最短的时间开发出优质的产品。实践证明:面对多个方案,特别是其属性(评判指标)多于4~5个时,完全依靠人为的“拍脑袋”已很难做出正确的决策。因此,要应用多目标优化、多属性决策,尤其是多目标群组决策的方法。

6. 分布式的软、硬件环境

并行设计意味着在同一时间内多机、多程序对同一设计问题并行协同求解,因此网络化、分布式的信息系统是其必要条件。并行设计面向对象的软件系统,分布式的知识库、数据库能够根据产品设计的要求动态编联成相互独立的模块在多台终端上同时运行,并利用网络的计算机通信功能实现相互之间的同步协调。

7. 开放式的系统界面

并行设计系统是一个高度集成化的系统。一方面应具有优良的可扩展性、可维护性,可以按照产品开发的需要将不同的功能模块组成能完成产品开发任务的集成系统;另一方面,并行设计系统又是整个企业计算机信息系统的组成部分,在产品开发过程中,必须与其他系统进行频繁的数据交换。

二、关键技术

并行设计是一种系统化、集成化的现代设计技术。它以计算机作为主要技术手段,除了通常意义下的CAD、CAPP、CAM、产品数据管理系统(Product Data Management System,PDMS)等单元技术的应用外,还要着重解决以下一些关键技术问题。

1. 产品并行开发过程建模及优化

并行设计的思想是在研究产品开发过程的基础上形成的,要实现产品的并行设计,首先要建立起产品并行开发的信息模型。

对产品开发过程信息模型的研究始于20世纪60年代末70年代初,当时的术语叫结构分析,用一套符号及一些规约方法表示出产品开发中的信息流动,提出数据流动图(Data Flow Diagram,DFD)建模技术。美国软件技术公司通过类似的研究,提出了结构功能分析方法,把由人员、机械、方法、材料、产品等组成的系统用图形、文字加以表示,建立了结构分析和设计技术(Structural Analysis and Design Technology,SADT)系统。1978年被美国空军选作支持集成计算机辅助制造(Integration Computer Aided Manufacturing,ICAM)系统的软件技术,以后又在SADT的基础上将其发展成为四类集成计算机辅助制造定义方法(ICAM),分别用于含有计算机及软件工程的系统、信息分析、动态分析和过程建模,并在工业界得到应用。

2. 支持并行设计的计算机信息系统

信息交流对产品开发具有特别重要的意义。根据国外的调查统计资料,产品开发工程师的全部工作时间中有30%~40%用于信息交流,产品开发过程由串行转变为并行后,对信息交流的直接性、及时性、透明度提出了更高的要求。因此,计算机信息系统是支持并行设计的主体框架,如图2-3所示。国外文献中介绍的CSCW(Computer Supported Corperation Work),即计算机支持的协同工作,就是这种信息系统的范例。

通信和协调是并行设计计算机信息系统的两个主要功能。

3. 模拟仿真技术

并行设计的含义不仅在于设计过程中某些工作步骤的平行交叉，而且还在于产品设计阶段就能充分考虑加工、装配，甚至使用、维修这些与产品开发相关的后续过程。传统的产品开发过程是“设计—样机制作—修改设计”的循环过程，不仅样机制作既费时又费工，延长了产品开发周期，而且在样机制作后才发现设计存在的问题，将会造成巨大的浪费。

国外一份调查数据表明，为了纠正某一产品设计中的错误，需增加的花费情况如下：

①在设计阶段加以纠正，仅需花费 35 美元；

②在零件加工之前加以纠正，需花费 177 美元；

③在成批生产之前加以纠正，需花费 368 美元；

④如等到产品投放市场后才加以纠正，则需花费 59000 美元。

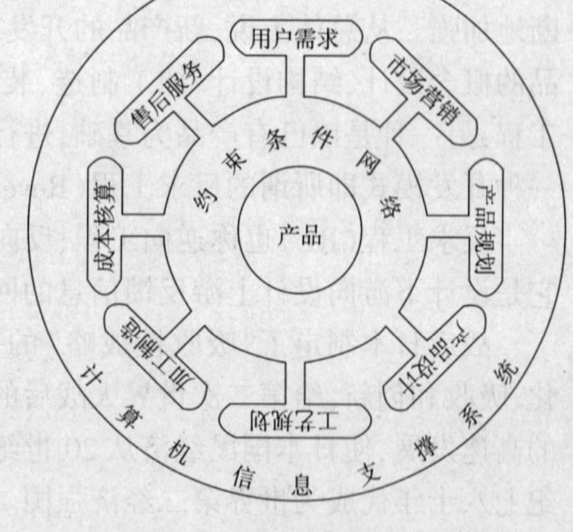

图 2-3 并行设计系统结构示意图

因此，将设计中的错误和缺陷尽早发现并纠正在设计初期，提高产品开发的一次成功率，无论是对于提高产品设计质量，还是对于缩短设计周期、降低设计成本都是十分重要的。但是，并行设计中不是通过费时费工的样机制作来发现可能影响加工、装配、使用、维修的设计错误和缺陷，而是通过计算机模拟仿真（当然也可通过快速样机制作）来实现这一目的。例如，虚拟制造、虚拟装配、结构有限元计算、产品静动态性能仿真，直至应用虚拟现实技术，让用户“身临其境”地体验产品的各项性能。

4. 产品性能综合评价和决策系统

并行设计作为现代设计方法，其核心准则是“最优化”。在对产品各项性能进行模拟仿真的基础上，要进行产品各项性能，包括可加工性、可装配性、可检验性、易维修性，以及材料成本、加工成本、管理成本的综合评价。因此，产品性能综合评价和决策系统是并行设计系统不可缺少的模块。

5. 并行设计中的管理技术

并行设计系统是一项复杂的人机工程，不仅涉及技术科学，而且还涉及管理科学。目前的企业组织机构是建立在产品开发的串行模式基础上的，并行设计的实施势必导致企业的机构设置、运行方式、管理手段发生较大的改变。

三、技术经济效益

并行设计的技术经济效益体现在以下几个主要方面。

(1) 提高企业对市场需求的响应速度。

(2) 提高产品开发的一次成功率。

(3) 降低产品的开发成本。

总之，并行设计能从质量、时间、成本三个核心因素，全面提高企业及其产品的市场竞争能力，在实践中已显露出其巨大的技术经济效益。

第三节 反求工程

随着市场竞争的加剧，产品生命周期越来越短，企业界对新产品开发力度也得到不断地加强。从总体上说，新产品的开发有两种不同的模式：一是从市场需求出发，历经产品的概念设计、结构设计、加工制造、装配检验等产品开发过程，被称为产品开发的正向工程；另一种是以已有产品为基础，进行消化、吸收并进行创新改进，使之成为新产品，这一种开发模式即所谓的反求工程（Reverse Engineering，RE）。

反求工程（RE）也称逆向工程、反向工程等。反求工程起源于精密测量和质量检验，它是设计下游向设计上游反馈信息的回路。

战后日本制定了“吸收性战略”的基本国策，应用反求工程对其引进的技术进行消化、吸收和创新，给第二次世界大战后的日本国民经济注入了新的活力，推动了日本经济的高速发展，使日本国民经济从20世纪50年代落后先进国家20～30年的状态，到20世纪七八十年代成为世界第二经济强国。

反求工程是一项涉及多学科、多种技术交叉的综合工程。在进行反求工程设计时不可避免地要应用计算机辅助设计技术、有限元分析等现代设计和分析技术。随着计算应用技术、数据检测技术、数控技术的广泛应用，反求工程受到人们日益广泛重视，已成为新产品快速开发的有效工具。

根据产品信息的来源不同，可将反求工程分为：

（1）实物反求，其信息源为产品的实模型。

（2）软件反求，信息源为产品的工程图样、数控程序、技术文件等。

（3）影像反求，信息图片、照片或影像等资料。人们对其中的实物反求的研究最为深入，其应用也最为广泛。

反求工程技术不同于一般常规的产品仿制，采用反求工程技术开发的产品往往比较复杂，通常由一些复杂曲面构成，精度要求也较高，若采用常规仿制方法难以实现，必须借助于如CAD/CAE/CAM/CAT等计算机辅助（CAX）技术手段。可以说，反求工程是计算机辅助技术的一种典型应用。

一、研究对象

（1）反求对象设计指导思想、功能原理方案分析：要分析一个产品，首先要从产品的设计指导思想分析入手。

（2）反求对象材料的分析：对反求对象材料的分析包括了材料成分的分析、材料组织结构的分析和材料的性能检测几大部分。

（3）反求对象工艺、装配分析：反求设计和反求工艺是相互联系的，缺一不可。

（4）反求对象精度的分析：产品的精度直接影响到产品的性能，对反求分析的产品进行精度分析，是反求分析的重要组成部分。

（5）反求对象造型的分析：产品造型设计是产品设计与艺术设计相结合的综合性技

术，其主要目的是运用工业美学、产品造型原理、人机工程学原理等对产品的外形构型、色彩设计等进行分析，以提高产品的外观质量和舒适方便程度。

(6)反求对象系列化、模块化分析：分析反求对象时，要做到思路开阔，要考虑到所引进的产品是否已经系列化了，是否为系列型谱中的一个，在系列型谱中是否具有代表性，产品的模块化程度如何等具体问题，使在设计制造时少走弯路，提高产品质量，降低成本，生产出多品种、多规格、通用化较强的产品，提高产品的市场竞争力。

二、研究内容

反求工程的研究内容应该包括对所引进产品设备设计理论、生产制造工程、管理工程等诸多方面的研究。

从设计角度而言，反求工程技术的研究内容主要包括以下几个部分：①分析所引进产品的设计指导思想；②功能和原理方案分析；③结构分析；④形体尺寸分析；⑤精度分析；⑥材料分析；⑦工作性能分析；⑧造型设计分析；⑨工艺分析；⑩使用和维修分析；⑪包装技术分析。

三、基本步骤

反求工程的基本步骤如图 2-4 所示，分为分析阶段、再设计阶段及反求产品的制造阶段。

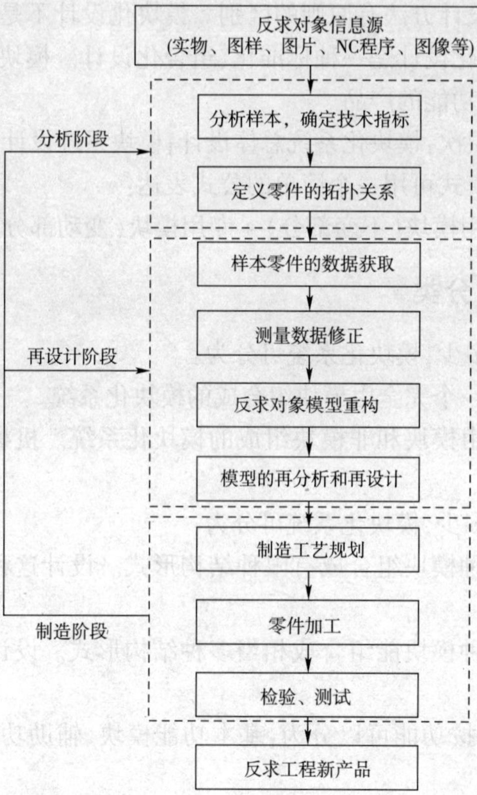

图 2-4　反求工程的基本步骤

四、关键技术

1. 反求对象的数字化方法与技术(表 2-2)

实物数字化方法　　表 2-2

数据获取方法											
接触方法				非接触方法							其他
				光学							
机械手	CMMs	声波	电磁	三角测量	激光测距	干涉测量	结构光	图像分析	声波	电磁	层析法

2. 模型重构技术

所谓模型重构,就是根据所采集的样本几何数据在计算机内重构样本模型的技术。坐标测量技术的发展使得对样本的细微测量成为可能。样本测量数据十分庞大,常达几十万甚至上百万个数据点,海量的数据给数据处理以及模型重构带来了一定困难。

第四节　模块化设计

模块化设计与传统设计方法有原则的区别。模块化设计不是面向某一个产品,而是面向整个产品系统;模块化设计是一种标准化、组合化设计。模块化设计有两个对象:有特定功能的模块;有使用功能的产品。

模块化设计有 3 个层次:模块化系统总体设计;模块系统设计;模块化产品设计。

模块化产品的构成模式可用一个简单的公式表达:

新产品(系统) = 通用模块(不变部分) + 专用模块(变动部分)。

一、模块化系统的分类

按产品中模块使用多少,模块化系统可分为:

(1)纯模块化系统:一个完全由模块组合成的模块化系统。

(2)混合系统:一个由模块和非模块组成的模块化系统。机械模块化系统多是这种类型。

按模块组合可能性多少,模块化系统可分为:

(1)闭式系统:有限种模块组合成有限种结构形式。设计这种系统时须考虑到所有可能的方案。

(2)开式系统:有限种模块能组合成相当多种结构形式。设计这种系统时主要考虑模块组合变化规则。

模块实现一定功能,按功能可以分为:基本功能模块、辅助功能模块、特殊功能模块和适应功能模块等。

(1)基本功能是系统中基本的、经常重复的、不可缺少的功能,在系统中基本不变,如车床中主轴的旋转功能。其相应模块称为基本模块。

(2)辅助功能主要指实现安装和连接所需的功能,例如一些用于连接的压板、特制连接件。其相应模块称为辅助模块。

(3)特殊功能是表征系统中某种或某几种产品特殊的、使之更完善或有所扩展的功能,如仪表车床中的球面切削装置模块,便扩展了它的功能。其相应模块称为特殊模块。

(4)适应功能是为了和其他系统或边界条件相适应所需要的可临时改变的功能。相应模块称为适应模块。它的尺寸基本确定,只是由于上述未能预知的条件,某个(些)尺寸须根据当时情况予以改变,以满足预定要求。一些厚度尺寸可变的垫块即可构成这种性质的模块。

(5)用户专用功能指某些不能预知的、由用户特别制定的功能,该功能有预期不确定性和极少重复的特点,由非模块化单元实现。

二、模块化设计的步骤

模块化设计也可分为两个不同层次。将模块化系统总体设计和模块系统设计合并为第一个层次,即为系列模块化产品研制过程,需要根据市场调研结果对整个系列进行模块化设计,本质上是系列产品研制过程,如图 2-5 所示。第二个层次为单个产品的模块化设计,需要根据用户的具体要求对模块进行选择和组合,并加以必要的设计计算和校核计算,本质上是选择及组合过程,如图 2-6 所示。

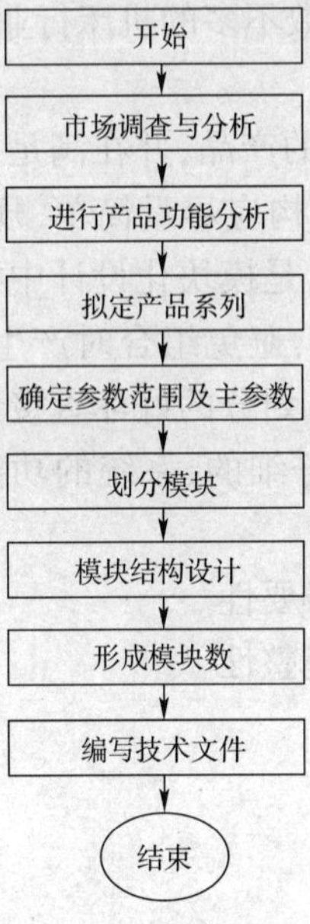

图 2-5　模块化系列产品研制过程

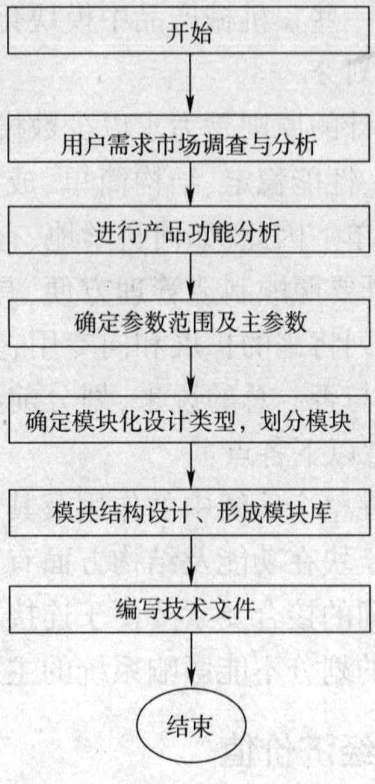

图 2-6　模块化产品设计过程

模块化设计方法是个系统工程,一个完善的模块化设计系统需要针对具体产品的特点,其模块化设计系统的建立主要集中在以下几个方面的工作:

(1)市场调查与分析:这是模块化设计成功的前提。

(2)进行产品功能分析:拟定产品系列型谱、合理确定模块化设计所覆盖的产品种类和规格。

(3)确定参数范围和主参数:产品参数有尺寸参数、运动参数和动力参数(功率、转矩、电压等),须合理确定,范围过高过宽造成浪费、过低过窄不能满足要求。

(4)确定模块化设计类型,划分模块:只有少数方案用到的特殊功能,可由非模块实现;若干部分功能相结合,可由一个模块实现(对于调整功能尤其如此)。

(5)模块结构设计,形成模块库。

(6)编写技术文件。

三、关键技术

1. 模块标准化

它是指模块结构标准化,尤其是模块接口标准化。模块化设计所依赖的是模块的组合,即连接或啮合,又称为接口。显然,为了保证不同功能模块的组合和相同功能模块的互换,模块应具有可组合性和可互换性两个特征。而这两个特征主要体现在接口上,必须提高其标准化、通用化、规格化的程度。例如,具有相同功能、不同性能的单元一定要具有相同的安装基面和相同的安装尺寸,才能保证模块的有效组合。在计算机行业中,由于采用了标准的总线结构,来自不同国家和地区厂家的模块均能组成计算机系统并协调工作,使这些厂家可以集中精力,大量生产某些特定的模块,并不断进行精心改进和研究,促使计算机技术达到空前的发展。相比之下,机械行业针对模块化设计所做的标准化工作就逊色一些。机械产品中模块化设计仅应用于为数不多的机床行业。

2. 模块的划分

模块化设计的原则是力求以少数模块组成尽可能多的产品,并在满足要求的基础上使产品精度高、性能稳定、结构简单、成本低廉,且模块结构应尽量简单、规范,模块间的联系尽可能简单。因此,如何科学地、有节制地划分模块,是模块化设计中很具有艺术性的一项工作,既要照顾制造管理方便,具有较大的灵活性,避免组合时产生混乱,又要考虑到该模块系列将来的扩展和向专用、变型产品的辐射。划分的好坏直接影响到模块系列设计的成功与否。总的说来,划分前必须对系统进行仔细的、系统的功能分析和结构分析,并要注意以下各点:

(1)模块在整个系统中的作用及其更换的可能性和必要性。

(2)保持模块在功能及结构方面有一定的独立性和完整性。

(3)模块间的接合要素要便于连接与分离。

(4)模块的划分不能影响系统的主要功能。

四、技术经济价值

随着时代的发展,市场对机电产品的品种、规格、性能、质量及交货周期等方面提出了越来越高的要求,传统的设计方法已难以满足这些要求,由此出现了一系列现代设计方法,从不同角度来解决这一矛盾。欧美国家提出的“模块化设计”这一新的设计概念和设计方法之所以迅速在各个领域得到广泛应用,是由于它具有巨大的技术、经济价值。它的意义不仅在于能缩短产品的设计制造周期,可提高产品的质量和可靠性,实现多品种、小批量生产方式与效率的统一;而且,作为一种新的思维方式和新的工作方法的广义模块化,还有其更为广阔的应用前景。它是一种能适应新产业革命、适应信息时代需要的极有前途的新思路、新设计方法、新标准化形式。

模块化设计技术的技术经济价值主要表现在:

(1)简化设计,实现技术和资源共享。

(2)提高生产效率,缩短供货周期。

(3)有利于发展产品品种和引进新技术,取得市场竞争的主动权。

(4)有利于提高产品质量和可靠性。

(5)良好的可维修性。

(6)良好的效费比。

(7)有利于推动科技进步和实现科技成果产业化。

第五节　价 值 工 程

价值工程(Value Engineering,VE)是一门管理及设计技术。它以产品的功能分析为核心,以科学的分析方法为工具,寻求功能与成本的最佳组合以获得最佳的产品价值。

价值工程是20世纪40年代由美国通用电气公司L. D. Miles工程师首创的,他从产品功能角度出发来研究和解决材料的代用问题。1971年美国把价值工程与系统分析、电子计算机在管理中的应用、管理数学、网络技术和行为科学等并列为现代六大管理技术。到了20世纪70年代,日本的一些企业开始用价值设计和价值革新等方法,从提高产品性能和降低生产成本两方面入手,在产品开发时有效地提高产品的价值。目前,欧洲和日本等先进的工业化国家都已广泛采用,其经济效益十分显著。

20世纪70年代末,价值工程引入中国,中国许多企业和部门由于运用价值工程而获得了显著的经济效益。1983年国家经委把价值工程列为在全国企业推广应用的18种现代管理技术之一,1988年《价值工程基本术语和一般工作程序》国家标准开始颁布并得以实施,使价值工程作为一种国家强制性设计规范的地位得以确立,这为价值工程技术的规范化和推广应用起到了积极的作用。据不完全统计,价值工程技术的应用为中国带来的直接经济效益在10亿元以上。

一、价值工程的基本概念

"价值工程"(VE)起源于美国,又称"价值分析"(Value Analysis,VA),还称价值保证、价值管理、价值研究等。它们的含义都是相似的,基本原理和目的是一样的。价值工程是一种运用集体智慧和有组织的活动,着重对产品(或服务)进行功能分析,使之以最低的总成本(生命周期成本)、可靠地实现产品(或服务)必要的功能,从而提高产品(或服务)价值的科学的技术经济分析方法。

价值工程是20世纪40年代由美国通用电气公司设计工程师L. D.麦尔斯(L. D. Miles)首创的。他最初的思想是:"我得不到某种产品或材料,但可设法获得它的功能。"关键的问题是如何用现有的材料、设备和人力来实现这种功能,他从功能的角度来研究和解决材料的代用问题。此后,麦尔斯在产品设计和降低成本的研究工作中,把解决采购材料问题的思路,用于改进产品设计,彻底理解用户所要求的功能,进一步把设计新产品的问题转换为用最低成本向用户提供所需功能的问题。由此总结形成了一套较为系统的、以最小成本耗费提供必要功能、获得最优价值的科学方法。

在价值工程中,价值的定义为

$$V = \frac{F}{C} \tag{2-1}$$

式中:V——价值;

F——功能评价值;

C——总成本。

可见,价值工程包括3个基本要素,即价值、功能和成本。

二、价值工程的特征

(1)着重于提高产品的价值。

(2)侧重于研制阶段开展工作。

(3)把功能分析作为自己独特的研究方法。

(4)把技术问题和经济问题紧密结合。

三、技术方法

1. 对象选择的方法

1)ABC分析法

ABC分析法亦称成本比重分析法或巴雷特(Pareto)分析法,它是价值工程对象选择的常用方法之一。此种方法亦可用于对库存零件的分类控制。

在利用ABC分析法进行对象选择时,首先将零件按其成本大小进行排队,优先选择成本大的少数零件作为价值分析的对象,ABC分类法的优点是能抓住重点,把数量少而成本大的零部件选为价值分析对象,利于集中精力,突破重点,取得较大成果。

2)百分比法

这是一种按某项费用或某种资源,在不同产品和作业中或某一产品或作业的不同组成部分中,所占的比重大小来选择对象的方法。

3)产品生命周期法

产品从试制到被淘汰的整个过程称为产品的生命周期。一般经过4个阶段:投产期、发展期、成熟期和衰退期。

处在投产期的新产品是价值工程的对象。在设计新产品过程中,应大力进行价值工程活动,使产品有较大的价值,使它一上市场就能扩大市场,取得较多的利润。处于成熟期的产品,如企业决定再增加较少投资,提高它的功能或降低成本和售价,也应选为价值工程对象;或者产品销售额已下降,但还有可能对购买力低的用户打开销路,这样的产品也应选为价值工程的对象。

2. 功能评价的方法

功能成本法的特点是以功能的必要(最低)费用来计量功能,其步骤如下:

(1)确定一个产品(或部件)的全部零件的现实成本。

(2)把零件成本核算成功能成本。

(3)确定功能的必要成本(最低成本,也称目标成本)。

(4)计算各功能的价值。计算公式仍采用 $V - F/C$,但这里的 V 以价值系数表示,F 是以实现这一功能的必要成本来计量,C 表示实现这一功能的现实成本,即通过这样计算,就知道了每一功能的现实价值的大小,计算出的功能价值(即价值系数)一般都小于1,即现实成本高于必要成本。现实成本和必要成本之差($C - F$)就是改善的幅度,也称期望值。

(5)按价值系数从小到大的顺序排队,确定价值工程对象、重点、顺序和目标。

3.方案创造的方法

(1)畅谈会法。亦称"BS 法"(Brain Storming 的缩写),意思是突如其来的好想法,或直译作"头脑风暴法"。这种方法以开小组会的方式进行,人数不宜过多,以 5 ~ 10 人为宜。

(2)哥顿法这是美国人哥顿在 1964 年提出的方法。这种方法的指导思想是,把要研究的问题适当抽象,以利于开阔思路。会议主持者并不把要解决的问题全部摊开,只把问题抽象地介绍给大家,要求海阔天空地提出各种设想。

4.方案评价的选择的方法

1)优缺点列举法

优缺点列举法是从质量、性能、成本等各个方面详细列出各方案的优缺点,根据方案的优缺点对比,评价选择最优方案。这种方法灵活简便,也便于全面地考虑问题,但评价比较粗糙,缺乏定量依据。

2)定量评价法

该方法又分如下两类。

(1)第一类是直接打分法。这种方法是根据各种方案能够达到各项功能要求的程度,按十分制进行打分,然后算出每个方案达到功能要求的总分。比较各方案的总分,初步分出不用、保留、采纳的方案。然后再算出保留、采纳方案的成本,进行成本比较,决定最优方案。

(2)第二类是加权打分法。这种方法特点是把成本、功能各种因素,根据要求的不同予以加权计算,然后算出综合分数再加以选择。

第六节 质量功能配置

一、基本概念

质量功能配置(Quality Function Development,QFD)是一种面向市场顾客的产品开发工作中的管理、方案设计、零部件设计、制造工艺计划以及生产组织等一系列过程有机协调的系统化方法,是现代管理和质量工程的核心技术之一。QFD 的基本思想是面向市场顾客,把市场顾客的需求尽可能准确地反映在产品开发的管理组织、方案设计、制造工艺计划和生产组织的各个环节，产品开发各阶段的进展和协调由市场顾客的需求驱动，以此来保证尽可能地满足市场顾客的需求。这种系统化的方法较充分地体现了顾客需求至上的市场经济的特点，避免了从产品开发的决策到产品投放市场的各个环节的盲目性，从而加快产品的设计周期，降低产品的开发费用，提高产品的质量和市场竞争能力。

QFD 的思想方法最初是由日本的 Shigeru Mizuno 博士在 20 世纪 60 年代提出后，在 70 年代被日本丰田公司将该方法用于汽车车身和新型集装箱车辆的研究设计与生产制造，在开发费用、开发周期和产品质量功能方面取得了显著的成效。QFD 技术方法在 80 年代被介绍到欧美，迅即得到重视，理论研究和推广应用进展很快。美国专门从事车质量管理和质量工程技术咨询服务的美国供应商协会等机构均积极开展了研究和推广应用工作，一些世界上著名的大公司，如麦道公司、美国电报电话公司、福特汽车公司和加拿大通用汽车公司等相继采用了 QFD 技术方法。横向的推广应用和纵向的深入研究表明，QFD 被公认为满足市场顾客需求、赢得市场、提高企业经济效益的有效的系统化方法。QFD 方法的基本理论研究和实际应用在国内也已开始，其应用已见之于 CIMS 集成质量系统、机械传动系统、电信工程以及计算机应用软件开发等方面。理论上一些学者也进行了研究拓展工作，提出了一些有价值的思想观点和方法。这些对 QFD 技术方法在国内的发展、推广与应用，提高企业的管理水平和经济效益是很有意义的。

二、案例：质量功能配置在潜艇研制中的应用

1. 需求分析及设计规划

使用潜艇的顾客主要是军方。对于军方：以潜艇军代表为对象，通过他们向使用潜艇的部队进行咨询，采取信件和询问的调查方式获取信息（图 2-7）。另外，对现有研制、生产、服务等过程的信息资料的筛选、整理和分析，也是获取军方顾客需求的有效途径。在现实中军方顾客的需求要不断进行调整和完善。

从图 2-7 可看出：

(1) 在军方顾客需求向技术需求转换过程中，其加权评分准则采用 1、3、9 关系度等级，用△表示 1，○表示 3，●表示 9。

(2) 军方顾客竞争性评估是站在军方顾客的角度对自己研制的潜艇在满足顾客需求上进行的评价，反映了现有潜艇的优点及其需要改进的地方。

(3) 技术竞争性评估是通过对技术需求的试验、查阅有关技术文件等方式确定自己的产品及竞争者的同类产品的技术需求指标。

(4) 潜艇和其他产品一样，有些技术需求之间是相互关联的。用○表示正相关。

(5) 通过对规划矩阵的分析，按以下 3 种情况确定技术需求目标值：

①有关技术文献中已规定了潜艇的技术指标或要求，对于军方需求重要度不是特别高的，而且通过竞争性评估和技术性评估，只要满足技术指标要求，就可使军方得到满意的技术需求，就将其目标植设置为技术指标值或要求，这些技术需求占绝大多数。

②有关技术文献中规定的技术指标，只是一般性要求，比如“主尺度”，相关标准规定潜艇的设计及制造应符合规定的设计结构尺寸，所以潜艇的主尺度可根据实际情况来确定。

③潜艇的技术需求被军方认为最佳，比如某项技术性能指标占优，且顾客评估为5，很满意。如果再采取措施提高该项技术需求目标值，不但不会获得经济效益，反而会增加研制成本，得不偿失，所以就保持原指标。

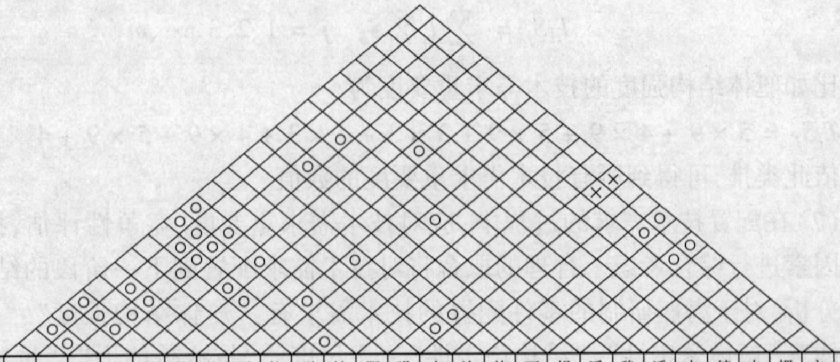

技术需求 / 顾客需求	重要度	最大潜度	下潜次数	艇体结构强度	主尺度	艇体紧密性	抗冲击能力	抗疲劳能力	耐海水腐蚀能力	抗脆性破坏能力	耐压能力	结构稳定性	服役期限	噪声振动	表面光顺性	涂装	快速性	不沉性	操纵性	浮性	稳性	适航性	水下自持力	续航力	水下自浮能力	螺旋桨性能	主机性能	顾客竞争性评估 国内	顾客竞争性评估 国外
最大潜深大	5	●		●	○	●					●	●																2	5
下潜次数多	4		●	●		△		●			○	○																3	5
艇体强度高	5	●	●	●	○	○	●		○		●	●						○										3	5
主尺度误差小	3	○		○	●						○	○					●											2	4
艇体紧密性好	4	●	△	○		●					○							●		○								3	5
抗冲击能力强	4			●			●																					3	4
抗疲劳能力强	4		●					●			○	○																2	5
耐海水腐蚀能力强	4								●				△				○											3	4
抗脆性破坏能力强	5									●		○																3	4
耐压能力强	5	●	○	●	○	○	△	○			●																	2	5
结构稳定性强	5	●	○		○		○	○		○		●																2	5
使用寿命长	4								△				●															3	4
噪声/振动小	5													●		○										●	●	2	5
外形美观	2				●										●	●												4	4
快速性好	5				●				○						●	○	●									●	●	2	4
不沉性好	5			○		●												●										2	5
操纵性好	5																		●							●	○	2	5
浮性好	4					○														●								2	5
稳性好	4																				●							3	5
适航性好	4																					●						2	4
水下自持力好	5																						●					3	5
续航时间长	5																							●				3	5
水下自浮能力强	3																								●			4	4
技术竞争性评估	国内	2	3	3	2	3	3	2	3	3	2	2	3	2	2	2	2	2	2	2	3	2	3	3	3	2	3		
	国外	5	5	5	4	5	5	5	4	4	5	5	4	5	3	4	4	5	5	5	5	4	5	5	5	5	5		
技术需求目标值		300~450 m	≤500次	满足设计要求	满足设计要求	密性实验	GJB4000–2000 074.3.1 074.4.1.1 GJB106.0.1	满足设计要求	满足设计要求	满足设计要求	满足设计要求	满足设计要求	30年	GJB4000–2000 074.6.2.1.1 HJB 696.1	GJB4000–2000 110.5.1	GJB4000–2000 097 GB/T3513	达到设计要求	GJB4000–2000 055.5.3	GJB4000–2000 055.3.3 055.4.2	GJB4000–2000 053.1.4.–053.3.1.15	GJB4000–2000 053.4.1.2 053.4.2.2	GJB4000–2000 054.2.1	满足设计要求	GJB/Z118	GJB4000–2000 053.5.3	满足设计要求	满足设计要求	300~450m	≤500次
技术需求权重		225	151	243	150	172	101	102	70	60	184	195	40	45	63	48	84	96	45	57	36	36	45	45	45	135	105	225	151

图 2-7　潜艇质量规划屋

(6)技术需求重要度是通过相关矩阵运算得到的，运算的主要依据是顾客需求重要度与技术需求之间的相关程度。设第 i 个顾客需求重要度为 I_i，第 i 顾客需求和第 j 个技术需求之间的关系程度为 S_{ij}，那么第 j 个技术需求重要度则为

$$T_iS_j = \sum_{i=1}^{n} I_i \times S_{ij} \quad j = 1、2、3、\cdots、m \tag{2-2}$$

比如艇体结构强度的技术需求重要度为

$$T_iS_j = 5\times9+4\times9+5\times9+3\times3+4\times3+4\times9+5\times9+4\times3+5\times3 = 243$$

依此类推，可得到所有技术需求重要度的数值。

(7)在配置技术需求的过程中，应对技术需求重要度、竞争性评估、技术需求相关矩阵等因素进行综合考虑。合理的取舍将对技术需求配置到下一阶段的结果有很大影响。通过分析，对于潜艇研制的零件配置的技术需求有："艇体结构强度"、"最大潜深"、"耐压性能"、"艇体紧密性"、"结构稳定性"、"主尺度"、"抗疲劳能力"、"抗冲击能力"和"下潜次数"等。

2. 零件配置阶段

1)故障模式分析

潜艇若其性能不良或下降，将直接影响潜艇的战斗力，甚至生命力。采用失效模式影响及危险性分析方法(Failure Mode Effect and Criticality Analysis，FMECA)，对潜艇研制过程中各组成部分潜在的各种失效模式及对功能的影响进行分析，并确定每个失效的等级，从而可以有针对性地对其薄弱环节提出可能的预防和改进措施以提高潜艇的可靠性，并为零件配置提供重要参考。

2)零件配置

由于潜艇要配置的 9 项技术需求不仅是上阶段重要度值高的技术需求，而且是通过综合因素而获得的。因此，此阶段配置中，这 9 项相对来说都是很重要的，要重新确定分值。仍用数字 1 ~ 5 来表示重要度值，规定它们都在 3 以上，并参考上阶段的结果得到各个技术需求的重要度。在确定技术需求与零件特征的关系时，仍采用●、○和△符号来表示技术需求与零件特征的关系强弱程度。计算零件特征权重的方法用公式：

$$T_i = \sum_{i=1}^{n} I_i \times S_{ij} \quad i = 1、2、3、\cdots、m \tag{2-3}$$

式中：T_i——权重；

I_i——技术需求重要度；

S_{ij}——第 i 个技术需求和第 j 个零件特征的关系程度。

确定配置的关键零件特征时，首先应从零件配置矩阵中找出"强"相关符号最多的零件特征；其次，根据 FMECA 的评估结果确定关键的零件特征；最后，从获取的权重数值大小分析。从图 2-8 中看出"耐压小壳圈强度、材料和椭圆度变形"需要往下配置。而"非耐压壳"、"耐压指挥室"、"耐压液舱"的强度与耐压小壳圈的强度要求相似，无须往下配置。另外，其他权重较小的权重也不再配置。因此，潜艇研制需要对耐压小壳圈的材料、强度和椭圆度变形进行配置(图 2-8)。

零件特征 / 重要度 / 技术需求		耐压船体/小壳圈											非耐压壳		耐压指挥室			耐压液舱				上层建筑		指挥室围壳	
		材料	强度	椭圆度变形	周长	端面水平度	壳圈纵焊缝直线度	肋骨或隔壁安装位置	肋骨间距	肋骨水平	每米和度上肋骨直线度	壳圈母线垂直度	主尺度	强度	强度	肋骨间距	外形尺寸	强度	肋骨垂直度	肋板垂直度	肋骨间距	外形尺寸	强度与稳定性	外形尺寸	强度与稳定性
艇体结构强度	5	●	●	●				○	○	△			○	○	○		○	○	△	○		○		○	
最大潜深	5	●	●	●				○	○	△			●	●	○		●	○	△	○		●		●	
耐压性能	5	●	●	●				○	○	△			●	●	○		●	○	△	○		●		●	
艇体紧密性	5		△		△	○							△	△			△		○			△		△	
结构稳定性	5	●	●	●		●		●	●	△			●	●	●		●	○		●		●		●	
主尺度	3											●				●					●		●		
抗疲劳能力	5	●	●	△				○	○				○	△	○		△	△	△	○		△		△	
抗冲击能力	5	●	●	●				○	○				○	△	○		△	△	△	○		△		△	
下潜次数	4	○	●																						
目标值		GJB4000–2000100 5.1GJBI 5.1GJB64.2A	GJB4000–2000 102.4.2.1–102.4.2.3	二垂直直径差≤6.0mm	误差 6.2~0mm	误差≤2.0mm	误差≤2.0mm	误差≤1.0mm	误差±3.0mm	误差≤1.0mm	误差≤3.0mm	误差≤2.0mm	满足设计要求	GJB4000–2000 102.4.2.2	GJB4000–2000 102.4.2.1.4	误差±3.0mm	GJB4000–2000 102.4.2	GJB4000–2000 102.4.2.1.8	误差≤2.0mm	误差≤2.0mm	误差±4.0mm	满足设计要求	GJB4000–2000 102.4.2.2.4	满足设计要求	GJB4000–2000 102.4.2.2.5
权重		282	311	230	5	50	0	120	120	15	0	0	27	185	165	120	27	165	70	40	120	27	165	27	165

图 2-8 零件配置矩阵

3. 工艺规划

由潜艇零件配置矩阵(图 2-8)可以看出,潜艇的材料、强度及椭圆度变形是最具代表性的 3 个零件特征,对潜艇的建造质量的影响最大。因此,对这些关键的零件特征进行分析就可以很大程度上保证对潜艇耐压壳的材料、强度及椭圆度变形分别进行工艺规划(图 2-9)。在该阶段,仍然采用 1、3、9 的评分方法,并用△代表 1,用○代表 3,●代表 9。综上所述,解决潜艇建造质量问题,在现有条件下,对材料、强度和椭圆度变形进行合理规划是较为有效的。

	1	2
	采购验收	保管保养
目标值	按相关管理标准	按相关管理标准
权重	●	●

	1	2
	耐压壳板强度	耐压肋骨强度
目标值	按设计要求	按设计要求
权重	●	●

	1	2
	耐压壳板椭圆度变形	耐压肋骨椭圆度变形
目标值	二垂直直径差≤6.0mm	二垂直直径差≤6.0mm
权重	●	●

图 2-9 工艺规划矩阵

4. 质量控制规划

按全面质量管理体系要求,结合船厂和设计院研制潜艇质量控制的现行手段确定质量控制要点。按照工艺规划结果分别得到潜艇建造材料、强度及椭圆度变形的质量规划矩阵,详见表 2-3。

质量控制矩阵　　表2-3

	工艺步骤	工艺参数	控制点	控制方法	样本容量	检验方法
材料	采购验收	1.品种 2.规格 3.力学性能 4.化学成分 5.材质 6.有无缺陷	1.质量保证书 2.检验	1.检查质量合格书 2.性能试验 3.外观检查 4.按定货技术条件检查 5.操作人员技术水平	全部	按规程检查
	保管	1.防锈蚀	1.涂油脂 2.合理放置避免积水 3.入库前预处理	1.按操作规程 2.操作人员技术水平	全部	按规程检查
强度	耐压壳强度	1.材质 2.焊缝质量 3.壳板强度	1.无损探伤 2.强度试验 3.检验	1.操作人员技术水平 2.采用新工艺 3.提高检验精度	全部	按规程检查
	耐压肋骨强度	1.材质 2.焊缝质量 3.肋骨强度	1.无损探伤 2.强度试验 3.检验	1.操作人员技术水平 2.采用新工艺 3.提高检验精度	全部	按规程检查
椭圆度变形	耐压壳板椭圆度变形	1.焊接变形 2.弯制变形 3.放置及吊装变形	1.焊接工艺 2.中频感应加热弯曲 3.放置及吊装 4.管理 5.检测	1.采用新工艺 2.采用反变形等措施 3.正确的焊接顺序 4.提高加工精度 5.操作人员技术水平 6.提高检测水平	全部	按规程检查
	耐压肋骨椭圆度变形	1.焊接变形 2.弯制变形 3.放置及吊装变形	1.焊接工艺 2.弯制工艺放置及吊装 3.检测	1.采用新工艺 2.提高加工精度 3.操作人员技术水平 4.提高检测水平	全部	按规程检查

从表2-3中可以看出,在现有的技术条件和设备的基础上,要提高潜艇的建造质量,关键是要抓住潜艇材料、耐压小壳圈强度和耐压小壳圈椭圆度变形等几个主要矛盾,将其作为控制潜艇研制质量的关键和重点,以提高潜艇建造质量。

第七节　工业设计技术

工业设计技术是指以科技的手段,用艺术的表现,对工业产品在材料、结构、工艺、形态、表面处理及装饰等方面进行综合处理,使其具有实用、经济、美观的优良品质。从本质上看,工业设计技术是一种应用现代科学技术创造人类的实用工具、物品及环境,改变生活环境的活动。

工业设计是从人造物与人的关系出发,尤其是从人的需求、市场的需求,从人的生活和工作方式与质量的角度出发,全面提高产品设计质量。而不像工程设计那样,主要是解决人造物中"物与物"之间的关系问题(如机械、设备、交通工具)等。具体地说如汽车的汽缸和活塞之间的关系,机床、刀具与工件的运动链关系等。

工业设计技术是一个构思与表达的过程。设计构思是受市场营销学、普通心理学、消费心理学、人机工程学、技术美学和现代科学技术等因素的约束而形成的;表达设计即传达设计思想的方法,可以从简单、传统的手工绘制的效果图、外观模型到复杂的计算机辅助设计效果图、电子模型和快速成型(RP)方式完成的精确效果模型。同时工业设计技术是典型的多方案设计技术,应用的成效取决于设计技术和手段的完善以及设计师的设计能力。

工业设计技术最先应用于大规模制造业是在美国,比如通用电器(GE)、柯达(Kodak)、福特(FORD)、波音(BOEING)等公司。到20世纪80年代,在一些工业发达国家,工业设计技术和工业设计教育已形成体系,为制造业和跨国公司竞争提供技术和人才,同时受到各国政府和私人企业的重点资助。由于工业设计是解决人造物与人之间的关系问题,从其技术内涵来看,工业设计的工业产品不仅是工程技术的载体,而且是文化艺术的载体。

工业设计技术既有独特性又有与其他技术的相关性。因此,工业设计技术的应用和发展需要不断完善与相关技术的配套和协调,从而构成有效的设计体系。

工业设计是一门新兴的、综合性的应用科学。它是科学技术、艺术、经济、社会诸因素的有机结合,涉及应用物理、工艺学、材料科学、价值工程学、系统工程学、销售学、生理学、心理学、人机工程学、行为学、生态学、管理学、美学、社会学以及历史文化研究等多种学科。在促进产品升级换代,提高国际国内市场占有率,树立产品形象、企业形象和创造知名品牌等方面起着不可替代的重要作用。对于中国在21世纪最初10年建立与国际接轨的设计技术体系,创造中国自己的知名品牌和知名企业,树立中国产品形象和地位,发展有中国文化特色的设计造型风格,参与国际国内市场竞争,具有特别重要的意义。

第八节　计算机辅助设计

计算机辅助设计是人和计算机相结合、各尽所长的新型设计方法。在设计过程中,人可以进行创造性的思维活动,完成设计方案构思、工作原理拟定等,并将设计思想、设计方法经过综合、分析,转换成计算机可以处理的数学模型和解析这些模型的程序。在程序运行过程中,人可以评价设计结果,控制设计过程;计算机则可以发挥其分析计算和存储信息的能力,完成信息管理、绘图、模拟、优化和其他数值分析任务。一个好的计算机辅助设计系统既能充分发挥人的创造性作用,又能充分利用计算机的高速分析计算能力,找到人和计算机最佳结合点。

一、计算机辅助设计的功能与含义

计算机辅助设计(Computer Aided Design,CAD)是20世纪50年代末发展起来的综合性计算机应用技术。它是以计算机为工具,处理产品设计过程中的图形和数据信息,辅助完成产品设计过程的技术。

计算机辅助设计包括的内容很多,如概念设计、优化设计、有限元分析、计算机仿真、计算机绘图等。在计算机辅助设计工作中,计算机的任务实质上是进行大量的信息加工、管理和交换。也就是在设计人员的初步构思、判断、决策的基础上,由计算机对数据库中大量设计资料进行检索,根据设计要求进行计算、分析及优化,将初步设计结果显示在图形显示器上,以人机交互方式反复加以修改,经设计人员确认之后,在自动绘图机及打印机上输出设计结果。在CAD作业过程中,逻辑判断、科学计算和创造性思维是反复交叉进行的。一个完整的CAD系统,应在设计过程中的各个阶段都能发挥作用。而要实现这一点,就必须具备以下3个条件:

(1)建立完备的产品设计数据库。产品设计数据库是用来存储设计某类产品时所需的各种信息,如有关标准规范、经验曲线、计算公式等,都按照数据结构关系存入计算机。数据库可供CAD作业时检索或调用,也便于数据的管理和数据资源的共享。

(2)建立完备的应用程序库。即将解决某一类工程设计问题的通用及专用设计程序,如通用数学方法计算程序、常规机械设计程序、优化方法程序、有限元计算程序等,汇集备用。

(3)建立多功能交互式图形程序库。利用图形程序库可以进行二维及三维图形的信息处理,能在此基础上绘制工程设计图,建立标准件库、零部件库等图形处理工作。

二、关键技术

1.产品的造型建模技术

CAD的几何造型过程也就是对被设计对象进行描述,并用合适的数据结构存储在计算机内,以建立计算机内部模型的过程。

(1)线框模型。线框模型由一系列空间直线、圆弧和点组合而成,用来描述产品的轮廓外形。但无法产生剖面图、消除隐藏线以及求解两个形体间的交线,也无法根据线框进行物性计算和数控指令的编制等作业。

(2)表面模型。表面模型的数据结构是在线框模型的基础上,增加了有关面的信息和棱边的连接方向等内容。表面造型又分为"多边平面造型"和"曲面造型"两种。

(3)实体模型。实体模型较完整地反映三维实体的几何信息,它既能消除隐藏线,产生有明暗效应的立体图像;又能进行物性计算,进行装配体或者运动系统的空间干涉检查,进行有限元分析的前后处理以及多至五轴的数控编程等作业。

(4)特征造型。所谓特征就是描述产品信息的集合,也是构成零、部件设计与制造的基本几何体。它既能反映零件的几何信息,又反映了零件的加工工艺信息。常见的零件特征包括:形状特征、精度特征、技术特征、材料特征、装配特征等。

2.单一数据库与相关性设计

单一数据库就是与设计相关的全部数据信息来自一个数据库,所谓的相关性设计就是任何设计改动,都能及时地反映到设计过程的其他相关环节上。

3.NURBS曲面造型技术

非均匀有理B样条(Non - Uniform Rations B - Spline,NURBS),是一种用来定义CAD

模型中复杂的曲线、曲面的描述方法。运用 NURBS 造型技术可以采用统一的数学模型，精确地表示自由曲线、曲面，以及如直线、圆、抛物线、双曲线等这类规则的曲线和曲面，简化了系统结构和数据的管理，有利于对曲线、曲面进行局部操作和修改，提高了对曲线和曲面的构造能力和编辑修改能力。

4. CAD 与其他 CAX 系统的集成技术

CAD 技术与其他 CAX 技术进行有效的集成，包括 CAD/CAM 技术的集成、CAD 与 CIMS 其他功能系统的集成等。CAD 技术主要功能是进行产品的设计造型，为其他功能系统提供了共享的产品数据模型，成为 CIMS 或其他制造系统的基础和关键。

CAD 技术与其他 CAX 系统的集成，涉及产品的造型建模技术、工程数据的管理技术、数据交换接口等技术。

5. 标准化技术

由于 CAD 软件产品众多，为实现信息共享，相关软件必须支持异构、跨平台的工作环境。该问题的解决主要依靠 CAD 技术的标准化。国际标准化组织（ISO）制定了《产品数据模型交换标准》（Standard for the Exchange of Product Model Data，STEP）。STEP 采用统一的数字化定义方法，涵盖了产品的整个生命周期，是 CAD 技术最新的国际标准。

目前，主流的 CAD 软件系统都支持 ISO 标准及其他工业标准，面向应用的标准构件及零部件库的标准化也成为 CAD 系统的必备内容，为实现信息共享创造了条件。

第九节 优化设计

优化是一个很容易为人们所理解和接受的概念。因为，当人们按理性行为从事一项工作时，总希望把它尽量做好，精益求精，这就是朴素的优化。朴素的优化思想在我们日常生活中也随处可见。在设计过程中，常常需要根据产品设计的要求，合理确定各种参数，如重量、成本、性能、承载能力等，以期达到最佳的设计目标。实际上，在任何一项设计工作中，都包含着寻优过程。然而，在众多复杂的设计过程中，朴素的优化思想已显得力不从心。

优化设计是20 世纪60 年代发展起来的一门新的学科。它是最优化技术和计算机技术在设计领域应用的结果。优化设计为工程设计提供了一种重要的科学设计方法，在解决复杂设计问题时，它能从众多的设计方案中找到尽可能完善、最适宜的设计方案。要实现问题的优化必须具备两个条件：一是存在一个优化目标；二是具有多个方案可供选择。

在通常的产品设计中，满足上述两个条件的问题是广泛存在的。

目前，优化设计技术已趋于成熟，并在各类工程设计中得到广泛应用，并取得了显著的经济和社会效益。

工程设计上的“最优值”或“最佳值”系指在满足多种设计目标和约束条件下所获得的最令人满意、最适宜的值。它反映了人们的意图和目的，这不同于表示事物本身规律的极值——最大值和最小值。但在很多情况下，也可以用最大值或最小值来代表最优值。最优值的概念是相对的，随着科学技术的发展以及设计条件的变动，最优化的标准也将发生变化。也就是说,优化设计反映了人们对客观世界认识的深化,它要求人们根据事物的客观规律,在一定的物质基础和技术条件下充分发挥人的主观能动性,得出最优的设计方案。

最优化技术是优化设计全过程中各种方法、技术的总称。它主要包含两部分内容:优化设计问题的建模技术和优化设计问题的求解技术。如何将一个实际的设计问题抽象成一个优化设计问题,并建立起符合实际设计要求的优化设计数学模型,这就是建模技术中要解决的问题。建立实际问题的优化数学模型,不仅需要熟悉、掌握优化设计方法的基本理论、设计问题抽象和数学模型处理的基本技能,更重要的是要具有该设计领域的丰富设计经验。此外,在进行优化设计求解过程中,要不断地分析实际问题与数学模型之间存在的差距,不断地修正优化设计数学模型。只有这样,才可能建立起正确的数学模型,求解得到的最优解才有实际意义。

设计问题抽象和数学模型处理是建模过程中技术性很强的工作,也是建模技术研究的主要内容。除基本技能以外,大量的处理方法、技术是与具体的求解问题有关的。虽有一些文献涉及这方面问题,但都只局限于各自所研究的领域,或该领域的某一个分支,缺乏可推广的建模技术。所以,设计人员只有在长期从事优化设计工作中,不断地总结经验,提高建模技术水平。建模技术的高技术性,是阻碍优化设计普及应用的主要原因之一。

实际设计问题,经抽象处理后建立起相应的优化设计数学模型,接下来的任务是求解数学模型。求解的方法很多,早期的方法有:试算法、表格法、图解法和一元函数极值理论等。由于这些方法的求解能力太弱,几乎不能求解实际的优化设计问题。20 世纪 80 年代以来,计算机技术的迅猛发展,一大批的数学规划方法(优化设计方法),借助于计算机程序得以实现,解决了许多实际的优化设计问题。求解优化设计问题就是借助优化设计方法程序求解优化设计数学模型。然而,应该指出的是,多数的工程设计优化问题是一个非线性规划问题,而至今还没有任何一个优化设计方法程序能求解全部的非线性规划问题。

不同的非线性规划方法从理论上说有各自的求解能力和求解范围。由于方法的实现依赖于计算机程序,所以按某一个非线性规划方法理论形成的算法、编制的优化方法程序,在求解能力和求解范围上不仅受原方法的限制,而且还要受方法程序编制质量的影响,这就是说,即使是同一个方法,不同的方法程序在求解能力和求解范围上有时也相去甚远。由此可见,在选择方法程序时,不仅要选择方法,更重要的是选择程序。

由于实际的工程设计优化问题往往是一个函数性态较为复杂的数学规划问题,一般无法事先得知问题函数全局或最优解附近的函数特性,这就使方法程序的选择带有一定的盲目性,同时也降低了求得结果的可信性,即不能判断结果是全局最优还是局部最优。较好的解决办法是用多个优化方法程序来求解同一个优化设计问题。

早期从事优化设计的人们,一般都是用自己编制的优化方法程序来求解问题。但自编的程序由于受多种因素的制约,很难得到预期的结果。所以,选择优化方法程序以选用质量较高的商品化优化设计方法程序为宜,考虑到优化设计的特殊性,最好选择由多个方法程序和一些辅助程序组成的优化设计方法程序包或程序库。

第十节 模拟仿真与虚拟设计

模拟(Simulation)是指选取一个物理的或抽象的系统的某些行为特征,用另一个系统来表示它们的过程。仿真(Emulation)是指用另一数据处理系统,主要用硬件来全部或部分地模仿某一数据处理系统,使得模仿的系统能像被模仿的系统一样接受同样的数据,执行同样的程序,获得同样的结果。但是,人们在许多场合却习惯于将模拟仿真两个词连用,并用 Simulation 来表示,指的是:用模型(物理模型或数学模型)来模仿实际系统,代替实际系统来进行实验和研究,而模拟(Analog)却被用来仅指应用模拟计算机进行仿真。

VR 技术是计算机仿真技术在更高层次上的延伸与扩展。由于 VR 技术为用户提供逼真的感觉,包括三维视觉、立体听觉、触觉和嗅觉等,从而使人成为系统中集成的一部分,进入了沉浸—交互—构想,即三个“I”(Immersion - Interaction - Imagination)的信息环境。虚拟设计(Virtual Design,VD)就是在虚拟现实中从事设计的技术,它使设计者可以用各种方式表达和实现自己的设计意图,最大限度地充分发挥创造力和想像力,在一种丰富、自然的多维信息环境中完成一项工程或一个产品的设计、修改、制造、装配、测试和使用,从根本上改变产品设计的方式。

第十一节 可靠性设计

可信性是产品质量特性的重要内涵。按照国家标准《可靠性、维修性的基本术语与定义》(GB/T 3187—94)的定义,可信性是描述可用性和它的影响因素:可靠性、维修性及维修保障性的集合性术语。它一般用于非定量描述的场合。

可信性是广义可靠性概念的新发展。现在,人们对可靠性的概念已经比较熟悉。可靠性技术成为一项重要的综合系统工程已经有了四五十年的历史。它最初起源于军用电子装备工业。1957 年,美国国防部电子设备顾问委员会(Advisory Group on Reliability of Electronic Equipment,AGREE)发表了著名的《电子设备可靠性报告》。该报告系统地叙述了可靠性的理论基础和研究方法。此后,可靠性技术从军事到民用,从电子工业到航天、航空、核能、通信、汽车、家用电器和机械各个工业部门逐步开展和普及。

一、基本概念

可靠性技术的发展有其深刻的社会和历史的背景。近百年来,人类认识和改造自然的能力得到极大的增强,系统和设备日益向大型化、复杂化、集成化、高参数化和自动化方向发展。而可靠性技术是使这些大型复杂系统和设备实用化的技术关键。世界范围内的市场竞争日益剧烈,可靠性技术已成为现代企业在竞争中获取市场份额的有力工具。美国一些人士认为,今后能通过竞争留存于世界市场上的只是那些能掌握住自己产品的可靠性的企业。日本一些人士也认为今后世界市场上竞争的焦点是可靠性。社会和政府的干预也有力地推动了可靠性技术的发展。社会对服务(如运输、电力、通信和信息服务)的依赖日益增加,导致了用户对服务质量更高的要求和期望。用于这些服务的设备和产品的可信性是影响服务质量的一个重要因素。资源的缺乏、对安全和环境的关注,以及对产品生命周期费用的高度重视,都需强调可信性要求及其保证。

面对国内外激烈的市场竞争,机械工业企业必须认真对待用户的可信性要求。虽然可信性本身没有定量的指标。但组成可信性概念的可用性、可靠性、维修性和维修保障性都有具体的内涵和定量指标。

所谓可信性设计就是为满足用户的合同的或潜在的可信性定性、定量要求的设计方法。产品的成功使用,用户对产品的满意,以及产品制造企业的成就都取决于产品寿命周期内,特别是在产品的研制阶段对可信性及其有关因素的控制。

可靠性作为产品质量的主要指标之一,是随产品所使用时间的延续而在不断变化的。可靠性设计的任务就是确定产品质量指标的变化规律,并在其基础上确定如何以最少的费用以保证产品应有的工作寿命和可靠度,建立最优的设计方案,实现所要求的产品可靠性水平。

二、案例:舵装置的可靠性设计研究

舵装置是保证船舶操纵性的重要装置,它关系到船舶能否安全航行,尤其是单桨船的舵装置一旦损坏就有可能发生海损事故。由此可见舵装置的可靠性直接影响到船舶的安全性。舵装置的构成零件较多,对其进行可靠性设计,预先防止设计缺陷并及时纠正薄弱零部件,力求以最少资源消耗和周期保证舵装置的质量。随着可靠性理论和工程的发展以及对舵装置的失效机理认识的深化,使得可靠性设计与传统设计相结合成为可能。

1. 传统设计方法概述

舵装置的传统设计有两种方法:一是按照船舶建造规范的有关规定计算式进行计算;二是按照强度理论计算决定。一般来说除了决定舵杆直径可用强度理论计算外,其他零件主要按照规范规定进行计算确定。验船部门审核舵装置零件计算上的主要依据是船舶建造规范和强度理论。传统的舵装置设计中往往具有以下不确定因素:

(1)计算工况的考虑:在设计中通常只考虑舵叶上的正常工作载荷,但不考虑由于波浪冲击造成的动力载荷以及碰撞或冰块挤压等情况可能造成的非正常载荷。

(2)应力计算的正确性:除通过模型试验方法直接换算之外,其他方法都带有较大近似性,另外对载荷作用方式等通常采用一些简化假定。

(3)材料的可靠性:所采用材料的化学成分、力学性能及加工精度等都有可能达不到名义上的规定,因而会影响构件的实际强度。

(4)强度裕度:装置中的各构件在整个结构中所起作用不尽相同,它因强度不足导致破坏后造成后果严重性不相同。

因此,舵装置的传统设计主要存在以下几点的不足:

(1)把各参数都当作定值,没有分析参数的随机变化特性,没有进行概率设计,从而也无法得知结构、性能可靠性工作的概率。

(2)由于安全系数的确定没有经过理论分析,而只是根据经验确定,这就难免有较大的主观随意性,且采用安全系数来保证强度不能定量地反映可靠工作的概率。

（3）传统设计对舵装置故障、缺陷、薄弱环节缺乏规范的、系统的、事先的识别方法和措施，而是依赖大量的试验来暴露缺陷。设计过程可以避免的缺陷，如果都通过试验来暴露，既浪费资金又增加了分析问题的困难。可见从设计阶段就作可靠性分析，是保障舵装置可靠性的最直接、有效的方法。

传统设计在保证可靠性上的问题，可能还不止以上几点。但以上问题的存在也足以说明传统设计已经不能适应对产品可靠性要求越来越高而研制经费和周期越来越苛刻的形势，因此开展可靠性设计已迫在眉睫。

2. 舵装置的可靠性设计

1）舵装置可靠性设计流程

开展可靠性设计必须提出合理的流程。根据舵装置传统设计的流程和可靠性设计水平，采取在原有设计的工作流程上，增加可靠性工作项目，并力求两者结合相协调。可靠性设计与传统设计相结合的工作流程如图 2-10 所示。

2）舵装置可靠性建模与分配

舵装置任一个组成构件失效，必将导致整个系统的失效，所以可将舵装置视为一串联系统。根据舵装置的工作原理，对结构组成（图 2-11）详细分析，绘出可靠性框图，如图 2-12所示。用一个数学模型加以描述，即可建立可靠性模型。由船舶的可靠度先向舵装置分配，再向舵装置的各零部件分配，从而得到各组成部分的可靠性指标。舵装置相应的失效概率为

$$P_f = 1 - \prod_{i=1}^{n}(1 - P_{fi}) \tag{2-4}$$

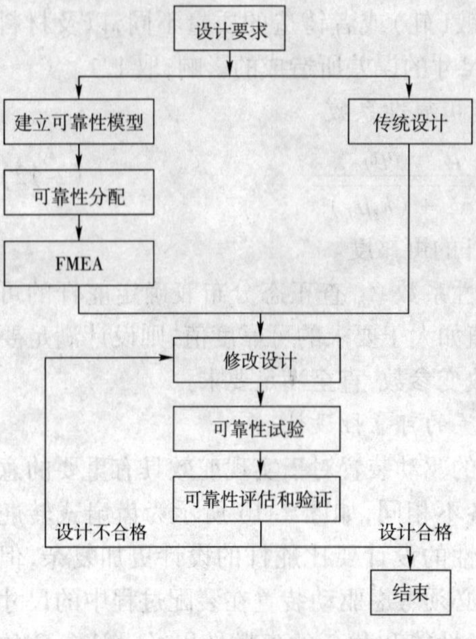

图 2-10　舵装置可靠性设计流程图

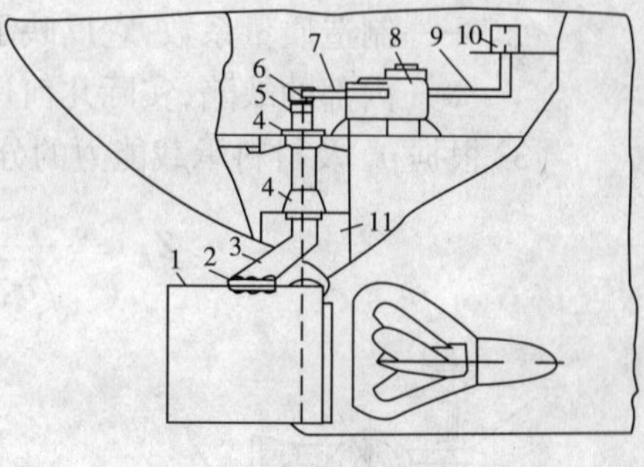

图 2-11　舵装置组成

1-舵叶；2-连接法兰；3-舵杆；4-舵承；5-舵杆头；6-舵柄；7-驱动装置；8-舵机；9-传动装置；10-操纵台；11-舵杆筒

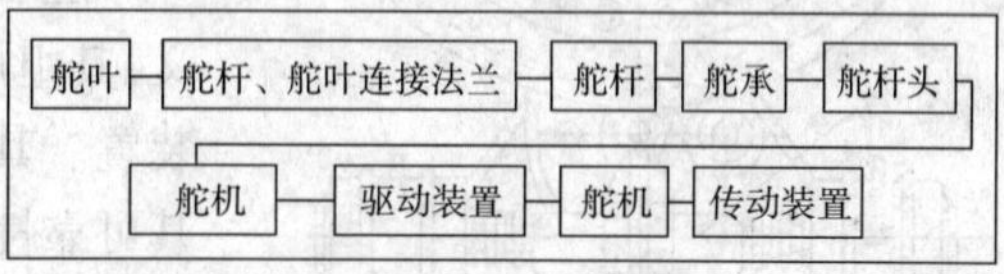

图 2-12　舵装置可靠性框图

设材料的弯曲（扭转）屈服极限（强度）为 σ_s（τ_s），舵杆所受的弯曲（扭转）应力为 $\sigma(\tau)$，则舵杆的结构可靠度为 $y>0$ 的概率（令 $y=\sigma_s-\sigma$ 或 $y=\tau_s-\tau$），因 σ_s（τ_s）和 σ（τ）均服从正态分布，则 $y>0$ 也服从正态分布，其均值和标准差为

$$\bar{y} = \bar{\sigma}_s - \bar{\sigma} \text{ 或 } \bar{y} = \bar{\tau}_s - \bar{\tau} \tag{2-5}$$

$$S_y = \sqrt{S_{\sigma s}^2 + S_\sigma^2} \text{ 或 } S_y = \sqrt{S_{\tau s}^2 + S_\tau^2} \tag{2-6}$$

于是舵杆满足要求的功能函数为

$$R'_t = P(y > 0) = \int_0^\infty \frac{1}{\sqrt{2\pi S_y}} \exp\left[-\frac{1}{2}\left(\frac{y - \bar{y}}{S_y}\right)^2\right] \mathrm{d}y \tag{2-7}$$

式中：R'_t——舵杆满足要求的可靠度。

计算步骤如下：

(1)根据舵杆在相应位置处的直径确定

$$\mu_L = \frac{T}{W_P}(\text{舵柄处的上舵杆}) \tag{2-8}$$

$$\mu_L = \sqrt{\left(\frac{M}{W}\right)^2 + \left(\frac{T}{W_P}\right)^2} = \frac{\sqrt{M^2 + (\alpha T)^2}}{W}(\text{下舵承处的上舵杆}) \tag{2-9}$$

(2)计算材料承载能力的分布系数

$$\mu_s = k_1 u_{s0} \quad \sigma_s = 0.1 u_s \tag{2-10}$$

舵杆材料为35钢，调质热处理，查阅材料手册，因相应尺寸不同而引入的一个修正系数，其值为

$$k_1 = \frac{\varepsilon_1}{\varepsilon_2} \tag{2-11}$$

式中：ε_1——材料机械特性化系数，取0.6；

ε_2——制造质量系数，它反映了因零件的锻(轧)或者铸造的质量不同，以及材料内部的缺陷，实际几何尺寸和名义尺寸的误差所造成的影响，取1.1。

(3)根据μ_L及材料承载能力的分布系数确定可靠性系数

$$Z_R = \frac{u_s - n\mu_L}{\sqrt{\sigma_s^2 + \sigma_L^2}} = \frac{\mu_s - n\mu_L}{\sqrt{\sigma_s^2 + (k_3\mu_L)^2}} \tag{2-12}$$

(4)求舵杆的可靠度。

根据可靠性系数Z_R查正态分布表确定舵杆的可靠度R'_t。其值如大于要求的可靠度值，则设计满足要求，否则重新改变参数，直至满足要求。

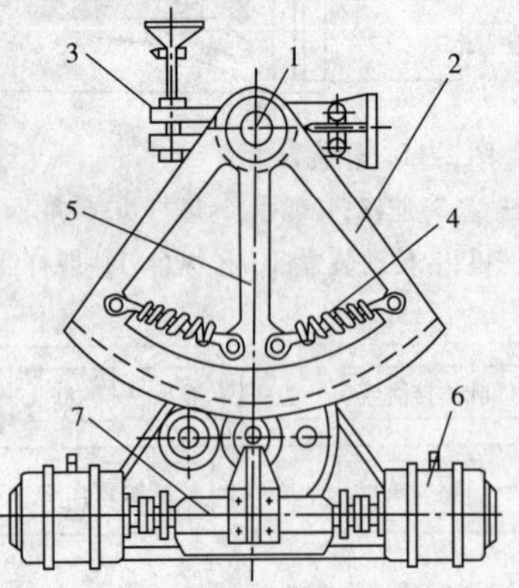

图2-13　齿扇式转舵装置与电动舵机

1-舵杆；2-齿扇；3-制动器；4-缓冲弹簧；5-舵柄；6-电动机；7-减速箱

3. 驱动装置的可靠性设计

舵装置中的驱动装置对于实现舵效具有重要的意义，其组成也各不相同，如图2-13所示为齿扇式转舵装置。其可靠性的设计要比舵杆的设计更加复杂，但其可靠性设计必须考虑驱动装置在装配过程中的尺寸误差、材料力学性能和载荷的离散性以及设计参数的离散性和分布规律：

(1)建立可靠性的目标函数(高可靠度)。

(2)确定驱动装置的设计变量及约束条件。

对于驱动装置中的机械结构设计可利用应力—强度干涉模型进行。干涉模型是

以零部件的强度指标都是随机变量的客观事实为基础。由于都是随机变量,因而必然会有相应的分布规律。利用干涉模型确定安全系数和可靠度的关系,进而进行驱动装置零部件的可靠性设计。

第十二节 动态设计

机械设备正朝着大型化、精密化和高效率、高可靠性方向发展。用传统的设计方法,如经验设计、类比设计和静态设计为主而设计的机械产品与国际先进水平相比,无论在质量或寿命方面都有很大的差距。为了提高现有设计水平,必须在设计阶段考虑到实际工作环境中的各种动态因素,即实际工况下机械系统(结构)对各类载荷的响应;结构振动产生的附加动载荷;循环交变载荷引起机械结构的疲劳破坏。

因此,传统的机械产品静态设计方法正逐渐为动态设计所取代,这是现代设计方法发展的必然趋势。动态设计充分反映了机器的实际动态特性,系统地反映了振动与响应的全过程。因此,它可以在设计阶段较准确地预测机器的动态特性,在产品设计过程中分析产品的强度、刚度、振动、噪声和可靠性等问题,从而大幅度地提高机械设备的设计水平。

一、概述

动态设计是相对静态设计而言的。在结构设计领域,静态设计认为结构是相对"不动的",它承受的载荷和周围介质的状态参数(如温度、压力、流速、电磁场)等也是"不变的",只对其静态性能进行分析、评价与设计。动态设计与静态设计的本质区别在于:变"不动"为"运动",变"不变"为"变化"。动态设计是对结构动态特性,如固有频率、振型、动力响应和运动稳定性等进行分析、评价与设计,谋求结构系统在工作过程中,受到各种预期可能的瞬变载荷及环境作用时,仍然保持良好的动态性能与工作状态。

在机械工业领域,系统动态设计的技术内涵主要体现在:建立可靠的数学模型,借助计算机技术,采用先进的科学计算方法,以实验数据为依托,全面分析研究机械结构系统在预期可能的各种载荷与周围介质作用下,力与运动、结构变形、内部应力以及稳定性之间的关系。据此调整结构参数,确保机械结构系统在实际工作运行中,具备优良的动态性能、足够的稳定裕度、良好的工作状态。

系统动态设计技术是机械产品现代设计的最重要的内容之一,是结构设计的核心与关键,是 CAD 技术的重要技术支撑和组成部分,是提高产品动态性能(如振动、噪声、舒适性、稳定性等)和工作性能(如生产效率、工作质量等)以及运行可靠性和寿命的根本保障。

产品的动态性能优劣直接影响到产品质量,而系统动态设计的主要任务就是解决产品的动态性能问题。然而,由于动态设计要考虑机械设备系统在实际工作状态下承受的各种复杂可变载荷和环境因素的作用,设计出的机械结构不仅要完成指定的功能、结构要经济合理,而且其动态性能和动强度均要满足规定的要求,其使用寿命要达到规定的期限。显然,动态设计要比静态设计复杂得多、困难得多。正因为如此,系统动态设计技术在有些方面至今尚未有很好突破。

二、动态设计

动态设计分析技术可分为两类基本问题：一是动态分析，即在已知系统模型、外部激励载荷和系统工作条件的基础上分析研究系统的动态特性；二是以动态性能满足预定要求为目标，建立系统模型，这是动态修改、优化、再设计的过程。可见动态设计较之动态分析具有更高的水平，难度更大。在现阶段，工程上一般将动态设计问题转化为动态分析来处理，故统称为动态设计。

动态设计是一门综合各种学科理论与实验技术的边缘科学，可分解出 8 个学科分支：①系统控制理论；②机械、结构动力学与振动理论；③概率、统计理论与随机过程理论；④计算数学与计算力学；⑤疲劳断裂失效分析；⑥优化方法；⑦实验力学技术；⑧信号分析与数据处理。

随着科学技术的发展，动态设计将成为在全相关统一数据支持下，应用并行工程理论，将产品开发过程中所需的动态设计、测试、性能试验多种手段集成于计算机网络系统之中，使设计人员对产品的各种设计以并行的方式在计算机网络环境中同时进行。设计过程中，各环境互为因果，互为约束。设计人员可以不断地获得动态设计的最新资料；动态设计人员也会及时收到产品在结构上修改的最新信息，并及时将修改导致的动态性能变化传递给相关的设计人员。当初步设计完成后，可由网络环境中的虚拟试验系统或仿真试验系统对该产品的动态性能进行虚拟或仿真试验，依此作为进一步修改产品设计的依据。重复这一过程直至达到设计要求为止。

根据动态设计的这些特点，动态设计的关键技术应包括：①并行工程技术；②全相关统一数据库理论；③虚拟试验技术；④计算机图形学；⑤非线性分析；⑥子结构综合理论与方法；⑦灵敏度修改技术；⑧多参数广义优化算法；⑨多输入多输出(MIMO)模态试验分析技术；⑩计算机网络技术。

第三章　先进制造工艺技术

第一节　先进成形技术

一、高效金属型铸造工艺

金属型铸造是指用金属材料(如钢、铸铁等)制作铸型生产铸件的特种铸造方法。按照液态金属的充填方式和凝固特点,金属型铸造又可分为金属型重力铸造、金属型低压铸造、金属型离心铸造、金属型高压铸造和金属型挤压铸造。

二、精密高效塑性成形技术

1. 冷温成形技术

冷温成形是指金属材料在室温或再结晶温度以下的一种塑性体积成形方法,通常称为冷温锻造。其塑性变形的主要方式是挤压和墩粗。

冷温成形是先进制造技术中的净成形或近净成形加工技术。在汽车、摩托车生产中,大量复杂的中小零件要求高生产率、快节拍,可充分发挥出冷温锻造工艺的优越性。

日、美、德等国每辆轿车的平均冷温成形的总重量超过了50kg,达80余种。

冷温成形一方面要进一步提高成形件的精度以取得最好的经济效益,另一方面要扩大其工艺技术的应用范围,即成形件的材质含碳量及合金元素更高,形状更复杂,尺寸更大。

2. 超塑性和等温成形技术

“先进材料的超塑性加工”是超塑性加工工艺目前的研究热点之一。所谓先进材料主要指金属基复合材料、金属间化合物、陶瓷等,它们具有某些优异的性能,如强度、高温性能等。然而这些材料却有其共同的难于加工成形的一面,因此开发这些材料的超塑性具有非常重要的意义。

提高超塑性变形速率是超塑性研究的另一热点,其目标是实现超塑性技术在汽车工业等重要工业领域的应用。目前实现高速率超塑性的途径只有一个,即细化晶粒。研究报道表明,当晶粒细化至纳米数量级时,超塑性变形速率可以提高3~4个数量级。

3. 辊锻和楔横轧成形技术

辊锻和楔横轧都属于回转成形范畴。回转成形是指在成形过程中工具(模具)和工件都做旋转运动或其中一方做旋转运动的成形方式。回转成形是连续局部成形,因而所需的成形力小、效率较高。在较小吨位的设备上能成形较大的工件，为大型复杂锻件的成形提供了一条新的途径，已成为塑性成形技术的重要组成部分。

楔横轧在成形阶梯轴锻坯方面具有节材、高效等优越性。目前汽车、拖拉机变速箱中的阶梯轴已有相当比例为楔横轧件。在这一方向上应完善空心件的成形工艺，提高空心件外径与内径的成形精度。另外，应设计制造中心距1000mm以上的大型高刚度整体式楔横轧机，使楔横轧成形能力进一步向大型化发展。

第二节　先进热处理技术

优质、低耗、洁净是21世纪先进热处理技术的发展目标。

优质的内涵是产品少无氧化、少无脱碳、少无变形、少无污染。为此，应大力发展和广泛应用可控气氛热处理、真空热处理、离子化学热处理等先进技术，研究生产过程的控制技术，使热处理由一种凭借经验的生产技能转变为能满足各种性能要求的可控生产过程。

低耗热处理是实现企业降低生产成本，获得高生产效益的重要途径，也是与优质和洁净热处理密切相关的。要积极开拓和应用节能材料、节能工艺、节能设备，利用余热热处理，采用复合热处理工艺和共渗及催渗等工艺技术。

洁净热处理包括处理零件的洁净和环境的洁净两个方面。要大力推广应用真空热处理、控制气氛热处理、感应热处理、离子热处理、少无污染化学热处理、少无污染淬火剂和清洗剂、真空清洗等技术。洁净热处理能实现经济效益、社会效益和环境效益的三统一。

一、可控气氛热处理

可控气氛技术应用的普及程度是一个国家热处理技术水平的重要标志。开发新的气氛类型和实现炉内气氛精确控制是可控气氛热处理技术发展的主要方向，其目的是节能和提高热处理质量。

炉内直接制备气氛可取消炉外发生器，节省原料气，并易于实现碳势精确控制，提高渗碳速度和热处理质量。采用氮气和甲醇（N_2—CH_3OH）以及燃料和空气直接通入工作炉内制备可控气氛，是最常见的可控气氛热处理技术。前者又称为氮基气氛，后者称为直生式气氛。

二、真空热处理

传统的热处理和现代真空技术、计算机技术、自动化技术相结合，构成真空热处理技术。

利用真空技术降低氧分压比，可控（保护）气氛更容易实现金属的光亮热处理。

因为这时炉内不纯物含量是可控气氛的百分之一到千分之一，尤其是从材质和构炉材料放出的气体被及时地排出炉外，防止了金属表面的氧化反应。此外，真空热处理还有脱脂、脱气，使金属内部和表面净化、活化的作用，提高金属材质内在和表面的质量。

真空炉内加热工件时,主要靠发热体和工件之间的辐射传热,所以加热速度慢。在800℃以下的温升过程中,工件升温缓慢的缺点更加显著。生产过程中,有些高合金钢真空加热速度过慢会导致混晶现象发生。因此,开发了真空炉内的对流加热技术,以缩短加热时间,改善加热质量,提高加热效率。真空炉内对流加热工艺技术系指工件入炉后,排气至规定的真空度,再充入压力为200kPa的惰性气体,把工件从室温加热至硼况或800℃以下的某温度,为保证正压惰性气体加热的均匀性,采用高强度复合碳纤维制成的搅拌风扇强制搅拌,增强气体流动性和循环强度。目前已开发了单循环风扇和双循环风扇结构的真空炉。

三、离子化学热处理

离子热处理包括离子化学热处理、离子镀(PVD、PCVD等)和离子注入。

离子热处理可在不同温度范围内进行,所得到的层深和表面硬度值差异也很大。离子注入温度最低约为50℃,离子渗碳温度最高可达980℃;离子渗碳的硬度约为HV750,而离子镀则可达HV4000;离子注入的层深约为100mm,离子渗碳则达1.0~2.0mm。

离子化学热处理工艺是在低气压辉光放电条件下进行的。工件放在真空容器中,接阴极,真空容器壁接阳极,先借助低气压(5.0~50Pa)气体辉光放电中的散弧溅射来清洁工件表面,待辉光基本稳定后,通入工作气体,利用离子轰击把工件加热到处理温度,工件在辉光放电中进行离子化学热处理。离子化学热处理是改善金属表面耐磨损、抗胶合、抗疲劳和耐腐蚀性能的有效途径,是一种具有广泛应用前景的先进工艺。

四、激光表面合金化

激光表面合金化,是激光束作用于材料表面,使其发生物理冶金和化学变化,达到表面强化的一种工艺方法。

该技术的特点是:能在材料表面进行各种合金元素的合金化,改善材料表面的性能;又能在零件需要强化的部位进行局部处理。激光表面合金化技术对节能、节材,提高产品零件的使用寿命具有重大的意义。

激光表面合金化技术除主要用于多种黑色金属外,还可用于Al合金、Ti合金、Cu合金、Ni基合金等。添加的合金元素有Ni、Cr、W、Ti、Co、Mn、Mo、B等。

第三节 现代表面技术

一、表面技术的含义

表面技术是一项通过改变固体金属表面或非金属表面的形态、化学成分和组织结构,以获得所需表面性能的系统工程。

表面技术不仅是一门广博精深和具有极高实用价值的基础技术,还是一门涉及面极广的新兴边缘学科,在学术上丰富了材料科学、冶金学、机械学、电子学、物理学、化学等基础学科,开辟了许多新的研究领域。

现代表面技术的基础理论是表面科学,它包括表面分析技术、表面物理、表面化学等3个分支。

表面技术的应用理论,包括表面失效分析、摩擦与磨损理论、表面腐蚀与防护理论、表面结合与复合理论等,它们对表面技术的发展和应用有着直接的、重要的影响。

应用表面技术的目的,包括提高材料抵御环境作用的能力、赋予材料表面某种功能特性及实施特定的表面加工来制造构件、零部件和元器件等。

二、表面技术的分类

表面技术可以从不同的角度进行归纳和分类。综合来看,大致可以分为以下几个部分:

(1)表面技术的基础和理论。

(2)表面处理技术包括表面覆盖技术、表面改性技术和复合表面处理技术三部分。

其中,表面覆盖技术又包括电镀、电刷镀、化学镀、涂装、黏结、堆焊、熔结、热喷涂、塑料粉末涂敷、热浸涂、搪瓷涂敷、陶瓷涂敷、真空蒸镀、溅射镀、离子镀、化学气相沉积、分子束外延制膜、离子束合成薄膜技术等。此外,还有其他形式的覆盖层,如各种金属经氧化和磷化处理后的膜层、包箔、贴片的整体覆盖层、缓蚀剂的暂时覆盖层等。

表面改性技术包括喷丸强化、表面热处理、化学热处理、等离子扩渗处理、激光表面处理、电子束表面处理、高密度太阳能表面处理、离子注入表面改性等。

(3)表面加工技术。对金属材料而言,包括电铸、包覆、抛光、蚀刻等。

(4)表面分析和测试技术。

(5)表面工程技术设计。

第四节　超高速加工技术

一、产生与发展

泰勒(Frederick W. Taylor)是最早研究金属切削理论的学者之一。他在一个世纪以前的研究工作,提出了著名的泰勒公式,并由此而赢得了“金属切削奠基人”的美誉。

20世纪上半叶,一些研究者发现,随着切削速度的提高,刀具磨损加快,振动和刀具破损容易发生。但当切削速度大幅度提高后,又可以进行正常的切削。因此对泰勒公式提出了质疑。

1924~1931年,德国切削物理学家萨洛蒙(Carl. J. Salomon)进行了一系列的高速切削试验,于1931年正式提出了超高速切削的理论并申请了专利。

20世纪50年代,美国工程师Robert L. Vaughan领导的研究小组使用了具有极高切削速度的独特方法——“弹道切削”,即将刀具装在加农炮里从滑台上射向工件或将工件当作子弹射向固定的刀具,并用高速摄影机拍下弹道切削的全过程。

20世纪70年代美国海军和空军先后与Lockheed飞机制造公司合作进行了一系列超高速铣削试验,来研究论证生产条件下进行超高速加工的可能性。指出:超高速铣削可以大大缩短工件的加工过程，大幅度提高生产效率。另外，由于铣削力减小了约70%，从而成功地实现了厚度0.33mm薄筒件的铣削。

1979年美国的"先进加工研究计划"的研究成果表明：随着切削速度的提高，刀具磨损主要取决于刀具材料的导热性；铝合金的最佳切削速度范围在1500～4500m/min。

日本约在20世纪60年代开始了对超高速切削机制的研究，田中义信利用来复枪改制的超高速切削装置，实现了高达200～700m/s的超高速切削，对主切削力和加工表面的变形层性能进行了研究。

在德国，超高速切削得到了国家技术研究部的鼎力支持。以Damstadt工业大学的生产工程与机床研究所为首的多家公司参加的两项联合研究计划，全面系统地研究了超高速切削机床、刀具、控制系统等相关工艺技术，分别对各种工件材料（钢、铸铁、特殊合金、铝合金、铜合金和纤维增强塑料等）的超高速切削性能进行了大量试验，取得了国际公认的高水平研究成果，并在德国工厂广泛应用。

进入20世纪90年代以后，各工业发达国家陆续加大了对高速加工技术研究的投入，特别是随着高速机床和刀具技术的进步，超高速切削技术正逐步地走向工业应用阶段。

二、内涵

超高速加工技术是指采用超硬材料刀具和磨具，利用能可靠地实现高速运动的高精度、高自动化和高柔性的制造设备，以提高切削速度来达到提高材料切除率、加工精度和加工质量的先进加工技术。

其显著标志是使被加工塑性金属材料在切除过程中的剪切滑移速度达到或超过某一阈值，开始趋向最佳切除条件，使得切除被加工材料所消耗的能量、切削力、工件表面温度、刀具和磨具磨损、加工表面质量等明显优于传统切削速度下的指标，而加工效率则大大高于传统切削速度下的加工效率。

超高速加工目前已可覆盖大多数工程材料，可加工各种表面形状的零件，可由毛坯一次加工成成品，并实现精密甚至超精密加工。

超高速磨削可实现小的磨粒切深，使陶瓷等硬脆材料不再以脆性断裂形式，而是以塑性变形形式产生切屑，使磨削表面质量提高。对镍基合金、铁合金等难加工材料也会在高应变率的作用下而改善其切削加工性能，从而得到高的加工质量

国外有学者认为，如果把数控技术看成是现代制造技术的第一个里程碑，那么超高速加工技术就是现代制造技术的第二个里程碑。

超高速加工技术与精密超精密加工、高能束加工和自动化加工共同构成了当今四大先进加工技术。

三、优越性

(1)随着切削速度的大幅度提高，进给速度也相应提高5～10倍，非切削的空行程时间也大幅度减少，从而提高了加工效率和设备利用率，缩短了生产周期。

(2)在超高速切削速度范围内，随切削速度的提高切削力平均可降低30%以上，这对

于加工刚性较差的零件(如细长轴、薄壁件)来说,可减少加工变形,提高零件加工精度。同时,单位功率材料切除率的提高,有利于延长刀具使用寿命。

(3)由于切屑可以很高的速度被排出,带走大量的热量,且速度越高带走的热量越多,可达90%以上。因此传给工件的热量大幅度减少,有利于减少工件的热变形和内应力,提高工件的加工精度。

(4)高速切削不仅可以极大地减小切削力,削弱激振源,而且由于高转速使得切削系统的工作频率远远偏离了机床的低阶固有频率,使得加工过程平稳,有利于提高加工表面质量。

(5)高速切削可加工硬度高达HRC5~HRC65的淬硬钢铁件,因此对淬硬后的模具等复杂零件,可直接铣成,省去后续的传统放电加工或磨削加工。这就是所谓的"一次过"技术。

四、相关技术

(1)超高速切削的刀具技术。

(2)超高速切削的机床技术。

(3)超高速磨削用砂轮。

(4)超高速主轴。

(5)超高速轴承技术。

第五节 超精密加工技术

不断地提高加工精度和加工表面质量,是现代制造业的永恒追求,其目的是提高产品的性能、质量以及可靠性。超精密加工技术是精加工的重要手段,在提高机电产品的性能、质量和发展高新技术方面都有着至关重要的作用。

因此,超精密加工技术已成为衡量一个国家先进制造技术水平的重要指标之一,是先进制造技术的基础和关键。

当前,超精密加工是指加工误差小于0.1μm、表面粗糙度 Ra 小于0.025μm的加工技术,又称为亚微米级加工。超精密加工正在向纳米级工艺发展。

超精密加工不是一种孤立的加工方法和单纯的加工工艺,而是一门综合多学科的高新技术。它涉及被加工工件材料、加工设备及工艺装备、检测方法、工作环境和人的技艺水平等。

一、国内外发展现状

超精密加工是在20世纪60年代提出来的。

从综合加工精度出发,将加工的发展过程分为普通加工、精密加工、高精密加工和超精密加工四个阶段,并在2000年加工精度可达到纳米级。由于物质的原子或分子的尺寸大小,即原子晶格间距是0.2~0.4nm,因此提出了纳米加工技术是当今的极限工艺。

超精密加工提出以后，首先受到了日本等国的重视。日本历来强调“技术立国”和“新技术立国”。久负盛名的精密加工学会，每年分春、秋两季举行两次学术交流盛会，对超精密加工技术的研究起到了重要的推动作用。日本在工科大学里，大多设置了精密工学科，十分注重培养精密加工方面的高级技术人才。

许多著名的企业，如东芝、精工、三菱电气、住友、冈本、西铁城、三井精机等，在超精密加工设备、测量系统等方面卓有成效。

美国在超精密加工方面也有雄厚的实力，加利福尼亚大学的 Lawrence Livemore 国家实验室（LLNL）、Union Carbide 公司、Moore 公司、Pneunm Prdcision 公司等均研究和制造出高水平的超精密机床和装置。

英、德等欧洲国家在超精密加工机床的制造与精密测量方面也处于世界的先进行列。

中国的超精密加工技术在 20 世纪 70 年代末期有了长足进步，80 年代中期出现了具有世界水平超精密机床和部件，并向专业化批量生产发展。北京机床研究所研制出了多种不同类型的超精密机床、部件和相关的高精度测试仪等，如精度达 0.025μm 的精密轴承、JCS-027 超精密车床、JCS-026 高精度圆度仪、JCS-031 超精密铣床、JCS-035 超精密车床等，达到了国际先进水平。

航空工业总公司三零三所在超精密主轴、花岗岩加工及应用三坐标测量机等方面进行了深入研究及产品开发。哈尔滨工业大学在金刚石超精密切削、金刚石刀具晶体定向和刃磨、金刚石微粉砂轮电解在线修整技术等方面进行了卓有成效的研究。此外，清华大学、中国科学院长春光学精密机械研究所、华中科技大学、沈阳第一机床厂、成都工具研究所、国防科技大学等都在这一领域进行了深入的研究。

二、发展趋势及其重点发展的关键技术

超精密加工技术的发展趋势主要表现在以下几个方面：

(1) 高精度。超精密加工技术的终极目标是“移动原子”，实现原子级精度的加工。

(2) 大型化。研制各种大型超精密加工设备，以满足航天航空等领域的需要，如美国研制的加工直径为 2.4～4m 的大型光学器件超精密加工机床。

(3) 微型化。向微型化发展，以适应微型机械、集成电路等发展的需要。

(4) 光机电一体化、加工检测一体化。

(5) 新工艺与复合加工技术。面对越来越多的高硬度、高脆性的难加工材料以及低刚度的零件，激光加工、粒子束加工等新工艺将会得到更多的发展和应用。

综观国内外在超精密加工及纳米加工技术方面的发展现状及发展趋势，尽管中国在这一技术领域取得了一定进展，但与国外先进水平差距还很大，急需大力加强这项技术的研究和开发，需重点突破的相关关键技术有：

(1) 超精密加工机理的研究。

(2) 超精密加工刀具、磨具及刃磨技术的研究。

(3) 超精密加工装备技术的研究。

(4) 超精密测量技术及误差补偿技术。

第六节 微细加工技术

一、微型机械与微细加工技术概述

微型机械(Micro machine,日本惯用词)或称微型机电系统(Micro Electro – Mechanical Systems,MEMS,美国惯用词)或微型系统(Micro Systems,MS,欧洲惯用词)是指:可以批量制作的集微型机构、微型传感器、微型执行器以及信号处理和控制电路,甚至外围接口、通信电路和电源等一体的微型器件或系统,其特征尺寸范围为1nm ~ 10mm。微型机械技术是一个新兴的、多学科交叉的高科技领域,涉及电子、电气、机械、材料、制造、信息与自动控制以及物理、化学、光学、医学、生物技术等多种工程技术和科学,并集约了当今科学技术的许多尖端成果。

微型机械的概念是由诺贝尔物理奖获得者 Richard P. Feynman 于 1959 年首先提出的。第一个硅微型压力传感器是 1962 年问世的。

近些年美国、日本、欧洲等发达国家对微型机械及微细加工技术都极为重视。

1994 年发布的《美国国防部国防技术计划》报告,把 MEMS 列为关键技术项目。

日本通产省于 1991 年启动了一项为期 10 年的耗资 250 亿日元的“微型机械”大型研究计划,研制两台样机,一台用于医疗,进入人体进行诊断和微型手术,另一台用于工业,对飞机发动机和原子能设备的微小裂纹实施维修。

德国首创的 LIGA 工艺为 MEMS 的发展提供了新的技术手段,已成为三维结构制作的优选工艺。欧共体组成的“多功能微系统研究网络 NEXUS”,联合协调 46 家企业和 64 个研究所开展研究工作。

微细加工技术是指制作微机械或微型装置的加工技术。由于微型机械的研究兴起于微电子技术领域,因此迄今硅微细加工技术仍在微细加工中占有重要的位置。集成电路要求在微小面积的半导体材料上能容纳更多的电子元件,而电路微细图案中的最小线条宽度是提高集成电路集成度的关键技术和标志。

20 世纪 80 年代后期,正是由于半导体微细加工技术的日臻成熟,使微米级尺度的可动机械构件的制作成为可能。VLSI(超大规模集成电路)等的批量制作工艺及其中的预组装方式,以及生物中分子级的自组装等为微型机械的实现提出可行的途径。

制造技术的进步及相关基础技术的成熟,带来微型机械技术领域的崛起,同时微型机械技术领域的发展,又促进了硅微细加工、LIGA 工艺、微细电火花加工及光成形等微细加工技术的进一步研究和开发。

二、半导体微细加工技术

半导体加工技术的核心是光刻,又称光刻蚀加工或刻蚀加工,简称刻蚀。1958 年前后,光刻技术在半导体器件制造中首次得到成功应用,研制成平面型晶体管,从而推动了集成电路的发明和飞速发展。数十年以来,集成技术不断微小型化,其中光刻技术发挥了重要作用。发展到现在图形线条的宽度缩小了约 3 个数量级,目前可以实现小于 1μm

线宽的加工。集成度提高了约6个数量级，已经制成包含百万个甚至千万个元、器件的集成电路芯片。

三、LIGA技术

LIGA是德文的平版印刷术（Lithographie）、电铸成形（Galvanoformung）和注塑或模塑（Abformung）的缩写。该工艺是在20世纪80年代初，由卡尔斯鲁厄原子能研究中心，为提取铀—235研制微型喷嘴结构的过程中产生的。

事实上，在此之前的半导体加工技术，除结晶异向性刻蚀外，基本上属于表面加工技术，即所制作的机械结构是二维的。三维的立体结构，有赖于高深宽比刻蚀工艺以及低温融接技术等。

LIGA是一种使用X射线的深度光刻与电铸相结合，实现高深宽比的微细构造的成形方法。首先，将PMMA（聚甲基丙烯酸甲酯）等X射线感光材料，以期望的厚度（0.1～1mm）涂覆在金属基板上，然后用同步辐射的X射线对其曝光。X射线具有良好的平行性、显影分辨力、穿透性能，对于数百微米厚的感光膜，能以优于1μm的精度曝光。然后经显像可得到感光膜的结构，继而在感光膜的结构空间内电铸镍、铜、金等金属即制成微小的金属结构。

LIGA技术具有平面内几何图形的任意性、高深宽比、高精度、原材料的多元性等突出优点，已成为最有前途的三维构件的加工工艺手段。

四、微细电火花加工

电火花加工是利用工件和工具电极之间的脉冲性火花放电，产生瞬间高温使工件材料局部熔化和气化，从而达到蚀除的目的。电火花加工由于其非机械接触的特点，因而适合于微细加工。微细电火花加工（Micro Electro Discharge Machining，Micro EDM）电流小，亦能够加工硅等半导体高阻抗材料。

五、微细切削加工技术

在现代制造技术领域中，微细加工技术占有极为重要的位置。它不仅是制造高新技术产品的关键技术，而且也是取得国际竞争优势的重要技术之一。它的开发与应用使微电子工业、汽车工业、航空航天、生物医学工程、计算机、精密仪器、光学、移动通信、医疗器械和工业自动化等行业发生了重大变革。

自20世纪末期以来，美国、日本、德国、英国等工业发达国家十分重视发展微细加工技术，纷纷投入了相当数量的财力和人力，确定发展战略，制订长远规划，设立专门的研究机构，使微细加工技术迅速发展，现已初步形成了具有特色的微细加工技术及微型产品制造业。中国也投入了一定的力量进行了开发及研制，目前处于研发阶段。

微细加工包含：微细切削加工、微细电火花加工、微细激光加工、微细电子束和离子束加工、光刻加工等。随着机械制造及其相关科学技术的发展，目前切削加工技术可以达到很高的加工精度和极微细的尺寸，已经成为微细加工领域中极为重要的手段。微细切削加工是指微小尺寸零件的切削加工技术，由于精密和超精密加工既加工大尺寸又加工小尺寸，所以可以说微细切削加工属于精密加工范畴。

在微切削时，由于低的切削能量、金刚石刀具及工件的高导热性，同传统的切削加工相比，微细切削的温度是非常低的。但是由于加工尺度和刀具尺度的微小化，使得刀具上很小的温升就会导致刀杆的膨胀并引发加工精度的下降。在金刚石刀具的化学损伤中，温升是一个极为重要的因素，这是由于切削温度（温升）通常被认为是决定刀具磨损率的主要因素。而即使刀具的微米级损伤（磨损），对于微切削表面的形成来说也是致命的。为此，在当前的微切削领域，迫切需要深入研究切削温度对金刚石刀具磨损的影响以及温升的合理控制这两个难题。

第七节　高能束加工

高能束（High Energy Density Beam，HEDB）加工技术是利用高能量密度的束流（电子束、离子束、激光束等）作为热源，对材料或构件进行加工的特种加工技术。

高能束加工技术包括焊接、切割、打孔、喷涂、表面改性、刻蚀和精细加工等各类工艺方法，并已扩展到新型材料制备领域。

高能束加工技术利用高能束热源、高能量密度、可精密控制微焦点和高速扫描的技术特性，实现对材料和构件的深穿透、高速加热和高速冷却的全方位加工。

高能束加工技术是当今科技与制造技术相结合的产物，是制造工艺发展的前沿领域和重要方向，也是航空、航天和军事等尖端工业领域以及微电子等高新技术领域中必不可少的特种加工技术，正朝着高精度、大功率、高速度及自动控制等方向发展。

一、电子束加工

电子束加工是在真空条件下，利用聚焦后能量密度极高（$10^6 \sim 10^9 W/cm^2$）的电子束，以极高的速度（加速电压为50V时，电子速度可达$1.6 \times 10^5 km/s$），在极短的时间（几分之一微秒）内，冲击到工件表面的极小面积上，使被冲击部分的工件材料达到几千摄氏度以上的高温，从而引起材料的局部熔化和气化；或者利用能量密度较低的电子束轰击高分子材料，切断其分子链或使其重新聚合，从而使高分子材料的化学性质和分子量产生变化，实现加工的目的。

二、离子束加工

离子束加工是在真空条件下，将氩（Ar）、氪（Kr）、氙（Xe）等惰性气体通过离子源产生离子束，经加速、集束、聚焦后，射到被加工表面上以实现各种加工的方法。

离子的质量远远大于电子，其在电场中的加速过程比电子慢得多，速度也较低，但一旦加速后，却具有远远高于电子的动能。因此离子束加工是通过弹性碰撞，轰击工件表面，加工时被加工表面层不产生热量，这一点与电子束加工截然不同。

三、激光加工

激光除具有光的反射、折射、绕射和干涉等共性外，还具有单色性好、相干性好、方向性好和能量密度高等特性。目前，有些激光器光束的直径可小至0.01mm，而功率密度却可达$10^7 \sim 10^{11} W/cm^2$。

激光束照射在被加工表面上时，一部分从材料表面反射，一部分透入材料内并转换为热能。由于激光的能量密度极高，瞬间可产生上万摄氏度的高温，足以熔化甚至气化任何材料，因此激光加工主要是利用材料瞬时的急剧熔化、气化及熔融溅出而去除材料。非去除材料的激光加工则需要的温度要低得多，如激光焊接时只要求将材料加热到熔化程度，而激光热处理只要将材料加热到相变温度即可。

第八节 复合加工技术

机械加工通常是借助于机械、化学、光、电、磁、超声波等能量形式而进行的。

所谓复合加工则是以上述的一种能量形式为主，辅助其他一种或多种能量进行的综合加工。

复合加工的工艺方法很多，并且还在不断地提出一些新的方法，因此目前尚没有形成统一的分类方法。

一般认为复合加工主要应包括机械复合加工、电化学复合加工、电火花复合加工、超声波复合加工等。

机械复合加工是以常规机械加工（包括切削和磨料加工）为主的综合加工方法，有机械—超声、机械—激光、机械—磁力、机械—化学、机械—超声—电火花、机械—电化学—电火花等多种组合方式。较为成熟的工艺方法有电解在线修整磨削、电火花修整磨削、超声切削、超声磨料加工（磨削、研磨和抛光）、激光辅助切削和磨削、磁力研磨、机械化学研磨和抛光及超声电火花磨削等。

电化学复合加工是以电化学加工为主的综合加工方法，有电化学—机械、电化学—电火花、电化学—电弧、电化学—超声、电化学—磁力、电化学—机械—超声等多种组合方式。较为成熟的工艺方法有电解切削（铣、钻等）、电解磨削、电解珩磨、电解研磨和抛光及电解电火花加工、电解电弧加工及电解超声加工等。

电火花复合加工是以电火花的蚀除作用为主的综合加工方法，有电火花—机械、电火花—超声等组合方式。较为成熟的工艺方法有电火花铣削、电火花磨削、电火花切断、电火花超声加工等。

超声波复合加工是以超声波加工为主的综合加工方法，有超声波—机械、超声波—磁力等不同的组合方式。较为成熟的工艺方法有超声研磨、超声旋转加工、超声电解加工等。

第九节 快速原型制造技术

20世纪80年代末、90年代初发展起来的快速原型制造（Rapid Prototyping Manufacturing，RPM）技术，突破了传统的加工模式，不需机械加工设备即可快速地制造形状极为复杂的工件，被认为是近20年制造技术领域的一次重大突破。

一、产生与发展

随着全球市场一体化的形成，制造业的竞争日益激烈，产品开发的速度和能力已成为制造业市场竞争的实力基础。同时，制造业为满足日益变化的个性化市场需求，又要求制造技术有较强的灵活性，能够以小批量甚至单件生产而不增加产品的成本。因此，产品开发速度和制造技术的柔性就变得十分关键。

从技术发展角度，计算机科学、CAD 技术、材料科学、激光技术的发展和普及为新的制造技术的产生奠定了基础。

在此背景下，快速原型制造技术于 20 世纪 80 年代末在美国问世，并很快完成了数种 RPM 工艺技术的研究、开发与商品化过程。

然后日本、西欧等国迅速进入这一领域，世界所有工业发达国家都站在 21 世纪全球竞争的战略高度来关心和支持这一技术。目前，全球范围出现了数十种 RPM 工艺技术，有数百家公司从事这项技术的开发、商品化生产和技术服务工作。1995 年 RPM 的市场增长率为 49%，1996 年 RPM 设备市场销售额已达 4.2 亿美元，1998 年达到 10 亿美元。

中国在国家自然科学基金委和国家科技部的支持下于 20 世纪 90 年代初进入 RPM 领域。清华大学、西安交通大学、华中科技大学、南京航空航天大学、华北工学院（现中北大学）、北京隆源快速成形公司等单位在 RPM 设备、材料和软件方面进行了大量的研究，并先后完成了产品的开发和商品化工作，许多关键技术达到或领先国际先进水平。

RPM 技术是近 20 年来制造领域的一项重大突破，有人将其称之为继数控技术之后的制造领域又一场技术革命。

二、RPM 技术原理

RPM 技术是集 CAD 技术、数控技术、材料科学、机械工程、电子技术和激光等技术于一体的综合技术，是实现从零件设计到三维实体原型制造的一体化系统技术。它采用软件离散—材料堆积的原理实现零件的成形过程，其原理如图 3-1 所示。

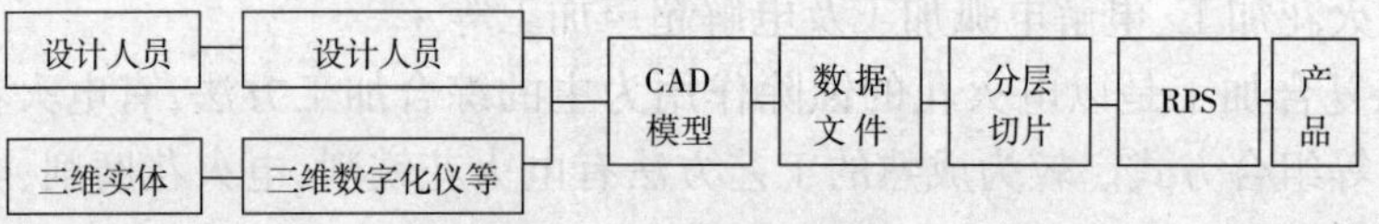

图 3-1　RPM 作业过程

（1）零件 CAD 数据模型的建立。设计人员可以应用各种三维 CAD 造型系统，包括 MDT、Solidworks、UG Ⅱ、Pro/E、Ideas 等进行三维实体造型，将设计人员所构思的零件概念模型转换为三维 CAD 数据模型。也可通过三坐标测量仪、激光扫描仪、核磁共振图像、实体影像等方法对三维实体进行反求，获取三维数据，以此建立实体的 CAD 模型。

（2）数据转换文件的生成。由三维造型系统将零件 CAD 数据模型转换成一种可被快速成形系统所能接收的数据文件，如 STL、IGES 等格式文件。目前，绝大多数快速成形系统采用 STL 格式文件，因 STL 文件易于进行分层切片处理。所谓 STL 格式文件即为对三维实体内外表面进行离散化所形成的三角形文件，所有 CAD 造型系统均具有对三维实体输出 STL 文件的功能。

(3)分层切片。分层切片处理是将三维实体沿给定的方向切成一个个二维薄片的过程,薄片的厚度可根据快速成形系统制造精度在 0.05~0.5mm 选择。

(4)快速堆积成形。快速成形系统根据切片的轮廓和厚度要求,用片材、丝材、液体或粉末材料制成所要求的薄片,通过一片片的堆积,最终完成三维形体原型的制备。

随着 RPM 技术的发展,其原理也呈现多样化,有自由添加、去除、添加和去除相结合等多种形式。目前,快速成形概念已延伸为包括一切由 CAD 直接驱动的原型成形技术,其主要技术特征为成形的快捷性。

三、国内 RPM 技术的发展现状

清华大学主要研究 RPM 方面的现代成形学理论、SSM(Slicing Solid Manufacturing)、FDM 工艺,开展了基于 SL 工艺的金属模具的研究;华中科技大学研究 LOM 工艺,推出了 HRP 系列成形机和成形材料;西安交通大学开发出 LPS 和 CPS 系列的光固化成形系统及相应树脂,CPS 系统采用紫外灯为光源,成形精度 0.2mm,体积略同柜式空调机。南京航空航天大学重点研究了 SLS 成形工艺。华北工学院研究了基于 SLS 工艺的金属零件的 RPM。南京理工大学主要研究基于 SL 工艺的微小机械快速成形技术及系统、台式快速成形技术及系统。

但 RPM 技术在国内的应用还不十分广泛,目前仅限于大型企业和少部分科研院所。国内已成立多家 RPM 服务中心,开始应用 RPM 技术开发新产品。

香港较内地 RPM 技术起步早,香港生产力促进局和香港科技大学、香港理工大学和香港城市大学等都拥有 RPM 设备,但其重点是 RPM 技术应用与推广而不是研制 RPM 设备。

四、RPM 技术的应用

如图 3-2 所示,RPM 技术在国民经济极为广泛的领域得到了应用,并且还在向新的领域发展。

1. 快速产品开发(RPD)

采用 RPM 快速产品开发技术可减少产品开发成本 30%~70%,缩短开发周期 50%。如德国一公司开发光学照相机机体,采用 RPM 技术从 CAD 建模到原型制作仅需 3.5 天时间,耗费 5000 马克;而用传统的方法则至少需一个月,耗费 3 万马克。

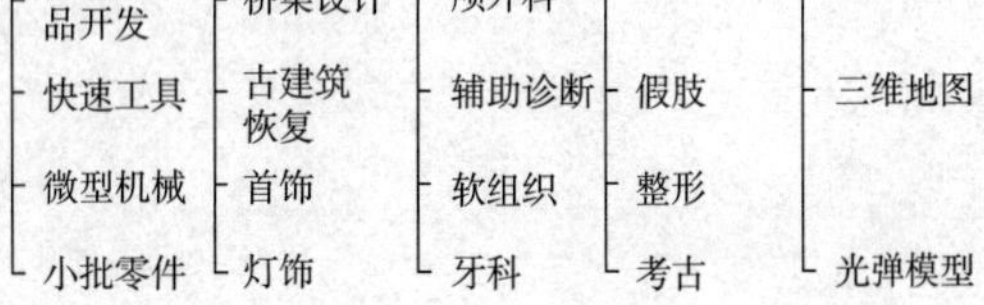

图 3-2 RPM 应用总图

2. RPM 在医学领域中的应用

在医学上,应用 RPM 技术进行辅助诊断和辅助治疗也得到日益推广。如脑外科、骨外科,可直接根据 CT 扫描和核磁共振数据转换成 STL 文件,再采用各种 RPM 工艺技术均可制造出病变处的实体结构,以帮助外科医生确定复杂的手术方案。在骨骼制造和人的器官制造上，RPM 有着独特的用处，如人的右腿遭遇粉碎性骨折，则用左腿的 CT 数据经对称处理后可获得右腿粉碎破坏处的骨组织结构数据，通过 RPM 技术制取骨骼原型，可取代已破坏的骨骼，注以生长素，可在若干天后与原骨骼组织长为一体。这项技术已被在清华大学等单位所掌握开始应用。

3. 快速模具制造(Rapid Tooling，RT)

随着多品种小批量时代的到来以及快速占领市场的需要，开发快速经济型模具越来越引起人们的重视。RT 技术无需数控铣削，无需电火花加工，无需专用工装，直接根据 RPM 原型可将复杂的模具型腔制造出来，是当今 RPM 技术的最大优势。RT 技术与传统模具制造技术相比，可节省 1/3 的时间和成本。

五、RPM 技术的发展趋势

(1)开发概念模型机或台式机。

(2)开发新的成形能源。

(3)开发性能优越的成形材料。

(4)研究新的成形方法与工艺。

(5)集成化。

生物科学、信息科学、纳米科学、制造科学和管理科学是 21 世纪的 5 个主流科学，与其相关的五大技术及其产业将改变世界，制造科学与其他科学交叉是发展趋势。RPM 与生物学交叉的生物制造、与信息科学交叉的远程制造、与纳米科学交叉的微机电系统等都为 RPM 技术提供了发展空间。

并行工程(CE)、虚拟技术(VI)、快速模具(RT)、反求工程(VR)、快速成形(RP)、网络(Internet、Intranet)相结合而组成的快速反应集成制造系统，将为 RPM 的发展提供有力的技术支持。

第四章　先进管理技术

现代制造系统是以人群为主体的人机系统。凡有人群的地方就有管理,人群—管理是个永恒的框架。管理是资源,是生产力各要素的黏合剂。管理是企业发展的基石。在企业中,当战略和战略目标确定以后,管理决定成败。因此,管理对于现代制造系统的发展至关重要。放眼世界,现代化最大成功是来自科学管理。

现代制造科学与管理科学的交叉融合必将更好地推动现代制造科学与技术的发展。

在当今激烈的市场竞争中,制造型企业若要求得生存和发展,除了采用现代化的生产手段、一流的制造设备和先进的工艺方法之外,还必须通过现代管理技术来加速企业的改造。

由于计算机应用技术和信息技术的发展与渗透,使传统的企业管理方法得到了改进,企业管理状态有了根本的改变,涌现了许多先进的管理理念和技术。

本章在讨论先进管理理念和技术的基本概念及其发展基础上,侧重介绍企业经营战略管理、企业资源计划、产品数据管理、物流系统管理、准时生产等先进管理技术。

第一节　企业经营战略管理

一、基本概念

1. 企业经营战略

企业经营战略是指在市场经济条件下,企业为谋求长期生存和发展,在外部环境和内部条件分析研究的基础上,以正确的指导思想,对企业主要目标、经营方向、重大经营方针、策略和实施步骤做出长远的、系统的和全局的谋划。

一个完整的企业经营战略应包括以下几部分:一是外部环境和内部条件的分析;二是战略目标;三是经营方向;四是重大经营方针、策略;五是实施步骤。

特征:长期的目的性;高度的全局性;竞争的对抗性;经营的风险性;切实的可行性;相对的稳定性。

2. 企业战略管理

企业战略管理,就是制定、实施和评价使企业组织能够达到其目标的、跨功能决策的艺术与科学。它包括3个部分:一是战略分析;二是战略选择;三是战略实施。

企业战略管理主要是就企业总体发展,特别是未来发展方向做出决策,在企业中具有统领性、指导性的地位。

相对企业的其他管理而言具有以下10个特点：①市场导向；②信息支持；③决策机制；④长期观点；⑤反作用力；⑥多种选择；⑦切实贯彻；⑧资源利用；⑨敏锐洞察；⑩国际拓展。

二、环境分析

1. 企业宏观环境

企业宏观环境包括政治环境、法律环境、经济环境、技术环境、社会环境、文化环境和自然环境。

2. 企业微观环境

企业微观环境是企业在日常经营中所要关心的外部客观因素和条件。其内容包括行业性质、竞争者状况、消费者、供应商、中间商及其他社会公众等。

3. 企业内部条件

对内部条件的评价是为了认识其所拥有的资源。对企业内部条件的分析主要从各项管理职能入手，如市场销售、研究与发展、财务管理、人力资源。

三、企业的总体经营战略

企业战略的内容很多，包括总体经营战略、目标市场战略、营销组合战略、市场竞争战略、财务战略、组织战略、人才战略、科研与开发战略等。

企业经营战略体系是一个多层次的逻辑系统，通常分为决策层战略和操作（执行）层战略。前者是站在企业总体发展的高度来选择企业处于不同环境条件下或发展、或维持、或防御等不同战略，后者则是在企业总体经营战略所规定的框架内，各个职能部门应采取的相应的子战略，如人力资源战略、信息化战略、成本核算战略等。

有专家指出，没有一个完全相同的企业，也没有完全相同的战略。因此，企业战略具有个性和时效性。下面介绍的3类战略是一些企业曾经成功运用的战略的综合，仅供参考，以启迪新思维，切勿不顾条件地照搬照抄。

1. 扩张战略

扩张战略是现有企业积极扩大经营规模。或在原有企业范围内增加生产能力和产品供应量，投资新的事业领域，或是通过竞争推动企业之间的联合与兼并，以促进企业不断发展的一种战略。扩张是一种投资，也是一种挑战，更直接表现为组织规模膨胀、管理更趋复杂。

扩张战略的核心是通过扩张来达到企业发展壮大的目的，一般适用于以下几种情况：有机遇，对收益和风险有全面、充分的分析与估计；拥有充足的资源，包括可以利用的外部资源；具备相应的勇气和能力；最高决策层具有敏锐洞察力和创新精神。

2. 维持战略

亦称稳定战略，是企业在一定时期内对产品、技术、市场等方面采取维持现状的一种战略。企业既不准备进入新的事业领域，也不准备扩大生产经营规模。

战略的核心是在维持现状的基础上，提高企业现有生产条件下的经济效益。维持战略适用于这样一些情况：外部环境相对稳定，既无大的威胁，又无大的机遇；经营状况良好，产品在较长时间内仍有明显优势；市场地位稳固，为避风险，内部挖潜；企业决策层人员经营思想以稳健为主，当企业暂无突出优势，又无明显问题，则以保持企业稳定经营为目标。

企业采用这一战略不是消极的、不思进取的，而是积极培育优势，积蓄力量，创造发展条件，等待时机发起进攻。

3. 防御战略

企业经营严重滑坡，根据分析研究，认为在不久将来，企业经营可以恢复以至发展，而在当前一定时期缩小经营规模或压缩经营事业，取消某些产品生产的一种战略。这种战略可有 3 种选择：紧缩、撤退和生存。

当企业选择缩小生产经营规模、降低产量、销量，这就是选择紧缩。如 20 世纪 90 年代欧美国家由于宏观经济持续不景气，许多大企业，包括素以不裁员为其政策的 IBM 公司，纷纷关闭生产线，裁减员工。一个完整的紧缩决策的实施大致需要 3 个阶段：紧缩阶段，尽可能缩减支出、节省材料、缩小规模；巩固阶段，站稳脚跟，完善管理，加紧研发；复苏阶段，改善形象，调整市场，备足资金，东山再起。

若企业选择放弃一个或数个产品经营，放弃或出让一个或若干事业单位，则就是选择撤退。如德国西门子公司、美国通用电气公司面临日本家用电器企业的强劲挑战，将其家用电器事业出售，将资金回笼集中，投向有比较优势的事业。

4. 企业战略管理

广义的战略管理是指运用战略对整个企业进行管理；狭义的战略管理是指战略制定、战略实施和战略控制。本节主要讨论后者。

1）战略制定的管理

企业经营战略的制定是一个很复杂的过程。为此，需要处理好以下几个问题，即：①确定企业的事业使命；②划分战略事业单位；③明确战略管理职责；④选择战略制定方式。

2）战略实施的管理

制定战略难，战略实施更难。从中国企业目前状况来看，战略实施管理主要抓 3 个问题：一是环境创建；二是选择战略实施模型；三是方案分解与体制调整。

3）战略控制的管理

这里的战略控制主要关心以下问题：现行战略实施的有效性、战略环境及预测等问题的可靠性、方案修正的必要性和优化的可能性、有无重新评价问题等。

战略控制作为一个调节过程，一般有下列几个步骤：①确定目标，包括总目标和阶段目标；②确定成果标准，包括定性的和定量的评价标准；③建立控制系统，主要是报告和通信系统；④审查结果，关键是正确选择控制方法和控制机制；⑤采取纠正措施。

第二节 企业资源计划（ERP）

从世界范围来看，在 20 世纪 80 年代末 90 年代初，社会经济迅速发展和企业所面临的时代背景与竞争环境发生了重大的变化。

随着各国市场的开发,信息化管理手段的应用,企业逐步形成规模化发展并进入了国际化发展空间。任何企业都要承受来自国际化企业发展的竞争压力,以前企业生产什么就卖什么的时代一去不复还了。企业要不断创新才能生存,企业生产过程的调整应适应市场需求的迅速变动。

在上述市场发展背景下,企业资源计划(Enterprise Resource Planning,ERP)在MRPⅡ的基础上应运而生。

一、概述

企业资源计划(ERP)是一种适用于制造企业,具有代表性的管理理念和技术,是由MRPⅡ(制造资源计划)发展而来。

它利用信息科学的最新成果,根据市场的需求对企业内部和其供应链上各环节的资源进行全面规划、统筹安排和严格控制,以保证人、财、物、信息等各类资源得到充分、合理的应用,从而达到提高生产效率、降低成本、满足顾客需求、增强企业竞争力的目的。

ERP是现代管理思想的产物,它将许多先进的管理,如敏捷制造、精益生产、并行工程、供应链管理、全面质量管理等体现在ERP软件系统中,成为崭新的现代制造的管理手段。

ERP是在MAPⅡ的基础上通过前馈的物流和反馈的信息流和资金流,把客户需求、企业内部的制造活动及供应商的制造资源整合在一起,体现完全按用户需求制造的一种"供应链"管理思想。

从管理系统的角度看,ERP系统至少包括下列5个部分:

(1)支持企业整体发展战略的战略经营系统。

(2)实现全球化销售的营销与市场集成系统。

(3)完善企业成本管理机制而建立的财务管理系统。

(4)应用新的技术开发和工程设计管理模式的集成系统。

(5)反应敏捷的准时生产制造支持系统。

ERP的核心理念在于管理思想。对企业来说,ERP首先应该是管理思想,其次是管理手段和信息系统。管理思想是ERP的灵魂。

ERP的内涵是:①有助于企业实现体制创新;②"以人为本"的运作机制;③把组织看作是一个社会系统。ERP在发展过程中,不断与新的管理理念相结合。

二、企业资源计划的原理

ERP是在物料需求计划MRPⅡ和制造资源计划MRPⅡ的基础上发展而来的,MRP是它的核心。下面对相关原理进行简要介绍,详细原理请参阅有关专著。

1. MRP的原理

任何企业的生产活动都是围绕生产满足客户需求的产品而进行的。对于离散型制造企业而言,其生产活动的物流过程如图4-1所示。

MRP 完成的主要功能是回答:采购/制造什么;采购/制造多少;何时开始采购/制造;何时完成采购/制造。

图 4-1　制造业的物流过程

MRP 的主要缺陷有:①MRP 的前提条件是资源是无限的;②MRP 的另一个前提条件是前期已定;③MRP 做出的物料需求计划是零件级的计划,并不是车间级的作业计划。可见 MRP 没有覆盖企业的全部生产经营活动,具有一定的局限性。

2. MRPⅡ的原理

针对 MRP 的局限性,开发了制造资源计划 MRPⅡ(Manufacturing Resource Planning)。MRPⅡ是在 MRP 的基础上,将上至企业的经营计划、生产计划大纲、主生产计划,下至车间的作业计划及车间的生产计划执行情况,均纳入 MRP 的范围之内,并根据企业实际的制造资源对各级计划进行能力核算,使之趋于合理和可行。

同时,在各级计划的执行过程中,如果某级计划的实际执行情况偏离了原计划,应对该计划乃至其上级计划进行必要的调整,形成一个闭环的生产计划与控制系统,内容包括:①生产经营计划与控制;②生产计划大纲编制;③主生产计划 MPS(Master Production Schedule)——对企业生产计划大纲的细化;④物料清单 BOM;⑤库存管理 IM(Inventory Management)——企业管理的重要组成部分,涉及的对象是库存项目,即企业中的所有物料;⑥能力需求计划 CRP ;⑦车间作业管理 PAC。

3. 企业资源计划 ERP 的原理

随着全球经济一体化进程的加速,电子商务、网络化全球制造等新理念、新模式的出现,企业的创新任务越来越重要。

企业资源计划 ERP 是一个集合企业内部所有资源,进行有效的计划和控制,以达到最大效益的集成系统。与 MRPⅡ相比,在应用功能、应用环境、应用方法、应用技术等方面都有了很大的扩展。

(1)应用功能的扩展。ERP 是以 MRPⅡ功能为核心,在以下方面扩展了功能:质量管理、试验室管理、产品数据管理、流程作业管理、配方管理、仓库管理、运输管理、资产维护管理、人力资源管理、规章报告管理、电子数据交换(EDI)等功能。

为了达到上述目标,通过全新的流程设计或对现有流程的改造,使流程增值。这样,企业的组织结构具有弹性,通过动态企业建模实现企业流程重组。

(2)应用环境的扩展。早期的 MRPⅡ主要用于离散型制造业,如机械制造业、飞机制造业、汽车制造业等。后来,ERP 扩大到可用于流程型制造企业,如化工业、食品业、医药业等。ERP 还可以用于混合型制造业,甚至其他服务业。

(3)应用方法的扩展。具有模拟功能和图形处理的能力,从结构化决策向半结构化和非结构化的决策转化的决策支持功能。

(4)应用技术的扩展。开放的计算技术、图形用户界面、关系数据库结构和第四代语言(4GL)、面向对象技术、组件化技术、新一代的 Internet Web 服务器技术以及电子商务支持技术等,都用于了 ERP。

三、ERP 的组成和各子系统的目标

综观现有的 ERP 管理系统,主要由以下 6 类子系统和功能目标组成:

(1)支持企业整体发展战略的战略经营系统。

(2)实现全球大市场营销战略与集成化市场营销。

(3)完善企业成本管理机制,建立全面成本管理系统。

(4)应用新的技术开发和工程设计管理模式。

(5)建立敏捷后勤管理系统。

(6)实施精益生产方式。

第三节　产品数据管理

在逻辑上将各个 CAX 信息化孤岛集成起来,利用计算机系统控制整个产品的开发设计过程,通过逐步建立虚拟的产品模型,最终形成完整的产品描述、生产过程描述以及生产过程控制数据,从而有效、实时、完整地控制从产品规划到产品报废处理的整个产品生命周朝中的各种复杂的数字化信息。

一、产品数据管理 PDM

1. 定义

CIMdata 的定义是:“PDM 是一种帮助工程师和其他人员管理产品数据和产品研发过程的工具。PDM 系统确保跟踪设计、制造所需的大量数据和信息,并由此支持和维护产品”。

PDM 必须是一种可以实现的技术,必须是一种可以在不同行业、不同企业中实现的技术,必须是一种与企业文化相结合的技术。PDM 是一种管理所有与产品相关的信息和过程的技术。PDM 是一个面向对象的电子资料室,PDM 又是在数据库基础上的一种软件技术。

PDM 为企业的产品设计与制造建立了一个并行化的产品设计和制造的协调环境,能够使所有参与产品设计开发人员自由共享和传递与产品相关的所有数据,能与制造资源计划 MAPPⅡ集成,实现产品生产过程的管理。

2. 体系结构

PDM 系统是建立在关系型数据库管理系统平台上的面向对象的应用系统,其体系结构共由 4 层组成。

(1)第一层是支持层。目前流行的通用商品化关系型数据库(如 Oracle)是 PDM 系统的支持平台。关系型数据库提供了数据管理的最基本功能,如存、取、删、改、查等操作。

(2)第二层是对象层。在 PDM 系统中采用若干个二维关系表格来描述产品数据的动态变化。

(3)第三层是功能层。PDM 系统中的功能模块可以分成两大类。一类是包括系统管理和工作环境的管理模块。另一类是基本功能模块，包括文档管理、产品配置管理、工作流程管理、零件分类和检索管理、项目管理等。

(4)第四层是用户层。在 PDM 系统中，除了提供标准的、不同硬件平台上的人机界面外，还要提供开发用户化人机界面的工具，以满足各类用户的特殊要求。

整个 PDM 系统和相应的关系型数据库都建立在计算机操作系统和网络系统的平台上。同时，还有各式各样的应用软件，如 CAD、CAPP、CAM、CAE、CAT、文字处理、表格生成、图像显示和音像转换等。在计算机硬件平台上，构成了一个大型的信息管理系统，PDM 将有效地对各类信息进行合理的、正确的和安全的管理。

3. PDM 的功能

PDM 系统为企业提供了一种宏观管理和控制所有与产品相关信息的机制，覆盖了产品生命周期的全部信息。因而，PDM 一般具有如下的功能：

(1)电子资料室管理和检索。

(2)产品配置管理。

(3)工作流程管理。

(4)项目管理功能。

PDM 系统在文档管理、产品配置管理与跟踪、工作流程管理等方面已得到广泛的应用。利用 PDM 这一信息传递的桥梁，可方便地进行 CAD 系统、CAPP 系统、CAE 系统、CAM 系统及 MRPⅡ系统之间信息交换和传递，实现设计、制造和经营管理部门的集成化管理。

二、PDM 与 ERP 之间的区别和联系

产品数据管理 PDM 和企业资源计划 ERP 是当前先进制造技术群中涉及企业管理的两个重要的技术领域，两者之间既有区别，也存在固有的联系。

1. 区别

1)管理对象

PDM 的管理对象是描述产品本身状态的信息与信息之间的逻辑关系，ERP 的管理对象则是参与生产的如设备、物料、车间班组等制造资源和制造资源利用的生产过程。

2)管理过程

PDM 的"过程"是与产品逻辑形成相关的过程，过程的产物是描述产品状态的"信息"，过程开展的支持对象是几何拓扑等"状态"信息，以及对这些信息进行利用和再生的脑力劳动的技术人员。

ERP 系统中的"过程"是与产品物理形成相关的过程，过程的指导信息是 PDM 中过程产生的产品信息。

3)管理对象内部之间的关系

PDM 中管理对象之间的关系是，信息发展的载体是过程，过程的阶段产物是信息。

ERP 中管理对象之间的关系是，物质变化的载体是过程，过程作用和消耗的对象是物质。

2. 联系

(1)过程作用对象之间存在因果关系。ERP 系统中的过程作用对象,是 PDM 系统中过程作用对象及其逻辑关系的物质表现。

(2)过程的逻辑序列间存在执行和验证关系。

(3)管理目标的一致性。

(4)过程的支持条件有着固有的联系。

三、基于 PDM 的应用集成

随着 PDM 系统的引入,用户一方面希望它能实现对各种应用软件所产生的数据和文档进行有效的管理;另一方面,也希望在 PDM 环境中做到应用软件间的信息共享、用户间的协同工作、应用系统与 PDM 系统中数据对象的一致性,以及设计信息与经营管理信息间的集成。这就产生了基于 PDM 的应用集成需求。

实现应用系统与 PDM 系统的有效集成,首先要分析清楚应用系统的结构、功能,所产生的数据类型与操作方式;此外,还要明确该应用系统在整个信息系统中的作用与地位,能向其他应用系统提供什么信息,要求从其他应用系统获取什么信息,这些信息的存储形式是什么,应用系统与 PDM 集成可能达到的层次等。

1. 基于 PDM 应用集成的实现方法

基于 PDM 的应用集成可以有多种不同方法实现,若按集成的难易程度分,有应用封装、接口交换以及紧密集成三种不同的集成技术层次。

1)应用封装

例如,当一个二维 CAD 系统被封装后,在 PDM 系统中可以查到这个工具对象并可直接启动它,然后进行设计绘图;当设计结束后,所获得的图形文件可自动在 PDM 系统中存储和管理。如果需要对图形进行修改,则可在 PDM 系统找到该图形文件,用鼠标点取后就可启动该二维 CAD 系统,进行图形修改。

2)接口交换

例如,在三维 CAD 系统与 PDM 系统的集成中,除了要管理三维 CAD 系统产生的文件外,还需要从三维 CAD 系统生成的装配树中获取如零部件的标志、名称和数量等零部件的描述信息及结构层次关系信息,通过接口送往 PDM 系统,在 PDM 中建立产品结构树;或者从 PDM 中的产品结构树中提取最新的产品结构关系,通过接口去修改 CAD 中的装配树,使二者保持异步一致。这样,在接口开发过程中,既要了解产品结构在 CAD 系统中的组织形式,也要了解在 PDM 系统中的组织形式,然后做好双向转换;在操作界面上,CAD 中要有 PDM 的功能菜单,PDM 中也要有 CAD 的功能菜单,因此实现接口交换的工作难度大大高于应用封装。

3)紧密集成

这种集成方法允许应用系统或 PDM 系统互相调用有关服务,执行相关的操作,形成更紧密的关系,真正实现一体化。要做好这样的集成,首先针对共享的数据内容,在应用系统中与 PDM 系统之间建立一种互动的共享信息模型,使其在应用系统或 PDM 系统中创建或一方修改共享数据时,另一方也能进行自动修改,以保证双方数据的一致性;其次,在应用系统中需插入PDM中有关的数据对象编辑与维护功能,在应用统中编辑某一对象时,在PDM中也能对该对象进行自动修改。

2. PDM与CAD/CAPP/CAM集成的信息流及其集成方法

在一个企业中。可能存在不同供应商或不同版本的CAD、CAPP、CAM系统。在这样一个复杂环境中,PDM作为集成平台,一方面要为CAD/CAPP/CAM系统提供数据管理与协同工作环境,同时还要为CAD/CAPP/CAM系统的集成运行提供支持。

CAD系统产生的二维图样、三维模型、零部件的基本属性、产品明细表、零部件之间的装配关系、产品版本等,需要交由PDM系统来管理,而CAD系统也需要从PDM系统获取设计任务书、技术参数、原有零部件图样、资料以及更改要求等信息。

CAPP系统产生的工艺信息,如对工艺路线、工序、工步、工装夹具的要求以及对设计的修改意见等,交由PDM进行管理,而CAPP也需要从PDM系统中获取产品模型信息、原材料信息、设备资料信息等。

CAM系统则将其产生的刀位文件、NC代码交由PDM管理,同时从PDM系统中获取产品模型信息、工艺信息等。

3. PDM与ERP系统集成信息流

PDM与ERP的集成,其本质是实现设计、工艺与企业管理、生产、质检、财务等各部门之间的集成,是产品信息与经营管理信息的集成,即实现企业全局信息的集成。

ERP所需要的最基本的产品信息为材料明细表与工艺路线、工序、工装设备需求等工艺信息。除此之外,PDM还应向ERP提供加工信息、设计成本与加工成本信息、工程更改信息等。而ERP应向PDM提供的信息有设计任务书、更改请求信息、原材料信息、设备状态信息、市场需求信息等。

四、PDM软件及其应用情况

国外有实力的软件公司已相继开发了自己的商品化PDM软件,中国在此领域处于起步阶段,且已经有高华公司、华中软件公司、同创、凯思、东大软件、金银花等多家公司的PDM软件上市。

(1)美国PTC公司的Windchill PDM Windchill 。

(2)美国SDRC公司的Metaphase Metaphase是一个企业级的PDM系统。

(3)美国PTC公司的Pro/INTRALINK, INTRALINK仅是由PTC开发的工作组级的PDM系统。

(4)高华公司的GHPDMS2.6,GHPDMS2.6是建立在Windows NT上的安全保密系统。

第四节　物流系统管理

在当前激烈的市场竞争中,制造企业越来越多地认识到,决定顾客是否购买其产品的标准不仅仅是价格,而是包含了具有内涵的价值,如个性化的产品性能和服务水平等。制造企业要想赢得和保持自身的竞争优势,不仅要设法降低成本,而且还要能提供不同水平的产品及服务。

因此,众多企业正在努力寻找一条可以达到增大成本优势和个性化优势的有效途径。

在这样的背景下,物流系统管理受到制造企业和研究人员的注意。国外的研究结果表明,采用物流系统管理可以在降低物流运作成本的同时,提高企业对市场需求变化的反应能力。

一、物流系统管理的概念及其发展

1. 概念

物流系统是指在一定的时间和空间里,由所需运转的原材料、零部件、半成品、产成品等物流,通过包括加工设备、搬运和装卸机械、运输工具、仓储等相关设施,由所从事人员及相关信息等若干相互依赖和制约的要素所构成的具有特定功能的有机整体和动态过程。

现代物流则是包括内向、内部和外向三个阶段的完整物流过程。它除了包含物料管理之外,强调供应、实体分配和运输,依靠先进的信息技术和发达的运输设施,确保在恰当的时间、地点和条件下,以恰当的价格和服务,为用户提供恰当数量的恰当产品,最终创造出时间和地点效用(价值)。系统性、集成性、开放性和过程连续性是其突出特点。

现代物流过程包括以下主要活动和职能:生产系统分析与设施规划;购买与订单处理;仓储与库存;运输与包装;物料搬运;通信联络;用户服务;废物处理与环境控制。

物流系统管理是应用系统工程的思想,研究和解决现代物流及其管理问题的综合技术,是对供应、制造、销售三个阶段中,产品、服务及其他相关信息的流动与储存所作的规划、执行和控制的管理过程。

以物流系统过程整体为对象,以整体优化、平衡协调和持续改进为目标,以技术与管理、定量与定性分析相结合为基本方法,尤为注重制造生产物流系统的管理。

物流系统管理的内容十分广泛,归纳起来主要包括如下几个部分:①物流的计划管理;②调整物流关系;③物流经济活动的管理;④物流作业系统的管理。

2. 发展

物流概念最早起源于美国,是指产品从生产场所到消费场所的流动过程中所涉及的各种经济活动。早期的物流管理概念是指实体配送,主要是通过对产品适当的包装、运输、装卸、搬运和保管等手段,有效地送达并满足消费者的需求。

在第二次世界大战期间,美国军事部门将物流的实体分销发展为"后勤保障"的概念,用于军队武器、弹药和粮食等给养的运输和管理,它是一种为维护战争需要的后勤保障系统。战后,这种后勤保障的概念被引用到经济部门,应用于流通领域和生产经营管理过程中所有与物品获取、运送、存储、分配等有关的活动。

到20世纪70年代,物流系统管理越来越受到人们的重视。很多研究和实践使人们认识到,通过对物流系统的合理设计和管理,可以达到提高企业竞争优势的目的。目前,在工业发达国家中,如日本、美国及欧洲,企业物流系统呈现出系统化、专业化、信息化、柔性化及全球化的发展趋势。物流系统管理在现代企业管理中的地位不断提高,成为企业战略的关键内容之一。

近年来,物流系统管理的概念又有进一步发展,提出了"供应链"物流管理的新理念。供应链管理是将供应商、制造商、零售商、最终用户连成一个整体的物流管理模式,它不再是单纯考虑从生产到消费的货物配送问题,而是包括从供应商到生产者的原材料采购、产品制造过程中的物料流动和储存,从制造商到零售商的货物配送等,把供应、制造、运输、销售、市场等各环节统一起来考虑的一种战略措施。与"后勤保障系统"相比,其含义的深度和广度又有了新的发展和突破。

纵观物流技术的发展,也可将其发展过程分为:人工物流、机械物流、自动化物流、集成物流、智能物流五个发展阶段。

二、物流配送中心

所谓物流配送中心系指专门从事配送工作的物流据点,是物资的集散地。

现代市场经济的一个显著特征是社会化大生产及大流通。连锁经营作为一种经营管理方式在国外率先被商业零售业所采用,后被应用到制造业。连锁经营具有大规模、专业化、统一性和高效率等特点。由于连锁经营企业实现经营专业化,各经营点主要负责商品的销售活动,若将物流的配送活动独立出来,建立连锁经营企业物流活动的统一管理部门——物流配送中心,实现物流与商流(销售活动)的分离,将有利于提高物流管理的效率。

物流配送流程包括备货、储存、分拣、加工、再包装、配送等多个作业环节,如图 4-2 所示。

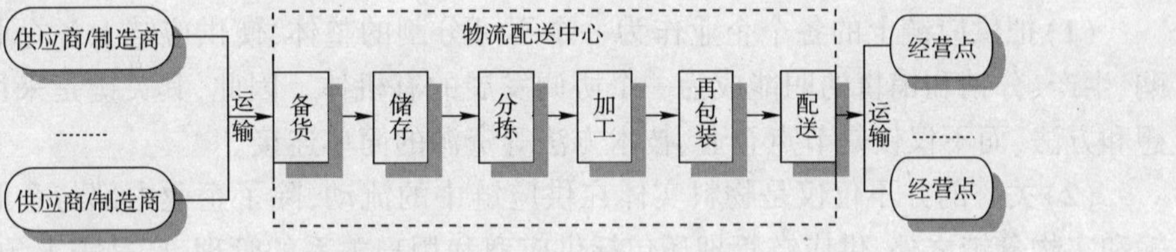

图 4-2　物流配送中心的功能和业务流程示意图

三、区域公共配送中心

区域公共配送中心并不是一种全新的概念,它是在制造企业和商业服务业中自有的物流配送中心的基础上发展起来的,但它与现有的物流配送中心比较有如下 3 个重要的区别:

(1)区域公共配送中心是市场中独立的经营实体,不是企业的内部机构;而现行的物流配送中心一般是大型生产企业或商业连锁企业自有的内部机构,是企业内部物流系统的组成部分。

(2)制造商与区域公共配送中心及分销商之间的信息是多向流通的,区域公共配送中心与制造商及分销商之间可形成信息共享,便于快速分析物流状况和精确预测订货需求。

(3)在以区域公共配送中心所构成的物流系统中,计算机网络作为特殊的制造资源得到充分的利用。

四、供应链管理

1. 供应链管理的概念

供应链管理（Supply Chain Management，SCM）是近几年来在国内外逐渐受到重视的一种新的管理理念与模式。

供应链是一种新的管理理念与模式，不同于传统的销售链，更不是供应商的别称，它把不同企业集成起来以增加整个物料供应的效率；它注重企业之间的合作，把供应链上各个企业作为一个不可分割的整体，使供应链上各个企业分担的采购、生产、分销的职能成为一个协调发展的有机整体。

2. 供应链管理的主要内容

(1)战略性供应商和用户合作伙伴关系的管理。

(2)供应链产品需求预测和计划。

(3)供应链的设计，包括全球节点企业、资源、设备等的评价、选择和定位。

(4)企业内部及企业与企业之间的物料供应与需求管理。

(5)基于供应链管理的产品设计与制造管理，生产集成化计划、跟踪和控制。

(6)基于供应链的用户服务和运输、库存、包装等物流的管理。

(7)企业间的汇率、成本等资金流管理。

(8)基于 Internet/Intranet 的供应链交互信息管理。

3. 供应链管理的特征

(1)把供应链上的各个企业作为一个不可分割的整体，使供应链上各企业分担的采购、生产、分销和销售的职能成为一个协调发展的有机体。因此，其关键是采用集成的思想和方法，而不仅仅是节点企业、技术方法等资源的简单连接。

(2)关心的并不仅仅是物料实体在供应链中的流动，除了企业内部与企业之间的运输和实物分销之外，供应链管理还包括供应商和用户关系的管理、产品需求预测和计划、供应链的设计、企业间的汇率、成本等资金流管理。

(3)强调的是把主要精力放在企业的核心竞争能力上，充分发挥其优势，同时与全球范围内的合适企业建立战略合作关系，把企业中非核心业务交给合作企业来完成。

(4)建立基于战略伙伴关系的企业模型，因此它可以利用信息共享(透明性)、服务支持(协作性)、并行工程(同步性)、群体决策(集智性)、敏捷性等先进技术和手段来进行企业流程的再造。

五、案例：基于绿色制造的造船供应链

1. 绿色制造与造船供应链

1)绿色制造

船舶绿色建造是综合考虑环境影响和资源利用效率的现代制造模式，借助各种先进技术不断地创造新的建造模式、资源、工艺和组织等，其目标是使船舶从设计、制造、营运到退役的整个过程中，对环境的负面影响为零或极小；资源耗费尽可能少，实现企业经济效益和社会效益的协调优化。船舶绿色建造具有不同于传统建造模式的特征，主要表

现在：

(1)船舶绿色建造的意义存在于船舶建造的全过程，是供应、制造等各个子系统的集成，要求各子系统的主体都遵循"与环境相容"的原则。

(2)船舶绿色建造是以提高包括企业经济效益与社会效益在内的综合效益为目标，以人为本，综合各种先进技术及系统管理技术的现代制造模式，强调人、技术、管理三者的有效集成。

(3)船舶绿色建造致力于包括制造模式、工艺、资源和组织在内的各方面的创新。只有不断利用新技术(包括管理科学)、新资源，才能实现"与环境相容"。

2)造船供应链

供应链概念出现于20世纪80年代初，是指由原材料获取、原材料加工成中间或最终产品、产品送到用户手中所涉及的多个环节组成的一个链条，或供应商、制造商、分销商和顾客等组成的供需网络。

造船业具有品种多、批量小、周期长、合作关系复杂等特点，船厂必须与钢铁厂、船东、船级社等有关方面通力合作，尤其是和船舶配套企业建立良好的战略伙伴关系。因此，将供应链管理的思想和方法应用于造船管理，将有利于提高造船效率，改善建造质量，缩短造船周期，控制造船成本，促进造船模式的转换。

与其他行业相比，造船供应链管理具有以下特点：它的研究和应用总体落后于其他行业；与造船生产集成缺乏系统结构、功能和动态的一致性。根据船舶建造系统的特点，降低造船成本、缩短造船周期取决于内部生产流程和配套企业的集成，可见船厂通过设计造船供应链来降低成本、最大限度地利用船舶配套企业是有积极意义的。船舶绿色建造对造船供应链提出了新的要求，为顺利地实施船舶绿色建造，必须建立基于绿色制造的造船供应链。

2. 基于绿色制造的造船供应链

1)造船供应链设计的基本原则

造船供应链设计需遵循以下原则：

(1)协调性原则。绿色制造涉及船舶的整个生命周期的各个阶段，处于造船供应链上的各个节点主体存在不同的目标，各个目标可能与船舶绿色建造存在着冲突，这在很大程度上决定造船供应链的成果及绿色制造的实现与否。因此选择与船厂具有相容的企业文化的船舶配套企业，建立战略合作伙伴关系是实现造船供应链最佳效能与绿色制造的保证，同时也要求造船供应链的成员之间具有相当的技术和管理水平，这样才为船舶绿色建造提供客观可能性。

(2)互补性原则。船舶绿色建造强调新技术、新资源的利用，因此造船供应链的各个节点选择应遵循强强联合的原则，选择具有技术优势的船舶配套企业作为合作的伙伴，每个相关企业致力于各自具有核心竞争力的业务过程。这样有利于以较低的成本实现有效的创新。

(3)精简性原则。船舶绿色建造的目标是实现资源的高利用率及废弃物的最小化，这就要求造船供应链上的各个节点精简且具有合力，以实现企业经济效益与社会效益的协调与优化。

(4)动态性原则。根据船东的需求快速响应市场是船舶绿色建造赢得竞争优势的前提。

2)造船供应链设计步骤

(1)环境分析。分析环境的目的是选择与确定目标产品市场并开发供应链。分析的内容主要包括:船东的特征与需求状态,重点分析船东对绿色船舶的认知程度;船舶建造技术的经济性和先进性,判断现有的造船技术能否满足船舶绿色建造的要求。

(2)企业现状分析。对船厂做现状分析的主要内容是供需管理现状分析,按照船舶绿色建造的要求分析、判断船厂现有供需管理中存在的问题及影响造船供应链设计的阻力等因素。

(3)设计项目必要性分析。提出造船供应链设计项目,借助现代决策技术分析其必要性。

(4)造船供应链设计的战略目标确定。基于绿色建造的造船供应链的战略目标是实现船舶绿色建造,努力做到船厂经济效益与社会效益的协调统一。

(5)造船供应链组成分析。根据船舶绿色建造的要求,提出确定和评价造船供应链成员的标准,以及组成造船供应链的基本框架。

(6)造船供应链设计在技术经济方面的可行性判断。根据船厂自身资源与技术能力,从技术和经济两方面分析与评价造船供应链设计的可行性。

(7)造船供应链设计。具体提出造船供应链设计的方案,按照船舶绿色建造要求择优。设计的主要内容包括造船供应链的成员组成、原材料来源、生产设计、物流管理系统设计等内容。

(8)造船供应链检验。通过一定的方法与技术对造船供应链进行测试,检验其合理性。

3)造船供应链结构模型

从船舶绿色建造与造船供应链管理各自的特征看,有效的造船供应链管理有利于船舶绿色建造的实现。供应链建立在供应链的成员具有共同战略目标的基础上,这有利于实现船舶绿色建造在各个环节都达到“与环境相容”的要求;造船供应链管理通过降低采购成本及不确定性,可有效地实现造船成本的降低,有利于船舶绿色建造的经济效益和社会效益的综合提高;造船供应链成员间的信息共享为创新增强了可行性,有利于实现制造资源和制造工艺的创新。

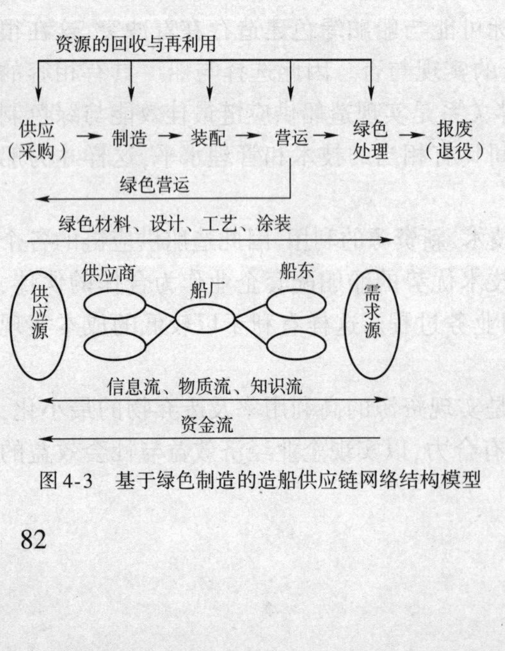

图 4-3 基于绿色制造的造船供应链网络结构模型

由于船舶绿色建造模式有别于传统的船舶建造模式,要求船舶设计、材料、制造工艺等各个阶段的绿色化,在相关文献的基础上提出基于绿色制造的造船供应链结构模型,如图 4-3 所示。该结构模型反映了船舶绿色建造模式与传统模式对造船供应链的不同要求:

(1)传统供应链中只包括物资流、信息流与资金流,基于绿色制造的造船供应链还包括了知识流(绿色设计、绿色工艺等)。

(2)传统供应链中的物资流、信息流与资金流均为单向运动,绿色制造模式下的造船供应链中的物资流、信息流及知识流为双向运动,即存在反馈的过程。

4)建立基于绿色制造造船供应链的障碍与对策

由于绿色制造本身具有区别于传统制造模式的特点,使其在造船的实施过程中存在一定的障碍:

(1)供应链成员的个体目标与整体目标存在冲突,而使各成员不能都遵循"与环境相容"的原则。

(2)由于创新收益没有转化为创新者所有,所以供应链成员创新激励不够,创新成果不能及时、有效地在成员间共享,限制了新的设计与工艺的顺利实施。

(3)绿色造船模式强调绿色设计、绿色材料、绿色工艺的有效集成,控制范围广,加大了供应链管理的内容和难度,因此对管理技术提出了更高的要求。

建立基于绿色制造的造船供应链的对策:

(1)为绿色制造模式下的供应链运行提供制度环境。

(2)慎重选择供应链成员,如要求供应链成员在企业文化、理念及经营战略上的高度一致,具有持续的创新能力,成员间的核心竞争力具有互补性等。

(3)加强成员间的信息与知识的交流与管理,做到信息共享。

(4)建立健全的运行和控制机制。

第五节　准时生产技术

1937年,大野耐一先生就注意到丰田汽车公司的生产率极其低下。当时每个德国人的生产率是日本人的3倍,而美国人的生产率又是德国人的3倍,这种状况迫使丰田人进行了深刻的反思。

经过全面的分析研究,发现制造系统中存在各种浪费现象,主要是:多余生产的浪费;制造系统中各种等待的浪费;运输的浪费;加工处理中的浪费;库存的浪费;工人来回走动的浪费;次废品的浪费。

若能消除上述浪费现象,制造系统的效益必定会有明显的提高。

要消除上述浪费现象,必须只生产需要的产品,并实行适时、适量和适度生产,准时制生产就是在这种背景下产生的。

一、准时生产的含义和目标

准时生产JIT起源于20世纪50年代日本丰田汽车公司的一种生产管理方法。它的基本思想可概括为现在广为流传的一句话,"在必要的时候,按必要的数量生产所必要的产品"。这种生产方式的核心是追求一种无库存或使库存最小的生产,排除一切可能浪费,包括过量生产的浪费、等待时间的浪费、多余搬运的浪费、不合理工艺流程的浪费、库存积压的浪费、工人来回寻找工具的浪费、次废品的浪费等,即"除对生产不可缺少的最小数量的设备、原材料、零部件和工人之外的任何东西"都看成是一种浪费。

准时生产的目标为零库存、零废品、零故障、零准备时间，其最终目标是获取最大利润。

二、准时生产的基本思想

1. 以装配为起点的“后拉式”生产

传统的生产管理方式通常是一种“前推式”生产，即生产过程为零件—部件—产品。生产是以零件加工为生产的起点，装配为生产的终点，是由前道工序向后道工序提供零部件的生产模式。

而 JIT 是一种“后拉式”的生产模式，企业生产的组织管理过程是产品—部件—零件。它是以产品的装配为生产的起点，它将生产计划下达给总装配线，以装配为起点，在需要的时候向前道工序领取必要数量的零部件；当后道工序向前道工序领取零部件后，前道工序储备量减少，必然转向更上一道工序领取必要的零件或在制品，以补充必要的储备量。如此层层向上递推，把生产过程中的各道工序或各加工环节连接起来，形成一个准时生产的加工系统。

2. 化大批量为小批量，尽可能减少在制品储备或按件传送

实行准时生产的各个车间与各个工序，一般都避免成批生产或成批搬运，尽可能地做到必要时只生产一件、只传送一件、只储备一件。

任何工序不准进行额外的生产，宁可中断生产，决不积压在制品。JIT 认为中断生产造成的损失，较之积压储备、掩盖生产中的矛盾、麻痹生产管理人员与领导人员的思想等所带来的危害要小得多。

3. 均衡化生产

为了使生产适应市场的变化，消除过剩的在制品和过多的生产管理人员，企业生产必须采取均衡化生产的计划和调度管理方式。所谓均衡化生产，是指企业生产尽可能地减少投入批量的不均衡性，使生产线每日平均地生产各种产品。为此，在制定月生产计划时就必须考虑各类产品每日生产的平均产量；在装配线上，以各类产品装配每日顺序计划为出发点，发出生产指令，以保证各类零部件的平均消耗，以适应每日需求的变化，尽可能地消除最后装配线生产不均衡现象。均衡生产的理想目标是把按件生产过程尽可能地均衡为连续的生产过程。

4. 在生产的每个环节保证产品质量

在 JIT 生产方式中将质量管理贯穿于每一工序之中，在降低成本的同时确保产品质量不会降低。采用的措施包括：一是在每台加工设备上安装各种对不良产品的自动检测和自动停止装置，一旦发现生产异常或不符合质量标准的产品就自动停止加工，比较容易找到发生异常的原因，从而能够针对性地采取措施，防止类似异常情况的再次发生；二是设备操作人员发现产品或设备存在问题时有权自行停止生产。依靠这样的管理机制，不良产品一旦出现就会被马上发现，可杜绝类似不良产品的再产生。

5. 弹性配置作业人数

当市场需求波动时，要求劳动力资源也做相应的调整，弹性地增减各生产线的作业人数。如劳动力需求量增加不大时，可通过适当调整具有多种技能的操作者来完成；当

需求量降低时，可采用减少生产班次，解雇临时工，分配多余的操作工去参加设备的维护和维修。

三、看板管理

看板是 JIT 的一个管理工具，也是 JIT 的一种生产控制手段。

所谓看板，就是产品从一道工序转移至另一道工序的备忘卡片或传票。通过看板，可以有效地组织生产，能够对生产系统中物流的速度和大小进行有效的调节。

1. 看板的类型

根据所传递的信息不同，有生产看板和传送看板之分。生产看板是在生产过程中用于指挥工序加工之类的工作，规定零部件数量、加工时间等；而传送看板，是指挥不同的工序之间，特别是相邻工序间的物流传递过程，规定传送的物流品种、数量和传送的具体时间等。

除了上述两种看板以外还有一些类型的看板，如用于企业之间的外协看板、用于标明生产批量的信号看板，用于零部件短缺场合的快捷看板，用于发现次废品以及机器故障等特殊突发事件的紧急看板等。

2. 看板的功能

从 20 世纪 50 年代发明至今，看板管理经过不断的发展和完善，已经形成了完整的运作机制，形成了一些重要而且稳定的功能，主要包括以下几个方面：

(1) 作为生产以及运送的工作指令。

(2) 防止过量生产和过量运送。

(3) 作为直观目视管理的工具。

(4) 改善生产系统"体质"的工具。

3. 看板的工作过程

假设该生产流程由 3 道工序组成，即零件加工、部件装配以及产品总装。每道工序设备附近设有 2 个存件箱：一个存件箱为甲，存放前道工序已制成的为本工序准备的在制品或零部件，在该箱零部件上附有传送看板；另一个存件箱为乙，存放本工序已加工以备下道工序随时提取的在制品或零部件，在该箱零部件上附有生产看板。

当最后一道工序(产品装配工序)的工人从Ⅲ甲箱中取出一个零件或部件时，即取下附在该零件或部件上的传送看板，并到前一道工序(即部件装配工序)的乙箱中提取一个相同的零件或部件，以补足Ⅲ甲箱中已使用的一件。与此同时，并将原先附在Ⅱ乙箱中刚提走的零件或部件上的生产看板取下交予工序Ⅱ的生产工人，工序Ⅱ的生产工人拿到这块生产看板后，就立即生产这个零件或部件，制成后与这块生产看板一道补入Ⅱ乙箱中。当第Ⅱ工序开始制造时，又必须按同样的程序从Ⅱ甲箱中提取备用零件或在制品。

从上例可见，在生产看板和传送看板这两种看板的联系与推动下，组成了一个准时生产的制造系统。此外，通过看板的管理还可以看出各个生产环节的效率高低和问题的关键所在，从而采取有效措施解决生产中的"瓶颈"问题。

第五章　先进制造战略、理念和模式

现代制造的精髓是制造战略和理念、管理思想与模式。决定企业成败的诸因素中，战略和理念的创新将领衔一切。当目标和战略确定之后，则管理决定成败。随着市场全球化、经济一体化进程的加快，竞争战略不断更迭。

从最初的规模战略——成本战略(C)到后来的质量战略(Q)、供货期战略(T)、服务战略(S)、环保战略(E)，直到现在的综合战略，即T、Q、C、S、E。

相应的制造理念和制造模式不断创新，先后出现了集成制造、敏捷制造、智能制造以及其他各种先进制造理念和模式。现代制造理念和模式对于市场竞争的成败将越来越起着决定性的作用。

本章介绍现代制造理念和集成制造、并行工程、精益制造、敏捷制造、虚拟制造等先进制造模式。

第一节　制造领域竞争战略的演变

一、生产方式的演变

人类文明的发展与制造业的进步密切相关。

(1)在古代(石器时代，青铜器、铁器时代)，满足以农业为主的自然经济的需要，采取了作坊式手工业的生产方式。生产使用的原动力主要是人力，局部也利用水力和风力。

(2)18世纪初，瓦特发明蒸汽机。从19世纪初到20世纪20年代，主要是用机器代替人力进行生产。在这种生产方式下，从业者在产品设计、机械加工和装配方面都有高超的技艺，所以又称"技艺"性生产方式。这种生产方式的最大缺点是产品价格高、生产周期长。

(3)第一次世界大战后，美国人福特(Henry Ford)和通用汽车公司的斯隆(Alfred Sloan)将欧洲人创造的技艺性生产方式改为流水线、大批量生产方式，使制造业发生了革命性变化。

大量生产方式主导了制造业近百年，对于人类的进步做出了巨大的贡献。主要有以下几点：

①满足人类需求，提高了人们的生活水平。

②推动社会生产的分工与专业化。

经济学家公认，分工与专业化程度的提高意味着生产力的提高，所以分工与专业化程度就成为测量经济发展水平的一种尺度。

大量生产方式的内部分工与专业化是由两个方面的因素共同决定的:一是“简单重复操作能大大提高效率”的事实,使企业决策者将分工与专业化视为获取效益的基本手段;二是为了缓解复杂的机器技术与低素质雇员之间的尖锐矛盾,不得不细化分工和肢解技能,让每个雇员仅完成很小一部分操作并要求严格按照操作规程执行。

③建立了一套完备的制造生产理论。

④科层组织的完善和管理理论的发展。

制造过程是一个复杂的有机整体,而作为制造主体的人却大部分只能进行简单操作,且伴有偷懒、应付行为,那么制造企业的唯一选择只能是运用周密的计划和协调、强有力的指挥和控制、严格的监督与奖惩来实现二者的统一。

实行授权与分权,进而引出了管理幅度和管理层次的概念。

(4)20世纪70年代以后,全球范围一个更加激烈的竞争环境正在形成,消费者的价值观正在发生结构性的变化,使以产品为中心、以规模经济为竞争优势的大量生产方式遇到了新的挑战。

大量生产方式受到的另一挑战来自于企业内部。企业员工追求人格全面发展的动机,同以监督和控制为基调的传统组织体系形成了尖锐的冲突,原先行之有效的管理方法和管理手段,如今却容易造成摩擦与内耗。这些从根本上动摇了大量生产方式组织与管理的合理性。

大量生产方式的困境,使制造企业将价值取向转移到产品市场和顾客,将制造战略重点移到质量和时间。然而为实施这一转变,人们经历了一个曲折的学习过程。开始人们仍沿袭传统思路,期望依靠制造技术的改进来解决问题。

二、竞争战略的演变

竞争战略是服务于市场竞争需要的,而市场的变化又与社会需求、生产水平、科技进步、经济社会发展等紧密相关。表5-1概括了竞争战略的演变过程。

竞争战略的演变　　表5-1

20世纪	制造战略					
60年代	规模	成本				
70年代	规模	成本	质量			
80年代		成本	质量	时间	服务	
90年代		成本	质量	时间	服务	环境
21世纪		成本	质量	时间	服务	环境

20世纪60年代以前,由于科技水平不高,生产力水平还满足不了社会需求的增长,存在着供不应求的矛盾。因此,当时的制造战略是拼命上规模,一方面满足社会需要,另一方面通过扩大规模降低生产成本,获得巨额利润。

20世纪60年代以后,供需矛盾逐渐趋向缓和,随着社会经济的发展,人们生活水平的提高,消费需求由生存资料转向享受资料和发展资料,在大量可选商品中必然选择质优价廉的商品,于是企业纷纷采用质量战略。

20 世纪 70 年代中期以后,市场发生了很大的变化,一方面商品供过于求,另一方面人们的需求出现了多样化、个性化的趋势,企业界又打出了及时供货和优质服务这两张牌,一种以客户为中心、将服务视作商品的重要组成部分的新的制造战略形成了。

工业经济的发展导致现代社会的辉煌发展和高度文明,这一历史功绩是不可磨灭的。但是,工业经济的发展,导致物质资源和能量资源大量消耗,环境严重污染,从而给社会的持续发展带来了新的难题:人口、资源和环境,是世界性的三大难题。

20 世纪 90 年代环保战略、绿色制造、可持续发展等制造战略应运而生。

当前,知识经济向我们走来。随着以知识为基础的服务业和知识产业对经济发展的贡献不断增长,开发市场和创新的能力本身已经逐步取代生产的效率,成为经济增长中的主要驱动器。随着虚拟企业的出现,那些拥有有限生产能力的经济体往往是最有效率的。因此,未来的战略不是规模,而是创造能力。

环境需求的变化推动制造战略的发展与演变,而制造战略的实施和提升反过来促进了社会经济的发展。

三、制造理念和模式的发展

由于制造战略不断变化,制造理念和模式也随之创新,如图 5-1 所示。

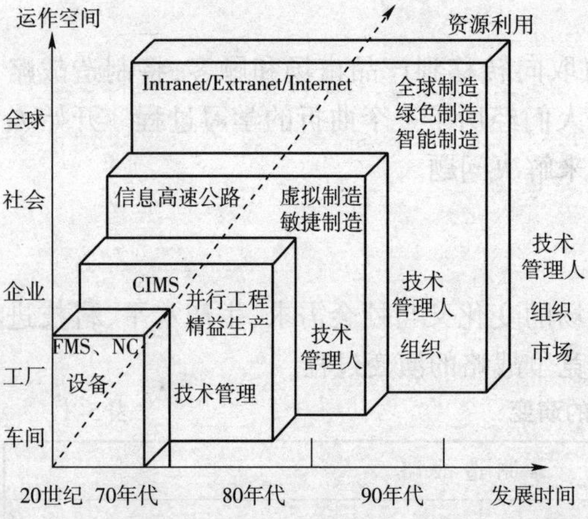

图 5-1　先进制造概貌

图中所见发展过程:

(1)运作空间不断扩大。从设备到车间,从企业内部到企业外部,从本地区到全球。它表明资源优化配置和开发利用的空间范围越来越大、越来越合理、越来越经济。

(2)资源开发利用越来越广。由设备到技术,由管理到市场,由组织到人员,涉及的领域越来越广,各自的内涵也越来越深刻。它表明资源开发利用的广度和深度不断增加,制造系统的柔性范围越来越宽。

(3)信息技术是支撑技术。制造理念和模式的多维扩展,是在现代信息技术的基础上实现的,特别是因特网的发展改变了世界的格局,同时使制造系统的发展进入新纪元。

制造理念和模式的发展永无止境,随着社会经济的新发展,制造理念和制造系统正向着更广、更深、更加智能化的方向发展。

四、制造模式的概念

如前所述:系统和模式是密切相关的。

制造模式在制造系统的规划设计、建设、运行和发展过程中,发挥重要的作用:

(1)提供关于制造系统通用的和全局的“样板”,是关于制造系统的世界观。

(2)制造模式是动态发展的,与人类社会文明、科学技术水平以及生产力水平等因素密切相关。

(3)制造模式具有继承性,新的制造模式是在旧模式的基础上发展形成的。

(4)制造模式具有多样性和重叠性,在同一历史时期可能会存在多种制造模式,各种制造模式会具备许多相同或类似的概念、原理和技术。

制造模式的研究范畴根据抽象性的深浅可划分为3个层次:

(1)制造科学——研究制造哲理、制造策略,制造系统体系结构、各种基础的(支持性)理论方法,从学术理论方面确定制造系统的基本内涵和外延。

(2)制造系统技术——产品设计技术、加工及装配工艺、控制技术、信息处理技术等。

(3)制造系统实例——用于技术研究和演示作用的实验系统,以及用于企业产品生产的系统。

第二节 计算机集成制造与现代集成制造

基于企业资源的一种先进制造模式是计算机集成制造系统CIMS;基于区域资源的先进制造体系带来了敏捷制造AM的发展。

CIMS是当代生产自动化领域的前沿学科,是以企业内部资源为基础,以企业的运行总体最优化为目标的生产组织管理思想为指导,集多种高新技术为一体的现代化制造体系。

一、基本概念与发展概况

1. CIMS产生的背景

20世纪50年代初期开始出现的数控机床。

20世纪60年代开始出现计算机辅助设计(CAD)、计算机数控(CNC)、计算机辅助制造(CAM)。

20世纪60年代至70年代,计算机技术快速发展,工作站、小型计算机等开始大量进入到工程设计中,开始有了CAD/CAM,计算机仿真等工程应用系统。

从20世纪70年代开始,计算机逐步进入到了上层管理领域,开始出现了管理信息系统(MIS)、物料需求计划(MRP)、制造资源计划(MRPⅡ)等概念和管理系统。

但是这些新技术的实施并没有带来人们曾经预期的巨大效益,原因是它们离散地分布在制造业的各个子系统中,只能使局部达到自动控制和最优化,不能使整个生产过程长期在最优化状态下运行。

因此,采用先进制造体系便成为制造业发展的客观要求。

CIM理念产生于20世纪70年代,但基于CIM理念的CIMS在20世纪80年代中期才开始受到重视并大规模实施。其原因是70年代的美国产业政策中过分夸大了第三产业的作用,而将制造业,特别是传统产业,贬低为“夕阳工业”,这导致美国制造业优势的急剧衰退,并在80年代初开始的世界性的石油危机中暴露无遗,美国才开始重视并决心用其信息技术的优势夺回制造业的霸主地位,认为“CIMS,no longer a choice!”。于是美国及其他各国纷纷制订并执行发展计划。自此,CIMS 的理念、技术也随之有了很大的发展。

近年来,制造业发生着深刻的变革,信息时代的“现代制造技术”及其产业应运而生,其中 CIMS 技术及其产业正是其重要的组成部分。

2. CIM 与 CIMS 的基本概念

美国学者 Joseph Harrington 博士 1973 年在 Computer Integrated Manufacturing 一书中首先提出了 CIM 的概念,体现了两个重要的观点:

(1)系统的观点,企业的生产经营应看作一个整体,用系统工程的观点和系统分析的方法来观察企业的生产经营问题。

(2)信息化的观点,产品制造过程实质上是信息采集、传递、加工处理的过程。

Harrington 博士的这两个重要观点:一个强调的是企业的功能集成,一个强调的是企业的信息化,将其加以综合,可将 CIM 简洁地理解为“企业的信息集成”。

CIM 是企业组织、管理与运行的一种哲理,它借助计算机软硬件,综合运用现代管理技术、制造技术、信息技术、自动化技术、系统工程技术等,将企业生产经营全过程中有关人、技术和管理三要素以及有关的信息流、物流和资金流有机地集成并优化运行,以实现产品的高质量、低成本、交货期短,提高企业对市场变化的应变能力和综合竞争能力。

CIMS 是在 CIM 哲理指导下建立的人机系统,是一种新型制造模式。它从企业的经营战略目标出发,将传统的制造技术与现代信息技术、管理技术、自动化技术、系统工程技术等有机结合,将产品从创意策划、设计、制造、营销到售后服务全过程中有关的人和组织、经营管理和技术三要素有机结合起来,使制造系统中的各种活动、信息有机集成并优化运行,以达到产品上市快、成本低、质量高、能耗少,提高企业的创新设计能力和市场竞争力。

CIMS 的一个重要概念就是集成。集成是 CIMS 的核心,这种集成决不仅是物(设备)的集成,而更主要的是以信息集成为特征的技术集成和功能集成。计算机网络是集成的工具,计算机辅助的各单元技术是集成的基础,信息交换是桥梁,信息共享是关键。

3. CIMS 的发展阶段

系统集成优化是 CIMS 技术与应用的核心技术,因此我们认为,可将 CIMS 技术的发展从系统(三要素和三流)集成优化发展的角度而划分为 3 个阶段:信息集成、过程集成和企业间集成,由此产生了并行工程、敏捷制造、虚拟制造等新的生产模式(图 5-2)。

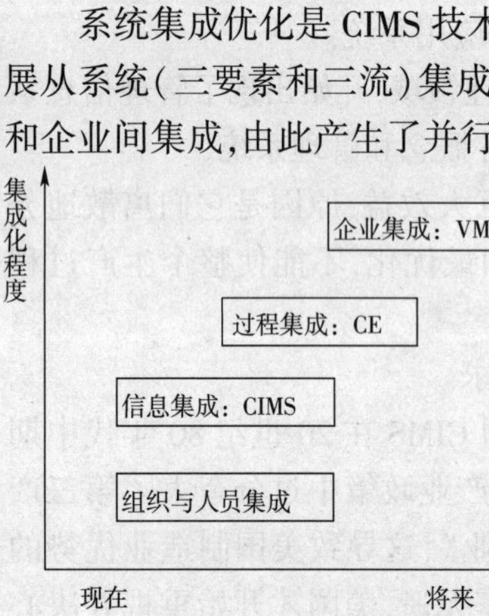

图 5-2 CIMS 发展的阶段

(1)信息集成优化:信息集成主要解决企业中各个自动化孤岛之间的信息交换与共享。

(2)过程集成优化:串行—并行,设计与加工生产分离—一体化。

(3)企业间集成优化:企业内外部资源的优化利用,实现敏捷制造,以适应知识经济、全球经济、全球制造的新形势。

从管理的角度,实现企业动态联盟,形成扁平式企业的组织管理结构和“哑铃型企业”,克服“小而全”、“大而全”,实现产品型企业,增强新产品的设计开发能力和市场开拓能力,发挥人在系统中的重要作用等。

企业间集成的关键技术包括信息集成技术、并行工程的关键技术、虚拟制造、支持敏捷工程的使能技术系统、基于网络(如 Intermet/Intranet/Exrtanet)的敏捷制造以及资源优化(如 ERP、供应链、电子商务)。

二、CIMS 的组成、体系结构与关键技术

CIMS 是一个大型的复杂系统,包括人与机构、经营、技术三要素。

三要素之间的关系如图 5-3 所示,在三要素的相交部分需解决 4 类集成问题:

(1)使用技术以支持经营。

(2)使用技术以支持人员工作。

(3)设置机构,人员协调工作以支持经营活动。

(4)统一管理并实现经营、人员、技术的集成优化运行。

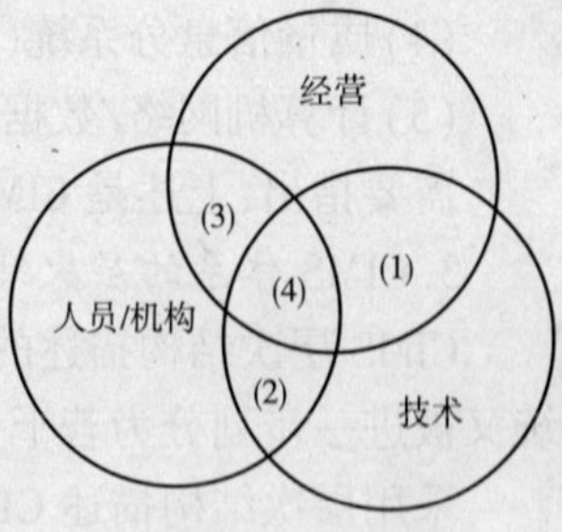

图 5-3 CIMS 的三要素

目前,CIMS 并不过分强调物流自动化,而是侧重于以人为中心的适度自动化,即强调人、经营、技术三者的有机集成,充分发挥人的作用。

1. CIMS 的基本结构轮图(图 5-4)

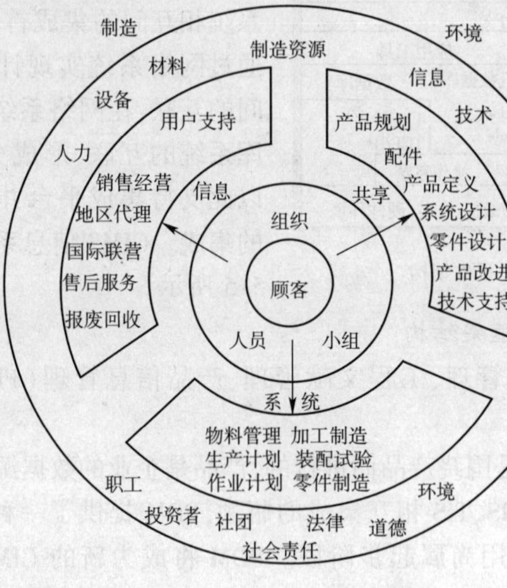

图 5-4 CIMS 的基本结构轮图

(1)第一层是驱动轮子的轴心是顾客。

(2)第二层是企业组织中的人员和群体工作方法。

(3)第三层是信息(知识)共享系统。

(4)第四层是企业的活动层,可划分为 3 大部门和 15 个功能区。

(5)第五层是企业管理层,其功能是合理配置资源,承担企业经营的责任。

(6)第六层是企业的外部环境。

2. CIMS 的主要功能分系统

从功能角度看，CIMS 通常包含了一个制造企业的经营管理、设计、质量控制、制造四类主要功能，要使这四方面功能有机地集成起来，还需要两个公共支撑环境，即计算机网络、分布式数据库及其指导集成运行的系统技术。因此，CIMS 通常主要由 5 大功能分系统所构成，每一个分系统又可划分为若干个子系统。

(1)管理信息分系统(MIS)。

(2)技术信息分系统(TIS)。

(3)制造自动化分系统(MAS)：它是 CIMS 中信息流和物流的结合点。

(4)质量信息分系统(QIS)。

(5)计算机网络/数据库分系统(NET&DB)。

需要指出，上述是 CIMS 最基本的构成，实际应用过程中可不断发展与完善。

3. CIMS 体系的层次结构

CIMS 层次结构描述的特点是将复杂的大系统划分为若干个较小的子系统，各子系统又被进一步划分为若干个子模块，各模块具有相对独立的功能，便于开发和管理。

采用层次结构描述 CIMS 时，模块之间、层次之间依靠信息传递取得联系，并据此协调相互间的关系，实现上层对下层的控制，以及将下层的状态信息进行及时的反馈。按照递阶结构，信息不能越级传递。

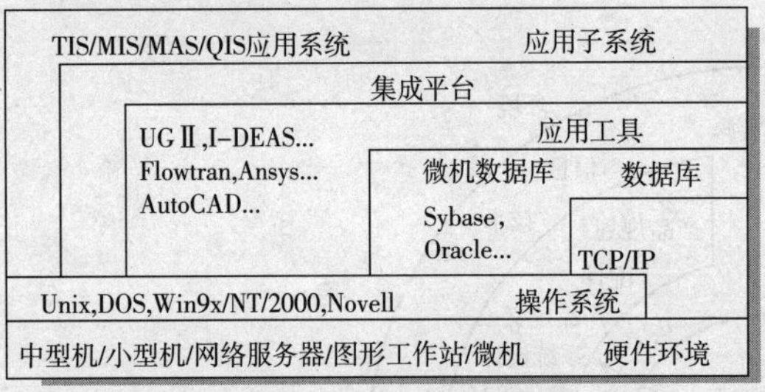

图 5-5　CIMS 的体系层次结构

CIMS 各应用分系统与计算机支撑分系统相互间的集成首先是实现信息集成。通过网络系统实现计算机及各种设备之间的互联，在网络系统的支持下实现数据库系统的互联，形成分布式数据库系统，以此支持集成平台并实现各应用软件间的集成。CIMS 信息系统的层次结构如图 5-5 所示。

4. 基于 PDM 的 CIMS 框架结构

PDM 看作是工程数据管理、工程文献管理、产品信息管理(PIM)、技术信息管理(TIM)等的一种通用扩展。

企业的生存和发展都是围绕产品而进行的，产品是企业的数据源。

如何解决 MIS、MAS、QIS、TIS 相互集成的瓶颈，PDM 提供了一种新的技术方法。目前，国内企业级的 PDM 应用尚属起步阶段。PDM 将成为新的 CIMS 框架中一个重要系统。

当前国外很多工业集团(如 AIRBUS、波音两大飞机制造商)已经成功地实施了企业级 PDM。

实践证明，PDM 系统不仅仅是面向设计，更重要的是它也面向管理，是设计和管理系统的桥梁和纽带。

5. 实施 CIMS 的关键技术

CIMS 作为一种新兴的高新技术，企业在实施这项高新技术的过程中必然会遇到一些技术难题。这些技术难题就是实施 CIMS 的关键技术，主要指下面两大类关键技术：

(1)系统集成：在解决集成问题时，需要进行必要的技术开发，并充分利用现有的成熟技术，充分考虑系统的开放性与先进性的结合。

(2)单元技术：CIMS 中涉及的单元技术很多，许多单元技术解决起来难度相当大，对于具体的企业，应结合实际情况，根据企业技术进步的需要进行分析，提出在该企业实施 CIMS 的具体单元技术难题及其解决方法。

三、现代集成制造系统技术概况

现代集成制造系统(Contemporary Integrated Manufacturing System，CIMS)技术将现代信息技术、现代管理技术与制造技术相结合，在全球化制造环境下集成产品全生命周期各阶段与企业内外部相关的活动和资源，实现优化运行，使企业敏捷响应多变的市场，提高企业创新能力与综合竞争力。这里的制造是“广义制造”的概念，它包括了产品全生命周期的各类活动：市场需求分析、产品定义、研究开发、设计、生产、支持(包括质量、销售、采购、发送、服务)及产品最后报废、环境处理等的集合。

1. 关键技术

现代集成制造系统是一种基于 CIM 理念构成的数字化、信息化、智能化、绿色化、集成优化的制造系统。它是信息时代的一种新型生产制造模式，在广度与深度上拓展了原 CIMS 的内涵，其关键技术是：

(1)快速进行产品开发的 CAD/CAM/CAE/PDM 技术。

(2)促进企业现代化管理的 MRPⅡ/ERP 技术。

(3)信息技术引入到生产加工，提高生产效率、产品质量、快速响应的数控、快速原型制造、工业机器人技术等。

(4)基于设计过程重组和优化的并行工程技术。

(5)加快产品开发的虚拟制造技术。

(6)基于网络的异地设计、制造的网络化技术、协同生产技术。

(7)基于企业、企业间物流优化的供应链管理技术、电子商务技术。

(8)系统运行的先进控制技术。

2. 技术方法论

(1)总体技术。包括：系统总体模式；系统集成方法论；系统集成技术；标准化技术；企业建模和仿真技术；CIMS 系统开发与实施技术。

(2)支撑平台技术。

(3)设计自动化技术。

(4)加工生产自动化技术。

(5)经营管理与决策系统技术。

(6)流程制造业 CIMS 中生产过程控制技术。

3. 发展趋势

现代集成制造系统技术涵盖信息集成、过程集成和企业集成及后续的新发展、新技术和新方法,其发展趋势主要是:①集成化;②数字化/虚拟化;③网络化;④柔性化;⑤智能化;⑥绿色化。

第三节　并 行 工 程

并行工程作为一个系统化的思想是由美国国防高级研究计划局(DARPA)最先提出的。DARPA 于 1987 年 12 月举行了并行工程专题研讨会,提出了发展并行工程的 DICE 计划。

与此同时,美国国防部指示美国防御分析研究所 IDA 对并行工程及其用于武器系统的可行性进行调查研究。IDA 通过研究与调查,1988 年发表了其研究结果,公布了著名的 R-388 研究报告,明确提出了并行工程的思想。

1988 年 DARPA 发出了并行工程倡议,美国的西弗吉尼亚大学设立了并行工程研究中心(CERC),美国许多大的软件公司、计算机公司开始对支持并行工程的工具软件及集成框架进行开发。

并行工程在国际上引起各国的高度重视,并行工程的思想被越来越多的企业及产品开发人员接受和采纳,各国政府都在加大力度支持并行工程技术的开发,把它作为抢占国际市场的重要技术手段。

经过十多年的发展,并行工程已在一大批国际上著名的企业中获得了成功的应用,如波音、洛克希德、雷诺、通用电气等大公司均采用并行工程技术来开发自己的产品,并取得了显著的经济效益。并行工程及其相关技术成了自 20 世纪 90 年代以来的热门课程。

一、定义

长期以来,人们一直采用串行工程的方法从事产品的研制和开发。

最有代表性且被广泛采用的是美国防御分析研究所 IDA 于 1988 年在 R-388 报告中给出的定义:并行工程是对产品及其相关过程(包括制造过程和支持过程)进行并行、一体化设计的一种系统化的工作模式。这种工作模式力图使开发人员从一开始就考虑到产品全生命周期中的各种因素,包括质量、成本、进度及用户需求。

串行生产方式是将时间上先后的知识处理和作业实施过程转变为同时考虑和尽可能同时处理的一种作业方式,如图 5-6 所示。

从图 5-7 中,可以看出并行工程的两个关键思想:

(1)并行工程是一种工作模式,而不是具体的工作方法。

(2)并行工程着重于从产品设计一开始就对产品的关键因素进行全面考虑,以保证产品设计一次成功。

并行工程的主要目标是缩短产品开发周期,提高产品质量,降低产品成本,从而增强企业的竞争力。它是对传统产品开发模式的一次变革,它对现有生产模式的冲击是多方面的:

(1)技术方面。不仅包含、继承了许多传统的 CIMS 技术,而且还提出了一些新的技术。

(2)组织方面。并行工程必须打破传统的、按部门划分的组织模式,组成以产品开发为对象的跨部门集成产品开发团队(Integrating Development Team,IPT)。

(3)管理方面。管理的对象、内容及方法发生了变化。

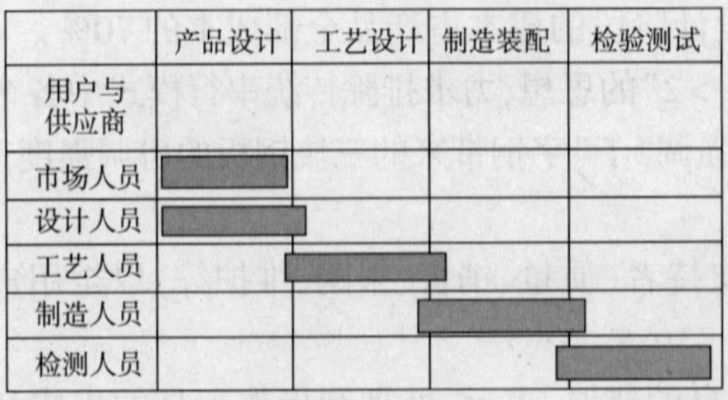

图5-6　串行工程工作方式

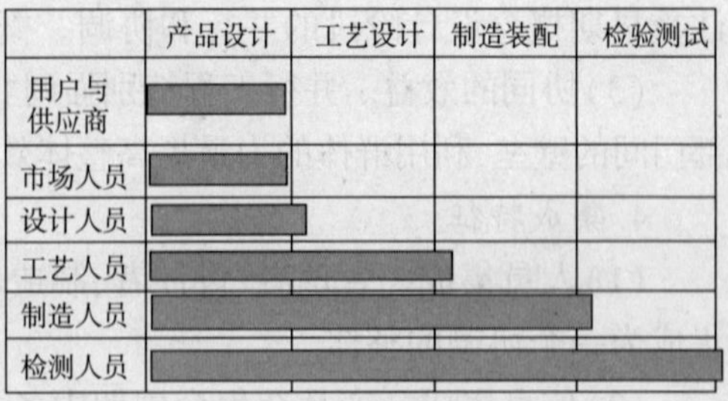

图5-7　并行工程工作方式

二、运行模式

并行工程所追求的目标与 CIMS 的目标是相同的,即“提高企业的市场竞争能力,赢得市场竞争”,但其实施策略和运行模式却有所不同,如图 5-8 所示。

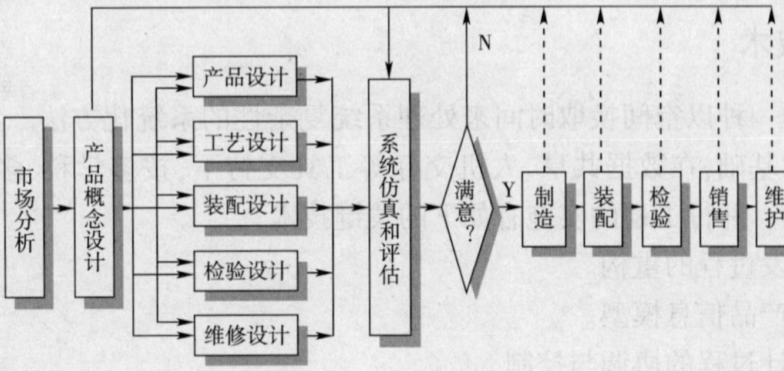

图5-8　并行工程工作方式

三、特征

并行工程是企业组织生产的一种哲理和方法论,并行工程不是某种现成的系统或结构,不能像硬件或软件系统那样买来安装后即可使用。

与传统生产的串行工程比较具有如下的工作特征。

1. 并行特征

并行工程的最大特点是把时间上的先后作业过程转变为同时考虑和尽可能同时处理的过程,在产品的设计阶段就并行地考虑了产品整个生命周期中的所有因素,避免将设计错误传递到下一阶段,减少不必要的环节,使产品开发过程更趋合理、高效。

2. 整体特征

并行工程强调全局性考虑问题,即产品研制者从一开始就考虑到产品整个生命周期中的所有因素,追求整体最优,有时为了保证整体最优,甚至可能不得不牺牲局部的利益。

3. 协同特征

并行工程方法非常注重协同的组织形式、协同的设计思想以及所产生的协同效益。

(1)多功能的协同组织形式。根据任务和项目的需求组织多功能设计工作小组。

(2)协同的设计思想。强调一体化、并行地进行产品及其相关过程的协同设计，尤其注重早期概念设计阶段的并行和协调。概念设计阶段的成本占产品全部成本的70%。

(3)协同的效益。并行工程特别强调“1 +1 >2”的思想，力求排除传统串行模式中各个部门间的壁垒，利用群体的力量提高整体效益，强调“工”字钢带来的三块钢板的协调强度。

4. 集成特征

(1)人员集成。管理者、设计者、制造者、支持者(质量、销售、采购、维护等)以至用户集成为一个协调的整体。

(2)信息集成。产品全生命周期中各类信息的获取、表示、处理和操作工具的集成和统一管理。

(3)功能集成。产品全生命周期中企业内各部门功能集成，以及产品开发企业与外部协作企业间的功能集成。

(4)技术集成。产品开发全过程中涉及的多学科知识及各种技术、方法的集成，形成集成的知识库、方法库。

四、关键技术

并行工程是一种以空间换取时间来处理系统复杂性的系统化方法。它以信息论、控制论和系统论为基础，在数据共享、人机交互等工具支持下，按多学科、多层次协同一致的组织方式工作。并行工程的实施有如下的关键技术。

(1)产品开发过程的重构。

(2)集成的产品信息模型。

(3)并行设计过程的协调与控制。

五、支持工具

并行工程是一种群体设计团队的工作模式，需要有协同的工作环境和工具的支持，所需的支撑技术工具包括：

(1)全数字化定义的计算机辅助设计(CAX)工具。

(2)面向X的设计技术(DFX)：面向制造、装配、检测、拆卸等的设计。

(3)产品数据管理(PDM)。

(4)协同的网络通信手段：多媒体邮件、电子公告板、视频会议系统等。

第四节　精　益　生　产

20世纪初，由美国人福特和斯隆开创的大量生产方式揭开了现代化大生产的序幕，引起了制造业的根本变革，从而取代了单件生产方式，使美国战胜了当年工业最发达的欧洲，成为世界第一大工业强国。

经过半个多世纪的发展，日本通过推行精益生产(Lean Production, LP)方式而成为世界经济大国。

日本丰田生产方式是日本丰田公司在20世纪50年代提出并不断完善而形成的一种新的生产方式。50年代日本战后经济困难，由日本丰田汽车公司的丰田英二与大野耐一，经过对美国和西方汽车公司的大量生产方式与单件生产方式进行认真研究和科学分析对比后，并根据当时日本国内的实际情况和需要，综合多年的经验创造了一套与众不同的生产经营管理模式——丰田生产方式并付诸实施。

精益生产方式是在日本丰田生产方式基础上产生的，经过几十年的实践与总结而形成的先进的生产模式。进入20世纪80年代，欧美各国由于无法阻止日本在世界经济地位上的快速上升，致使美国和西欧各工业国家开始对自己所依赖的生产技术产生怀疑。

1985年美国麻省理工学院(MIT)成立了国际汽车计划(IMVP)的专门机构，通过5年时间对美国、日本及一些欧洲国家汽车工业的全面、深入调研，詹姆斯·沃麦克、丹尼尔·琼斯等总结了日本的制造业几十年来的成功经验，于1990年写了《改变世界的机器》一书。IMVP系统地分析了日本企业取得成功的原因，归纳出被美国人称为“精益生产”的生产系统模式，并以日本汽车工业为例说明了精益生产方式的要素和对整个工业未来发展将产生的深远影响，认为造成日本与美国和欧洲各国在汽车工业发展上的差距不在于企业的自动化程度的高低，生产批量的大小、产品种类的多少，根本原因在于生产方式的不同，是因为采用了新型的生产方式，即精益生产方式。

精益生产模式引起了美、欧等发达国家以及许多发展中国家的兴趣，从而被许多国家和企业所采用。精益生产方式概念的出现在世界范围内掀起了研究先进制造系统模式的浪潮。日本制造业在20世纪七八十年代的崛起和美国MIT在1990年关于日本精益生产的调查报告给德国人很大的震动。德国在精益生产方式的基础上进一步提出了分形企业和精益管理的思想。精益管理要求整个企业的所有活动都必须面向用户。

一、内涵

1. 基本概念

精益生产，英文原意是“瘦型”生产方式。精益生产简练的含义就是运用多种现代管理方法和手段，以社会需求为依托，以充分发挥人的作用为根本，有效配置和合理使用企业资源为企业谋求经济效益的新型企业生产方式。

精益生产方式的资源配置原则是以彻底消除无效劳动和浪费为目标。精益的“精”就是精干(瘦型)，“益”就是效益，合起来就是少投入，多产出，把成果最终落实到经济效益上，追求单位投入产出量。可见，实施精益生产方式要以去除“肥肋”为先导，改进原有的臃肿组织机构、大量非生产人员、宽松的厂房、超量的库存储备等状况。

2. 思维特点

(1)逆向思维方式。

(2)逆境中的拼搏精神：丰田在开始13年的轿车累计产量不及福特一天产量

的40%。

(3)无止境的尽善尽美追求。

3.特征

(1)以销售部门作为企业生产过程的起点。

(2)产品开发采用并行工程方法和主查制(项目负责人)。

(3)在生产制造过程中实行“拉动式”的准时化生产,杜绝一切超前、超量生产。

(4)以“人”为中心,充分调动人的潜能和积极性,完成生产,参与管理,从事革新。

(5)追求无废品、零库存、零故障等目标,降低产品成本,保证产品多样化。

(6)消除一切影响工作的“松弛点”,以最佳工作环境、最佳条件和最佳工作态度从事最佳工作,从而全面追求尽善尽美,适应市场多元化要求,用户需要什么则生产什么,需要多少就生产多少,达到以尽可能少的投入获取尽可能多的产出。

(7)把主机厂与协作厂之间存在的单纯买卖关系变成利益共同的“共存共荣”的“血缘关系”,把约70%零部件的设计、制造委托给协作厂进行,主机厂只完成约30%的设计、制造任务。

(8)简化产品检验环节,强调一体化的现场质量管理。

精益生产方式对产品质量观点是:质量是制造出来的,而不是检查出来的,认为一切生产线外的检查把关及返修都不能创造附加价值,而把保证产品质量的职能和责任转移到直接生产操作人员,要求每一个作业人员尽职尽责,精心完成工序内的每一项作业。由每一个操作工自己保证和检验产品质量,取消了昂贵的检验场所和修补加工区,这不仅简化了产品的检验,保证了产品的高质量,而且节省了生产费用。

(9)以顾客为中心的销售策略。

精益生产改变了由经销人员在经销点坐等用户上门购买的被动销售方式,而是由经销人员登门拜访,挨家挨户推销的主动销售。

如丰田公司,每个经销点由多个小组组成,除一个小组留守负责问询工作外,其他小组大部分时间都去挨家挨户推销汽车,了解经销点地区每家基本情况,把信息反馈给产品开发小组;向用户提出最贴切的购车建议,满足用户特定的要求;当用户拿不定主意时,还要带来样车进行演示。

总之,用真诚感动用户,为了适应这种登门服务,经销点越来越多地雇用女推销员。此外,通过完善的售后服务培养产品的忠诚用户,建立和培养用户毕生的忠诚,新车卖给用户后,车主便成了经销网络的一个成员,会经常得到经销人员问询服务,保证汽车正常运行。为了保持联系,还给车主寄生日卡,帮助办红白喜事,这样一种忠诚关系,使别的厂家很难打进去。

二、应用

1.精益生产在国外的应用

日本的汽车工业及其他工业由于采用这种新的生产方式,而很快达到了今天领先的地位。

30多年来,日本产品逐渐把许多美国产品挤出了市场。例如,作为数控机床、加工中心、柔性制造系统(FMS)、计算机集成制造系统(CIMS)的诞生地,美国从1946年到1981年一直是世界上最大的机床生产国,占有世界机床产值的29%以上,但到了1986年美国已有1/2的机床要进口,1994年美国机床进口额位居世界第一,进口额的44.6%来自日本。

再如美国的汽车工业,从1955年占世界总产量的75%降低到1990年的25%。

精益生产目前已在各国工业界和公众方面引起了强烈的反响,很多发达国家对精益生产方式的研究已涉及到各种生产类型的许多行业中,形成了一股变革的浪潮。如美国通用汽车公司、福特汽车公司,美国宇航业采用精益生产方式生产战斗机、战斗运输机、导弹和卫星产品后,其研制周期大大缩短,费用也明显降低。德国也在1992年宣布要以精益生产方式统一制造技术的发展方向,已有3/4的企业准备全面推行精益生产方式。例如大众公司培训工人学习精益生产方式,连续改进千余项工艺,1993年的生产率就提高了25%。

2. 精益生产在国内的应用

精益生产方式为人们提供一种全新的管理思想,各行各业都可借鉴。对于许多发展中国家来说,由于精益生产方式无需大量投资,是迅速提高其企业管理和技术水平的一种有效手段。随着社会主义市场经济的逐步确立,尤其是中国加入世界贸易组织后,企业面临着更为严峻的挑战,精益生产方式为企业提供了一条发展之路。目前,精益生产方式已先后在一汽集团、上海大众、跃进汽车集团,唐山爱信齿轮有限公司推广,在这些厂实行的准时生产、减少库存、看板管理等活动都取得了很好的效果。

第五节 敏捷制造

面对日本强大的竞争优势,美国和西欧都在总结经验教训,调整各自的技术路线。美国1991年研究并提出了"21世纪制造企业战略",其中提出一种新的制造模式——敏捷制造,美国希望通过它夺回其在世界制造业的领导地位。

敏捷制造一问世就得到了美国政府、工业界以及各种学术团体的重视与支持。美国国防部高级研究计划局(DARPA)和美国自然科学基金(NSF)先后资助了多项与敏捷制造相关的研究,并建立了敏捷制造协会(Agility forum)。

一、定义

一般而言,企业的敏捷性可被理解为企业在不断变化和不可预测的全球化竞争环境中成功获得市场的一种主动型综合应变能力,这种综合应变能力涵盖了:

(1)企业对市场需求的快速响应性——核心。

(2)企业组织形态的动态可重组性、可重用性与可扩展性。

(3)企业管理方式的自适应性。

(4)制造资源的分布性、可配置性及可重构性。

(5)制造系统柔性及集成性。

(6)制造活动的协同性。

依据对企业敏捷性的描述,则敏捷制造可定义为:使企业在涉及到产品生命周期的各种制造活动中具备敏捷性或涵盖上述6个特征的综合应变能力的一种制造哲理。

1)企业对市场需求的快速响应性

敏捷制造的首要通用度量指标,是指对不可预测因素的反应能力。其不仅主要体现在企业具备快速捕捉稍纵即逝的市场机遇的能力,而且依赖于快速的产品开发、制造及销售机制,使得满足T(Time)、Q(Quality)、C(Cost)、S(Service)、E(Environment)要求的产品能及时地传递到客户手中,从而达到双赢目标。

2)企业组织形态的动态可重组性、可重用性与可扩展性

企业的组织形态是指企业功能部门的设置和相互关系的建立。

组织形态包含两个层面上的含义,即企业内部的柔性组织问题和企业间的联接关系。

传统的企业组织形态是一种刚性的、层次式的结构。这种层次式组织结构对市场的主动响应性明显不足。

为适应企业敏捷性的需求,企业在组织形态上要做重大变革。首先,在企业内部的柔性组织层面上应打破原有的刚性组织体系,以产品为中心,将团队式的企业业务基本处理单元(包括多学科协作功能小组、制造单元)作为构成企业组织形态的基本单位,建立一种"扁平结构"协同体系。在此体系中,各功能小组的职能在权限上是同等的、并行的。

企业间的联接关系可由供应链和动态企业联盟两种模式确定。其中,从供应链关系构造企业间关联应是传统生产模式的一种简单延伸,而从动态企业联盟的角度构造企业间组织形态恰是敏捷制造的核心。

3)企业管理方式的自适应性

由于企业组织形态的变更,与企业敏捷性相关的管理方式也必须做重大变化,以便能够对企业组织形态的变更做自适应性调整。

4)制造资源的分布、可配置性及可重构性

可配置性体现在物理与逻辑两个方面。例如,模块化可重构加工机床、并联机床可作为适应于企业敏捷性需求的物理性可配置的制造设备。

制造单元控制器软件的可再配置性可从逻辑层面加以实现;制造单元的布局可从逻辑层面实现;多学科设计小组的人力资源及技术资源等的配置即可从物理角度亦可从逻辑角度实现。

5)制造系统的柔性及集成性

制造系统是企业组织形态、制造资源配置、运行调度与管理三大实体的集成,其逻辑框架由敏捷性制造模式体现。组织形态的可重组性、制造资源的可重构性、运行调度与管理的自适应性决定了集成后的制造系统具备柔性。

6)制造活动的协同性

协同工作机制的支持贯穿于企业敏捷制造系统的整个生命周期,包括协同产品设计、协同制造、协同产品商务等多项内容。

二、实施方法

从系统化的角度看，敏捷制造的一般实施方法可由 5 个层次组成：

(1)企业敏捷制造战略层。

(2)企业的敏捷化建设及经营策略变更层。

(3)企业技术准备层。

(4)敏捷制造系统构建层。

(5)敏捷制造系统运行与管理层。

三、对制造业的影响

制造型企业采用敏捷制造策略后，将在以下几个方面会引起明显的变革：

(1)联合竞争。不同行业和规模的企业将会联合起来构造敏捷制造环境。在这个环境下，每一个企业可以扬长避短，可以利用企业外部资源和技术发展自己，可以与工业发达国家企业之间进行合作。在这种形势下，一个企业将无法单独与组成敏捷制造环境的企业集团进行竞争，而导致某些敏捷制造集团将会主导若干行业的技术和产品的发展主流。

(2)技术和能力交叉。敏捷制造策略将促进制造技术和管理模式的交流和发展，促进各类行业中生产技术的双重转换和多种利用。企业内部的柔性制造单元将不受企业产品类型的限制，可以加更多的零件，充分发挥各个制造单元的生产能力。

(3)环境意识加强。企业将采用绿色设计和绿色制造技术，自觉地保护生态环境。

(4)信息成为商品。在构成敏捷制造支撑环境的计算机网络上会出现各种信息中介服务机构，它们将向企业和顾客提供各种咨询服务。某些中介机构还可以向企业提供标准零件度，进一步可能出现独立的设计服务机构，在获得认可后加入敏捷制造环境，向企业提供各种设计服务。

第六节　虚拟制造

21 世纪初是技术创新的年代，以高新技术、新颖的产品去开拓市场，创新将是主要标志。

知识的获取和创新、信息的交流和技术的合作都是本世纪市场竞争的热点问题。

虚拟制造技术就是根据企业竞争的需求，在强调柔性和快速的前提下，于 20 世纪 80 年代提出来的，并随着计算机技术、特别是信息技术的迅速发展，得到了人们的极大重视，获得迅速发展。

一、概述

1. 虚拟制造技术与虚拟制造系统

虚拟制造技术(Virtual Manufacturing Technology，VMT)是由多学科先进知识形成的综合系统技术，是以计算机仿真技术为前提，对设计、制造等生产过程进行统一建模，在产品设计阶段，实时地并行地模拟出产品未来制造全过程及其对产品设计的影响，预测产品性能、产品制造成本、产品的制造性，从而更有效、更经济、更灵活地组织制造生产，使工厂和车间的资源得到合理配置，以达到产品的开发周期和成本的最小化、产品设计质量的最优化、生产效率的最高化之目的。

虚拟制造系统(Virtual Manufacturing System，VMS)是基于虚拟制造技术实现的制造系统，是现实制造系统RMS(Real Manufacturing System)在虚拟环境下的映射。VMS生产的产品是可视的虚拟产品，是一个数字化产品。它具有真实产品所必须具有的特征，并具有动态结构及决策、控制、调度、管理等4个机制。

VMT和VMS涉及到整个产品开发和制造过程的方方面面，对于产品来说，涉及到整个产品生命周期的各个方面，对于制造过程来说，涉及到整个工厂的各个方面。

2. 虚拟制造的特点

(1)虚拟制造是实际制造过程在计算机上的映射和本质表现，即采用计算机仿真与虚拟现实技术，在计算机上群组协同工作，实现产品的设计、工艺规划、加工制造、性能分析、质量检验，以及企业各级过程的管理与控制等产品制造的本质过程，以增强制造的各个过程的决策与控制能力。

(2)虚拟制造虽然不是实际的制造，但却实现实际制造的本质过程，是一种通过计算机虚拟模型来模拟和预估产品功能、性能及可加工性等各方面可能存在的问题，提高人们的预测和决策水平，使得制造技术走出主要依赖于经验的狭小天地，发展到了全方位预报的新阶段。

(3)产品设计与制造是在虚拟环境下进行的，在计算机上进行产品设计、制造、测试，甚至设计人员或用户可"进入"虚拟的制造环境检验其设计、加工、装配和操作，而不依赖于传统的原型样机的反复修改；还可将已开发的产品(部件)存放在计算机里，不但大大节省仓储费用，更能根据用户需求或市场变化快速改变设计、快速投入批量生产，从而能大幅度压缩新产品的开发时间，提高质量，降低成本。

(4)可使分布在不同地点、不同部门的不同专业人员在同一个产品模型上协同工作，相互交流，信息共享，减少大量的文档生成及传递的时间和误差，从而使产品开发以快捷、优质、低耗响应市场变化。

3. 虚拟制造的内涵

如果将实际制造系统RMS抽象成由实际物理系统RPS(Real Physical System)、实际信息系统RIS(Real Information System)和实际控制系统RCS(Real Control System)组成的，可以简单标志为

$$\mathrm{RMS} = \{\mathrm{RPS}, \mathrm{RUS}, \mathrm{RCS}\}$$

可以将实际制造系统映射到基于虚拟制造技术的虚拟制造系统，虚拟制造系统可以表示为

$$\mathrm{VMS} = \{\mathrm{VPS}, \mathrm{VIS}, \mathrm{VCS}\}$$

式中，VPS是虚拟物理系统，VIS是虚拟信息系统，VCS是虚拟控制系统。

按照与生产各阶段的关系，有些文献将虚拟制造分成3类，即以设计为核心的虚拟制造、以生产为核心的虚拟制造和以控制为中心的虚拟制造。

虚拟制造从根本上讲就是要利用计算机生产出“虚拟产品”。我们不难看出,虚拟制造技术是一个跨学科的综合性技术,它涉及到仿真、可视化、虚拟现实、数据继承、优化等领域。

4. 虚拟制造的效果

虚拟制造可以为企业带来6个方面的主要效果:

(1)提供影响产品性能、制造成本、生产周期的相关信息,以便使决策者能够正确地处理产品的性能、制造成本、生产进度和风险之间的平衡关系,做出正确的设计和管理决策。

(2)提高产品的设计质量,减少设计缺陷,优化产品性能。

(3)提高工艺规划和加工过程的合理性,优化制造过程及提高制造质量。

(4)通过生产计划的仿真,可以优化资源配置和物流管理,实现柔性制造和敏捷制造,缩短制造周期,降低生产成本。

(5)通过提高产品质量、降低生产成本和缩短开发周期及提高企业的柔性,以适应用户的特殊要求和快速响应市场的变化,形成企业的市场竞争优势。

(6)通过虚拟企业的概念及具体的实践组成的快速响应部队,能在竞争中为企业把握机遇和带来优势。

二、研究内容

虚拟制造的主要研究内容可以分为3个方面:虚拟制造的理论体系、虚拟产品设计、虚拟产品制造。

1)虚拟制造的理论体系

(1)开放机理。建立基于“即插即用”技术和异种软件间标准数据接口的体系,以实现体系的开放性。具体表现为系统功能的易扩展性、系统硬件的开放性、系统软件的开放性。

(2)分布机理。通过lnternet/Intranet连接的、位于不同的网址上的工程人员共享产品设计、制造和管理所需的数据、知识、资源信息,使用分布性的应用工具,进行虚拟产品开发。

(3)动态机理。企业的不同资源可以分别属于开发不同产品的不同VMS,VMS应能灵活地根据产品实施方案,进行企业对象和生产活动的映射和构建。

(4)并行机理。在虚拟制造环境的分布式特性的控制下,由于制造资源共享和开发过程的并行,故可以“虚拟并行运作”描述这个过程,其核心要素是基于工作流程思想的活动。

(5)集成机理。虚拟制造环境下的数据管理是一项综合性的技术,“模型和数据管理”就是要以有效手段管理产品开发过程中的相关模型、数据和知识,并提供宏观信息管理和控制的机制。也包括模型的标准化和可重用性技术、模型间的信息交互和共享。

(6)人机和谐机理。虚拟现实技术的应用极大地增强人与计算机的交互方式,使人可以融入制造系统的虚拟环境中,强调人在虚拟制造系统运行中的作用。

2)虚拟产品设计

建立产品的功能和结构信息模型，同时对产品的结构、功能、性能进行仿真，作为对设计的指导和对用户需求的预评估。

(1)虚拟产品建模理论。一种全数字化的特征信息共享的虚拟产品模型。

(2)并行设计过程及管理。

(3)面向设计过程的智能仿真。

3)虚拟产品制造

虚拟产品制造在真实产品投产之前，就在 VMS 中模拟出产品未来的制造过程。

(1)建立统一的虚拟制造分布式仿真模型。

(2)制造系统离散事件建模与仿真。

(3)多级分布式仿真集成基础结构。

三、技术体系

虚拟制造涉及到整个产品生命周期中的各个方面，即产品设计、制造的所有活动，不仅要用到制造企业的所有传统技术，而且还需要开发 VMS 特有新技术与新方法，尤其是需要虚拟制造环境下新的建模与仿真技术。

VMT 的体系结构由 3 大主体技术群(建模技术群、仿真技术群、控制技术群)和 1 个支撑技术群(为 3 大主体技术群的实施提供支持)组成。由于 VMT 是一个有机的整体，所以 3 大主体技术群不是相互孤立的，它们之间有大量的信息交换。为了使各种技术具有可操作性，保证各项技术的实施，还需要一定的计算机软硬件环境，如各种计算机及外围设备、网络设备、各种计算机软件、企业文化氛围、企业的管理制度等。此外，要在全球范围内实现敏捷制造，创建虚拟公司，建立全球 VMS，还需要信息高速公路的支持，目前的做法可以在 Internet 上实现。

1)建模技术群

建模技术群是指用来开发 VMS 中各种模型的所有技术与方法。

建模技术是 VM 的关键技术之一。建模问题包括：表达、表述语言、抽象、联合、标准、重用性、多用性和配置控制。根据建模对象的不同，建模技术可以分为：①产品和过程模型的建模技术；②虚拟车间的建模技术；③虚拟公司的建模技术。

2)仿真技术群

仿真技术群是指运行和操作构成 VMS 各种模型的所有方法与技术。VM 是基于模型的制造，仿真技术是 VM 的关键技术之一。仿真技术是在计算机中表达一个物理系统或环境的能力。仿真是指通过对系统模型的运算来表达或研究一个存在或正在设计中的系统。计算机仿真就是利用计算机运算系统的数学模型来表达对被仿真系统的分析、研究、设计、培训等。

3)控制技术群

控制技术群是指建模过程、仿真过程所用到的各种管理、组织与控制技术及方法。主要包括：①模型部件的组织、调度策略及交换技术；②仿真过程的工作流程与信息流程控制；③VMS 方法论；④概念设计与制造方法、加工过程、成本估计集成技术；⑤集成动态的、分布式的、协作模型的集成技术；⑥实现最佳设计的冲突求解技术；⑦基于仿真的推理技术;⑧模型及仿真结果的验证、确认技术。

4)支撑技术群

支撑技术群是指支持VMS开发、控制与运行,取得进步的基础性技术。主要包括:①数据库技术;②人工智能技术;③系统集成技术;④分布式并行智能协同求解技术;⑤综合可视化技术等。

四、环境与平台

从产品生产的全过程来看,“虚拟制造”应包括产品的“制造性”、“生产性”和“合作性”的支持。

1)虚拟制造平台

该平台支持产品的并行设计、工艺规划、加工、装配及维修等过程,进行制造性分析。

2)虚拟生产平台

该平台支持生产环境的布局设计及设备集成、产品远程虚拟测试、企业生产计划及调度的优化,进行生产性分析。

(1)虚拟生产环境布局。

(2)虚拟设备集成。

(3)虚拟计划与调度。

3)虚拟企业平台

(1)虚拟企业协同工作环境支持异地设计、异地装配、异地测试的环境,特别是基于广域网的三维图形的异地快速传送、过程控制、人机交互等环境。

(2)虚拟企业动态组合及运行支持环境,特别是Internet与Intranet下的系统集成与任务协调环境。

五、基于Internet的虚拟制造系统

随着Internet技术的发展和全球经济一体化进程的加快,虚拟制造将向Internet方向发展。

这个体系具有高度的开放性,允许分布的异构知识和系统之间的高效集成和相互间透明的互操作。系统各组成部分既相对独立,可以自主完成相应任务;又可以与其他部分密切协作,实现协同工作。在整个体系中,存在一个一致的集成框架,负责应用系统集成,并基于这个框架,在IVMS系统内进行异地工作调度和并行协同过程管理,从而使物理上分散的系统组成逻辑上的有机整体。

(1)界面层:用户与计算机系统和其他用户进行交流的入口。

(2)框架层:IVMS系统的中枢。

(3)应用层:为实现系统的各种功能提供多种应用工具。

(4)数据层:包括全局共享数据和本地数据。

(5)协议层:协议层规定了IVMS各部分间的网络通信协议、数据交换标准和应用编程接口(API)协议等。

(6)网络层:亦可称物理层或硬件层,为IVMS系统中各种数据的交换与传输及各种

应用系统提供物理链路和设备。

第七节 生物制造

20世纪60年代初,诞生了一门综合性的边缘学科——仿生学。它是生物科学和工程技术科学相结合的产物,把生物学原理广泛地应用在工程技术上。

其重要分支——仿生制造(生物制造),近年来引起学术界和工程界的极大兴趣,并得到了迅速发展。

一、提出的背景

现代制造系统在发展过程中遇到了新的难题,主要表现在以下几个方面:

(1)系统日趋复杂庞大,越来越突出地表现出开放性、非平衡性、非线性、动态性、时变性、符号性、随机性和模糊性。对于如此复杂的系统,以任何传统的观念、方法和工具都是难于分析和驾驭的。

(2)环境保护呼声越来越高,必须寻找绿色解决方案。

(3)纳米机械的出现,要求提供超精密制造技术,常规制造技术难以为继。

(4)信息时代,随着系统规模增大和数据量的激增,出现了组合爆炸问题。

(5)制造系统的智能化问题。

人们越来越认识到人类的制造过程与自然界的生命过程之间存在着深刻的内在相似性,在制造业日趋信息化、而生命科学走向工程化的今天,这种相似性更趋明显和突出。

研究表明,现代制造科学向生命现象和生命科学学习和借鉴主要有以下6个方面:

(1)完善的信息技术。

(2)由基因控制的生长型加工成形方法。

(3)性能超群的有机材料。

(4)奇妙的生物智能。

(5)高效的寻优趋优方法。

(6)先进的组织结构和运行模式。

随着生命科学、材料科学等现代科学的发展,使仿生制造具备了实现的基础。例如,生命科学中的克隆技术、人类干细胞培养、遗传密码破译、人类基因组大规模测序计划、转基因技术等。

材料科学正向高性能、高功能、仿生化、智能化、轻量化、复合化、低维化、极限化、设计化和综合化发展,各种高强度、高韧性、耐高温、耐低温、耐磨损、抗腐蚀、抗疲劳的新型材料层出不穷。例如,当前最主要的集成电路材料—单晶硅,用来制作牢固耐久的军用被服和装备的、既坚韧又不溶解的人造蛛丝,各种智能材料和仿生材料等。

二、概念

生物制造工程又称仿生制造工程,是近年来提出的新概念。它不同于传统的仿生设计学,仿生设计学主要借鉴生物的某些特殊的功能,来改善机器设计。生物制造工程主要包含利用生物的功能进行制造(基因复制、生物去除和生物生长)及制造类生物或生物体。生物制造工程将生命科学、材料科学及生物技术融入制造技术之中,将为人类健康、保护环境和可持续发展做出巨大贡献。

如何将制造科学、生命科学、计算机技术、信息技术、材料科学各领域的最新成果组合起来,彼此沟通起来,用于制造业,是生物制造工程的主要任务。

目前主要有以下4个方向:

(1)生物活性组织的工程化制造。主要研究包括人工骨、人造肺、肾、心脏、皮肤等的工程化制造方法。

(2)类生物智能体的制造。可以通过控制含水率来控制伸缩的高分子材料,能够制成人工肌肉。类生物智能体的最高发展,是依靠生物分子的生物化学作用,制造类人脑的生物计算机芯片,即生物存储体和逻辑装置。最近,美国的科学家和工程师共同研制成功了可使盲人重见光明的"眼睛芯片"。

(3)生物遗传制造。依靠生物DNA的自我复制实现生物遗传制造,即利用转基因实现一定几何形状、各几何形状的位置、不同的物理力学性能、生物材料和非生物材料的有机结合,这是交叉性前沿课题。

(4)利用生物机能的去除或生长成形加工。主要是发现培养能对工程材料进行加工的微生物,或能快速繁殖、定向生长成形的微生物。

三、研究实例

1.生物活性组织的工程化制造研究

目前医学上采用金属等人工材料制成的器官替代物为医疗康复服务,其主要问题是这些异体材料不能很好地适应人体,无法参与人体的代谢活动,使康复工程有很大的局限性。采用异种组织器官存在人体的排异反应,而人类异体器官移植时,器官的来源很有限。

医学上,生长因子、活体细胞的培养技术已较成熟。美国科学家已在鼠背上培育出人耳来;加拿大渥太华大学科研人员采用人工方法成功培育出角膜,为盲人复明增添了希望;中国上海第二医科大学组织工程研究中心的曹谊林研究小组也成功培养出了兔耳廓的软骨。

但是,这种单纯用组织工程的方法培养的速度相当慢,如骨骼的生长速度是1μm/24h,单纯依靠基因生长法,无法满足医疗康复对活体组织的需求。

采用与生物体相容的材料,利用成形技术,制造出人工器官构架,注入细胞和生长因子,使细胞获得并行生长,可以大大加快人工器官的生长速度,这就形成了生物活体组织的工程化制造技术。生物活性组织的工程化制造的研究主要包括人工骨、人造肺、肾、心脏、皮肤等的工程化制造方法。将组织工程材料与快速成形制造结合,采用生物相容性和生物可降解性材料,制造生长单元的框架,在生长单元内部注入生长因子,使各生长单元并行生长,以解决与人体的相容性及个体的适配性,以及快速生成的需求,实现人体器官的人工制造。例如,西安交通大学快速成形及制造研究中心与第四军医大学合作,进行人工生物活性骨骼的研究。这项技术可以使人工替代骨骼的生产周期大大缩短,从目前的几周降为几天或几小时,而且具有极好的生物相容性和生物可降解性。

2. 类生物智能体制造的研究

最近,美国约翰斯·霍普金斯大学威尔默眼科研究所的科学家和北卡罗来纳州立大学的机械工程师,共同研制成功了可使盲人重见光明的"眼睛芯片"。这种芯片是由一个无线录像装置和一个激光驱动的、固定在视网膜上的微型计算机芯片组成。它的工作原理:装在眼镜上的微型录像装置拍摄到图像,并把图像进行数字化处理之后发送到计算机芯片,计算机芯片上的电极构成的图像信号则刺激视网膜神经细胞,使图像信号通过视神经传送到大脑,这样盲人就可以见到这些图像。进一步,我们可以使控制器与执行器有机地结合在一起。目前,DNA 芯片不作为分子的电子器件,也不作为 DNA 计算机用,主要起生命信息的储存和处理的作用。美国 Affymetrix 公司于 20 世纪 90 年代实现了 DNA 高密度集成,目前已达到每个芯片上集成 40 万种不同的 DNA 片段。其原理是将特定序列的寡核甘酸片段,以很高的密度有序地固定在一块玻璃、硅等固体基片上,作为核酸信息的载体,通过与样品杂交反应来识别、提取信息。由于采用了微电子学的并行处理和高密度集成的概念,因此具有高效、高信息量的突出优点。

3. 利用生物机能去除或生长成形加工的研究

古老的酿酒业,就是利用了微生物的加工性能。目前,医药界已经确定几种细菌,它们能制造出一种称为道诺霉素(daunomycin)的抗肿瘤成分,这种抗肿瘤成分可以用做肿瘤化学治疗的药剂。要不了多久,细菌就可以"长"出来。科学家们利用经过遗传变性的细菌吸食玉米中的糖分,分泌出制造聚酯纤维所需的化学物质。与工业化学加工方法相比,这种方法不仅能大大降低成本、减少环境污染,生产的聚酯纤维还具有一系列卓越的品质,而且可以反复回收利用。这种名叫 3GT 的聚合物具有弹性,并且能够随意成形或压制。这种纤维可以拉长 15%,它还具有生物降解作用,并且能还原到最初的成分。

北京航空航天大学与中国科学院微生物研究所合作开展的氧化亚铁硫杆菌(Thiobacillus ferrooxidans)T-9 菌株,去除纯铜、纯铁和铜镍合金等材料的研究,用掩膜控制去除区域,实现生物去除成形。

第八节　现代造船模式的技术基础

一、现代造船模式的涵义

以统筹优化理论为指导,应用成组技术原理,以中间产品为导向,按区域组织生产,壳、舾、涂作业在空间上分道,在时间上有序,实现设计、生产、管理一体化,均衡、连续地总装造船。

传统与现代造船模式的区别见表 5-2。

传统造船模式与现代造船模式的区别　　表5-2

对比项目	传统造船模式	现代造船模式
特征	系统导向型(按功能/系统/专业)	产品导向型(按区域/阶段/类型)
设计方式	按施工设计,分别由工艺、计划、生产等部门分专业、按系统进行工艺性设计; 设计、工艺、管理三者分离	按详细设计由生产设计部门集中进行区域性设计; 设计、工艺、管理融为一体
生产方式	按工艺路线以工艺项目分专业工种组织生产,先船体,后舾装	按设计编码,以区域划分的中间产品由混合工种、复合工种组织生产。壳舾涂作业同步、分道与一体化作业
管理方式	按专业分系统管理,管理方式属调度型	按区域综合管理、自主管理和托盘管理。管理方式属计划型
船厂性质	全能型	总装型

二、现代造船理论的8项基本概念

1. 成组技术(Group Technology)

将具有某些相似信息的事物集合成组进行处理,以使单件或中小批量生产获取大批量生产效益的高效的生产技术和管理技术。成组技术是一门包含工程技术、系统工程、经营科学、生产管理、劳动心理和社会学等许多学科内容的综合性的技术科学。

2. 中间产品(Interim Product)

中间产品是从最终产品分解的层层部件和零件,按它们的相似性分类,组织专业化生产,以提高设备利用率。中间产品是船舶某一构成部分或某项造船任务,它是从管理角度提出的概念,核心在于以中间产品调集人员、物资和信息,组建相对独立的生产实体,即“成组生产单元”、“微型工厂”、“独立制造岛”、“中心”等。

3. 产品导向型工程分解(Product Work BreakdownStructure)

按船上区域、作业类型和施工阶段的相似性,将全船逐级分为各类“中间产品”,直至市场采购的物资。PWBS旨在按“中间产品”的专业化生产来组建整个生产系统。

4. 船体分道建造(Hull Process Lane Construction)

按船体零件、部件、分段和总段的工艺过程的相似性组建各类生产线,达到均衡生产和生产资源的高效使用。同时采用“精度控制”技术,以减少、直至消除修整作业。采用“线加热”校正和成形技术,使船体零件和分段达到规定尺寸,且节省工时。

5. 区域舾装(Zone Outfitting)

在船舶产品设计之前即制订建造策略,最大限度地把舾装作业提前在施工条件较好的车间内完成,开展单元舾装和分段舾装,采用各类模块,严格按区域划清各个舾装阶段。在实施区域舾装时,应建立计算机辅助的“物资采办系统”,确保舾装所需的物资准时抵达船厂;同时,建立厂内的“托盘集配系统”,把物资和“中间产品”准时送抵制造更高一级“中间产品”的现场。

6. 区域涂装(Zone Painting)

在设计阶段就严格规定涂装的区域和阶段,即原材料涂装、部件涂装、分段涂装和船上涂装,使涂装成为贯穿所有制造级的作业过程,从而提高涂装质量,并消除不同工种的相互干扰。

7. 管件族制造(Pipe Piece Family Manufacturing)

把具有相似工艺过程的管子集聚为族,按"族"组织流水线生产,使管件安装的下一个循环期所需的各族管件,在本循环期完成,并以"托盘"形成集配,适时地提供给各个舾装现场。

8. 壳舾涂一体化(Integrated Hull Construction, Outfitting and Painting)

壳舾涂一体化是在船体、舾装、涂装和管件加工等 4 项技术实施并完善的基础上,运用统计控制技术分析生产过程,使各类造船作业实现空间分道、时间有序、责任明确、相互协调的作业排序。

三、成组技术原理

成组技术(Group Technology,GT)是一门生产技术科学,研究如何识别和发掘生产活动中有关事物的相似性,并充分利用它,即把相似的问题归类成组,寻求解决这一组问题相对统一的最优化方案,以取得所期望的经济效益。该技术是20 世纪50 年代初,由前苏联学者米持洛夫法诺夫首先提出,并应用于机械制造业。这一技术后经前苏联、东欧的推广应用,以及60 年代传播到西欧,使成组技术超出了当初仅限于用在零件机械加工的范围,而扩展到各种工艺领域,乃至从产品设计、制造工艺、生产组织到经营管理等企业生产活动的各个方面。

成组技术的基本原理是符合辩证法的,所以它可以作为指导生产的一般方法。实际上,人们很早以来已应用成组技术的哲学原理指导生产实践,诸如生产专业化、零部件标准化等皆可以认为是成组技术在机械工业中的应用。现代发展了的成组技术已广泛应用于设计、制造和管理等各个方面,并取得了显著的效果。

成组技术包括成组加工、成组工艺、成组生产等方面。

所谓成组技术就是为了有效地进行多品种、小批量生产,将相似零件(形状相似、结构相似、加工工艺相似等)汇集成组,使技术和工艺设计合理化,以便对各零件组提供适当的生产设备和工艺装备,实现扩大批量,减少调整时间、工序间的搬运和等待时间,得到接近大量生产的效果,大幅度提高生产效率的一种合理化地组织生产的科学方法。

长期的生产实践告诉人们,如果企业所担负的零件种类多、数量少、批量小,而又不能采用高效的专用设备和工序装备,必然是劳动效率低,单位成本高。因此,人们早在20 世纪 50 年代初期,试验性地把某些结构、功能不同,而具有相同工艺的零件集中在一起,在传统的机群式布置中,应用同类设备对此类零件进行加工,而使批量增大,促进效率的提高。这种新的尝试居然取得了十分可喜的经济效果。这就是成组技术最原始的雏形——成组加工。生产实践的启示产生了认识上的飞跃,使人们打破传统的批量概念,并有意识地对多种产品的大量零件进行有系统的工艺分析和分类编组,发现许多不同产品零件都具有相同或相似的工艺特点。这样人们有目的的将这些具有相同工艺特点的零件分类组织在一起,使用相应的生产设备和较先进的工艺装备进行加工,从而取得比成组加工更加有效的综合经济效果。这就是成组技术的前身——成组工艺。

实践—认识—再实践，人们认识世界、改造世界日益提高，企业间竞争能力也在与日俱增，从而使得成组工艺逐步由机械加工发展到毛坯制造，至冲压、热处理和装配等，进而从单纯的工艺方法发展到综合性组织管理，从手工规划发展到应用电子计算机。从此使人们发现成组技术不仅对扩大零件生产批量、采用成组工艺标准和成组工艺装备、提高劳动生产率等，都具有重大意义；而且随着零件分类工作的发展，分类编码系统的不断完善，还可对改进产品的设计工作，提高设计的四化（系列化、标准化、通用化和模块化）水平，缩短产品生产周期，降低产品制造成本，提高企业的经济效益都有显著效果。这就是发展到现在的一种现代科学管理方法——成组技术。

造船成组技术是船舶工业的系统工程学。它是以船舶"中间产品"为导向的建造策略，替代以工种专业化为导向的组织原则。建立"中间产品"专业化生产体系的关键是：船厂以成组的设备平面布置，即分道作业线替代传统的机群式的平面布置；生产管理以短循环期的流通量控制替代长循环期的库存量控制；以优化的，即船体建造、舾装、涂装一体化的作业排序，替代概略的作业排序。通过这些变革，使得以"分道生产"为特征的区域建造体制替代长期应用的以某船（最终产品）为主线的工种建造体制。从而使单艘和小批量生产转而采用大批量生产的方法，达到近乎大批生产的效率。研究和实践表明，在传统船厂向现代化船厂发展的过程中，只要应用成组技术原理和方法，建立能持续地自我完善的生产系统，不搬动设备，即采用虚设的成组工艺流程。由于信息畅通和人员素质的不断改善，也能使船厂生产效率获得较大幅度的提高。

造船成组技术已经应用在造船生产全过程的各个方面。它是促使现代造船模式形成的主要技术基础之一，运用以下两种原理。

(1) 中间产品导向型的作业分解原理，简称产品制造原理。

该原理是把最终产品按其形成的制造级，以中间产品的形式对其进行作业任务的分解和组合。所谓中间产品是指生产的作业单元，是对最终产品进行作业任务分解的一个组成部分，也是逐级形成最终产品的组成部分。它具有明显的"产品"特征。那就是：

①有特定的"产品"作业任务，而且其作业任务并非由单一工种完成。

②有明确的"产品"质量（尺寸精度）指标。

③有完成"产品"作业任务所需的全部生产资源（含人、财、物），或称生产任务包。

上述原理应用到造船，是把船舶作为最终产品，船舶建造从采购材料（设备）、加工零件开始，然后以中间产品的生产任务包形式组装成装配件，进而再组装成更大的装配件，这样逐级组装，最终总装成船舶产品。现代造船模式所确立的产品作业任务的分解原则，实质上就是应用了成组技术产品制造原理，为现代造船模式的形成提供了理论基础。

(2) 相似性原理。

相似性原理是对产品作业任务分解成门类繁多的中间产品，按作业的相似特性，遵循一定准则进行分类成组，以便用相同的施工处理方法扩大中间产品的成量性的流水定位，或流水定员的生产作业体系。

根据船舶产品的生产特点，相似性分类成组有以下 4 方面准则：

①按生产作业的性质分类成组，即把船舶建造分为船体（壳）、舾装（舾）、涂装（涂）三种不同作业性质的类型，再各自分类成组作业。

②按生产作业对象所处的产品空间部位分类成组，按产品划分的区域进行分类成组作业。对船舶产品而言，一般可划分为机舱区、货舱区、上层建筑居住区等3个大区域。根据船舶类型的不同，还可按其不同的空间部位划分其他区域。同时在划分的各大区域内再可划分中、小区域以进行分类成组作业。

③按生产作业在生产过程中的相似内容分类成组，即按区域内划分的中间产品以其类型进行分类成组作业。以船体分段作为中间产品为例，可分平面、曲面和上层建筑等3种不同类型的分段；再以舾装的中间产品为例，则可分为各类舾装托盘（或单元）。

④按生产作业在生产过程中的作业时序分类成组，即按区域划分的中间产品以其所处的作业阶段，或制造级进行分类成组作业。对船体建造而言，可划分为零件加工、部件（合组合件）装配（小组）、分段装配（中组）、分段组合（总组），船台合龙等5个作业阶段；舾装作业可分单元、模块、管件等制作，托盘集配，分段舾装，总段（总组）舾装，船内舾装等5个阶段；涂装则可分为原材料处理、分段涂装、船台涂装及码头涂装等4个作业阶段。

现代造船模式所确立的壳舾涂按区域/阶段/类型的生产作业方式，就是应用成组技术的相似性原理为其模式的形成提供了另一理论基础。从而使该模式形成的生产作业体系，其中间产品具有显明的区域性、阶段性，又有一定批量性的特征。

四、系统工程方法

按中国科学家钱学森教授对系统工程的解释，该理论是组织"系统"的规划、研究、设计、制造、试验和使用的科学方法，是一种对所有系统具有普遍意义的科学方法。简单地说，系统工程是组织管理"系统"的一门工程技术。

系统工程早在20世纪40年代产生，到1957年才由美国学者古德（Goode）与马舍（Mach01）合著世上第一本名为《系统工程》的书，1965年在美国出版了《系统工程手册》，才形成这门技术的完整内容，含系统工程的方法论、系统理论、系统技术、系统环境和系统数学等。在系统工程的发展过程中，其应用范围愈来愈广，已涉及到各行各业。

应用成组技术的制造原理和相似原理建立起来的现代造船模式，实际上已把船舶建造作为一个大系统，将其分解为壳、舾、涂三种作业系统，再按区域/阶段/类型逐一分类成组而形成了各类作业子系统。对于这样一个极为复杂的生产作业系统，需要从组织"系统"的角度处理好各作业系统之间、系统内各子系统之间的种种相关问题，这样才能有效、合理地组织生产。

（1）采用整体观点、综合观点、动态观点和寻优观点处理组织"系统"的问题。

（2）充分运用大系统的分解协调、定量分析和优化等方法。

为此，系统工程需要应用现代数学的统计管理方法和电子计算机系统的分析、综合、优化、评价和规划。但在实际运用中，目前还有许多难以用数学模型描述的因素，有时仍只能依赖于经验，采取定性与定量相结合的方法。

在造船中应用系统工程技术处理组织"系统"的上述准则，通常可概括为统筹、协调、优化的准则。两个"一体化"即壳舾涂一体化和设计、生产、管理一体化，也就是合理的船舶建造应从壳、舾、涂三类作业，将船舶设计、组织生产、生产管理互相结合，从全局、全厂、全船的角度统筹协调各系统的各方面问题，使船舶建造能整体优化。系统工程技术在造船中的应用进一步从组织"系统"上充实,完善了已形成的现代造船模式,并为其提供又一理论基础。

五、统筹优化理论与方法

统筹优化原本属于运筹学的范畴,20 世纪 60 年代,华罗庚教授推广"统筹法"、"优选法"就是运筹学在实践中的普及和应用。随着管理科学的快速发展,运筹学和系统工程这两大学科在不断充实和发展统筹优化理论的内容,使其逐步形成为一门现代管理决策技术。

"统筹优化"的概念严格地说是由"统筹"和"优化"两个既有区别又有联系的概念构成的。"统筹"的概念来源于运筹学的网络计划技术。华罗庚教授当时把关键路线法和计划评审法统称为"统筹法",突出"统筹兼顾、合理安排"的基本思想。优化就是寻优、选优。"优"就是"最满意、最适应、最合理"的目标。"优"就是比较、选择的过程。"优化"就是通过比较和选择,寻求最佳目标的过程。

统筹优化作为一个完整统一的概念,是在运筹学和系统工程两大学科相互交叉、相互渗透的发展过程中形成的。统筹优化理论同时包容了运筹学和系统工程的基本思想和方法,体现在哲学上就是系统观与方法论的统一。它向人们展示了一种与传统观念完全不同的全新理念。统筹优化理论的内涵体现了以下观点:

(1)整体性观点。

整体效应是系统论最重要的观点。古希腊哲学家亚里士多德曾断言:"整体大于部分之和"。系统论吸纳了这个观点并发展成为著名的贝塔朗菲定律,系统论认为系统是一个不可分割的整体。整体的功能不是各部分功能简单相加。系统的整体具有其组成部分在孤立状态下所没有的新功能、新特性。因此局部最优化不代表整体最优化。贝塔朗菲定律启示人们,研究问题、解决问题不是追求局部最优化而是谋求系统整体结合的最佳效果。

(2)层次性观点。

层次性是系统论的一个重要概念。任何复杂的系统都有一定的层次结构。例如造船企业内的制造级、中间产品都是分层次的。只有分清层次,管理才能有效。同时层次和能级是对应的,不同能级、不同层次的单元才能构成稳定的结构系统。这就是管理学的能级原理。企业管理层次的优化、产品任务分解结构的优化,都是统筹优化理论研究的内容。

(3)模型的观点。

模型法是自然科学研究问题的基本方法。例如材料力学的"平断面假设"、波浪理论的"坦谷波假设"。这些具体模型在揭示客观事物的内在规律方面发挥了重要作用。随着管理科学的发展,模型法在社会经济生活和企业生产经营活动中也得到了广泛的应用。例如,造船企业的船台大合龙网络计划图、工时 S 曲线都是不同形式的模型。

利用模型来研究问题是统筹优化方法的重要特性。一个实际问题,经过一定的技术处理简化为一个抽象的"理想问题",这"理想问题"称之为"模型"。模型的种类很多,有形象模型、模拟模型、逻辑模型、数学模型等。建立模型的目的就是把客观的复杂问题转换为只反映本质因素的简单问题,从而可以方便地找到解决问题的方法。统筹优化方法就是通过对模型定性或定量的解析获得最优化的结果。

(4)优化原则观点。

优胜劣汰、物竞天择是自然界和人类社会客观存在的优化现象。统筹优化理论正是针对这一基本活动规律,深化研究而逐步发展起来的。优化概念的实质就是分析解决问题的方案不能是唯一的,必须通过多种方案的比较,选择一个最优方案。这种方法体现了优胜劣汰的法则。

六、管理科学及技术

在造船生产过程中,要实现空间分道、时间有序、逐级制造、均衡连续的造船,必须对资源和任务进行科学的管理,推行 ERP,将科学的、成熟的管理理念应用于造船生产。

现阶段,中国船厂大多采用分段建造法造船,先进船厂采用了面向分道制造模式的预舾装和管系族生产线生产。然而,在组织管理上,仍是面向职能管理,现场协调与计划管理相结合,管理部门按系统或系统的某部分编制的作业来确定施工项目。在施工过程中,因项目任务包过大,内容多,使协调工艺流程困难,结果是建造效率低下、周期长。实施 BPR(业务流程重组)可以适应现代造船的集成化要求,有效地提高管理效率,缩短周期,降低成本。

同世界先进造船企业相比,中国造船企业在生产、经营、技术等方面都存在很大的差距,管理方面的差距尤为突出。管理水平的落后在很大程度上又集中体现在管理思想和理念上。一些企业的实践表明,企业管理现代化的难点还不是技术,也不是资金,而是管理思想的转变和理念的更新。

(1)ERP 不仅是一种先进的管理程序和手段,实际上也体现了当代最先进的管理思想和管理理念,是许多优秀企业管理经验的结晶。虽然 ERP 项目目前在西方发达国家不再那么热了,但这一方面是由于西方发达国家的许多企业已经实施了 ERP 系统。他们现在考虑的是如何更好地利用这种信息化优势促进企业进一步发展;另一方面,西方发达国家的企业在管理上早已进入规范化的市场竞争,已经形成了一套适应企业自身发展的规范有效的管理系统和管理运作流程。而国内企业则不同,部分船舶企业不但没有建立规范的管理流程,而且部门设置随意,流程混乱,效率低下。作为造船企业要参与国际竞争,不是上不上 ERP 的问题,而是应该花工夫补上规范管理这一课,借助 ERP 等先进思想和工具迎头赶上。船舶企业不采用 ERP,是很难与日韩的先进造船企业竞争的。

(2)现代造船模式采用系统统筹原理,使复杂的船舶生产空间分道、时间有序,做到了壳舾涂一体化,适应了船舶企业离散性的特点;又在成组技术指导下,用相似性原理实现了制造中心的规模效应,取得了良好的经营业绩。随着现代制造技术的进一步成熟,现代造船模式必将为更多的造船企业所接受。现在日本、韩国的造船集团已经达到了现代造船模式的四级水平,正向着知识密集型的未来造船模式迈进,我们已经在造船模式上慢了一步,要想和人家竞争,就没有理由也不能在 20 世纪 90 年代才出现的 ERP 系统上再掉队。

(3)ERP 与现代造船模式相互促进、息息相关。现代造船模式离不开现代的制造技术,特别是计算机技术、设计技术和管理技术。中国船厂20世纪80年代初就开始应用网络计划技术编制单船进度计划,90年代初分步推广应用成组技术进行设计、制造和管理。20世纪90年代中期又狠抓了TQC(全面质量管理),逐步推广计算机集成质量系统,90年代末期有些船厂开发了制造资源计划MRP Ⅱ,少数船厂正在开发企业资源计划ERP。各种先进管理技术和方法的应用,提高了造船企业的生产管理水平,为现代造船模式要求的总装生产线打下了良好的管理基础。作为现代信息技术核心的ERP系统从一开始就与现代造船模式息息相关,可以说,ERP系统的建设会直接影响到今后造船模式的运行效率。

(4)BPR、ERP与现代造船模式的有机结合

造船企业要实现现代化管理,离不开先进的管理思想、现代化的组织管理。BPR的初衷是解决西方企业分工过细而造成的种种障碍问题,带有运筹的概念,是运用系统的观点来优化和改进业务流程的某个环节或整个业务运作过程。而ERP是以业务流程为导向,用系统的观点来控制和运作企业可及的所有软硬资源。ERP软件,则是将已经改进、优化的可以定量化处理的业务流程固化下来,用技术的手段来保证在企业范围内形成统一、及时的业务运作和考评平台。也就是说,正在进行深化"转模"工作的造船企业可以通过实施BPR去理顺现存的大量重复无效的业务流程并进行优化,对于正处于由事务处理阶段向系统处理阶段转变的造船企业信息化工作。BPR也可以帮助企业实现业务和信息流程从面向部门到面向整体流程的转变。ERP系统的应用又能延伸和扩展现代造船模式的内涵,使企业的内外部的经营活动实现无缝链接。当然,这三者都属于企业战略层面的变革,都需要相应的管理组织和方法与之相适应。

七、信息技术

造船行业很早就开始了对信息技术的应用,在开始的时候,企业应用信息技术的主要内容是应用一些计算机辅助系统,主要是达到甩图板的目的等。随着企业计算机系统的增多,应用信息技术的主要任务是把小的集成为大的系统,甚至要把大的系统再集成为更大的系统。应用信息技术的最终目标就是要用计算机处理整个船舶生命周期中的数据,各系统之间无缝地集成在一起,实现最大的自动化处理,减少人的介入,从而大大减轻人的工作量。国外的船舶企业已经发展到了企业之间的系统集成和协同工作阶段,中国造船行业目前还处在企业内部系统集成阶段,甚至一些中小企业还处在普及计算机辅助系统的阶段。

随着计算机软硬件技术的不断进步,信息系统不断整合,并向着网络化、集成化、模块化方向发展。应用信息技术技术不仅涉及计算机支持的设计制造技术的改变,更涉及生产组织、质量管理方法的改变。

下　篇

船舶先进制造技术专题

第六章　数字化造船技术

世界造船行业正在经历一场以“绿色技术”为旗帜的技术变革，以数字化为主要特征的信息技术，无疑是此次技术变革的重要推手；西方造船技术强国及日本、韩国，“弃量求质”，正在以数字化等高新技术的复合应用加快造船产业的转型，以期占据新一轮技术制高点。因此无论从装备制造业，还是船舶产业自身的发展趋势着眼，数字化造船正是引领产业技术发展的重要方向。

第一节　数字化造船设计与建造标准体系

数字化造船的核心是信息和数据的生成、交换、共享和集成，较之传统的船舶工业流程，数字化造船将更加倚重标准化的规范、引导和支撑。作为发展中的新兴技术，数字化造船涉及船舶工业实践的全过程，是一项非常复杂的系统工程。其涉及的标准化领域十分宽广，现有的标准体系还不能完全覆盖和适用于数字化造船的设计、建造等需求。因此，要发展数字化造船，必须优先研究制、修订各个技术领域的数字化造船标准，通过不断完善建立数字化造船模式下的标准体系。

一、国内外数字化造船的技术现状与发展趋势

目前中国造船业船舶品种不断增加，造船吨位和造船设施趋向大型化。近年来，中国造船规模和产量迅速扩大，已经同韩国、日本同处世界造船第一方阵，成为世界造船大国。但是，中国造船行业的发展战略是要成为世界第一造船大国，日本和韩国的造船发展经验告诉我们，必须快速发展中国的数字化造船技术，才能赶超日本和韩国的造船水平和产量。

1. 数字化造船的技术内涵和特征分析

数字化造船起步于 20 世纪 70 年代中期，当时计算机技术主要应用于数字放样和数控切割两个领域。至 80 年代初，随着计算机技术的发展，该领域的技术应用从数字放样拓展到计算机辅助船舶设计和制造（CAD/CAM）。到 20 世纪 90 年代初，在造船行业内计算机技术的应用逐步上升到了 CAD/CAM 和信息技术进行整合的层面。同样，在船舶制造设备方面，也从最初的数控切割发展到了数控弯板、数控弯管、机械手/机器人装配/焊接、机器人涂装等，使造船企业的生产效率得到了大幅度的提高。

“数字化造船”定义：信息技术在造船全生命期活动中的有效应用，使得造船的决策、经营、采购、设计、排产、制造、物资配送、生产过程监控、资源分配、成本估算、供应链、保

障等各个环节协调一致，实现“以中间产品为导向，按区域组织生产，壳、舾、涂作业在空间上分道，时间上有序，设计、生产、管理一体化，均衡、连续地总装造船”的现代造船模式。

数字化造船就是以造船过程的知识融合为基础，以数字化建模仿真与优化为特征，将信息技术、先进的数字化制造技术、先进的造船技术和现代造船模式，综合应用于船舶产品的开发、设计、制造、测试与试验、管理和维护全生命周期的各阶段和各方面，最终达到快速设计、快速建造、快速检测、快速响应和快速重组的目的。通过数字化、集成化、网络化船舶产品的开发、设计、测试与试验、制造和管理平台，使船舶产品实现以数字建模和数字样机为核心的数字化设计，以生产制造与生产过程数字控制为核心的数字化制造，以虚拟样机和数字仿真为核心的数字化测试与试验，以现代造船模式和业务流程建模为核心的数字化管理，从而对船舶的开发、设计、制造、管理、经营和决策活动实现全过程、全系统的最优控制，使造船企业获取最大的经济效益和社会效益，实现数字化造船是当今世界造船业的发展方向。

数字化造船是在计算机和网络技术与新概念的船舶建造技术以及先进的船舶建造设备与设施不断地融合、发展和广泛应用的基础上诞生的，其中 3 个主要组成部分为：

①数字化设计船舶——CAD/CAM/CAE 等主体技术的广泛应用；

②数字化管理造船——CAPP、PDM、CIMS 等船舶建造信息支持系统的全面建立；

③数字化建造船舶——数控制造技术和与其配套的船舶建造设备/设施的普遍采用。

从船舶建造的各个阶段和关键流程可以看出，数字化管理造船贯穿于整个船舶制造过程。表 6-1 的①②③对应于上文的数字化造船的 3 个部分。

数字化造船的 3 个部分在船舶各建造阶段中的应用 表 6-1

船舶建造阶段 / 船舶建造流程	生产准备	内场加工平台制造	船台总装	码头舾装	完工交船
设计	①②	①②			①②
采办	②	②	②	②	②
建造	②	②③	②	②	②
调试				②③	②③

当前世界造船已进入“数字化”造船阶段。国外数字化造船技术的发展以日本和韩国为代表，引领了技术发展水平与发展趋势。船舶数字化建造从技术上可分为 5 个阶段（图 6-1）。

第一阶段以 2D 绘图、单机工作、功能设计为主要技术特征。在计算机中的存储对象以文件系统为主。制造信息的识别、加工和处理还主要是人工处理，制造信息大多是人工录入。

第二阶段以 2D 和 3D 混合建模、单机工作、功能设计为主要技术手段，计算机模型可提供部分制造信息。

第三阶段以全三维模型、桌面可视化、点对点的信息集成、功能设计为主要技术手段。计算机的全三维模型可以提供制造所需要的几何信息和加工信息。虽然实现了点对点的信息集成，但系统彼此孤立，特别是管理信息由管理信息系统产生，“信息孤岛”问题越来越突出。

第四阶段以智能产品模型（DMU）、工程数据管理、高级可视化、产品数据管理(PDM)/企业资源计划(ERP)集成为主要技术手段。在产品数据库管理的基础上，利用工程可视化的技术手段，建立设计过程的管理和控制平台，形成数字产品的柔性生产线，智能的产品模型为生产过程提供完备的信息，实现PDM/ERP一体化的系统重构。

第五阶段以联邦信息系统、共享数据环境、协同生产环境、电子商务—供应链集成、配置管理为主要技术特征。以计算机网络建成社会化的信息共享支撑平台，利用造船企业资源的战略优势，通过动态配置技术形成虚拟企业的动态联盟，实现企业社会化资源的最佳配置；通过智能化信息驱动的自动化过程，为全球个性化的客户快速提供高质量的产品。

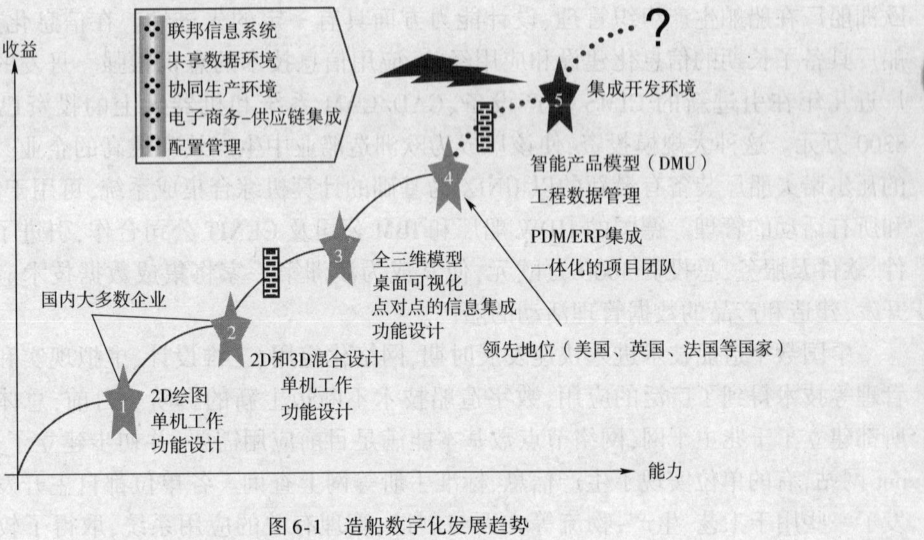

图6-1　造船数字化发展趋势

目前，日本、韩国和欧盟先进船厂已经普遍进入到第三阶段，有的已经进入第四阶段，并开始考虑如何进入第五阶段的计划；美国先进船厂已经进入第四阶段，并开始实施进入第五阶段的计划。中国骨干船厂已经普遍进入到第二阶段，有的已经进入第三阶段，并开始考虑如何进入第四、第五阶段的计划。

在日本，数字化技术在造船中的真正研究发展始于20世纪80年代，到90年代中期，日本一些大的造船企业已经初步建立造船计算机集成制造系统(Computer Integrated Manufacturing Systems，CIMS)：如日本川崎重工船厂按照“自下而上”的思路建成了CIMS系统。2002年3月，石川岛播磨重工有限公司(IHI)与达索公司和IBM产品生命周期管理部共同研发和实施造船业3DPLM项目，以便继续保持其造船数字化的领先地位。到2004年初，日本大型船厂陆续实施CIMS，并开始了虚拟企业(VE)连续采办、全生命周期支援系统(CALS)与三维产品全生命周期管理(3DPLM)的开发研究。

韩国在20世纪90年代开发的造船“CIMS”相当于日本船厂80年代所开发的计算机集成信息管理系统(Computer Integrated Information Management，CI2M)。韩国在引进日本、美国和欧洲等国的先进造船信息技术后，研制实施自己的造船CIMS，取得了显著成果。如1991年韩国大宇船厂开始实施CIMS后,其造船销售量增长3倍,年造船缩短约500万工时,船舶建造周期缩短约3.5个月,实现年利润2.2亿美元。韩国各大造船企业为确保造船业的主导地位,正在广泛应用互联网技术并开始向机器人等高新技术发展。如2003年,三星重工安装了互联网支持的三维计算机辅助设计系统,该系统使船厂的生产力提高了50%;2004年3月,韩国政府资金大力支持韩国现代重工、大宇造船海洋工程公司,联合三星等几家大型电子企业共同开发新一代智能型机器人。

在欧洲,主要的造船企业如德国的不来梅·富坎集团、HDW公司和博隆·福斯公司,丹麦欧登塞和B&W船厂,法国大西洋船厂、阿卡集团和俄罗斯波罗海船厂等,具有先进的造船管理理念,重视建造完美的舰船,具有很强的组织生产、管控物流的能力和经验。物流方面的信息化系统不只是一个信息处理平台,还是一个能适应现代造船模式的综合管理和调控平台,同时信息化集成度高,与物流相关的信息流贯穿企业的各个部门。欧洲船厂在船舶生产组织管理、设计能力方面具有一定的先进性。在信息化方面,欧洲船厂具备了长期的信息化建设和应用经验,应用信息技术的意识很强。丹麦的欧登塞船厂近几年在引进新的CIMS生产设备、CAD/CAM系统和机器人上的投资已经超过了8300万元。这种大规模投资,使该厂成为欧洲造船业中生产效率最高的企业。克瓦尔纳的瓦尔诺夫船厂装备有最新的以UNIX为基础的计算机综合集成系统,可用于设计、生产和所有活动的管理。德国的HDW船厂和IBM公司及CENIT公司合作,引进了一系列硬件、软件及服务,总投资3000万欧元,使其成为澳洲第一家将集成数据技术应用于整个开发、建造和产品的数据管理活动的船厂。

中国数字造船技术进入快速发展时期,网络化应用、三维设计、虚拟现实和产品设计管理等技术得到了广泛的应用,数字造船技术不断迈上新的台阶。目前,总体厂和设计所都建立了千兆主干网,网络节点数基本能满足目前应用需要,并初步建立了企业Intranet网站,有的单位实现了生产信息、标准手册等网上查询。各单位都自主开发或联合开发了一些用于工艺、生产、物流等方面与制造、管理有关的应用系统,取得了较好的应用效果。目前中国船舶工业基本上形成了基于CADDS5及Tribon软件、集成了各种工程分析与仿真软件的舰船三维设计平台,已实现从船舶方案论证到生产设计全面采用先进的三维技术,形成了全船船体结构、舾装、电装的三维设计能力,实现减少船舶设计人工28%、缩短设计周期18%,在船舶研制中发挥了巨大的作用。通过引进专业图形工作站、三维动画软件和投影显示系统,构建船舶虚拟现实技术平台,实现了多型船全船各个舱室综合布置的虚拟漫游,并开展了较为全面的设计合理性检查以及设备、系统的可装配性、可维护性、人机工程、船舶总装物流仿真、虚拟平台异构数据转换等技术的研究,在增强船舶三维设计的可视性、对设计方案进行优化和干涉检查,以及提高舰船设计质量等方面取得了良好的效果。各总体厂所还开展了PDM系统的应用和开发工作,初步构建了船舶协同设计建造和项目管理平台。在企业网建设领域,发展更是迅速。各骨干造船企业计算机网络建设方面初具规模,计算机辅助设计制造与生产管理的软硬件平台初步建立,已为建立数字化船舶企业提供了扎实的硬件基础。

数字化造船工程的总体目标概括起来为“建立一个平台,打通一条主线,建立四个体系”,具体如下:通过数字化造船工程的实施,全面建立船舶产品的数字化开发、设计、制造、测试与试验、管理集成平台环境；打通船舶数字化设计、制造、管理生产线主线；应用“壳、舾、涂一体化”数字化样船技术，推行模块化造船和产品虚拟建造，建立船舶精益建造体系；以数字技术为纽带促进体制和机制创新，推行船舶制造资源优化配置技术、现代物流技术，建立造船精细化管理体系；应用敏捷制造技术和虚拟企业原理，实现设计、制造和管理向现代信息集成、过程集成和企业间集成的跨越，建立以数字化造船总装厂为核心的现代造船协同设计和协同制造体系；进行数字造船人才和标准规范体系建设，建立数字化造船工程实施保障体系，完成中国造船模式向数字化模式的转换，使造船企业全面实现“数字化造船”和建立“数字化造船企业”。

数字化造船由 5 个方面组成：船舶设计数字化、船舶建造数字化、经营决策与管理控制数字化、系统集成数字化和支撑环境数字化。在计算机技术和信息技术的支持下，5 部分内容紧密衔接，形成数字化造船的整体框架。数字化造船的内涵随着科技和管理水平的不断提高而逐步演变。

(1)船舶设计数字化，从推行 CAD/CAE/CAPP/PDM，到数字化样船技术、虚拟仿真设计和制造技术、异地协同设计技术等智能化设计技术，通过船舶产品全数字化模型的建立，生成满足现代造船模式所需的精确制造信息、精确管理基础信息，为数字化造船提供信息源和信息基础，从而可以大大提高产品质量、缩短产品研制周期、降低开发成本、实现最佳设计目标和企业间的协作，使企业能在最短的时间内，组织大范围内的资源开发出新产品。

(2)船舶建造数字化，在建立数字化船舶产品模型基础上，按中间产品组织专业化生产原则，应用模块化建造技术、协同制造技术、虚拟建造和装配技术，实现船舶壳、舾、涂一体化制造，达到船舶产品敏捷制造和精益建造。

(3)经营决策与管理控制数字化，指基于 Internet/ Intranet/ Extranet，利用 ERP、SCM 和 CRM、电子商务等方法与工具，建立优化的集成化管理信息系统，跨越“时、空、地、部门、个人”的障碍，突破造船企业难以实现有效管理控制的难点，使管理控制实现透明、及时、精确和标准规范化，从而使企业生产资源实现优化配置和物流的有效计划、组织、控制和调整，实现船舶产品全生命周期各环节、各过程的成本和质量管理与控制，提高企业的管理水平。

(4)系统集成数字化，利用计算机和网络技术，数据库技术、信息交换和集成技术，建立统一的基础集成平台，实现系统的应用集成和资源的一体化管理，为产品开发、设计、建造和管理中各种活动间各类信息的集成化应用和安全保障提供支持。

(5)支撑环境数字化，主要指为数字化设计、制造、试验和管理提供基础支撑平台，也可以包括为实现相应信息技术(如软件开发)的一些必备环境，包括分布式网络系统、基础数据库和服务系统、信息安全与控制系统、企业信息集成及数据交换等基础的信息系统技术，形成计算机网络上的并行协同工作平台。

理想的“数字化造船”可大致归纳为以下 7 个特征：

①建造全过程仿真化——船舶建造全过程仿真化将提供在“计算机中制造”的能力，使用舰船产品模型、造船过程模型和制造设备模型，生产出数字化的舰船。在船舶设计阶段，实时地、并行地模拟出船舶未来建造的全过程及其对舰船产品设计的影响，预测舰

船性能、造船成本、可制造性，从而更快捷地组织造船生产，使船厂和车间的资源得到更合理的配置，以达到舰船产品的研制周期和成本最小化、舰船性能最优化和建造效率最高化。

②过程控制并行化——建立基于船舶产品数据管理的并行开发环境和科研生产协同环境，设计与建造、设备研制与总体研制、系统设计与总体设计之间的并行与协同，实现与船东、船级社、船厂、配套设备供货方、船模水池和CAE软件库等外部机构的协同。

③决策体系智能化——针对发展战略、投资规划、重大产品决策等，形成智能决策支持系统，增强决策的科学性、准确性和及时性。

④管理体系信息化——适应信息化环境和信息化生产的要求，建立信息化的管理、控制体系。

⑤信息体系网络化——利用计算机网络，集成和流通科研、设计、生产及其过程控制信息和经营、管理、服务等信息。

⑥工艺装备自动化——通过自动化工装，直接利用数字化工艺数据。

⑦服务保障全程化——形成基于数字化设计、建造数据和信息网络的快捷、方便的军民船全生命期服务保障体系。

2. 国内外数字化造船的技术现状与发展趋势

今天，造船是全球最具有挑战性的企业技术之一。建造从油轮到巡洋舰的任何大型船只可能耗资数亿至数十亿元以上，要花费1～3年甚至更长的时间。造船领域计算机辅助设计/辅助制造/辅助工程（CAD/CAM/CAE）和产品生命周期管理（PLM）的引进，引发了一场技术革命。随着以信息为核心的高新技术快速发展，许多船厂通过信息技术改造传统设计建造手段。如CIMS对造船企业信息化建设，在造船生产设计、生产管理、物资、物流管理、设计转换、质量管理等全过程中采用，实现企业资源优化，能显著缩短建造周期和降低建造成本，最终实现数字化造船。

近年来，世界先进造船国家纷纷制定了一系列国家级的先进造船推动计划。这些计划最重要的特点是大力发展和推广信息技术在造船中的应用，注重信息基础设施与标准的基础性建设及仿真与数字化样船等瓶颈技术的突破，发挥带动和导向作用，从整体上提升产业技术水平，为提高本国造船行业的国际竞争力奠定坚实基础。

1）国外数字化造船技术现状与发展趋势

（1）美国数字化造船技术及发展。

美国于1993年和1998年分别启动了两项旨在提高造船产业在国际市场上竞争力的计划，分别为MARITECH和NSRPASE计划。其中后者是前者的接续计划。这两项计划的大部分经费都投给了造船的数字化工程研究。特别是在NSRPASE计划中，与数字化造船技术有关的专项计划接近50项，占专项计划总数的70%，占投资总额的75%。此外，美国海军还正在推行“一个船厂”的概念，旨在通过网络形成一个虚拟的分布集成的“国家船厂”，强调过程的标准化、公有船厂间的资源共享、与私营船厂的伙伴关系，从而实现对成本、进度和质量的全面控制。

在造船CAD/CAM/CIMS技术上，美国始终处于世界领先水平，几乎所有的大中型船厂都已广泛使用了 CAD/CAM/CIMS 系统。美国船厂焊接机器人的应用程度不如日本、韩国和欧洲。但随着机器人系统软硬件的改进,以及离线编程、传感技术和机械系统设计方面的进步,机器人在美国造船工业的应用也越来越广泛。美国现有 6 大私营造船企业,其数字化总体应用水平相比日、韩两国略有逊色,但比其他国家先进。

(2)日本数字化造船技术及发展。

日本造船业对信息技术抱有很高的热情,前几年先后启动了造船 CALS 和 LINKS 的研究计划,建成了主要船厂造船与配套的计算机信息集成网络,实现了造船生产、材料设备采购和船舶运营支持信息的综合集成。目前,正在着手制定推动"数字化造船"的一系列计划,其中包括组织编制和推广"数字化手册",旨在通过建立数字化造船标准来巩固其造船第一大国的地位。

日本造船能力近年来始终保持在世界造船"第一军团"之列,这与日本船厂具备先进的数字化设计建造技术是分不开的。

日本自主开发 CAD/CAM 系统,已实现舰船产品的全三维设计。如三菱重工船厂自行开发了 MATES CAD/CAM 系统;石川岛播磨联合造船开发了名为"紫阳花"的设计信息自动化系统;三井造船开发了 MACISS 设计自动化系统;川崎造船的 K-KARDS 自动化设计系统。这些设计软件正在向增强人机对话功能及专家系统方向发展。

日本是应用造船 CIMS 的先导者,自 1987 年开始研究造船 CIMS,2006 年全部完成。全面投入运用后,可节省人力 50%,缩短工期可达 20%。

日本注重信息网络等基础设施的建设,提高船厂与配套企业的协同。日本造船业利用互联网为联系手段,通过信息数字化和标准化的开发,成功创建了商业化网站,为造船及其配套企业提供了交换设计、建造、经营等信息的平台。

日本重视船舶建造机器人的发展。日本的船厂通过采用机器人降低造船成本达 50%~75%。开发的机器人种类包括数控切割机器人、装配焊接机器人、线加热机器人和涂装机器人等。

日本先进船厂数字化造船技术应用情况见表 6-2。

日本先进船厂数字化造船技术应用情况　　表 6-2

序 号	主要船厂	数字化造船应用现状
1	川崎造船	1996 年,川崎重工将 Tribon 系统产品信息和其自行开发的先进计算机集成信息管理系统 CI2M 进行整合,还和南通川崎实现了异地设计数据互通
2	三菱重工	20 世纪 80 年代初,开发并采用完整的 CAD/CAM 系统及 CIMS 系统; 2005 年,在自身开发 MATES 基础上,购入由芬兰设计公司开发的 NAPA 三维 CAD 系统软件,并且成功投入大型客船建造中
3	三井造船	自行开发采用 MACISS 设计系统,并整合了 Tribon 系统中部分模块
4	石川岛播磨	开发出 AJISAI 系统,该系统可生成一个 3D-CAD 系统覆盖概念设计参数,建立三维模型到全船模型;此外,该公司还开发了 KLEAN(船厂生产计划管理系统)

续上表

序　号	主要船厂	数字化造船应用现状
5	住友重机械	1997 年开发并采用 SUMIRE 系统，从基本设计到船体结构设计、舾装设计、设备采购、生产计划和工厂自动化控制等整个造船流程进行集成和简化，其船体系统和舾装系统与联合造船共同开发，先进的三维建模系统是其核心系统； 2006 年决定引进目前造船界最流行的 Tribon 造船系统，以替代自身开发的 SUMIRE 系统，于 2006 年底前用于分段建造和舾装工作
6	万国造船	自行开发并采用完整 CAD/CAM 系统（HICADEC）、自动套料系统 JNEST +，以及数字造船机器人； 决定引进由日本 IBM/达索系统公司提供的 CATIA 软件，拟用于舾装设计，同时还将 CATIA 与船体设计采用的 HICADEC-A 系统组合成三维 CAD 系统，并在所属的有明、鹤舞和津三家船厂实施

（3）韩国数字化造船技术及发展。

韩国在 1999 年底制订了"强化造船业知识竞争力方案"，积极推动造船业的高技术化和信息化。三大造船集团都在研究如何开展企业信息化和电子商务，尤以三星的"数字化船厂"计划最为引人注目。"数字化船厂"计划为联合研究项目，由韩国三星重工业公司投资，韩国汉城国立大学数字化造船创新中心领导的联合研究机构负责，涉及十几家研究机构。该计划于 2005 年应用于实际建造过程后，生产效率将提高 10% 以上，生产成本大大减少。

韩国造船产量近年来始终位于世界前两位。这与数字化设计建造技术的大力发展和应用是分不开的。

对于 CAD/CAM 系统，韩国船厂多采用引进与消化并举的方法，需要什么就引进什么，而非整套引进。引进的同时，船厂还十分注重系统的二次开发，使其更有效地发挥作用。

韩国仿照日本的做法，开发造船 CIMS 系统。专门设立了以韩国海事技术研究所为中心，由政府、企业、研究所、大学和造船工业协会等共同参加的"船舶设计生产计算机集成系统（CSDP）开发推进协议会"，旨在实现船舶设计、建造全过程的计算机化。

在智能型机器人应用方面，韩国造船业制定了 10 年计划纲要，分为 3 个阶段，在 2010 年前使企业实现完全的自动化。韩国先进船厂数字化造船技术应用情况见表 6-3。

韩国先进船厂数字化造船技术应用情况　　　表 6-3

序　号	主要船厂	数字化造船应用现状
1	现代重工	20 世纪 90 年代末，以 PTC 公司的 Winchile 为核心，开发出 HICIMS 集成制造系统，并全面实施。据称：该系统可使平均设计周期缩短约 25%、平均建造周期缩短约 10%； 目前，现代重工正在全面采用 Tribon 系统作为其主流的 CAD/CAM 系统
2	大宇造船	韩国造船业界使用 Tribon 系统最好的一个船厂，该厂采用 Tribon 系统在实船上的应用、二次开发和 CAD/CAM 电子模型的覆盖程度相当高； 2004 年 8 月，该公司全面启用新开发完成的信息一体化综合管理系统（CI2M），公司综合效益每年可达 5100 万美元，生产效率可提高 7% ~8%

续上表

序号	主要船厂	数字化造船应用现状
3	三星重工	2000年,提出“数字三星”;2001年,开始应用由丹麦、日本、美国和韩国的船厂共同开发的GSCAD系统,同时将其应用的分立系统全面整合成基于统一数据库和产品模型的系统

(4)欧盟数字化造船技术发展。

欧盟委员会已明确将造船业列为“最合适于信息技术应用的理想领域”。为促进信息技术在造船业中的应用,实施了战略信息技术开发计划(ESPRIT),并以此计划为基础,各国共同实施了NEUTRABAS、MARITIME、MARIS等海事信息社会的研究课题,德国、挪威、英国还独自开展了LTIS、NAUTICUS、RIGHTSHIP等造船信息系统的开发工作。

欧盟各国也都非常重视数字化船厂的建设。例如,德国HDW船厂与IBM、CENIT公司合作,投资3500多万美元,使HDW船厂成为欧洲第一家将集成数据技术系统应用于整个设计、建造和产品数据管理活动的造船企业。法国DCN在8年里投资了1500多万美元,努力建成欧洲第一个实现护卫舰全数字化设计的船厂。

2)国内数字化造船技术的现状与发展趋势

数字化正在改变着世界。数字化技术和数字化生产方式正在从根本上动摇着传统制造业的基础,催生着一场制造业的技术革命。随着数字化技术的蓬勃发展,以数字化造船为核心的船舶工业信息化进程也不断加快。数字化造船作为船舶工业信息化的主要内容和重点发展方向,是中国船舶行业应对国际竞争,实现产业结构调整与优化升级的必然选择,是贯彻落实党中央提出的“以信息化带动工业化”的重要举措,是实现中国船舶工业跨越式发展早日成为世界第一造船大国的必由之路。

(1)国内数字化造船技术现状。

通过多年的努力,数字化制造技术在中国船厂有了广泛的应用。中国骨干船厂引进国外先进的船舶设计软件系统,并不断地进行二次开发和应用,已初步建立了面向造船过程的计算机辅助数字化设计系统。如沪东中华集团等自主开发了HD-SHM船舶辅助设计软件,已在国内数十余家船厂应用。同时,沪东中华集团已把“数字造船、绿色造船”作为企业发展的基本方针。江南集团正在建设“e江南”。外高桥造船公司引进了体现先进造船理念和模式的韩国HANA/CIMS系统,并逐步调试推进应用。对于数字化造船体系建设而言,中国船舶工业有了一定的技术基础,但还处于初级水平。与世界造船强国相比,中国的数字化技术应用的重点仍停留在解决计算机技术用于单项系统的工程应用上,没有与企业的业务流程、运营模式和管理变革有效结合,尚未有效地促进体制创新和管理创新,产品设计、制造、管理信息一体化程度较低,数字化生产线的设计、制造、管理各流程尚未贯通,数字化制造技术效能远未发挥。

现代造船企业向着总装厂的方向发展,更必须依赖广泛社会分工基础上的大协作,充分整合社会资源。中国船舶重工集团公司和中国船舶工业集团公司下属的各大造船厂、尤其是承担军品任务的船厂在国防科工委及两大集团公司的领导组织下,正努力从事三维数字化虚拟生产设计关键技术的研究和开发工作,以期努力追赶先进国家的设计制造水平。国内各主要船厂数字化造船应用情况见表6-4。

国内各主要船厂数字化造船应用情况 表6-4

序 号	主要船厂	数字化造船应用现状
1	大连船舶重工	与大连理工大学合作开发基于制造加工的数控切割自动优化系统，数控型材线和数控肋骨冷弯机的接口。2007 年，引进韩国 Geosm- CIMS 系统，同时与浪潮软件合作开发物资管理系统
2	渤海船舶重工	BS-CIMS 工程由工程设计、生产管理、经营、财务、建造作业和质量管理 6 个应用分系统组成。这 6 个应用分系统的应用软件功能，由计算机网络/数据库分系统来支持实现。6 个分系统之间的信息集成靠网络、数据库和集成服务器实现。2006 年引进了韩国杰奥软件(GEO-PRO CIMS)系统，该系统主要由基础模块、设计模块、生产模块、物资模块等组成
3	武昌船舶重工	构造了中国第一条面向设计与制造的 100% 全数字样船，为在国内首次成功实施总段建造和建造工艺重大变革提供了有力保障；形成了具备自主知识产权的船体、舾装、电气 3 个软件包，并成功推广到其他船舶和国内兄弟船厂；利用 Windchill 建立了设计管理平台，具备了对设计过程并行实时的监控能力，有效提高了设计质量和效率；研制了数控弯管机和数控管子加工流水线，突破了激光划线标志、射频标志等工程应用的关键技术，并在造船过程中得到了应用
4	外高桥造船	自 2004 年引进了韩国 HANA 公司的 ADES 系统和 CIMS 系统以来，完成了集成技术和系统平台研究，对原 CIMS 框架系统中的 66% 模块作了较大幅度的修改；自行开发中已经投入应用的模块占 27%；2004 年 11 月，从"单模块局部应用"推广到设计、生产、物资集成应用；2005 年起，通过自行开发设计软件与系统的接口软件 WADS，提高了设计效率
5	沪东中华	采用企业信息化系统 HDS-CIMS，基本实现造船 CAD/CAM/CAPP 的开发应用和集成；2005 年，自主开发了三维数字化船体设计系统，加之前期开发的舾装、涂装设计系统形成一套完全具有自主版权的覆盖壳、舾、涂的数字化设计系统
6	江南造船	1995 年引进 Tribon 软件(TB5 版本)，现已彻底实现从二维绘图模式到三维设计的转变，目前配置的三维 CAD 软件具备约每年 2.5 条新船的设计能力；2003 年 6 月，开始启用"e 江南 I"企业信息化系统；到 2006 年为止，Tribon 软件各个模块主要应用于船体、舾装的设计，完成了 CADDS5 到 Tribon 模型数据的部分转换研究
7	广船国际	已成功使用 GSI-SCIMS 一期系统，目前正在实施 GSI-SCIMS 二期系统，包括 SPDM\设计管理\生产管理\物资物流\成本管理等系统

(2)国内数字化造船设计建造技术的发展趋势。

目前，数字化造船技术的发展趋势主要表现在：三维设计成为基本技术手段；综合系统功能集成应用成为技术关键；以虚拟仿真技术进行可视化的过程控制和试验验证成为新的工作模式；开放式系统成为技术发展和应用的主流；基于网络的设计、制造和管理的一体化系统成为企业集成制造系统的核心。

具体表现在以下几个方面：

a. 面向船舶产品的整个生命周期：要求船舶产品信息模型能够容易地在产品生命周期的不同环节(概念设计、方案设计、技术设计、施工设计、生产设计、产品制造和服务保障等)间进行转换，要求能支持集成、并行地进行产品研制和服务保障的各个过程，帮助船舶设计开发人员在设计一开始就考虑产品从概念形成到退役的所有因素。

b. 充分考虑船舶产品研制信息的继承性、实时性：要求能方便地获取船舶产品全部历史数据及当前数据，充分利用已经实际工程考验的产品信息。在新产品开发设计时，只需要少量修改或进行重新设计，而绝大部分设计可以继承以往产品的信息，能够通过产品数据信息资源和系统功能动态配置，实现系统的快速重构，得到一种全新的产品和完备的制造工艺信息。

c. 满足并行工程的要求：船舶设计建造过程需要多部门多专业的人员共同参与，通过计算机网络可以组织分散在各地各部门的研制人员，按专业分工，利用网络进行船舶协同设计和制造；包括以网络为基础的协同工作环境、产品全过程的统一模型、产品开发过程动态管理、工具和服务在并行过程环境中集成。

d. 统一数据信息标准：统一的信息标准是数字化造船系统应用的基础和前提。船舶产品信息标准化将作为船舶数字化系统提供配套的、实用的产品信息库（数据库、知识库），不同船舶数字化系统产生的数据模型应能够方便地相互转换，这样才能使船舶数字化系统发挥巨大的作用。

e. 虚拟试验验证：船舶研制人员在虚拟世界中创新产品，及早看到新产品的外形，以便从多方面观察和评审所设计的产品；可从人机工程学角度检测设计结果，可直接参与操作模拟，移动部件和进行各种试验，以确保设计的准确性；及早发现产品结构空间布局中的干涉和运动机构的碰撞，在制造过程中进行动态的干涉检查，避免资源的冲突。

f. 造船智能化：引入知识工程，建立知识库和智能系统，从而使船舶研制系统具有智能的推理能力。利用造船智能系统回答船舶研制过程中遇到的问题，智能地进行失误检测，提出解决问题办法和建议，自动完成特定的系统功能，降低研制人员的造船专业技能要求。

①数字化造船设计技术现状及发展趋势分析。

a. 舰船数字化设计技术。

舰船设计是一项非常庞大而又复杂的系统工程，是各专业高科技产品的集成体，也是多个专业子系统综合和协调的结果，各子系统之间存在着复杂的信息传递和依赖关系，具有研制阶段多、周期长、涉及专业种类复杂、参与机构人员众多、系统性强、配套要求高等特点。为了有效缩短舰船设计周期、提高设计质量、加快设计进程、降低研制成本，必须建立以总体技术为核心，以网络为平台、WEB 技术作支撑的舰船数字化并行协同设计环境，在一个开发的、分布式的共享的网络环境下，广泛采用计算机技术、多媒体技术和数据库技术实现多团队、多领域、多专业信息系统之间的交互与协作，以支持并行、协同的舰船数字化设计。

目前，舰船数字化设计技术已成为世界造船先进国家及海军装备强国普遍采用的技术，也是舰船先进总体设计技术的核心。为紧跟世界先进技术，满足中国现代化海军装备精确化、信息化、集成化和高可靠性的研制需要，必须采用数字化的设计理念和现代化手段，构建并行、协同设计的数字化集成工作环境，建立并行、协同、集成的、支持产品研制全生命周期的舰船数字化设计体系，实现产品设计手段与设计过程的数字化和智能化。如此不仅可以提升产品设计水平、提高设计质量及管理水平、减少设计成本、缩短设计周期；同时对于加快工程型号的研制进度、缩短研制周期，全面提升中国舰船研制能力,实现海军武器装备建设的跨越式发展也有着十分重要的战略意义。

舰船数字化设计是以舰船总体设计为核心、在计算机技术、网络通信技术、并行工程技术、数字仿真技术等相关支撑技术的支持下,按照建立数字化设计平台、研制数字化舰船产品的要求,完成对舰船设计过程的数字化描述,构建结构化、模块化、层次化的舰船设计数字化模型,综合运用数字化使能工具和系统,在并行、协同、集成的数字化工作环境和建立好的数字空间中完成舰船产品的研制过程,实现面向舰船产品全生命周期的数字化设计。舰船数字化设计以网络化、数字化、智能化、敏捷化和总体优化为特征,主要表现为:设计制造全过程信息融合及过程集成管理、数字化建模仿真与优化、面向产品全生命周期。其实质是基于舰船产品描述的数字化平台,建立基于计算机的数字化舰船产品模型,并实现舰船开发全过程的数字化。

舰船数字化设计作为数字化造船的基础和重要组成部分,是对传统的舰船设计模式的深刻变革。在舰船数字化设计过程中,数字模型取代了传统的二维图纸和文件,舰船设计信息的表达、传递、处理和控制方式都发生了根本性的质的变化;同样的,舰船数字化设计过程中的设计流程、信息传递、管理方法、协同作业方式等也发生了全面的、深刻的变化。舰船数字化设计技术的应用不仅改变的是设计人员的设计手段,更重要的,改变的是设计人员长期的思维方式。在某种意义上讲,这种改变将是一场船舶设计的革命。

先进设计技术是发展现代化海军装备的基础,是实现海军装备精确化、信息化、集成化和高可靠性的根本保证,对新型海军装备研制具有决定性的作用。舰船数字化设计是满足武器装备信息化、快速研制现代化的需要。舰船数字化设计为舰船制造业满足中国海军对航空母舰、大型水面舰船、新一代大潜深/安静型潜艇的需求,发展舰船建造的核心关键技术提供了现代化手段,使舰船研制水平获得持续发展的动力,对加快整个工程的研制进度、缩短研制周期、全面提升中国舰船研制能力、实现跨越式发展有重要的战略意义。

b. 民船数字化设计技术。

与日韩相比,国内船舶工业自20世纪70年代初开始应用计算机技术至今已近40年历史,计算机技术的应用在中国造船企业的发展中取得了显著成绩,特别自20世纪80年代初开始实施的3C工程(CASIS、CADIS、CMI-S)为中国船舶工业企业在信息化建设中打下了技术基础和思想基础,为今后企业自主研发应用系统和引进国外先进技术提供了条件。如今,中国一些主力船企在信息化建设中都取得了成果,不仅自主研发信息系统,有的还把成果推广至同行。一些企业引进国外系统,吸取了国外信息化建设的先进理念,也取得了一定成效。这一切都是建立在以往研究发展的基础上,并根据中国国情和企业特点自主创新的结果。

大连船舶重工集团有限公司的信息化历史已超过30年,现在通过和国产ERP厂商浪潮的合作,先后成功实施了财务管理系统、物流管理系统、协同管理系统和系统网络集成项目。信息化正在帮助大连船舶实现“数字化造船”梦。

大船重工信息化起步很早,20世纪70年代大船重工在造船企业中作为第一家引进中国自行制造的DJS-6型小型计算机开始,并率先在造船企业取消了1:1实船放样,信息化成为企业成长不可缺少的手段。20 世纪 90 年代,大船重工从瑞典引进 TRIBON 船舶设计建造专用系统,并进行了一系列的二次开发,从船、机、电的独自作战到目前的并行设计,以现代化的造船流程全面实现了产品的三维建模。由于自设计阶段开始就与客户使用大屏幕对三维模型进行沟通和确认,避免了信息不对称所带来的不必要的返工。而且,以前不同专业没有整合的图纸,凭想象很难进行非常棘手的关联的修改工作,现在与船东通过三维模型进行沟通和确认的部分,其现场施工船东检验一次认同,使建造周期大大缩短。如 4250 箱集装箱船、11 万 t 成品油船、超大型油船(VLCC)等系列船只的某些已超越日韩,达到了国际领先水平。

然而,在"数字化造船"中,集成已从企业内部设计与生产的协同上升到企业与供应商的协同,如何通过信息化手段做到"收放自如",实现从封闭型全过程造船向开放型总装化造船转变,是大连船舶重工"数字化造船"的目标。面对总装化造船的挑战,需要实现专业化分工,异地协同制造,公司的设计、制造、管理的模式也将随之重组和改造。设计方式要从以系统设计转变为向区域设计发展,实施异地设计、协同设计和数字化虚拟仿真设计。随着公司造船基地的不断扩建和实施,造船管理区域也急剧扩大。

大连船舶重工公司高层领导对于信息化建设非常重视。由总经理亲自挂帅,组织专门项目组,研究该项目的规划、如何实施和达到的目标。结合公司管理现状,制订了"效益驱动、总体规划、分步实施、重点突破"的十六字指导原则,明确提出了建立企业管理信息系统的目标并分步走的策略;做出了管理信息化要建设"三个平台"的总体规划,逐步展开实施物流管理平台、综合协同管理平台和生产管理平台,以此实现企业内部及外部供应链的协同运作。

对大连船舶重工而言,信息化技术是实现管理创新的手段、工具和平台,管理与技术的结合提升了企业的管理水平,实现了企业的透明化、集成化和精细化管理,从而达到管理创新、效益创新。公司各个方面都取得了长足进步,年年实现历史性跨越,产能规模迅速扩大,综合实力显著增强,国际地位大幅提升,呈现出迅猛发展的良好势头,主要经济指标连续多年保持 25% 以上的增长率,获"中国金属船舶制造业排头兵"企业。

江南以 Tribon BD(Basic Design)软件为主结合其他 CAD/CAM 软件,成功地完成了国家技术创新项目"船舶初步结构分析设计系统的开发研究"项目的研发工作。项目完成了研发的目标:将船体结构的三维建模从传统的详细设计阶段提前至初步结构分析和设计阶段,构建的三维船体结构模型作为初步结构分析设计的基础。即:作为二维出图的模型库;为轮机、电气布置提供三维空间结构背景;为结构有限元分析提供几何模型,减少建模时间;最终向下延伸,对该模型适当转换后,进行船体结构的详细生产设计。在研发过程中先后以江南的 74000t 巴拿马型散货船及 51000t 灵便型散货船为对象船型开展了大量的建模、出图及数据转换工作,Tribon M2 BD 已经全面应用于 16500t 液化气船的送审设计中,Tribon M3 BD 将全面应用于最新一代的 76000t 巴拿马型散货船送审设计的建模,此 Tribon 电子模型将被应用到以后的生产设计过程中去。

目前,江南正着手将 Tribon BD 升级至 M3 + SP2 并应用于面向江南长兴造船基地的产品。在初步设计阶段,江南还利用基于互联网的 Tribon.com 将设备的信息集成到设计中去。

在船舶设计和建造过程中,有限元分析、对中和扭振计算等 CAE 软件(如:MSC Patran、Nastran)被广泛地用于全船、舱段的有限元分析、液化气船无甲板下水、液罐整体吊装等。Tribon Initial Design 模块已应用于多型巴拿马型散货船、51000t 散货船及化学品船系列的初步设计阶段的总体性能计算及交船阶段的完工资料计算。液化气船等复杂船型则采用 NAPA 软件进行总体性能计算。

Tribon 详细设计模块及生产设计模块从 1995 年 10 月装机以来,已经应用到多型散货船、液化气船、化学品船、集装箱船和高新工程设计的全过程中;并在船舶详细和生产设计过程中,全面并全过程地应用了 Tribon 软件,2004 年底已从以前的 TB5 和 M1 混用全面升级到 M3 + SP2。

由此可见,三维电子模型已经成为现代船舶设计的一条新主线,正在逐步打破传统的设计理念和设计阶段分工。

除了大船重工和江南造船外,其他骨干船厂也都陆续开始引进国际先进的造船软件,如 TRIBON、CADDS5 系统,使造船生产效率和加工质量有了较大的提高,有力促进了船舶企业的信息化进程。如沪东中华、外高桥、渤海造船、广船国际等,产品设计开始丢掉图版,新产品开发设计周期有效缩短,现代化管理水平得到提高,企业初具国际竞争力并不断壮大。新技术的应用使国内造船水平上了新的台阶,产品建造总周期得到了有效缩短,产品建造质量明显提高。沪东中华等厂所还自主开发了船体建造软件三维舾装管系设计,已在国内数十余家船厂应用;沪东中华已把"数字造船、绿色造船"作为企业发展的基本方针;外高桥造船公司引进了体现先进造船观念和模式的韩国 HANA/CIMS,并正在调试推进应用。沪东中华等单位已逐步开展了船舶企业制造资源配置计划和造船物流管理技术的研究和应用工作。船舶工业的信息化建设使中国船舶产品制造能力和水平得到较大的提升,中国已经与日韩形成了三足鼎立的局面,有些指标已超越日本,直追韩国。

在企业网建设领域,发展更是迅速。如 CSSC 总部建立了连接北京、上海、广州、九江四地的中船企业网和集团公司视频会议系统,建立了基于国际互联网,面向国内外船舶行业的服务性网站——中国造船网。各骨干造船企业计算机网络建设方面初具规模,计算机辅助设计制造与生产管理的软硬件平台初步建立,已为建立数字化船舶企业提供了扎实的硬件基础。

经过 30 多年的发展,特别是经过"十五"以来的重点技术改造,计算机技术已经在中国船舶科研、设计、试验和企业生产管理等方面得到了广泛的应用。国内各主要造船企业,利用计算机技术普遍建立了设计、建造的先进数字化应用环境,在 CAD/CAE/CAM/PDM 等方面开展了广泛的工程应用实践,建立了产品的三维数字模型,进行了造船 CIMS 系统的开发和应用,初步开展了数值水池虚拟试验技术研究,部分应用领域取得了具有自主知识产权的阶段性成果,从而为进一步推进"数字化造船"进程打下了较好的基础。

②数字化造船建造技术现状及发展趋势分析。

船舶建造数字化主要是利用计算机和信息通信技术,进行计算机辅助生产设计、计算机辅助工艺设计和计算机辅助制造、建造工程的网络管理等(CAD、CAPP、CAM 等),不仅涉及造船的装备硬件设施和造船的计算机软件设施,还涉及造船企业的生产作业体系和生产管理体系，是一个复杂的系统工程，以造船模式为核心。所以，数字化造船建设的重点在于船舶建造数字化，又以造船模式转化为主要内容，其代表特征为计算机集成制造体系（CIMS）。从某种意义上讲，CIMS 化过程代表了造船的数字化过程。

CIMS 实施必须具备两个基本条件：一是数据格式和基本信息单元的兼容性，异构系统间能实现数字化"无缝"连接和共享三维产品模型数据；二是功能的集成优化性（包括功能交互、信息共享及数据通信三方面的控制和管理），形成设计、生产、管理一体化的计算机信息集成系统。造船数字化过程中首先应规范信息的生成方式、传递方式、获取和应用方式，达到协调一致，才能实现真正意义上的"一体化"，取得最佳秩序和效率。另一方面，在造船工程管理上，在以实现造船质量、周期、成本综合效能为目标的现代集成造船模式体系构建中，将船舶设计、生产、管理中信息技术的应用系统合理地组合，形成人、财、物、信息有机结合的 CIMS 系统，是信息技术在造船工业中应用的最终目的。

对于船舶数字化建造技术，中国船舶工业有了一定的技术基础。但与世界造船强国相比，中国的大多数数字化技术应用的重点仍停留在解决计算机技术用于单项系统的工程应用上，没有与企业的业务流程、运营模式和管理变革有效结合，尚未有效地促进体制创新和管理创新，产品设计、制造、管理信息一体化程度较低，数字化生产线的设计、制造、管理各流程尚未贯通，数字化制造技术效能远未发挥。就数字化建造而言，归纳起来主要存在以下几个方面的问题：

设计信息、管理信息、制造信息集成度低。对于局部实施了数字化改造的船厂，由于缺乏数字化改造的整体规划，设计数字化管理部门、制造数字化管理部门、企业管理数字化管理部门各负责各的，缺乏基于整个企业的数字化统一步伐，虽然各个部门都部分实施了数字化改造，但是也很难实现信息的共享。

缺乏支持设计、制造、管理一体化所必需的企业工艺、工装、设备、期量标准等各种资源信息，设计、制造、管理信息共享度差。船舶制造过程中需要用到船舶设计部门提供的各类图纸、数控设备的 NC 代码等，目前大部分船厂与设计院所的信息交互还主要是以纸质方式传递，设计变更信息传递不及时，设计信息使用过程烦琐已经严重影响了生产效率。

缺乏车间作业控制执行系统的支持，自动化、智能化设备应用程度较低。目前，国内自动化、智能化设备的应用主要集中在数控设备的使用上，比如：数控机床、数控切割机、数控焊机、数控弯管机、数控涂装设备、数控艇装设备、数控检测设备等。而对于像流水线作业、焊接机器人、数控胎架的应用方面还处于起步实验阶段。因此，先进设备的使用效率较低，还不能有效发挥其先进功能。

从目前国内造船业的现状来看，中国整体造船水平大致相当于 20 世纪 90 年代初的国际水平，不少高科技、高附加值船型，包括超大型集装箱船、大型液化石油气船、天然气船、豪华旅游船等尚处于开发阶段。主要原因是：中国骨干船厂造船模式转换工作虽然已经取得了长足的进步，但是仍然处于现代造船模式的初级阶段，即区域造船阶段，亟待向纵深推进，建立以中间产品专业化生产为导向的生产单元，进而形成"空间分道、时间有序"的流畅的分道生产线。研究表明，中国的船舶生产组织和生产过程控制与国际先进水平的差距最大，其中对各项工程完成状态和生产效率的控制能力的差距约为 20 年。

具体地讲,差距主要体现在:

a. 尚不能全面使用计算机辅助统计、控制和分析造船过程的工时消耗、生产成本和生产进度,不能随时掌握实际情况,并提供分析结果,使生产处于实时可控状态。

b. 不能按成组技术的“中间产品”专业化生产设置车间和班组,并采用复合工种,不能按“中间产品”管理生产,充分发挥班组生产人员的创新精神。

c. 不能根据“中间产品”的标准生产日程,由计算机编制翔实的模拟进度计划。在船舶合同签署的同时,不能协调各方面的工作,并确定切合实际的节点计划。

d. 不能通过设置主流程和辅助流程,由计算机监控所有工位的输入、输出和生产过程,实现均衡的分道生产。

二、国内外数字化造船设计与建造标准现状分析

1. 国外设计建造标准现状分析

目前国外船舶行业对数字化设计并没有制定相关的标准,Tribon、CADDS5 等三维设计软件都有一套自己的建模标准,国外船厂和研究所许多都直接使用这些标准,也有自己制定相关标准的[3,4]。同时船舶各企业在船舶产品设计、制造上都存在一定的差异,对船舶产品数据管理的要求也不同,各企业往往根据自身的特点,选择相应 PDM 提供商订制适合本企业的 PDM 船舶产品。

船舶企业因各自的差异性,在生产准备、制造执行等方面都有自身的特点,因此在生产准备和制造执行方面大都是企业制定内部规范,并没有上升到行业标准的范畴。

2. 国内设计建造标准现状分析

国内舰船行业因其特殊性及舰船船舶产品本身的复杂性,数字化应用还处于各自为政的状态,部分舰船设计单位和建造厂在舰船三维设计技术的应用过程中,根据各自的应用情况,编制了一些相关的三维设计技术指导文件和三维设计约定。这些技术文件和约定对于开展舰船三维设计起到了较好的指导作用,但是由于是各单位自己制定的约定,不具备通用性,体系结构上不完整,且各单位的标准、约定之间缺乏统一性,易造成重复劳动和资源浪费。

目前中国船舶工业集团公司起草了一份基于 Tribon 的数字化设计标准,中国船舶重工集团公司起草了一份基于 CADDS5 的数字化设计标准,但这两个标准只是在这方面做了试探性的尝试,未能获得业界普遍认可,因此未正式成为行业标准。

近年来,中国造船企业集团在构建 CIMS 过程中,标准化的方式主要是通过软件的应用和开发来实现,在数字化建造方面缺乏规范化的良好秩序。在系统优化方面,船舶行业还组织专家制定了《改造生产体系作业指导书》,为各造船企业开展生产体系的改造提供了操作指南。有些骨干造船企业为适应造船模式转换,制定实施了“中间船舶产品完整性设计项目”标准、生产计划体系管理标准、造船工程管理体系标准等。

三、数字化造船设计建造标准体系结构及框图

1. 数字化设计标准范围及框图

数字化设计就是在船舶产品设计的过程中利用数字化船舶产品的建模技术、仿真技

术、虚拟制造技术、信息与过程集成等技术来加速船舶产品开发过程、降低成本的系统开发技术和方法。数字化设计标准这里是指在加工实际船舶产品之前有关活动所需的标准，即规范应用数字化船舶产品开发工具对船舶产品设计所涉及的对象和活动进行表达、处理和控制，在数字空间中完成船舶产品的设计过程的标准，如图 6-2 所示。

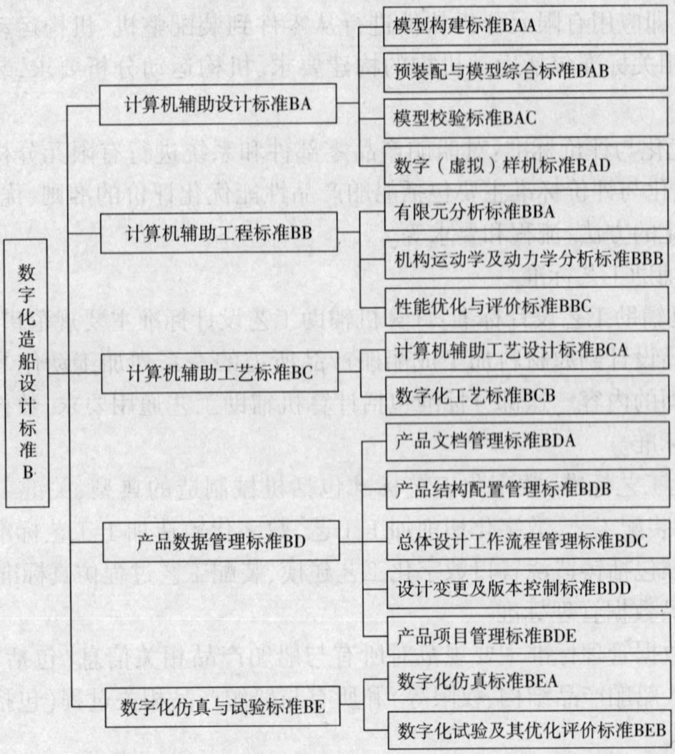

图 6-2　设计标准体系框图

1）计算机辅助设计标准

（1）模型构建标准：模型构建标准主要包括使用计算机辅助工具构建船舶产品几何模型相关的标准，包括三维建模标准和二维图样标准。

（2）预装配与模型综合标准：预装配与模型综合标准主要规范在计算机上使用专用软件构造与船舶产品相关的所有三维数字信息模型，并对已实施数字化定义的船舶产品零部件三维实体模型按船舶产品的功能要求进行组合等方面的工作。预装配与模型综合标准包括数字模型的虚拟装配要求、运动机构定义与装配要求等方面的标准。

（3）模型校验标准：模型校验标准主要是对模型构建的质量要求进行规范的标准，包括对于模型和图样的检查要求，模型数据质量检查标准等。

（4）数字（虚拟）样机标准：虚拟样机技术也是一种基于船舶产品的计算机仿真模型的数字化设计方法，涉及船舶产品全生命周期。数字（虚拟）样机标准包括船舶产品的数字样机研制与评审标准，数字样机模型简化与可视化等标准。

2）计算机辅助工程标准

主要指计算机辅助船舶产品结构分析和设计标准、计算机辅助船舶产品功能和性能分析和优化方法标准等。

(1)有限元分析标准：有限元分析标准包括有限元分析过程中涉及标准如分析模型建模、网格划分、载荷施加、求解要求及后处理等标准，还包括一些典型有限元分析软件的使用标准。

(2)机构运动学及动力学分析标准：机构运动学及动力学分析是针对运动机构进行的有限元分析，即应用有限元分析软件进行从零件到装配整机、机构运动仿真与工程分析的全过程。相关标准包括运动机构的构建要求、机构运动分析要求、装配干涉检验过程要求等。

(3)性能优化与评价标准：对船舶产品零部件和系统进行有限元分析的目的就是优化设计，性能优化与评价标准主要包括船舶产品性能优化评价的准则、优化目标、优化准则以及性能优化的方法、流程和要求等。

3)计算机辅助工艺标准

(1)计算机辅助工艺设计标准：计算机辅助工艺设计标准主要规范借助计算机技术，完成从船舶产品设计到原材料加工成船舶产品所需的一系列加工动作及对资源需求的数字化描述方面的内容。这部分标准包括计算机辅助工艺通用要求，数控加工工艺编制及信息管理等标准。

(2)数字化工艺标准：数字化工艺标准包括机械制造的典型、关键工艺的数字化标准，例如数字化装配工艺、数字化切削加工工艺、数字化铸造加工工艺标准等。这些关键工艺数字化标准包括铸造浇冒口数字化工艺建模、装配工艺过程仿真标准等。

4)船舶产品数据管理标准

船舶产品数据管理标准主要规范对所有与船舶产品相关信息(包括零件信息、技术状态信息、文件、船舶产品结构、权限等)和所有与船舶产品相关过程(包括过程定义和管理)进行的管理。

(1)船舶产品文档管理标准：船舶产品文档管理标准是指借助船舶产品数据管理系统等工具对船舶产品研制过程中产生的文档进行管理的要求，包括船舶产品模型文件、设计文档、工艺文档等管理要求。

(2)船舶产品结构配置管理标准：船舶产品结构与配置管理标准包括对应不同阶段的船舶产品定义生成的不同船舶产品结构视图以及船舶产品配置等提出的管理要求。

(3)总体设计工作流程管理标准：总体设计工作流程标准包括总体设计数据操作流程的定义和控制、运行等。

(4)设计变更及版本控制标准：设计变更及版本控制指对船舶产品设计修改过程以及版本的跟踪与控制提出要求，包括对船舶产品数据的修改、管理和监督等有关的审批流程、更改流程和控制及版本管理等标准。

(5)船舶产品项目管理标准：船舶产品项目管理标准包括项目管理的规范及项目计划、项目工作分解的结构、项目的组织、项目阶段的划分及策划等。

5)数字化仿真与试验标准

数字化仿真与试验标准分支中所指的数字化仿真与试验都是针对船舶产品的数字化仿真和试验，针对过程的仿真和试验，例如装配和生产过程的仿真等标准不在此标准分支下。

(1)数字化仿真标准:数字化仿真标准是根据船舶产品数字化仿真的不同类型,按照不同数字化仿真应用领域以及仿真任务对船舶产品的数字化仿真流程、仿真平台技术、仿真数据模型要求等方面提出的规范化要求。

(2)数字化试验及其优化评价标准:数字化试验与评价标准主要包括数字化试验流程控制、环境构建、数字化试验资源管理、试验数据管理以及试验评估准则、方法等标准。

2. 数字化建造标准范围及框图

数字化建造是指从建造的现实出发,对建造过程中产生的数据进行数字化,并对它们进行加工处理,产生相关信息,在建造系统中进行存储和交换,并直接应用于车间对生产过程的管理和控制。数字化建造需要通过数字化建造系统实现,数字化建造系统涉及的范围很广,既包括数字化加工及装配设备、物料存储与输送系统和多层计算机网络控制系统等自动化设备,还包括以制造执行系统为核心的集成生产作业计划与执行控制技术在数字化制造车间的应用技术等。数字化建造标准涵盖了生产准备标准、制造执行标准、底层数字化制造设备和网络的数字化制造环境标准、检测标准,如图 6-3 所示。

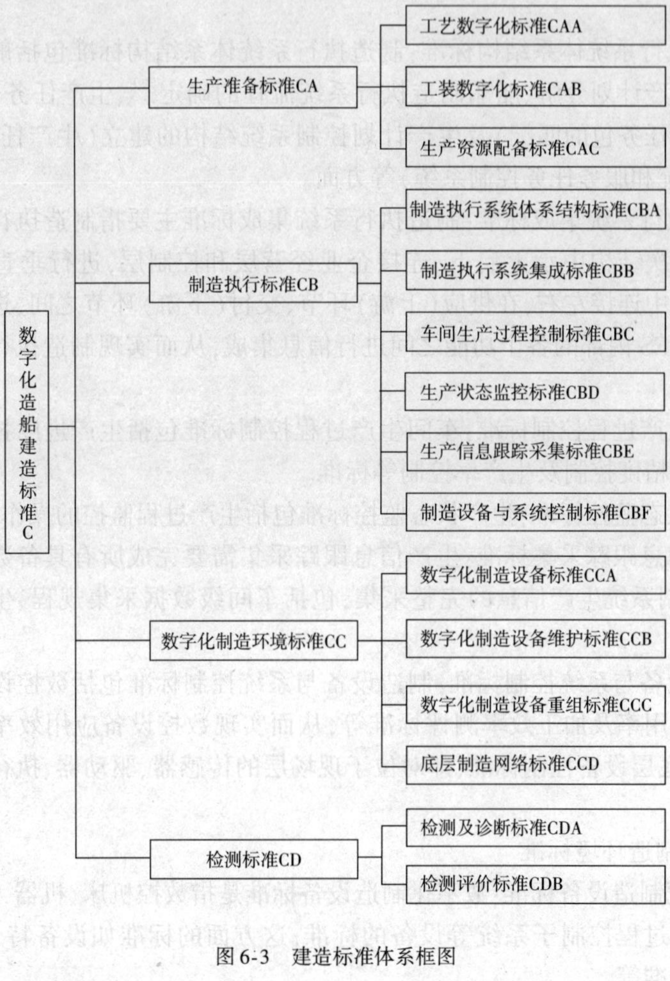

图 6-3　建造标准体系框图

1)生产准备标准

从数字化制造过程和技术应用角度讲,数字化制造环节的生产准备涵盖了数字化设计结束至船舶产品投产中间阶段的一切生产活动,主要包括工艺准备、工装准备、资源配备、工艺能力分析、生产过程仿真及样机研制等活动。

(1)工艺数字化标准:主要包括工艺数据流程定义、计算机辅助工艺设计、工艺过程仿真以及装配等方面的标准,涉及工艺数据的范围、组成、交换、维护;工艺设计的方法以及工艺仿真的环境构建、操作方法、评估等技术内容。

(2)工装数字化标准:主要包括工艺装备的建模与预装配以及柔性工艺装备设计标准,涉及的技术内容包括工装建模与预装配过程的方法、流程、分析以及柔性工艺装备设计的原则、方法和环境等。

(3)生产资源配备标准:生产资源配备标准主要包括企业生产资源建模及生产资源配置管理要求等相关标准。

2)制造执行标准

数字化造船标准体系中制造执行标准来说,主要包括的是与制造执行系统(MES)相关的标准。

(1)制造执行系统体系结构标准:制造执行系统体系结构标准包括船舶生产制造执行系统架构、生产计划分解、船舶制造执行系统流程的确定[7]、生产任务包的描述(船体装配关系、生产任务包的匹配)及生产计划控制系统结构的建立(生产任务控制系统、操作任务控制系统和服务任务控制系统)等方面。

(2)制造执行系统集成标准:制造执行系统集成标准主要指制造执行系统的信息集成框架,含在层次结构中承上启下、连接企业经营层和控制层,进行垂直方向的信息集成;在流程关联中连接左右,在供应(上游)环节、交付(下游)环节之间,进行水平方向的信息集成;在 MES 内部的各个功能之间进行信息集成,从而实现制造执行系统信息的高度集成,

(3)车间生产过程控制标准:车间生产过程控制标准包括生产进度控制、库存控制、成本控制、质量精度控制及生产率控制等标准。

(4)生产状态监控标准:生产状态监控标准包括生产过程监控的操作规程等标准。

(5)生产信息跟踪采集标准:生产信息跟踪采集需要完成所有具备数据采集条件的生产自动化控制系统生产信息的完整采集,包括车间级数据采集规程、生产数据的统计和分析等。

(6)制造设备与系统控制标准:制造设备与系统控制标准包括数控设备应用效率统计、数控设备利用率及加工效率测评标准等,从而实现数控设备应用效率的科学统计和评价。还包括底层设备控制标准,即对位于现场层的传感器、驱动器、执行机构等控制所涉及的标准。

3)数字化制造环境标准

(1)数字化制造设备标准:数字化制造设备标准是指数控机床、机器人、坐标测量机、自动测试设备、过程控制子系统等设备的标准,这方面的标准如设备特性、设备程序格式、电气接口标准等。

(2)数字化制造设备维护标准：包括数控设备维修计划及数控设备维修规程。

(3)制造设备重组标准：包括制造设备重组的原则和方式、设备布局仿真过程要求等标准。

(4)底层制造网络标准：底层制造网络标准是支持数字化车间底层的分布式计算机网络与通信环境的标准。

4)检测标准

(1)检测及诊断标准：检测及诊断标准是指利用各种物理化学等效应，选择合适的方法和装置，将船舶制造中的有关信息通过检查于与测量赋予定性或定量结果的过程及方法标准。

(2)检测评价标准：检测评价标准是指运用其相应的指导性规范文件中的技术和知识，通过利用测试设备的系统分辨力和数据采集处理，来评价设备的能力和确定制造和检测工艺的合理性，同时为检测设备的制造和验收也提供规范的依据。

第二节　数字化造船设计、制造、管理一体化顶层设计

一、造船企业的编码体系分析与研究

1. 造船编码研究的发展

1)国内编码体系发展状况

中国造船编码研究起步较晚，1981 年中国船舶工业总公司在建造 11000t 全集装箱船时，开始对生产设计编码进行探索和研究。这是中船总公司推行船舶编码的起点。1984 年，与日本石川岛播磨重工业株式会社进行技术合作，通过移植—改良形成自己的编码体系。1985 年全面移植 IHI《生产设计编码》，并首先在 15000t 多用途船上应用。1990 年于宝山起草了广州造船厂第二设计室《生产设计编码标准资料》共 32 项达 40 万字。1995 年中国船舶工业总公司引进瑞典 KCS 公司的 Tribon 软件系统，再次组织人力对《生产设计编码》进行整理，把它扩展和定义为《船舶建造编码》。经过 20 多年的研究，中国的大型船舶企业已经建立起比较成熟的编码系统。

从行业编码发展的轨迹我们可以发现，国内大部分船厂都是采用移植消化改进的方法建立自己企业的编码体系。

广州船厂 1984 年全面移植 IHI 的编码系统，20 世纪 90 年代在引进 Tribon 系统后结合自身特点进行编码系统的改进。但是随着信息技术的发展，以及现代集成制造理念的推广，现代化的船厂无论从管理还是从生产考虑都要求信息的集成化。无论是广船的 IHI 模式，还是沪东的三井模式虽然都能够运行，但它们并未在信息集成化环境下运作。突出问题是现有的船舶企业各部门的编码主要针对本部门的信息需求编制，实现了本部门内部信息的有效控制传递，但当把这些编码放到整个船舶企业，其表达的信息可能无法顺利转化成别的职能部门能利用的信息，这就是船舶制造企业的“信息孤岛现象”，无法实现信息资源的价值增值。即使能够转化也需要编写大量的接口程序，极大降低了生产效率。

一些船厂老的编码有许多代码，在手工编码时代确实发挥了不小的作用，因为它表意更加丰富直观，但是由于其符号过于复杂，计算机无法辨识和区分，例如：零件代码 BG - AL1 △E 这样的编码不适合信息化的要求。

尽管中国船舶企业通过移植，实现了船舶编码系统的本地化，但是中国的船舶编码系统仍然存在以下几点问题：

(1)编码的非唯一性、非标准化。代码的非唯一性造成设计信息的使用混乱，使得设计的信息不能有效转化为生产信息。各设计信息的不能有效地相互利用，造成大量的重复劳动和资源的极大浪费。

(2)编码的容量裕度不够，这也是造成编码非唯一性的一个原因。当制造信息修改或增加时，没有相应的编码裕度空间可供用以增加信息。同时许多企业的编码信息的利用效率很低，大量的编码信息没用合理的利用。

(3)现有船舶企业的编码系统大都各自为政，不具有交互性，编码在船舶企业的应用，更多的是在企业内部进行统筹规划。各船厂编码系统相互独立，无法实现编码信息在各船厂之间共享利用，甚至在各造船企业之间、造船企业与船舶配套企业之间同一生产信息冲突与信息不对称。

(4)虽然中国编码系统的使用已经比较成熟，但是中国船舶企业的编码系统大都是从国外船厂引进基础上修改发展而来，国内几乎没有对船舶企业编码体系进行过系统的研究，对于船舶编码体系的理论研究开展的比较少。

目前国内大型船厂都有自己较成熟的编码系统，对于提高船舶企业的造船效率作出到非常大的贡献，对船舶企业的现代造船模式的转变起到极大的推动作用，但是同时中国造船企业编码也存在一些问题。船舶编码体系的缺陷制约了造船效率的进一步提升，国内船厂向现代造船模式转变过程中编码技术成为急需进一步改进解决的关键技术之一，而且现有编码技术的不足并不能通过对编码系统细枝末节的修改彻底弥补，因此对于船舶企业编码体系的理论研究应该值得国内船舶企业的关注：

(1)编码问题需要研究和不断的开发，随着中国现代造船模式的转变，编码系统应该相应的作出调整以适应现代造船模式的需要。

(2)编码的研究应该从顶层即从基础作起，从基础出发提出与中国船舶企业实际生产相适应的编码原则。

(3)体系研究有利于现代船舶企业信息化的实施，增强企业管理的科学性，提高造船效率，实现造船企业整体效益的提升。

(4)编码研究和开发利用要和企业紧密结合，同时发挥学校科研能力强和工厂实际经验丰富的优势。

2)韩国的编码体系

近年来韩国造船通过技术革新迅猛发展，超过日本一跃成为世界第一造船大国，并且实现了造船的巨大效益，这与韩国造船实施的信息化有很大的关系。韩国的大型船厂，包括现代、大宇、三星等都已经建立起比较完整的集成信息化系统，并建立与之相适应的编码体系。

目前，国内可以参考的编码体系中，某大型船厂的编码体系就是从韩国引进的，这也是与从韩国引进的CIMS系统紧密结合在一起的。在这样的编码体系下,整个企业的信息包括生产、设计、物流、成本等都纳入同一体系中,极大地减少了信息的误导。

2. 船舶建造信息的分类

船舶建造编码是建立在对船舶建造工程中产生的信息分类的基础上的,通过船舶建造过程中的信息的分析与确认,对以后的编码建立有至关重要的作用。总的说来,船舶建造信息可按如下的方式进行分类:

1)按作业类型分类

将船舶建造过程分为船体建造、舾装和涂装等3种基本作业类型,每种类型又可再分为制作、安装两种作业,安装作业细分为船体装配、甲板舾装、舱室舾装、机舱舾装、电气舾装等5种类型。

2)按所需资源分类

船舶建造按所需资源指的是材料、劳动力、设备和费用等。从成本区分的角度,它们的定义如下:

(1)直接成本——直接与生产产品有关的费用。

直接成本的构成包括:直接材料费用(原材料、设备等)和制造费用。

其中制造费用的构成:

①直接人工费:与生产直接有关员工的劳务费用;

②停工损失费:与生产直接有关员工的停工损失费用;

③动力费:与生产直接有关的动能消耗费用;

④专用费:设计费、船台(坞)、码头、保险及检验、委外劳务费等费用;

⑤车间经费:制造部门的费用。

(2)间接费用——不是直接消费于产品制造的费用。

间接费用的构成:

①管理费用:管理部门的费用;

②财务费用:利息及税金等费用;

③销售费用:销售产品的费用。

3)按生产特征分类

船舶建造可分成4种生产特征:系统、区域、类型和阶段。系统和区域这两个生产特征是将船舶设计分成有计划的、便于管理的生产基本单元。另外两个生产特征——类型和阶段用来划分从材料采购到交船的生产全过程。这种分类包含了控制生产过程所需的要素。从生产特征分类的角度,4种生产特征的定义如下:

(1)系统:指的是产品的结构功能或者使用功能,即纵舱壁、横舱壁、系泊系统、燃油供给系统、照明系统、武备系统等。

(2)区域:指的是生产对象,是按船舶生产特征划分或组合的某一部位(如货舱、上层建筑、机舱等)。"区域"一词用以定义一项"中间产品"时,它通常指的是待建船舶的一个立体单元,舾装区域还包含一组将装在其内而分属于各个系统的舾装件。分段是船体建造的关键区域,单元是舾装的关键区域。

(3)阶段:指的是按照生产顺序划分的生产全过程中的一部分,如零件加工、部件装配、分段装配、总段组合、船台合龙、单元舾装、分段舾装和船上舾装。

(4)类型:指的是按作业问题的相似性来划分生产全过程,有船体建造、舾装和涂装3种基本作业类型。每种类型再分为制作、安装两种作业。

4)按施工作业流程分类

缩短建造周期的最好和最经济的方法是把一个设想的最终产品分解成中间产品,即各类零部件,用以制成较大的组件,上述中间产品分派给厂内外各专业化的生产单位生产,船厂则进行船体分道作业和区域舾装作业,基本上是一个组装过程。船体分道作业流程,如图6-4所示;舾装区域作业流程,如图6-5所示。

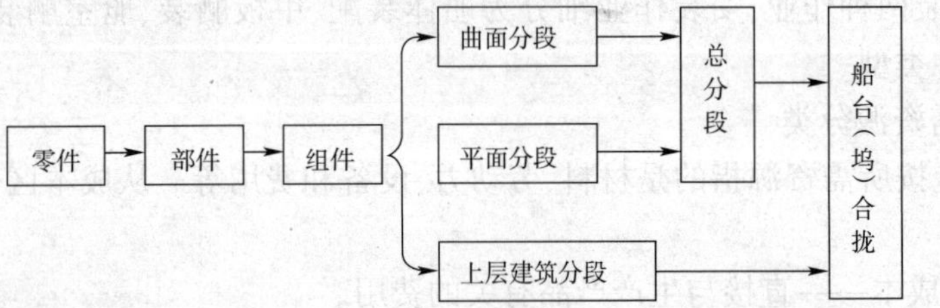

图6-4　船体分道作业流程

3. 船舶建造编码原则

编码作为信息的一种表现形式,是信息标准化、规范化的基础。编码的目的在于方便应用,因此编码时,在考虑计算机处理信息使用方便的同时,还要兼顾手工处理信息的要求,应遵循下述基本原则:

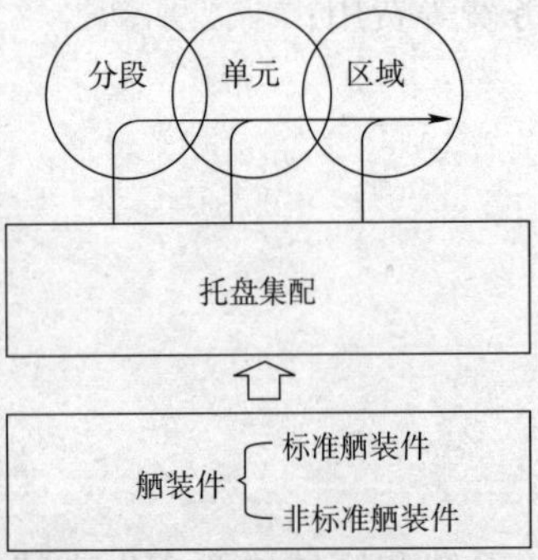

图6-5　舾装区域作业流程

(1)船舶建造编码要满足"两个一体化"(即设计、制造、管理一体化;壳、舾、涂一体化)区域造船的要求。

(2)船舶建造编码要适应造船成本控制的需要,便于在各个阶段、各个区域,对造船成本的统计、控制与核算。

(3)船舶建造编码作为造船设计、制造和管理的信息载体,其所载信息应具有唯一性。

(4)船舶建造编码的格式应适应计算机运作要求,易于被计算机识别与处理。

(5)在满足表达内容的前提下,应使编码形式尽量简单,便于识别,便于记忆,便于使用。

(6)船舶建造编码要具有可扩充性,并容易维护,以便适应将来发展的需要,应尽量避免因编码考虑不周而造成频繁进行格式改动。

4. 船舶建造编码系统结构研究

船舶建造有别于其他制造工业,属于综合性工业。由于构成船舶的材料、设备门类繁多,运用中间产品分解方法建立的船舶建造编码,根据设计、生产、管理的不同要求,用一种编码结构不可能包罗万象全部表达。

船舶建造编码与成本管理的关系如图6-6所示。

船舶建造编码与作业组织的关系如图6-7所示。

根据前述的分类及编码原则,船舶建造编码系统的总体结构如图6-8所示。

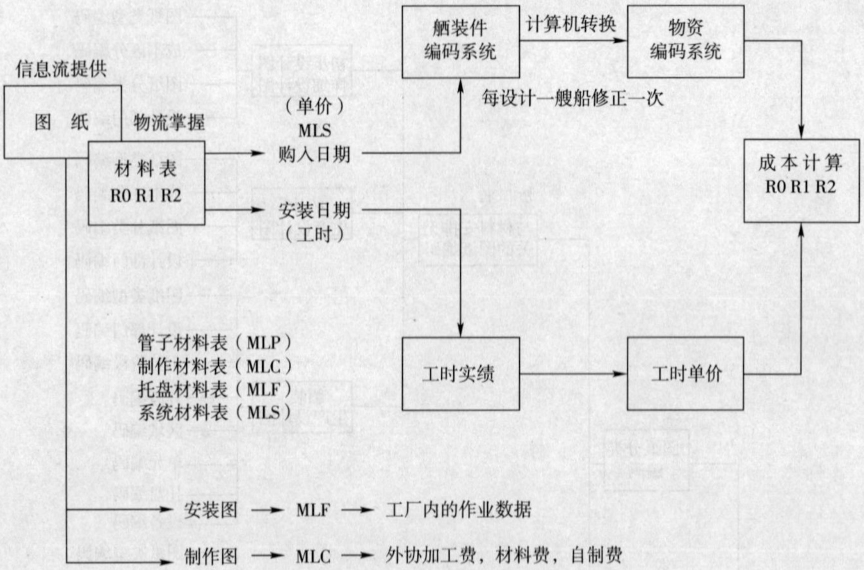

图 6-6　船舶建造编码与成本管理的关系

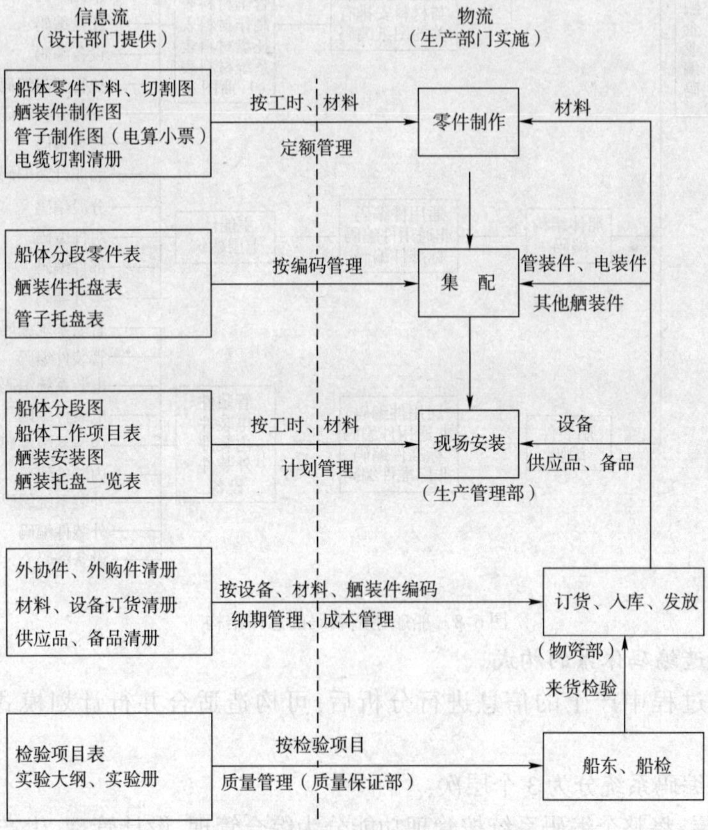

图 6-7　船舶建造编码与作业组织的关系

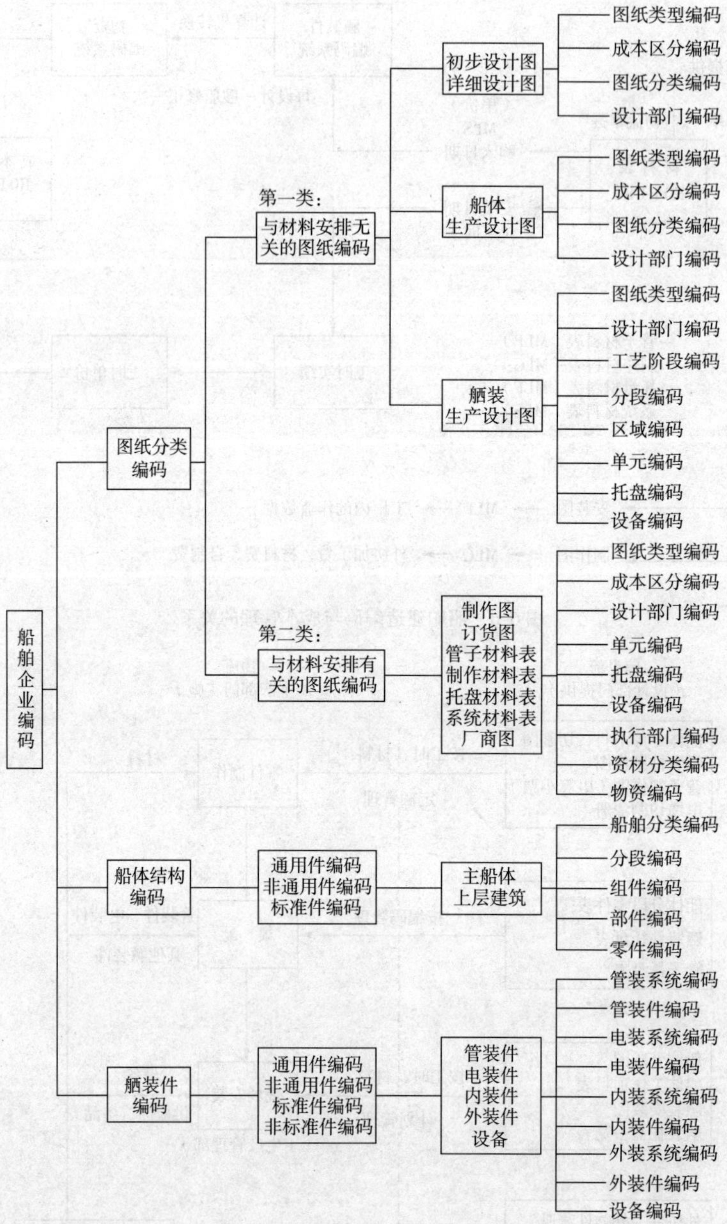

图 6-8　船舶建造编码的总体结构

5. 船舶建造编码体系的构成

在对造船过程中产生的信息进行分析后，可构造适合并行计划模式的船舶建造编码。

船舶建造编码系统分为 3 个层次：

（1）管理层：将整个编码系统按管理功能分为综合管理、设计管理、生产管理、物资管理和成本管理等 5 类。

（2）图样层：是设计管理中特有的层次，细分为初步设计与详细设计图样文件、船体结构生产设计图样文件、舾装生产设计图样文件、管系零件标志及船体构建标志等5类。该层次编码是船舶建造编码的核心部分。该部分编码要反映船舶建造计划的分解与组合,提供生产管理信息。

(3)码根层:表述各类需求中不同的码根和代码。

船舶建造编码体系的构成如图6-9所示。

6. 船舶建造编码体系的编码表达方式

代码的种类很多。这里仅介绍几种常用的代码结构及其优缺点,供使用者选择。

1)顺序码

顺序码是一种最简单、最常用的代码。此种代码是将按顺序的自然数字或字赋予编码对象的。当然,顺序码也不一定完全从1开始编码。有时为了保密,不使外界人员推断掌握情况,顺序码可以从任何数开始按升序编排。另外,有时为了避免代码起始的无效零位,如001和0001代码可以从101或1001开始编起。

顺序码的优点:代码简短,它可保证代码的最小长度;使用方便,易于管理、易于添加;对编码对象的顺序无任何规定。

顺序码的缺点:代码本身没给出任何有关编码对象的信息,不便记忆。

2)层次码

层次码是按分类对象的从属、层次关系为排列顺序的一种代码。编码时,将代码分成若干层级并与分类对象的分类层级相对应。代码从左至右,表示的层级由高至低。每个层级的代码可采用顺序码或系列顺序码。

层次码的优点:能明确地表明分类对象的类别,代码本身有严格的隶属关系。同时,层次码中各层代码在分类上都具有一定的含义。此种代码结构简单,容量大,同时便于计算机求和汇总。

层次码的缺点:弹性较差,当个别类目上的代码改变、删除或插入时,就可能影响其他的代码。当层次较多时,代码位数较长。同时,此种代码由于是先分类后编码,因此容易遗漏,必须制定一定的分类规范和说明,编码人员才能进行工作。

3)复合码

复合码是一种应用较广的有含义代码。它常常是由两个或两个以上完整、独立的代码组合而成。它可以表示编码对象的多种信息,并且代码的各组成部分可单独使用。例如"分类部分+标志部分"组成的复合码是由分类编码对象的代码构成,区分为分类部分和标志部分两段。分类部分表示分类编码对象的属性或特征的层次、隶属关系。标志部分起着分类编码对象注册号(即登记号)的作用,常采用顺序码或系列顺序码。

复合码的优点:代码结构具有较大的柔性,易于扩大代码的容量和调整所属的类别。同时,代码的分类部分可以用于不同的管理系统。因此便于若干个系统之间的信息交换,适用于计算机内部的运算。

复合码的缺点:代码总长度较长。

以上介绍了常用的代码种类及编码方法。由于客观事物的复杂性,往往用一种代码反映不了事物的全貌,因此常常是混合使用。

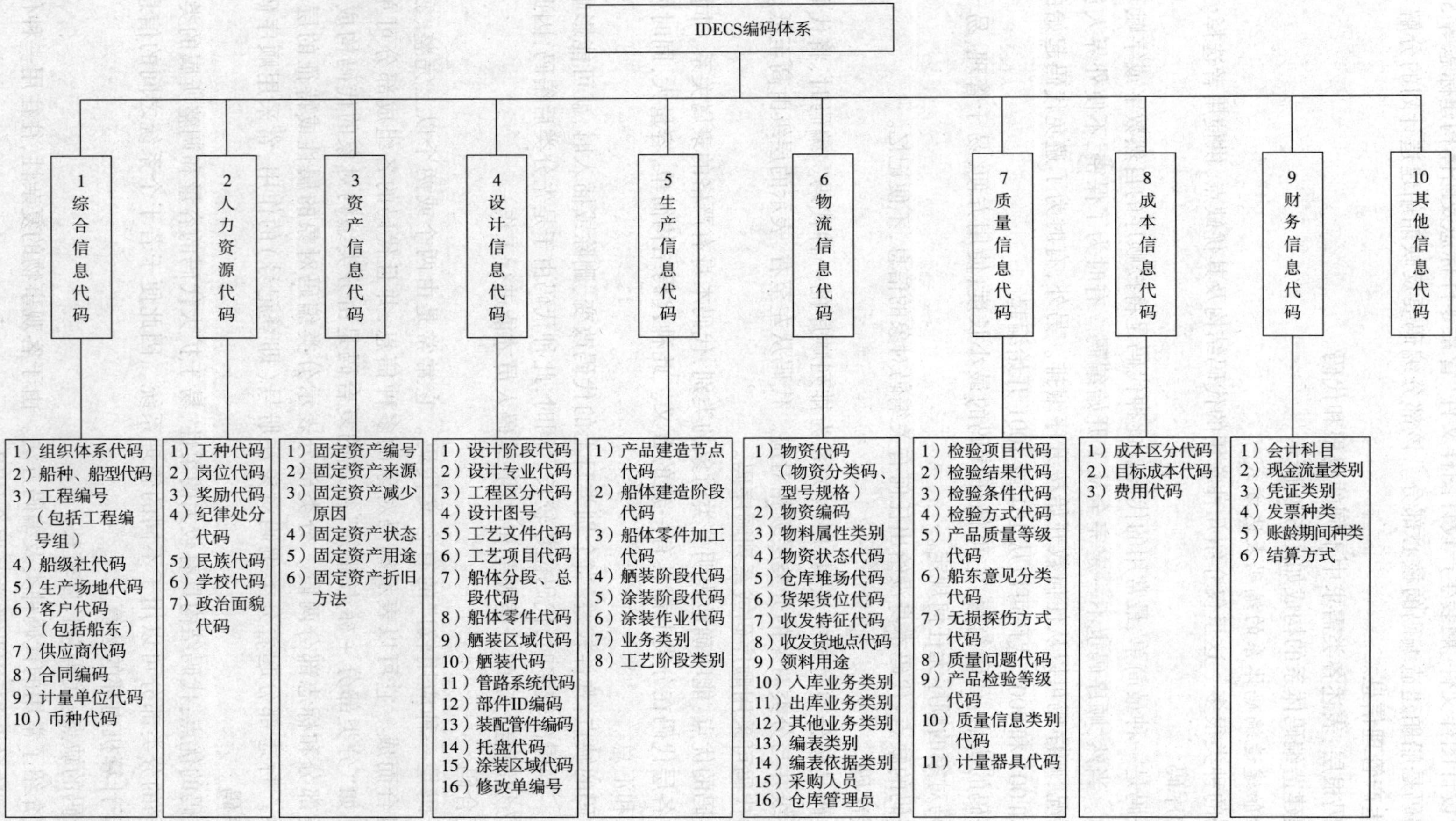

图6-9　船舶建造编码与成本管理的关系

代码是一个或一组有序的符号排列。因此,代码的表达方式,一般包括代码总体结构的设计以及代码长度、代码字符、代码类型、代码位置排序的选择和确定等。

代码的字符表达形式有数字和字母两种。代码的类型一般有数字型代码(即数字码)、字母型代码(即字母码)、数字和字母混合型代码(即混合码)3 种,下面逐一加以介绍。

(1)数字型代码。

数字型代码是用一个或若干个阿拉伯数字表示编码对象的代码,简称数字码。一般来说,全部“0”的代码不采用,字符“9”一般表示收容类目(即收容码)。

数字码的特点是结构简单、使用方便、容易排序及易于推广,只是对编码对象特征描述不直观。数字码是目前各国广泛采用的一种代码形式。

(2)字母型代码。

字母型代码是用一个或多个字母表示编码对象的代码,简称字母码。

字母码的特点是比同样位数的数字型代码容量大得多。如:用一位英文字母型代码(A ~ Z)可表示 26 个类目。一位数字型代码(0 ~ 9)最多只可表示 10 个类目。两位英文字母型代码的组合最多可表示 676 个类目。而两位数字型代码的组合最多可表示 100 个类目。同时,字母码有时还可提供便于人们识别的信息。

字母码便于记忆,但不便于机器处理信息。特别是当编码对象数较多或添加及更改频繁,以及编码对象名称较长时,常常会出现重复和冲突的现象。

(3)数字、字母混合型代码。

数字、字母混合型代码是由数字、字母或字母、数字、专用字符组成的代码,简称混合码。

混合码的特点是基本上兼有了数字码和字母码的优点,结构严密,具有良好的直观性和表达式,同时又有利于使用上的习惯。但是由于代码组成形式复杂也带来了一定的缺点,即计算机输入不方便、录入效率低、错误率增高等。

以上 3 种代码类型都各有所长。通常,使用者可根据实际情况,如信息量的多少、信息交换的频度、使用者的习惯等诸因素综合考虑选用。

随着计算机应用的不断发展与现代化管理水平的不断提高,以及计算机网络的建成,代码已从原来简单、孤立的系统发展成复杂的综合系统。那种简单地认为代码只是“随便给个号”的想法已远远适应不了现代化管理的需要,而且往往给现代化管理系统造成混乱。为此,必须端正设计的思想,认真研究现代化管理系统中代码系统的特点,研制出符合现代化管理的代码系统。

7. 基于信息集成的造船模式下编码体系

基于信息集成的造船模式下编码体系的构架,首先围绕的是信息的集成,这是现代造船模式下全新的概念。编码体系大致分为:设计信息系统、物流信息系统、生产作业系统和经营管理系统。

1)设计信息系统

(1)设计流程分析。

设计信息是其他各系统信息的基础,它决定着其他各个方面。设计阶段,包括初步设计、详细设计、生产设计。生产设计有两个主要的目的:一是为物资采购部门提供物资采购的清单,这份清单不仅仅是采购清单,当物资采购部门将物资采购回来后,配送中心能够按照生产设计提供的清单将物资划分集配成一个个实物托盘,这样才能有效地提高生产现场的有效工作时间。二是为生产现场提供生产作业信息,生产部门能根据施工图、托盘表准确地领取或配送相应托盘,并能够按照零件编号找到对应安装图,准确安装到位。

(2)生产设计信息的传递。

所有指向物资采购的信息,通过发放物资采购需求(POR)的形式传递信息。POR按照系统划分成多个部分,包括钢板、型材、内装物资、结构管材及管件、易耗品、电装材料、铁舾装材料、铸锻件、木材、绝缘材料、螺栓、管材、阀件、机械设备等。物资代码同样按照这样的类别划分,在此基础上物资代码进一步细化为物资的细目种类,并且将物资的具体规格进行代码划分。对于很多非标准物资来说,实现代码管理应与它的设计图、制作图结合,详细标注其专业划分、区域化分、阶段划分。

所有指向生产的信息都是通过一系列的清单、图纸、工艺技术文件进行表达,要清楚地划分图纸的设计阶段、功能类型、版本号、序列号和系统类别,这些信息需要代码将其区分,形成图纸代码。图纸又分成生产图(包括制作图和安装图)、基本图、托盘表。为了给生产提供足够的作业信息,生产图指明作业区、作业类型、作业阶段、主工种甚至包括副工种。当零件需要外协加工时,制作图就是它的加工技术要求。基本图涉及从基本设计到生产的整个过程,包括合同图纸、基本图纸、详细设计图纸、管理图纸、计算书、工艺图纸和设备图。

托盘表将物资按作业区域、作业阶段、作业类型划分成单元。托盘代码按照空间区域标志物资。托盘表不仅是设计与生产的联系,同时也是与物流的联系。在托盘表中不仅有零件的舾装件代码,同时一一对应有物资代码,物资集配部门只需要根据物资代码进行分类。通过集配中心,物资添加进了生产作业信息,能够被生产部门直接使用。

2)物资管理系统

物资代码是建立物资管理系统的先决条件。国内所使用的《船舶工业物资代码》是船舶建造所需的所有物资的分类代码,但有以下几个问题:①全部采用数字描述不直观,不易于辨识是何种物资;②未对非标物资进行编码,船舶上大量使用非标物资无法使用物资代码标示;③物资代码与设计没有任何联系,不利于信息的集成。

集成环境下的物资编码不仅能够实现物资的划分,同时要与设计建立起联系。对于标准物资首先可以将其划分为多个大类:钢板、型材、内装物资、结构管材及管件、易耗品、电装材料、铁舾装材料、铸锻件、木材、绝缘材料、防腐材料、螺栓、管材、阀件、机械设备等。在此基础上根据各类物资的属性规格的特点定出与其相适应的小类划分代码、规格划分代码。所以物资代码码位并不固定,具有一定的柔性和可扩充性。例如:A型200×130导缆孔代码SFMPCA200130,由12位代码组成。

S——表示标准物资

F——表示铁舾件(大类)

M——表示锚泊附件(中类)

PC——表示巴拿马导缆孔(小类)

A200130——表示 A 型 200×130(规格)

对于非标物资仍然可以划分类别,但由于非标物资具体的规格繁杂,使用代码表示规格无实际意义,但是可以将非标物资与生产联系起来,一个非标物资只用到船上一个区域、一个作业阶段。根据物资的类别加上作业阶段、区域及序列号就可以标志非标物资。由于加入生产作业的信息,也便于生产部门管理这些物资。例如:NFTVL001B132,由 12 位组成。

N——表示非标准物资

F——表示铁舾件(大类)

TVL——表示钢质直梯(系统代码)

001——序列号

B132——表示 B 阶段 132 分段

上述的物资代码之所以有这样的结构,因为它是根据舾装件代码编制的,它所对应的舾装件代码为 MB132 - NTVL - 001W,由 13 位组成。我们可以看到除位置有所变化外,加入专业代码 M 和外协标示码 W,去除物资类别码 F。

M——表示机装专业

B132——表示 B 阶段 132 分段

N——表示非标准物资

TVL——表示钢质直梯(系统代码)

001——序列号

W——表示外协

3)生产作业系统

生产作业是实现设计意图的过程,整个生产作业过程必须以设计信息作为指导和依据。设计信息主要通过清单、图纸、工艺技术文件进行表达,通过船体零件 BOM 实现对整个船体零件的流向的管理。船体零件从切割下料完成就按照套料图编上代码,标明零件的流向、最终安装的组立名及加工方式。通过托盘清单实现对舾装件的阶段及区域管理,舾装件集配成托盘后,每一个舾装件都标明舾装件代码、专业系统及区域。在设计信息的基础上,生产部门还要加进自己部门的信息,划分场地代码、派工需要生产工位代码,码头试验需要码头试验项目代码。这些代码信息可以和零件代码结合,一方面有利于加工场地流程管理,另一方面有利于生产质量的控制。

4)经营管理系统

经营管理系统是对以上 3 个系统的综合和补充,涉及船厂各方面的信息,包括:船种船型代码、工程编号、船东代码、船级社代码、设备代码、设备状态码、协作单位代码、经营合同代码、币种代码、安全生产代码、档案代码。这些代码又可以和其他系统的代码结合,对其他系统信息进行补充。各信息系统相互关系如图 6-10 所示。

在集成环境下,各编码系统能够找到它们之间共性的部分,这样的编码体系不仅更加直观、便于使用者理解其含义,而且各编码系统之间的信息传递更加方便。因为同样代码反映同样的信息,这样集成的信息是可供所有系统利用的信息,减少各系统之间进行代码的转化可能导致的信息误导。各系统只需根据本系统的需要增加或删除信息代码即可。

造船企业在以"中间产品"为导向的现代造船模式转变的过程中,企业的信息化起着不可替代的作用。编码是实现企业信息化的技术支撑之一,如何将企业信息有效地集成并且建立与信息集成相适应的编码体系,是现代造船模式的一个研究方向。造船企业应该结合自己企业的生产管理的特点积极改进自己的编码体系,同时结合各企业的共性的部分找到适合同一类企业的编码体系,不仅可以节约各企业信息化的成本和速度,而且可以全面提升整个造船行业的管理技术水准。

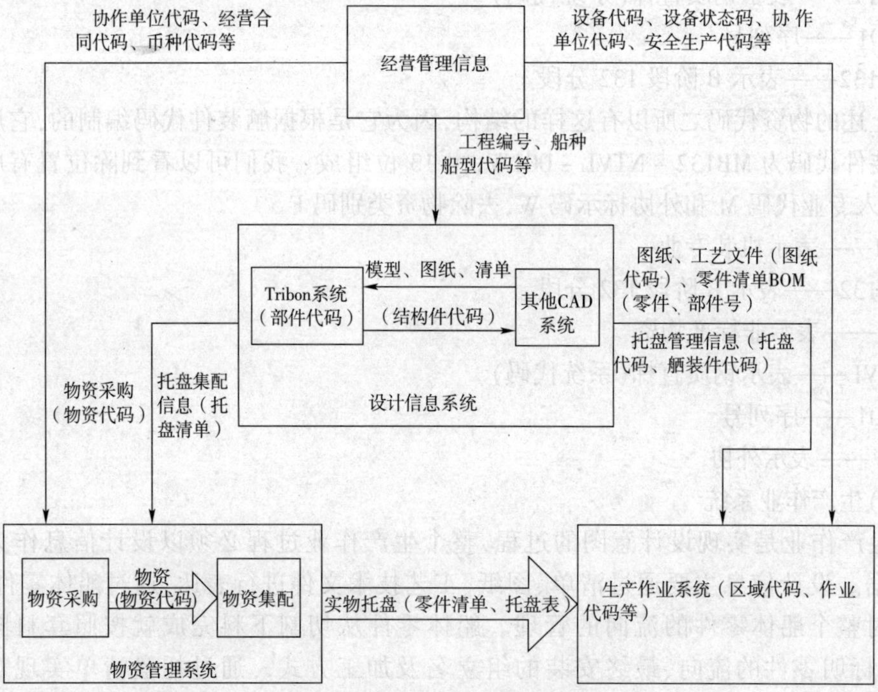

图 6-10　各信息系统相互关系图

二、造船企业的数据流程

1. 现代造船工程管理系统数据流程

现代造船工程管理系统数据流程如图 6-11 所示。

2. 造船企业供应链管理数据流程

造船企业供应链管理数据流程图如图 6-12 所示。

3. 造船企业质量管理数据流程

造船企业质量管理数据流程图如图 6-13 所示。

4. 造船企业成本管理数据流程

造船企业成本管理数据流程图如图 6-14 所示。

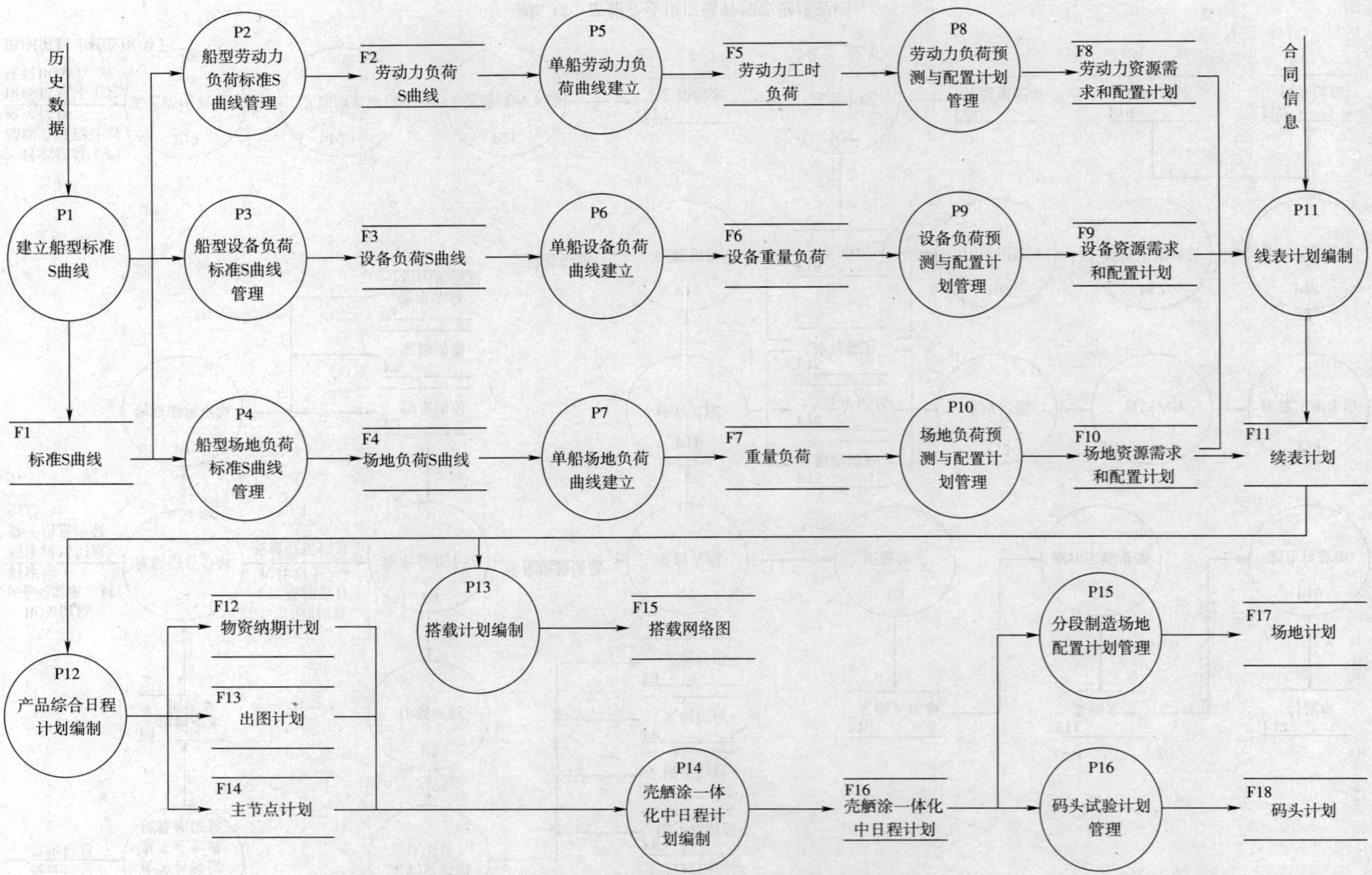

图6.11　现代造船工程管理系统数据流程图

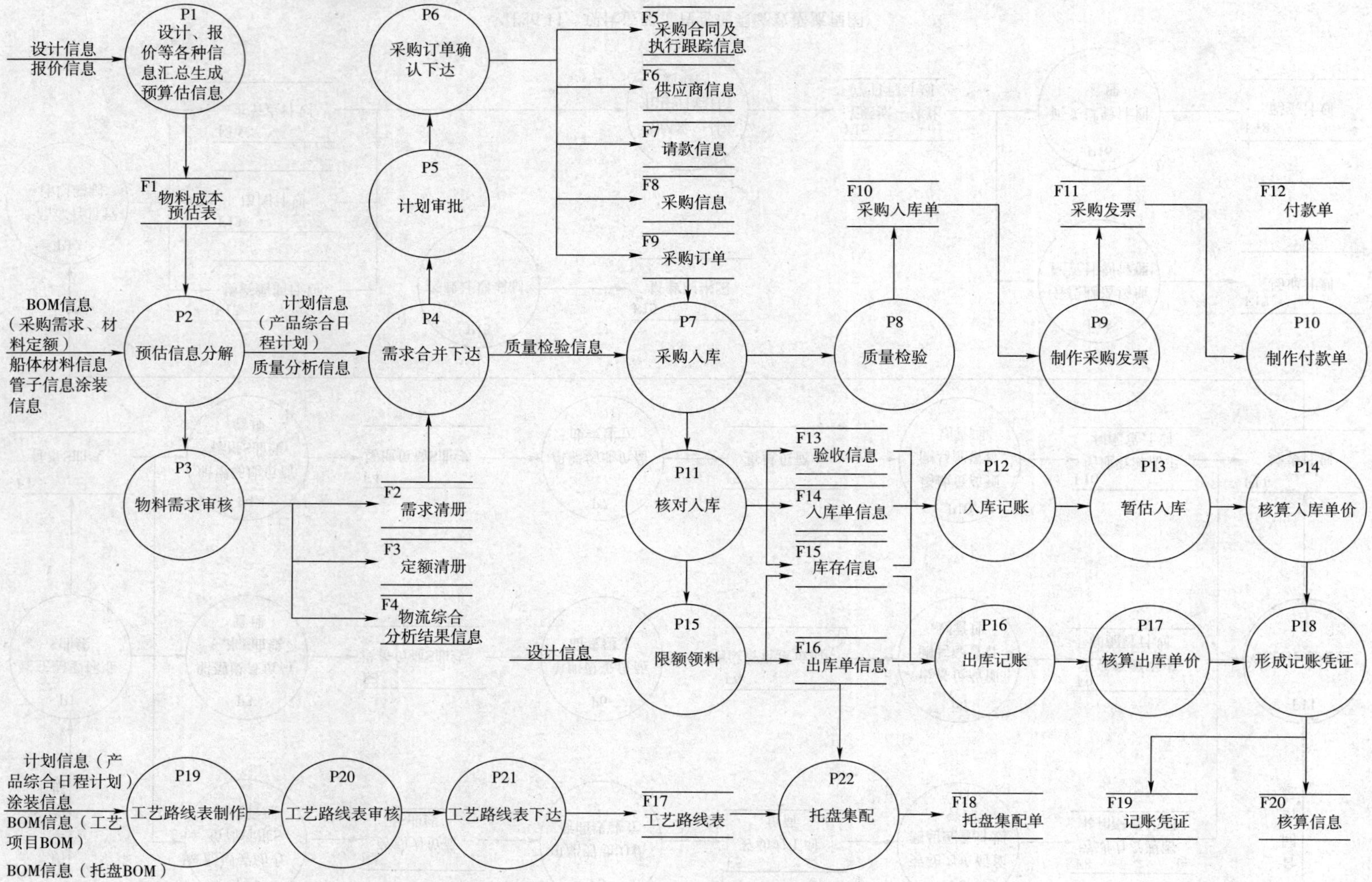

图6.12　造船企业供应链管理数据流程图

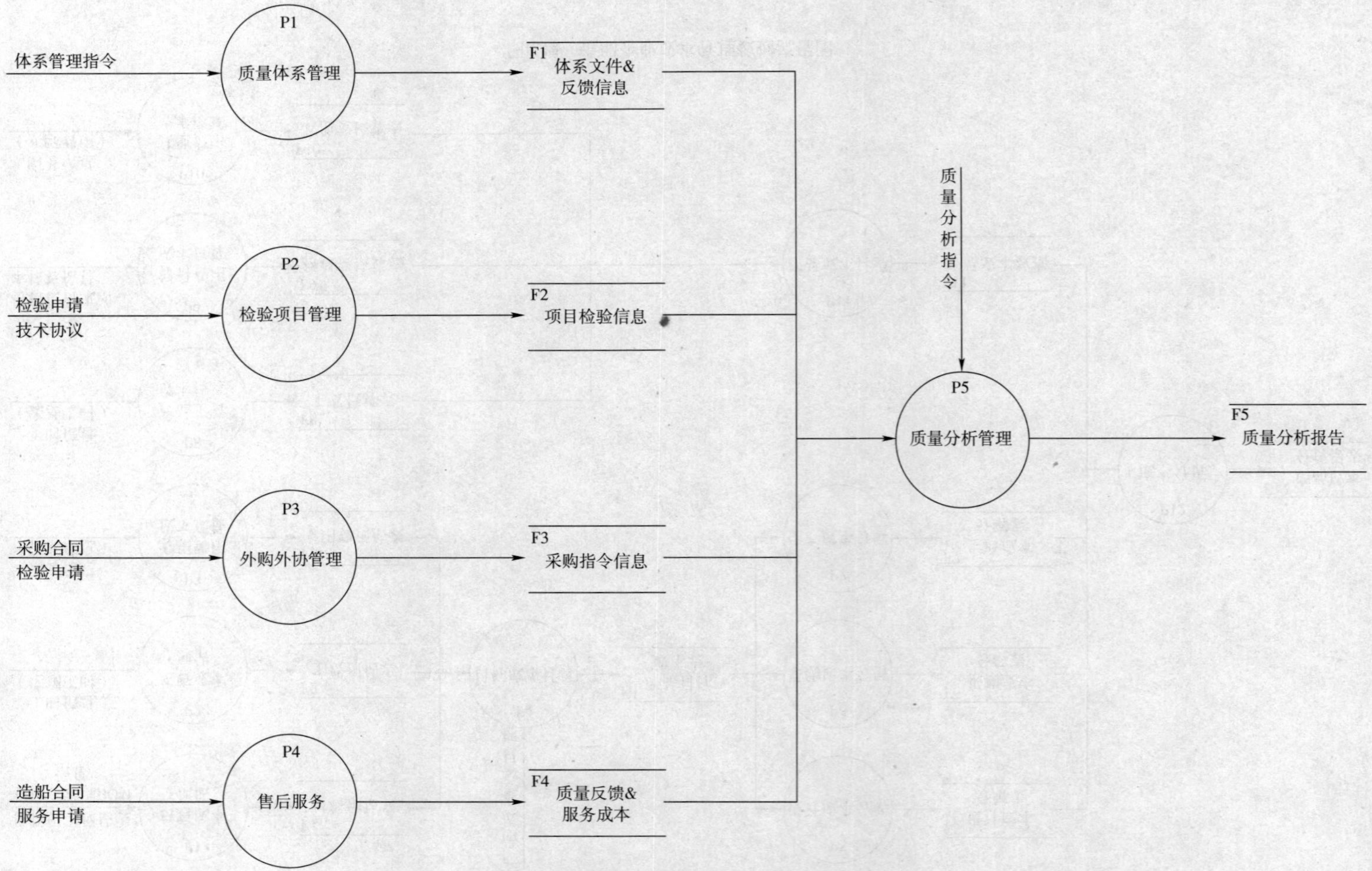

图6.13　造船企业质量管理数据流程图

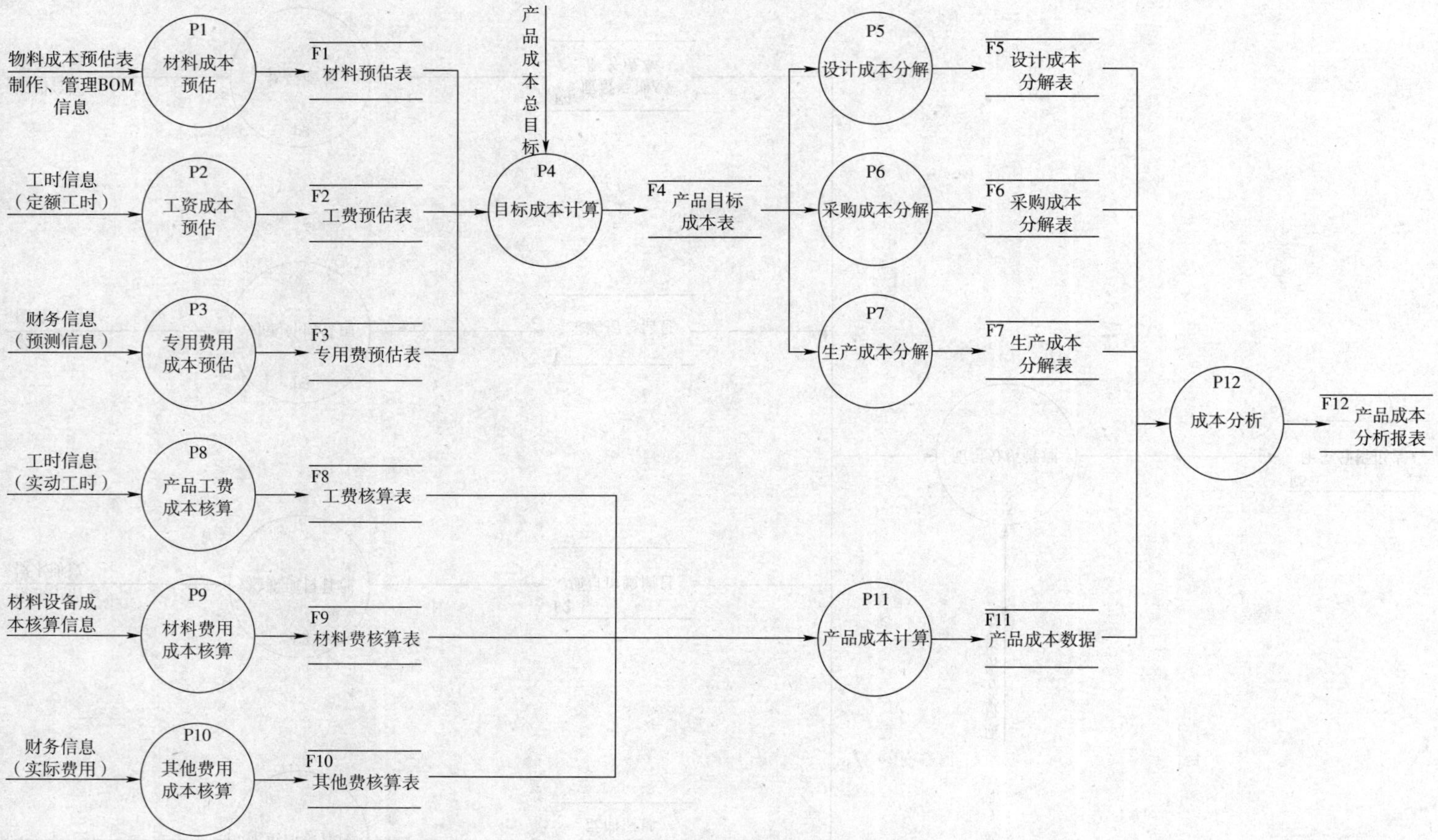

图6.14　造船企业成本管理数据流程图

三、造船一体化平台系统设计

1. 造船一体化平台软件体系结构

造船一体化平台是造船企业的集成制造系统，内容涵盖造船设计、制造与管理领域，造船一体化平台体系结构如图 6-15 所示。其中除电气 MES、设备管理系统和财务管理系统之外，其他系统都是顶层设计的范围。

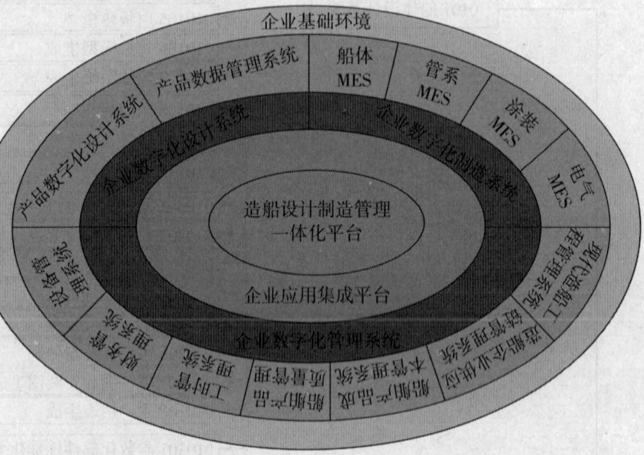

图 6-15 造船一体化平台体系结构

2. 各系统功能模型及功能结构

1) 造船企业产品设计的功能模型及功能结构

造船企业产品设计系统功能结构图如图 6-16 所示。

(1) 船体设计系统。

①标准库设置。

“标准库设置”根据船体设计所采用的标准要求进行标准定义，生成船体标准数据库，每一船体计划都建立有该计划的船体标准数据库，对标准数据库中的各标准可以进行创建、修改、验证、删除等操作。

②船体曲面生成。

可以生成由船体型线构成的船体曲面；可以处理多个船体曲面，例如同时有船体外板曲面、内底曲面；可以定义由甲板中心线和梁拱曲线构成的甲板曲面。

③平面板架建模。

平面板架建模功能建立平面板架模型，存放到船体结构模型数据库。平面板架建模功能包括：分段定义、板架属性定义、边界定义、板缝定义、板零件定义、内孔定义、边界孔定义、扶强材定义、面板定义、折边定义、切口定义等。

④曲面板架建模。

曲面板架建模功能建立曲面板架模型，存放到船体结构模型数据库。曲面板架建模功能包括：船体曲线定义、曲面板缝定义、曲面板定义、曲面型材定义、曲面板架定义等。

⑤肘板建模。

肘板建模功能建立船体上的肘板，存放到船体结构模型数据库。采用参数化建模的方式。

图 6-16　造船企业产品设计系统功能结构

⑥背景模型生成。

通过船体建模生成了船体结构数据库和船体结构模型，可以很方便地被舾装设计系统用作为船体背景。

⑦船体图纸生成。

在船体三维实体模型中剖切，生成满足船体制图标准的图面，可以生成分段结构图、装配工作图、外板展开图。生成的船体图纸与船体结构产品数据库密切相关，互联互动，保证船体图纸与船体结构产品数据库的一致性。

⑧图面标注。

在自动生成的图面基础上，提供各种图形处理功能，添加各种标注和尺寸，得到船体图纸。包括：标注名称、标注尺寸、标注孔径、标注文本、标注符号、船体标志线，以及其他图纸处理功能。

⑨船体报表生成。

⑩船体数据提取。

数据提取功能，可以把船体模型展开成零件，为 HDSHM 船体建造系统提供已展开的零件，提供曲面板展开所必要的数据文件，使船体设计和制造一体化。

(2)管系设计系统。

①设备部件交互设计。

根据设备厂商提供的设备图纸，构造船舶设备的三维实体模型，并定义设备的相关属性信息，建立设备模型库，供管系设计设备布置。

②管系标准部件自动生成。

在船舶产品管系原理设计的基础上，依据船舶产品管系设计的技术要求，对管系设计所涉及的管子材料标准、法兰标准、弯头标准、阀件标准等进行分类，并定义相关的属性数据、参数以及连接点信息等，建立船舶产品管系设计标准部件库。为管系三维设计提供基础标准信息。

③计划信息管理。

管系设计是按区域/托盘/系统进行的，根据管系原理图，定义管系系统数据。同时，为了满足管子零件加工的工艺要求，定义管子弯管机数据和工况数据，为实现管系三维设计过程中的工艺仿真提供基础信息。

④管系原理定义。

为了满足管系生产设计的需求，对全船管系原理数据集中定义，从而保证管系生产设计数据的一致性和规范性，定义的内容有：管路数据、设备数据、阀件数据等，并且可以输出成表册，供设计人员查阅。

⑤管系交互建模。

以管系标准数据(三维实体)和管系原理数据为依据，应用设备布置、管子布置、部件布置、复板设计等功能进行管系的交互设计，完成管系生产设计的全部工作内容，并校验部件之间规格的一致性。

⑥零件和托盘处理。

在管系交互建模后，必须把管子部件按照施工的要求组合成管子零件，并对每个管子零件进行工艺、加工等检查,保证零件制造的正确性。另外,为了加强配套和计划管理对管子零件进行托盘。

⑦图纸生成。

根据制造和安装的要求,为内场加工提供复板制造图、管子零件图、管子支架图等图纸,为外场安装提供管子安装图。

⑧生产用表生成。

根据生产管理和零件制造的要求,提供管子开孔表、管子托盘管理表以及附件托盘管理表用于外场的生产管理和零件安装;另外提供各种 BOM 表(管子材料汇总表、三通附件统计表、异径接头汇总表、标准弯头汇总表、套管汇总表、法兰汇总表、其他附件汇总表)用于定额管理和采购。

(3)风管设计系统。

①参数化部件标准化。

系统通过赋予各种参数化风管部件的参数以定值,自动生成标准风管部件,保存在标准部件数据库(实体部件库)中,以便在交互设计时就可直接调用满足自己的设计需要,而不用再修改部件的参数。

②风管管子交互建模。

可以根据设计的原理图快速而便捷在船体背景上建立三维通风管路模型风管路,可以修改风管段的连接点,分割和合并风管段以及具有大量的风管路的修改功能,使设计人员可以很方便地实现自己的设计意图。

③风管部件交互建模。

系统提供风管部件的安装以及大量的修改功能,可以使用户很容易地将风管部件插入到相应的管路中,系统自动反算匹配的尺寸,而不需要再修改。

④风管支架交互建模。

提供安装支架及管夹、腹板等一系列附件;同时具有强大的修改功能,可以使用户随心所欲地添加支架。

⑤零件处理。

根据船舶产品分割原理,将生成好的风管模型生成零件数据,并且可以按照自己的意图修改零件编号以及零件属性。

⑥托盘处理。

将生成好的零件放到相应的托盘中,进行托盘管理,为后续的生产设计做准备。

⑦图纸生成。

以托盘为单位生成风管零件图和支架零件图;同时还可以生成安装图,为生产制造提供详实而具体的依据。

⑧生产用表生成。

以托盘为单位生成各种托盘管理表和材料统计表,使后续的采购、领料、组织生产、成本预算都有了依据。

(4)电气设计系统。

①电缆、设备等数据标准化。

根据电缆厂商提供的电缆数据，如电缆型号、对数、芯数、截面积等信息保存到数据库中，在以后图纸处理和布置电缆时可以直接获取电缆的规格信息。

根据设备厂商提供的设备数据，如设备的名称、外观尺寸、性能等信息保存到数据库中，在以后图纸处理和设备布置时可以直接获取设备的信息。

根据公司所用的导架、贯穿件的标准数据，分类建立导架、贯穿件模型，在以后的导架、贯穿件建模中可以直接得到所需的数据。

②电气系统图处理。

在从设计所得到电气系统图之后，需要将系统图中所表达的信息写到电气原理库中，这样才能进行后面的电缆布置。

为了提高建立电缆原理库的速度，系统提供了对电气详细设计的 AutoCAD 图纸的自动识别功能。获取系统图中电缆的信息，包括电缆记号、编号、起始设备和终止设备等数据，建立电缆原理数据。

③设备布置图处理。

生成和修改设备原理定义，这是布置三维设备模型的基础，与系统图类似，提供处理电气设备布置图功能，从电气详细设计的 AutoCAD 图纸中自动识别设备标志，以生成设备原理定义，并得到设备定位坐标，为快速、批量布置设备模型提供依据。

④通道交互建模。

根据系统图，先确定主干电缆走向，布置主干通道，再根据舱室图，建立支通道，并且保持与主干通道的连通。通道是自动布置导架和电缆生成的基础，修改通道会自动带动导架及电缆的移动。

⑤设备、基座交互建模。

根据原理图纸处理后得到的电气原理库，布置设备的三维模型，并且为后面图纸、表册的输出做准备。可以检查设备和船体、管子、通道等其他模型之间的位置关系，在确定设备位置后，基座的布置可以实现根据设备的大小自动调整自身的大小。

⑥导架交互建模。

通道模型是一种虚的概念，通道模型不出任何表册，只是为自动布置电缆提供路径。在实际生产中，电缆是依托在电缆导架之上，因此，需要得到导架的制造表册和安装图纸，通过已有的电缆通道，建立导架的三维模型，就可以得到导架的制造表册。

⑦贯穿件交互建模。

贯穿件布置模块主要用于实现电气系统的贯穿件模型的建立以及贯穿件的位置和方向设置。贯穿件可以放置在电缆通道上，并与通道建立连接关系，同时生成相应贯穿件节点；贯穿件也可不放置在电缆通道上。放置后的贯穿件可以进行移动、旋转、参数修改（如果为参数化贯穿件）、部件更新及属性修改；还可以根据当前模型生成贯穿件制造表册。

⑧电缆施工表册处理。

布置电缆后电缆数据保存在电气模型库中，通过手工交互编辑，生成电缆施工表册。

⑨图纸生成。

电气设计系统主要能生成图纸:电气设备基座制造图、电气设备基座布置图等。

⑩生产用表生成。

电气设计系统主要能生成生产用表:小型设备基座托盘表、电缆导架托盘表、电缆开孔表、电缆贯穿件托盘表等。

(5)铁舾件设计系统。

①参数化部件标准化。

系统通过赋予各种参数化铁舾件部件的参数以定值,自动生成标准铁舾件部件,保存在标准部件数据库(实体部件库)中,以便在交互设计时可直接调用满足设计需要,而不用再修改部件的参数。

②铁舾件交互建模。

将参数化部件库中的铁舾件部件按照设计要求布置在设计图形平台上,不但可以进行删除、移动、复制、旋转等一系列修改操作,而且可以进行非标铁舾件的拼装,并最终保存为模型文件。

③零件处理。

根据船舶产品分割原理,将生成好的铁舾件模型生成零件数据,并且可以按照自己的意图修改零件编号以及零件属性。

④托盘处理。

将生成好的零件放到相应的托盘中,进行托盘管理,为后续的生产设计做准备。

⑤图纸生成。

以托盘为单位生成铁舾件制造图,同时还可以生成安装图,使后续的生产管理做准备。

⑥生产用表生成。

以托盘为单位生成各种托盘管理表和材料统计表,使后续的采购、领料、组织生产、成本预算都有了依据。

(6)涂装设计系统。

①涂装舱室建模和区域划分。

通过三维建模生成的船体模型,建立涂装舱室模型,并在此基础上进行区域划分。由用户输入区域名称,区域名称由两部分组成:船体分段名—区域名称。其中分段名称和区域名称由船舶涂装的代码化标准生成。在确定了名称之后进行区域的选择。区域的选择依据船体定义的6个方位,分别是:向上、向下、左舷、右舷、向艏、向艉。区域选择还提供计算板架或者计算外板的功能区分,满足用户的多方面要求。

②交互修改。

在区域划分结束后,可以根据用户的要求把区域内的板架剔除出区域,也可以把没有定义在区域内的板架增加到区域中来。同时为了满足在一块板的平面上可能会需要定义不用涂装的范围,系统中提供功能使用户在板的平面上交互定义范围(通过定义样条),生成负面积板对面积进行补偿。由于每一块板都具有两个拉伸面和样条围成的侧面,因此也提供交互功能使用户来定义哪一部分面不需要涂装;还提供型材计算补偿、区域面积组合计算等功能。

③面积计算。

根据已经定义好涂装模型数据及其属性，计算每个实体的涂装面积，并且按照属性要求进行统计。

④生成表格和标注出图。

根据涂装工艺信息和计算得到的涂装面积，按照船体涂装的不同阶段统计涂料使用量、稀释剂使用量、工时等，并生成生产用表。根据生成的涂装定义数据和模型数据，生成对应的三维轴侧图，并且可以在上面进行标注涂装面积数据、布置轨道线、生成肋骨定位线等功能。同时用户可以在模型基础上进行消隐处理。

(7)总体设计系统。

①线形设计。

- 型线生成
- 船形变换
- 交互曲线光顺(用型值点)
- 曲线曲率图

②舱室设计。

- 甲板和舱壁定义
- 舱室定义
- 与船体曲面交线

③静水力。

a. 静水力性能：

- 邦容曲线
- 稳性横截曲线
- 静水力性能曲线
- 进水角曲线
- 极限重心高曲线

b. 舱容：

- 舱容表
- 测深管计算
- 完整和破舱稳性

④装载。

- 稳性和强度计算
- 纵强度计算
- 稳性衡准
- 稳性衡准(ZC、IMO)
- 破舱稳性
- 可浸长度曲线

⑤水动力。

- 有效功率

(8)结构初步设计系统

①总体布置形式及结构布置形式。

在报价设计阶段,结构专业配合总体专业对新船的总体布置和结构形式以简要的文字说明(一般为 Word 文件)进行描述。

②主要结构布置。

在合同设计阶段,结构专业要对新船的主要结构布置进行设计,以二维的典型横剖面图、横舱壁结构布置图、基本结构图(一般为 AutoCAD 文件)对结构设计进行描述,使用规范计算书形式(一般为 Word 文件,对于各船级社提供的计算软件,另有各自的文件形式对输入数据进行保存)对结构规范校核结果进行描述,使用基于 Excel 的重量重心计算书对结构重量重心进行估算。

③结构细化设计。

在基本设计阶段,结构专业通过细化的二维典型横剖面图、横舱壁结构布置图、基本结构图和外板展开图(一般为 AutoCAD 文件)对结构设计进行描述,使用规范计算书形式(一般为 Word 文件,对于各船级社提供的计算软件,另有各自的文件形式对输入数据进行保存)对结构规范校核结果进行描述,使用基于 Excel 的重量重心计算书对结构重量重心进行估算。

2)船舶产品数据管理系统的功能架构

船舶产品数据管理系统功能结构图如图 6-17 所示。

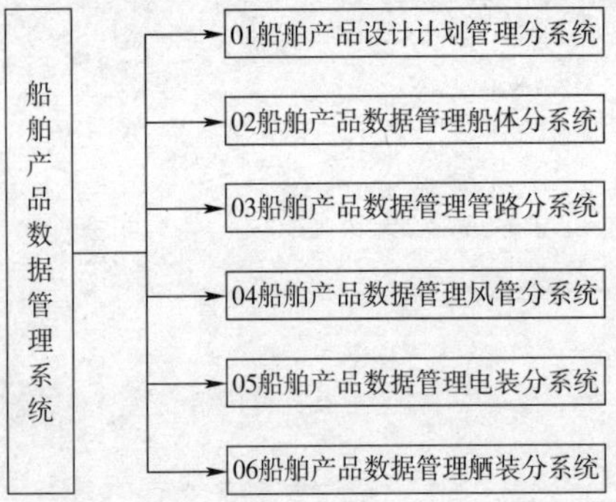

图 6-17　船舶产品数据管理系统功能结构图

3)现代造船计划管理系统的功能架构

(1)现代造船计划管理业务范围。

船舶产品生产组织难度大、周期长,生产过程中涉及外部配套环境以及劳动力、生产装备、场地等生产资源的管理。目前,船厂的生产场地、劳动力资源、设备资源等公司的生产要素越来越紧张,依靠传统的方法难以实现公司的资源的优化配置,必须利用计算机手段,在合理安排生产任务的基础上,对劳动力、设备、场地资源优化配置,以达到有效缩短船舶制造周期、降低和控制制造成本的目的;同时为加强船舶生产过程管理,必须对船体、舾装、涂装等生产过程进行信息化管理,以提高生产效率和管理水平,进一步推动船舶生产过程的规范化、标准化。

因此,通过精益造船模式的研究和本系统的开发应用,突破船舶公司资源利用率低、生产变动因素多、壳舾涂一体化制造计划管理难度大等特点,实现造船生产信息化管理,使公司生产资源进一步得到优化配置,扩大生产总量。

系统必须适应船厂生产经营计划管理,提供场地计划的编制,以及通过标准 S 曲线对劳动力资源、物量进行测算和负荷预测,并对船厂的生产资源进行优化配置。通过该项目的应用可以将船厂生产经营计划管理过程从制定 4 大节点(开工、入坞、出坞及交船)开始,到主节点计划、主要物资设备纳期计划、出图计划、船体建造中日程计划(包括加工计划、制造计划、吊装计划)、码头计划、分厂配套计划等一系列日程计划和场地计划、劳动力资源计划等资源配套计划相互连接起来,形成相互协作的整体计划。

(2)现代造船计划管理系统功能模型图和功能结构图。

现代造船计划管理系统功能结构图如图6-18所示。

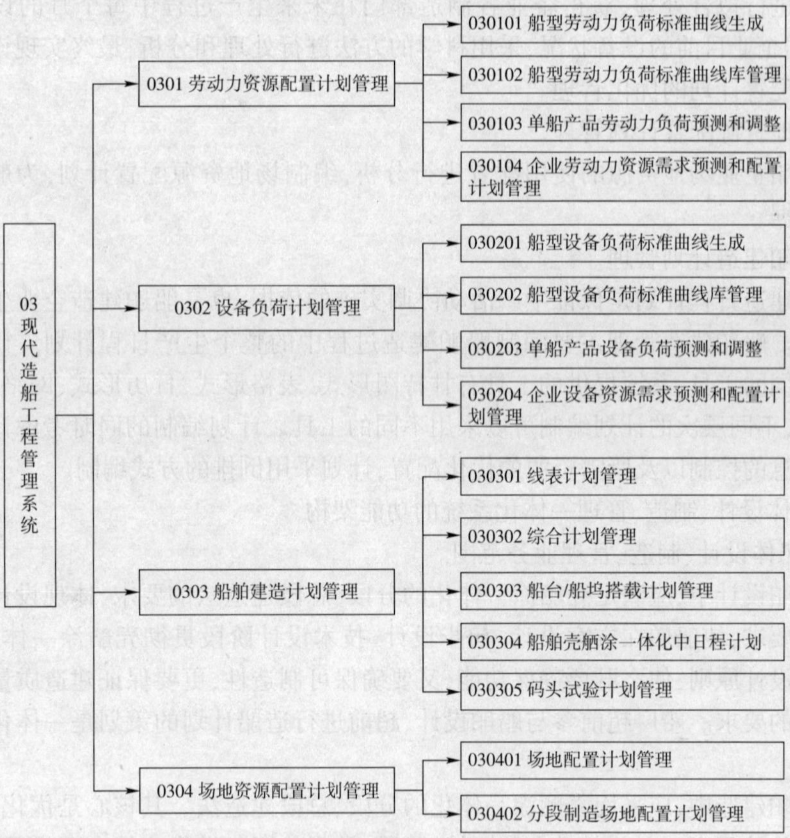

图6-18 现代造船计划管理系统的功能结构图

“现代造船计划管理系统”主要功能是编制公司生产中日程计划以及通过标准S曲线对劳动力、设备资源进行测算和负荷预测,通过编制场地计划来合理配置船厂的场地、设备资源,主要功能包括:

①劳动力资源配置计划管理。

企业劳动力资源配置计划管理,与经营决策管理、人事管理、生产统计等方面是紧密联系、互为贯通的,其信息来源除了历史资料外,均来源于上述各个方面。而劳动力资源管理所使用的各种信息,其第一层次的体现,在企业中是直接以工时形式体现的。因此,在获得企业各种类型的产品在各个制造部门、各工种、各制造阶段劳动力负荷信息的基础上,建立产品劳动力负荷的标准曲线,并利用二次函数的曲线拟合方法对新产品的制造周期和计划工时进行拟合处理,获得企业各制造部门、各工种在未来生产过程中每个月的劳动力负荷信息,再根据企业目前的劳动力状况,结合企业的劳动力培训招工计划,参考企业目前的生产能力等信息,采用科学的方法进行处理和分析,最终实现劳动力资源需求计划与配置计划的优化管理。

②设备负荷计划管理。

在获得企业各种类型的产品在各个制造部门、各制造阶段设备负荷信息的基础上，建立产品设备负荷的标准曲线，并利用二次函数的曲线拟合方法对新产品的制造周期和设备资源进行拟合处理，获得企业各制造部门在未来生产过程中每个月的设备负荷信息，再根据企业目前的设备状况，采用科学的方法进行处理和分析，最终实现设备资源需求计划与配置计划的优化管理。

③场地资源配置计划管理。

对船舶企业场地资源的使用配置进行分析，编制场地资源配置计划，为船舶制造计划提供依据。

④船舶建造计划管理。

船舶建造日程计划是保证生产活动协调实施的依据，也是船舶建造企业生产管理的重要一环。船舶建造管理主要编制船舶建造过程中的整个生产日程计划。计划编制可以采用不同的工具，系统提供的工具有甘特图形式、表格形式、日历形式、网络图形式、对象树形式，不同层次的计划编制可以采用不同的工具。计划编制的同时考虑计划版本和产生的消息的控制以及所需资源的优化配置，计划采用倒排的方式编制。

4)船体设计、制造、管理一体化系统的功能架构

(1)船体设计、制造、管理业务范围。

在船舶设计中，应满足壳舾涂一体化的分段、总段建造法的要求，体现设计、生产、管理一体化要求，使船舶在方案设计、初步设计、技术设计阶段贯彻壳舾涂一体化原则，特别是区域设计原则，使之既要确保功能，又要确保可制造性，更要保证建造质量和降低成本等方面的要求。船厂超前参与船舶设计、超前进行造船计划的策划是一体化生产管理所必需。

在船舶建造中，应采用壳舾涂一体化的分段、总段建造法。其核心是优化分段、总段的舾装完整性程度。在此基础上按区域/阶段/类型分解各类作业的中间产品，优化与此相适应的壳舾涂作业流程，并以此作为布置船厂设施、设备和作业区域，以及确定企业组织机构和生产组织形式的依据。

在对整个造船作业系统管理中，应实施一体化按区域(特别要按总段)进行综合性计划管理。那就是以计划管理、资材管理、质量管理、成本管理，并结合安全管理等实现船舶建造质量、成本、周期的最优化控制。

在生产组织的设置上，首先应按作业区域/阶段/类型实行定任务、定指标、定人员、定设备、定场地；其次应采用以中间产品专业化生产的一专多能、岗位复合技能制的劳动生产组织形式。

一体化造船生产管理模式可定义为：从质量、成本、效率最优出发，满足现代造船模式两个“一体化”(设计、生产、管理一体化，壳、舾、涂一体化)要求，实现分段、总段壳舾涂一体化造船，并按其作业性质分阶段/类型实行定任务、定指标、定人员、定设备、定场地组织生产。这样既体现设计、工艺、管理为一体，又体现计划、资材、质量、成本、安全等可控的造舰生产管理模式。

(2)船体设计、制造、管理一体化系统功能模型图和功能结构图。

船体设计、制造、管理一体化系统功能结构图如图6-19所示。

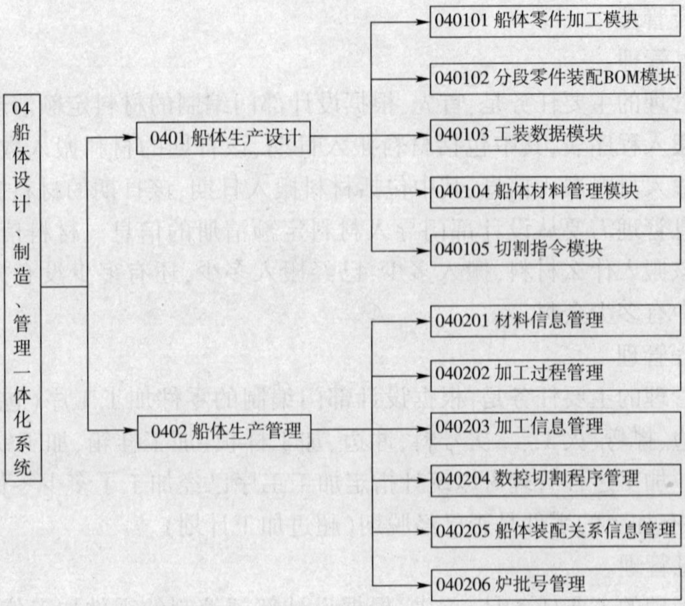

图6-19　船体设计、制造、管理一体化系统功能结构图

①船体生产设计。

a. 船体零件加工模块。

对分段的每个零件进行加工编码,控制零件的加工流程和加工工序、工位,制作加工信息文件。文件如下:分段零件加工工艺管理表、套料板生产管理表、分段零件重量重心表、分段零件面积表、型材零件下料表。

b. 分段零件装配 BOM 模块。

分段零件装配 BOM 按装配阶段列出各零件和装配件,并输出分段零件装配明细表。此表反映了从零件到部件—中组件—小分段—分段—总段,乃至船台的组装流程。在此模块中还采用了船体零件编码标准,更加有利于船体的设计、零件加工管理和船体装配。

c. 工装数据模块。

工装数据模块能够提供外板加工用的活络样板调节型值表、样箱制作图,以及分段装配用的支柱式胎架的图表。其功能如下:样板、样箱、胎架、水线定位。

d. 船体材料管理模块。

材料管理能够对板材材料和型材材料的使用和余料的使用进行合理的管理,使材料得到合理利用。其具有余料管理的功能,利用余料套料,从而提高钢板和型材的利用率;能根据套料中使用的材料,生成材料定额表。功能如下:板材零件套料、型材零件套料、板材余料定义、余料情况表处理、用料情况表查看、钢材预估单编辑、板材用料分配计算、材料定额表生成。

e. 切割指令模块。

该模块能按用户数控切割机的配置,制作相应的数控切割文件并提供30多种的切割文件格式供用户选用。数控切割文件中对数控划线和内孔切割的顺序进行了优化，达到最佳路径。对数控切割文件进行屏幕显示，以检验切割文件的内容。

②船体生产管理。

a. 材料信息管理。

材料信息管理的主要任务是：首先，根据设计部门编制的材料定额清册分类整理后，生成加工材料搬入程序表，其中包括材料搬入日期、该日期的材料搬入数量；其次，根据材料定额清册输入材料搬入信息，其中包括材料搬入日期、该日期的材料搬入数量、签收人员。材料信息管理需要从设计部门导入材料定额清册的信息。材料信息管理可以统计指定日期应该搬入什么材料，搬入多少，已经搬入多少，还有多少没有搬入等，还可以统计指定计划中有多少余料。

b. 加工过程管理。

加工过程管理的主要任务是：根据设计部门编制的零件加工工序（包括切割、割斜、刨边、滚压、折边、撑弯、火工、二次号料、冲边、加工样板、加工样箱、加工铁样）输入该工序的完工时间。加工过程管理可以统计指定加工工序已经加工了多少零件，还有多少零件没有加工，没有加工的零件是否已经脱期（超过加工计划）。

c. 加工信息管理。

加工信息管理的主要任务是：首先，根据设计部门编制的零件加工信息生成产品零件加工交接单，其中包括该零件的加工人员、开工日期；然后，根据零件加工完成情况在产品零件加工交接单中输入零件的完工日期、收料日期、收料人员、收料数量等。加工信息管理需要从设计部门导入零件加工的基本信息。加工信息管理可以统计在指定日期已经加工了多少零件，还有多少零件没有加工等。

d. 数控切割程序管理。

a）数控切割程序编制、修改和维护。

b）查询已割钢板信息。

c）查询已割未割钢板信息。

d）查询未割钢板信息。

e. 船体装配关系信息管理。

船体装配关系信息管理的主要任务是：根据设计部门编制的部件、组件、分段、总段的构成对部件、组件、分段、总段的装配、电焊时间、装配位置进行管理。船体装配关系信息管理需要从设计部门导入部件、组件、分段、总段的构成信息。船体装配关系信息管理可以统计部件、组件、分段、总段的装配完成情况。

f. 炉批号管理。

该模块主要是为加强船用钢板管理，提高钢板利用率，跟踪钢板材质情况提供有效的管理手段。该模块涵盖船体零件的加工整个过程，从材料（板材、型材）的采购、物资部门到制造部门的零件加工，分段制造和拼装合龙。

首先设计部门在下达钢板采购清单的同时，将清单录入系统并传递至物资部，以单船为单位，自动为每张钢板生成唯一条码编号。按照计划节点要求，将套料卡、零件表和余料信息导入系统。

物资部门在设计部门编制下达的钢板条形码信息基础上添加相关的厂商及存放信息，在接受供货商的钢板时打印条形码并粘贴，形成钢板的唯一编号。同时在系统中输入钢板对应的炉批号信息，钢船板预处理后，及时在船板的醒目处标贴上规范、完整的条形码编号。向事业部、分厂等发料时应记录好每块钢板的流向和用途。

质量管理部门在管理证书时应将钢板证书信息输入系统，并建立其证书和炉批号的对应关系，实际上也相应地建立了零件和钢板的对应关系。

这样就在系统中就记录了钢板信息、套料卡信息、零件信息，包括条码编号、炉批号、证书号、厂商信息等。

5）管系设计、制造、管理一体化系统的功能架构

（1）管系设计、制造、管理业务范围。

管系设计、制造、管理一体化系统吸取了先进的管系生产管理模式为管系生产提供了一个一体化管理平台。系统依据产品设计系统和企业资源计划系统提供的产品和生产组织等信息，利用成组技术，建立以"内场制造托盘"为单元进行流水线加工、以"外场安装托盘"集配进行分段管件舾装的车间生产信息管理模式，将厂级生产计划等信息转化成车间级的生产调度计划，并将计划细化到作业工序。依据底层控制系统提供的设备、人员、物料等实时数据，进行分析、计算与处理，在优化车间级生产要素的调度计划同时，将相关数据反馈到企业资源计划系统，为优化企业资源计划系统提供基础。系统可以方便、可靠、高效地将产品设计系统和企业资源计划系统与底层控制系统联系在一起，为计划管理层与底层控制层之间架起一座桥梁，填补"计划"与"生产"、"设计"与"生产"之间的信息断层，使企业内部的各种信息实现双向流动，极大地增强企业的执行能力。

（2）管系设计、制造、管理一体化系统功能结构图。

管系设计、制造、管理一体化系统功能结构图如图6-20所示。

6）涂装设计、制造、管理一体化系统的功能架构

船舶涂装是船舶建造中的一个重要环节，涂装的设计生产管理的能力的高低，直接影响船舶生产的成本和建造周期。提高和改善涂装生产管理的能力是船舶制造企业提高市场竞争力，应对当前复杂的市场环境的一个重要的、不可缺少的手段。

随着公司生产形势和能力的变化以及涂装设计、生产、管理的深化，原有的涂装生产管理方法已不能满足形式的需要，为了提高涂装的设计生产管理水平，公司组织开发了一套贯穿于涂装的生产设计、计划管理、工料耗管理、材料预测报警、库存管理、质量跟踪等整个生产过程的计算机辅助管理系统。

该系统以船舶涂装的生产设计为基础、以涂装作业中施工项目分解和工料定额、实耗为对象，经过数据收集、计算、处理和分析，能够动态掌控涂装生产各阶段的项目信息，使之与生产过程的物流达到最大可能的同步，从而提高工作质量，减少因管理问题而造成的超耗现象。更重要的是利用该系统，公司可以对涂装材料和涂装工时定额的制定、实施、反馈全过程进行监控，为维护良好的生产秩序、缩短造船周期、控制生产成本和提高公司的管理效率打下良好基础。

（1）涂装生产设计系统。

在建立了船舶涂装所需要的基础信息和计划信息之后，就可以进行涂装的生产设计，生成涂装的生产信息。涂装生产设计系统功能图如图 6-21 所示。

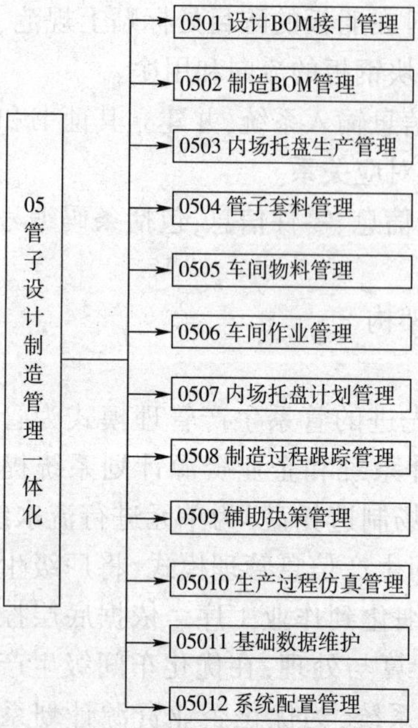

图 6-20　管系设计、制造、管理一体化系统功能结构图

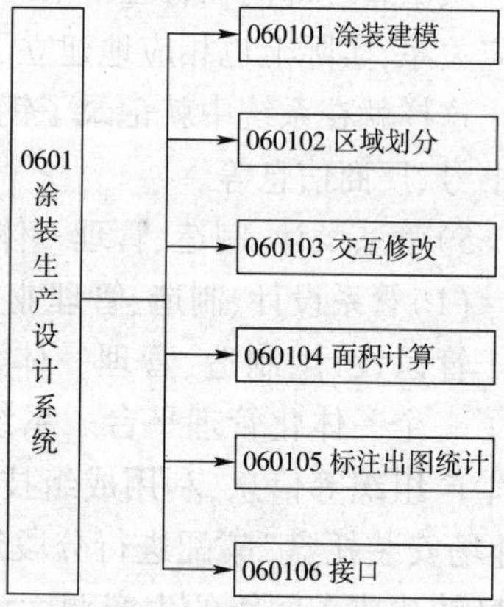

图 6-21　涂装生产设计系统功能图

(2)涂装生产管理系统。

涂装生产管理系统功能结构图如图 6-22 所示。

7)造船企业供应链管理系统的功能架构

(1)造船企业供应链管理业务范围。

运用科学的管理理念和方法，通过对现代造船模式下企业物流的研究，形成一套适合现代造船模式的企业物流体系框架，建立覆盖船舶产品全生命周期的物流信息管理体系，通过开发和应用物流管理系统对公司中物流的各个环节实行合理、有效的计划、组织、控制和调整，提高生产组织能力，实现对物料配套、物料成本的精确管理和控制，有效控制产品物料成本、减少库存，使管理人员从纷繁复杂的人工管理中解放出来，不断提高管理水平，实现信息的集成和共享，从而提高公司的总体技术水平。

系统从造船物流管理的角度出发，实施对船用物料的报价、采购需求的制订，物料定额的制订、采购指令的下发、采购计划的制订、采购合同的管理、采购执行的跟踪、采购请款的管理、物料入库的管理、物料库存的管理、限额发料的管理、材料核算的管理、船体加工的管理和舾装集配的管理等，变静态的物资为动态的物流管理。对于物流每个不同环节的最终状态进行完整的信息跟踪和存档，使各个计划项目的每一个环节的实际情况如物料需求、采购供应、生产消耗等都能及时反馈和跟踪。

(2)造船企业供应链管理系统功能结构图。

造船企业供应链管理系统功能结构图如图 6-23 所示。

①物料成本预估信息生成管理。

建立成本标准分类代码：按标准分类代码建立材料设备的数量、规格、供应厂商、市场价格等资料库;生成新船材料设备采购成本预估信息,作为向船东报价的主要依据;建立材料成本预估信息作为采购的控制依据。根据实际的入库和领料信息对成本代码所对应的实购实耗(数量、价格)数据做汇总统计处理。实购数据为预估成本代码所对应的入库信息的数据汇总、实耗数据为预估成本代码所对应的领料信息的数据汇总;提供预实对照分析,用来对船舶建造材料设备的成本进行控制,并积累新的价格资料作为今后报价的参考。

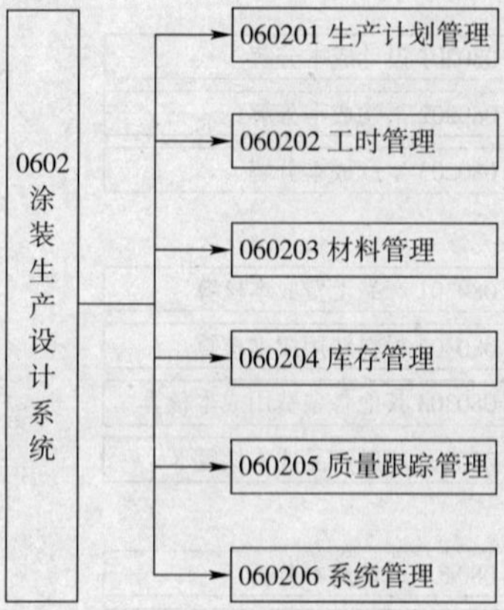

图 6-22　涂装生产管理功能结构图

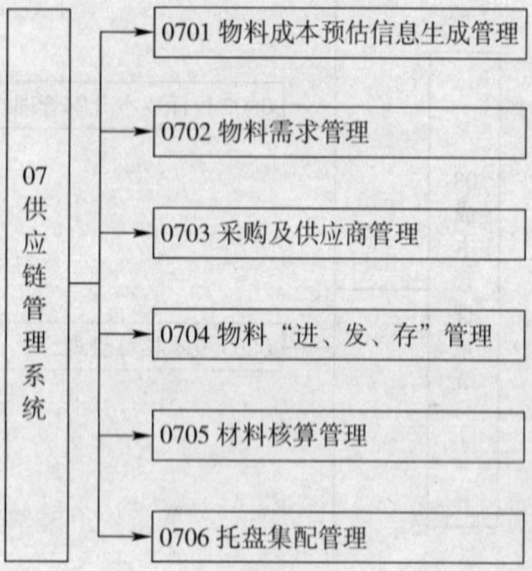

图 6-23　造船企业供应链管理系统功能结构图

②物料需求管理。

按照设计要求建立物资采购需求信息:进行主要设备的计划执行跟踪,包括技术协议的谈判、合同的签订以及合同的执行等;通过网上传递采购要求。管理船体结构和舾装件的物料定额,并按照标准格式进行发送;使制造、集配、安装等根据工艺项目路线表来进行。

③采购及供应商管理。

根据采购需求进行市场采购,根据纳期计划要求进行采购任务的安排;在计划平衡之后进行市场采购,对签订的合同信息进行管理,并对采购合同的执行信息进行跟踪反馈;对请款信息进行管理,满足预估入库要求,并加强对供应商的管理。

④物料“进、发、存”管理。

对到货物资进行质量验收,建立物资入库的管理,按物资分类进行分类存放,并指定物资存放位置,同时记录相关库存信息及货架货位信息;提供按定额的领料申请,并实现按定额限额发料。提供物资供应的综合分析管理,包括计划的实耗信息汇总、月度采购资金汇总、积压物资汇总和部门物耗信息的管理等。

⑤材料核算管理。

以预付款、发票、请款单、入库单为对象,完成材料采购成本的核算;以物料供应商为对象,完成应付账款的核算;以产品为对象,完成应交税金的核算;对采购资金进行分析。

⑥托盘集配管理。

托盘(外舾装、管子、电装、机舱风管、冷空通风管)的纳期管理;舾装件按计划集货管理;按照托盘进行舾装件的配送管理以及托盘对象品的缺件管理。

8)船舶产品成本管理的功能架构

船舶产品成本管理系统功能结构图如图6-24所示。

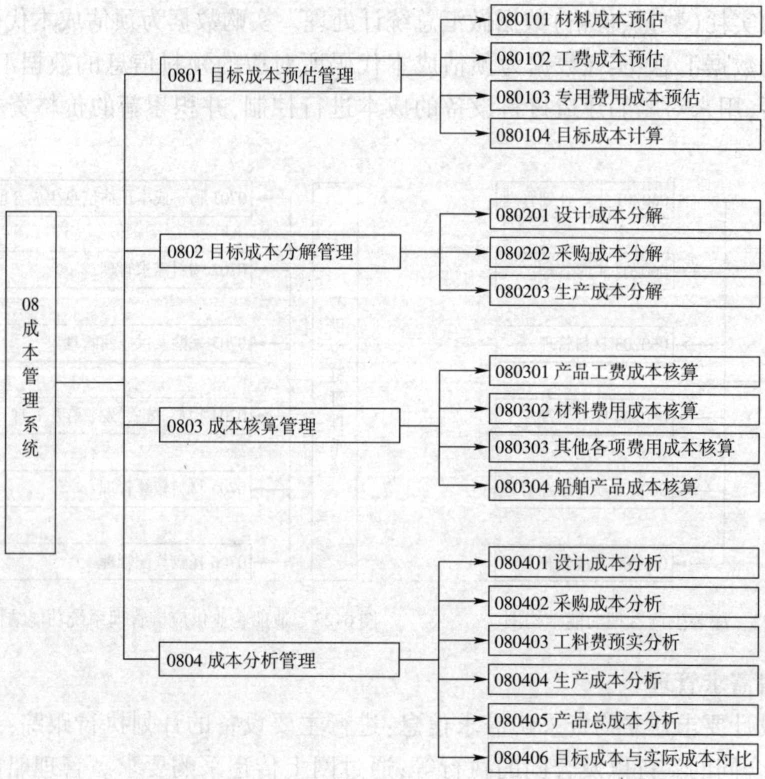

图6-24　船舶产品成本管理系统功能模型图

9)船舶产品质量管理的功能架构

(1)船舶产品质量管理业务范围。

产品质量是企业的生命,也是衡量企业技术与管理水平的重要标志。因此,产品质量管理是企业求得生存、提高效益的关键,它能实现企业在生产制造与经营管理过程中质量保证工作的系统化管理,是产品或服务满足客户需求能力的总体反映。造船是一项系统计划,从开发设计到完工交付,要经过计划、设计、配套采购、生产制造等无数道程序。对于下道程序来说,上道程序就是产品;对于上道程序来说,下道程序就是用户。每道程序都承上启下,每道程序的优劣就直接关系到整个船舶产品的质量。

实践证明,依靠人工处理质量信息,各个质量职能孤立存在,信息无法共享和沟通的质量管理系统,是无法有效完成公司质量目标的。因此采用信息化手段,从设计、制造和管理全生命周期提高公司的质量管理能力,适应发展需要是公司的重要战略决策,将计算机技术全面地引入质量管理领域并与各种质量管理单项技术相结合,借助计算机网络和数据库技术以及系统化的现代企业管理哲理,构造集成的质量管理体系已成为质量管理发展的必然趋势。

"船厂质量管理系统"在网络和数据库技术的基础上,以船舶产品系列标准为指导,建立有效的质量信息系统,主要由设计质量成本管理、检验项目管理、物料质量管理、材料质量跟踪、售后服务管理等模块组成,涉及了从设计、物流、制造到售后服务等生产质量管理的各个重要环节。该系统将为用户提供易用的数据管理手段,便捷的数据处理、整合功能,科学的数据统计、分析方法。进一步推广设计质量成本管理、材质跟踪管理的应用;开发物料质量管理、项目检验管理、售后服务管理、质量分析管理的功能模块;以质量控制与管理为重点,建立起与设计、物流管理、生产管理相集成的质量管理系统,提高信息的采集、分析与处理能力,使船厂内相关部门能够实时共享质量数据;进行科学的质量计划管理,完善现有的质量体系文件,规范业务处理流程,实现质量保证体系的持续改进;通过信息化手段,提高质量跟踪和服务的水平。

(2)船舶产品质量管理系统功能模型图和功能结构图。

船舶产品质量管理系统功能结构图如图 6-25 所示。

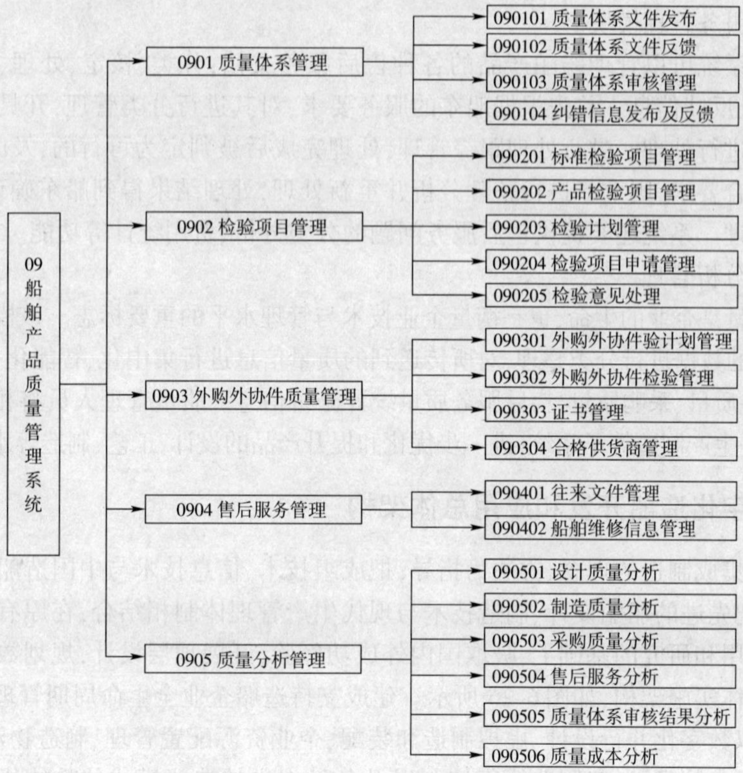

图 6-25 船舶产品质量管理系统功能结构图

①质量体系管理。

通过该模块进行质量体系的信息化管理,实现对质量体系的严格实时控制。该模块参与质量体系的文件策划建立、分发、反馈,审核,纠正、持续运行等整个系统运行全过程,由文件建立、分发管理、审核计划管理、审核信息反馈、纠错信息发布及反馈等管理功能组成。

②检验项目管理。

通过该模块对产品在实现过程中的质量控制及按规定对所测量和监控项目进行监视和测量,检验产品质量,保证不合格的不转序。通过对产品的最终检验和试验,提高生产质量。由该子系统首先建立起常用产品的检验项目基准,在此基础上,建立起各产品的检验项目标准和项目检验计划,各部根据项目检验标准和项目检验计划安排生产、自检和互检,完成后申请质保部检验员的专检。质保部完成专检后申请和调整外检,最后对外检结果和处理反馈进行管理,分析统计检验结果和处理情况。

③外购外协件质量管理。

该模块可协助管理人员实施采购质量控制,确保所采购的产品符合规定的采购要求,对供货商的情况进行统计、分析。首先采购部门根据合同和技术协议编排、输入采购计划,与生产管理部门一起进行合格供应商的管理,签订输入采购合同后,系统根据合同,提醒相应纳期。根据供货情况到供方进行场地验证,或者向物资部门申请入库验收,检验合格后进行入库处理,检验不合格进行必要的反馈处理。产品检验管理后还要进行相应证书的管理工作,模块还将提供检验情况、处理情况的统计分析等功能。

④售后服务管理模块。

通过该系统可以管理船舶产品的各种售后服务文档;分类、核定、处理、管理船东的要求、意见及反馈信息。首先根据船东的服务要求,对其进行分类管理,开具任务单分派各相关部门进行处理。进行处理跟踪管理,处理完成后被判定为可行的,及时反馈船东;如结果不符合要求,则重新进行整理分析并重新处理,处理结果得到船东确认后,再进行保修费用管理。系统还要提供售后服务问题的分类分析、费用统计等功能。

⑤质量分析管理。

产品质量是企业的生命,也是衡量企业技术与管理水平的重要标志。该模块通过对质量管理采集的数据进行分类整理,对所传送到的质量信息进行集中化、智能化处理,得到设计质量、制造质量、采购质量、售后服务质量统计分析信息。质量管理人员将相关信息反馈到产品设计、生产制造等子系统,进一步优化和提升产品的设计、工艺、制造等水平。

四、数字化造船开发和应用总体架构

以现代集成制造的理念、方法为指导,把成组技术、信息技术与中国造船企业生产条件相结合,把先进的船舶设计、制造技术与现代生产管理体制相结合,在原有船舶数字化制造技术应用和研究的基础上,吸取国内外成功经验,开展顶层设计,规划数字化造船开发和应用总体实施架构,如图6-26所示。建成支持造船企业全生命周期管理的集成应用基础平台,以数字化并行设计、虚拟制造和装配、企业资源配置管理、制造物流管理、质量管理系统、成本管理、加工制造执行控制以及各种先进的造船模式的整体优化等技术为突破口,研究开发船舶产品设计、制造、管理集成应用软件,以典型船舶产品为试验验证对象,建立数字化造船集成应用系统。

1)基础层

在企业信息安全体系基础上,建立计算机网络平台和信息资源中心。以现代造船模式为指导,构建管理、作业、流程等标准,形成标准规范体系。通过应用造船机器人、CAPP/CAM/FA 集成技术,建立船舶数字化工艺设备系统,为数字化造船奠定基础。

2)信息资源层

信息资源是船舶产品全生命周期过程中所有活动的依据和结果。在数字化造船过程中,造船企业的一切活动均以数字的形式进行表达、处理、控制等。分析产品设计、制造、管理信息资源，建立数字化造船的信息资源体系，并运用先进的数据库和管理技术，构建造船企业的产品、资源数据库，为数字化造船提供信息保障。

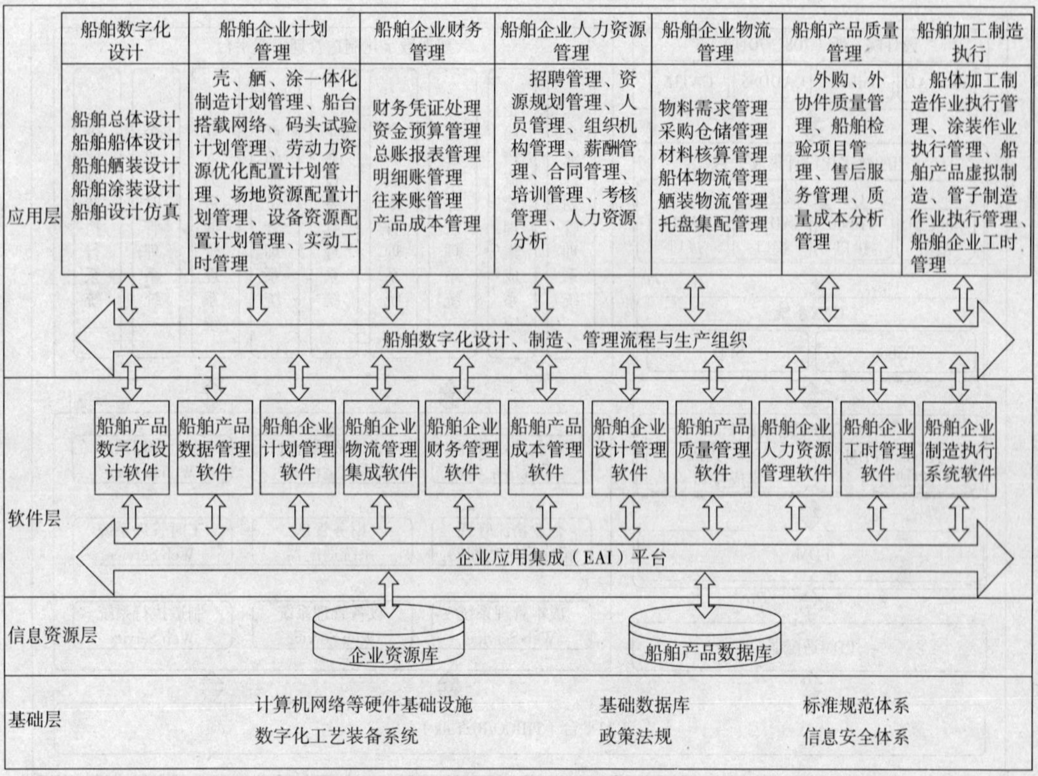

图6-26　数字化造船开发和应用实施架构

3）软件层

软件是数字化造船的工具和技术支撑。通过对整个船舶产品设计、制造、管理等各项技术进行深入的分析研究，开发产品设计、数据管理、计划管理、物流管理、制造执行、成本管理、质量管理、财务管理、设备管理等软件，为企业信息的集成提供工具，形成数字化造船应用信息集成系统。同时，以企业应用集成（EAI）为平台，实现信息、过程和功能的集成。

4）应用层

以现代造船模式为指导，以壳、舾、涂一体化为基本原则，以船舶产品为应用验证对象，运行数字化造船应用信息集成系统，建立相适应的组织结构、价值体系、业务模式，优化企业的流程和生产作业组织方式，最终实现数字化造船。

五、数字化造船信息集成总体方案

中国造船企业在信息化建设中，由于分不同阶段实施，造成开发平台、应用标准不统一而出现了大量的异构信息、流程“孤岛”现象。这些信息由于无法有效地共享和交换，在很大程度上影响了企业的数字化集成应用，降低了信息化的效率。因此必须建立统一的企业应用集成架构和平台，能够集成现有的系统、引进的商业系统以及将来开发的新系统，彻底消除烟囱现象。通过信息集成与过程协同实现各类信息系统的共享、协调运作和资源优化，发挥出最佳效能（图6-27）。

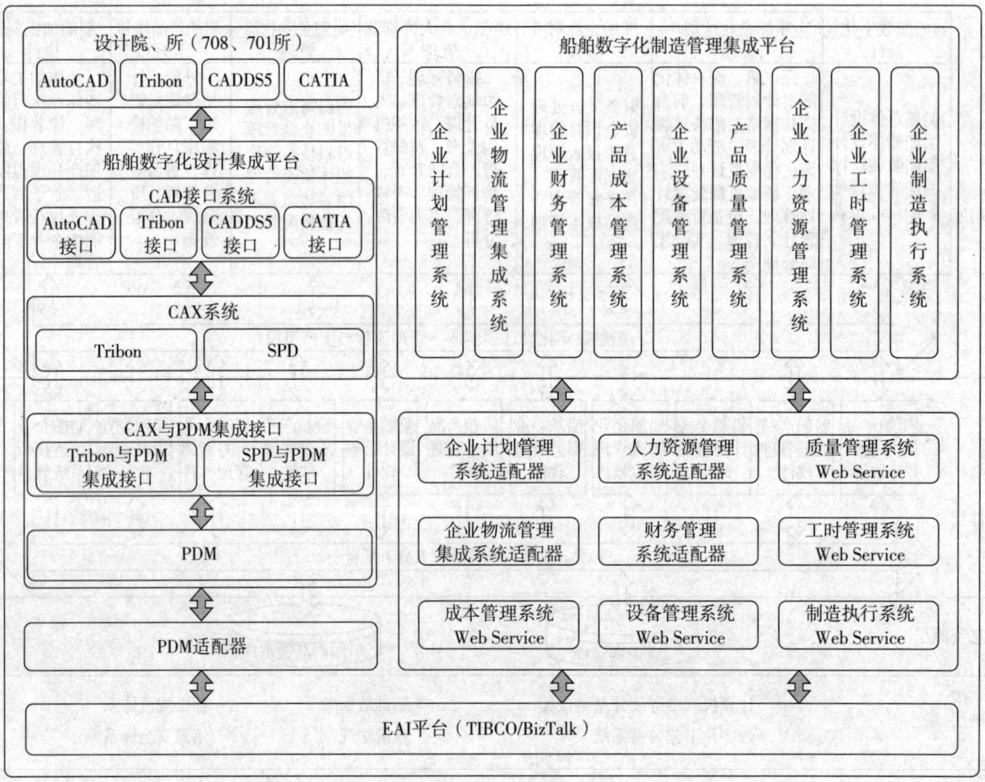

图6-27　造船企业实施数字化造船信息的集成总体方案

1）设计院所与船舶制造企业协同设计的信息集成

以统一的应用接口协议（STEP）和中性文件，开发Tribon、CADDS5和CATIA等系统与船舶制造企业自行开发的CAD（SPD）系统的船舶产品模型转换接口，解决模型信息不能互通互联，实现设计院所与船舶制造企业协同设计。

2）船舶制造企业CAX系统与PDM之间的集成

通过建立PDM管理平台，开发Tribon、CADDS5、CATIA和SPD等CAX系统与PDM集成接口系统，建立设计集成平台，实现数据结构化、版本控制、工作流程、数据安全和访问控制等管理。

3）PDM与船舶数字化制造管理系统之间的集成建立由EAI中间件组成的企业应用集成平台，并在此平台上开发PDM专用适配器和现有的制造管理分系统专用适配器。新的制造管理分系统则采用基于EAI的标准进行开发，通过EAI平台的消息管理机制实现设计与制造管理信息的集成。

4）船舶数字化制造管理系统分系统之间的集成

在EAI平台上开发原有的制造管理分系统专用适配器。新的制造管理分系统则采用基于EAI的标准进行开发，通过EAI平台的消息管理机制实现制造管理系统内部分系统之间的集成。

第七章　精度造船技术

钢质船体的建造过程，是一个按所设计的船体型线图和结构图，经过放样、号料、加工、装配和焊接等一系列工序的生产过程。在船体建造过程中，钢料经预处理，随后加工成零件，再组装成部件，各类分段（平面、曲面、半立体与总段）在组装好的基础上，上船台装配与焊接，直至形成整艘船体。

船舶精度建造技术就是通过科学的管理与先进的工艺手段对船体建造进行全过程的精度分析与控制，最大限度地减少现场修正的工作量，提高工作效率，缩短建造周期，降低建造成本，保证产品质量。影响船舶建造精度的因素有很多，如下料、成型、吊装、焊接等。其中，焊接变形是精度控制的关键因素。

由于焊接变形对船舶建造质量、成本和周期都具有重要影响，工业界一直对其非常重视，对焊接变形从实验和理论上都进行了大量的研究，期望能够对焊接过程进行有效预测和控制。

第一节　基于 ANSYS 的船舶复杂结构焊接变形预测

焊接作为一种灵活、高效的连接方式广泛运用于船舶制造业。焊接过程复杂，涉及电弧物理、传热、力学等学科。焊接过程的加热和冷却、材料的局部非协调塑性应变以及焊接残余应力的作用使得工程结构产生各种焊接变形（如横向、纵向收缩变形，角变形，弯曲变形和波浪变形）。焊接变形使得焊接结构形状变异，尺寸精度下降和承载能力降低。由于工作载荷作用引起的附加弯矩和应力集中现象则是焊接结构早期失效的主要原因，也是造成焊接结构疲劳强度降低的原因之一。

数值模拟为焊接变形预测提供了有效的方法。目前常用的焊接变形数值模拟方法有固有应变法和热弹塑性有限元法。在固有应变法中，对焊缝施加一定的固有应变并进行弹性有限元计算，这样就可得到整个结构的焊接变形。然而固有应变法是一种近似的预测方法，不同条件下焊缝的固有应变很难准确获得，并且该方法无法考虑支撑条件、焊接顺序等因素的影响，这就限制了它在实际工程中的应用[2,3]。三维热弹塑性有限元法可以模拟整个焊接过程中的动态应力和变形，不仅可得到结构的焊接变形，而且可以分析焊接残余应力，还可以较为准确地考虑各种工艺参数的影响。焊接热弹塑性计算过程是个典型的非线性过程，矩阵方程奇异性大、收敛困难，须要经过多次迭代才能达到必要的收敛精度。同时采用热弹塑性有限元法必须要跟踪整个焊接及冷却过程，这使得三维热弹塑性有限元分析计算量非常庞大，长期以来该方法仅适用于一般焊接接头的力学行为分析，很少用于大型结构的焊接变形预测。

计算机软硬件技术的发展为热弹塑性有限元分析在大型结构焊接变形预测中的应用提供了可能性。应用通用有限元软件 ANSYS 并配置最新 CPU 的服务器，还采用了若干方法，如最大限度地粗化那些远离焊缝区域的单元以减少单元数和节点数，及增大时间步长以减少计算量等，成功地用热弹塑性有限元法对大型复杂结构的焊接变形进行了分析，为控制焊接变形提供了可靠的理论依据。

一、LNG 独立液舱焊接变形分析

1. 研究对象

LNG 船是一种高技术、高难度、高附加值的船舶，其中采用新型的 304L 不锈钢材料的独立液舱是建造难度最大的部分，建造精度要求非常高。LNG 不锈钢独立液舱主要由筒体、气室、封头瓣片和封头顶板焊接而成。筒体由 8 个筒体节组成，内直径为 12.3m，厚度在18.6～20.3mm，长为 2972×8mm；气室由气室下筒体节、上筒体节和碟形封头三部分组成，直径为 3m，厚度依次为 35mm、15mm、21mm，高依次为 900mm、1095mm、848mm；封头瓣片由 16 个球形瓣片组成，每个瓣片是 22.5°，内直径为 12.31m，厚度在 8.9～11.2mm。在筒体与气室焊接部分，有一层壳体补强板，厚度 15mm。LNG 不锈钢独立液舱的三维模型如图 7-1 所示。

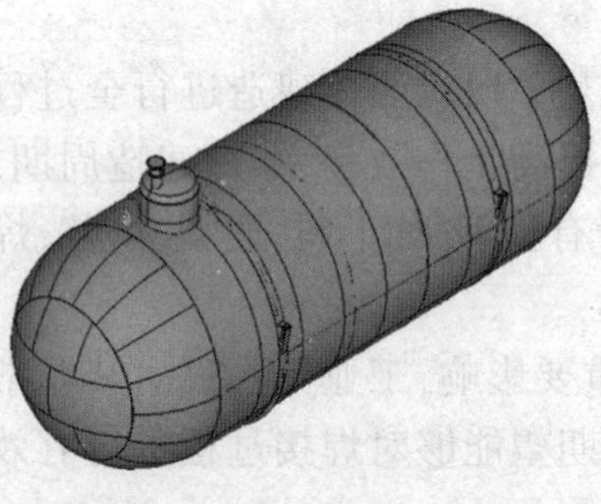

图 7-1　独立液舱的三维模型图

2. 304L 材料性能参数推断

1) 平板堆焊实验

实验采用奥氏体不锈钢 A240 Type 304L mod。304L 是含碳量较低的 304 不锈钢的变种，即超低碳级不锈钢[7]。由于其低温下优异的断裂韧性以及耐腐蚀性，被广泛应用于低温 LNG 独立液舱等船舶结构中。平板表面堆焊试件的尺寸为 350mm×270mm×15mm。图 7-2 为焊接过程及焊接变形测量点分布示意图。

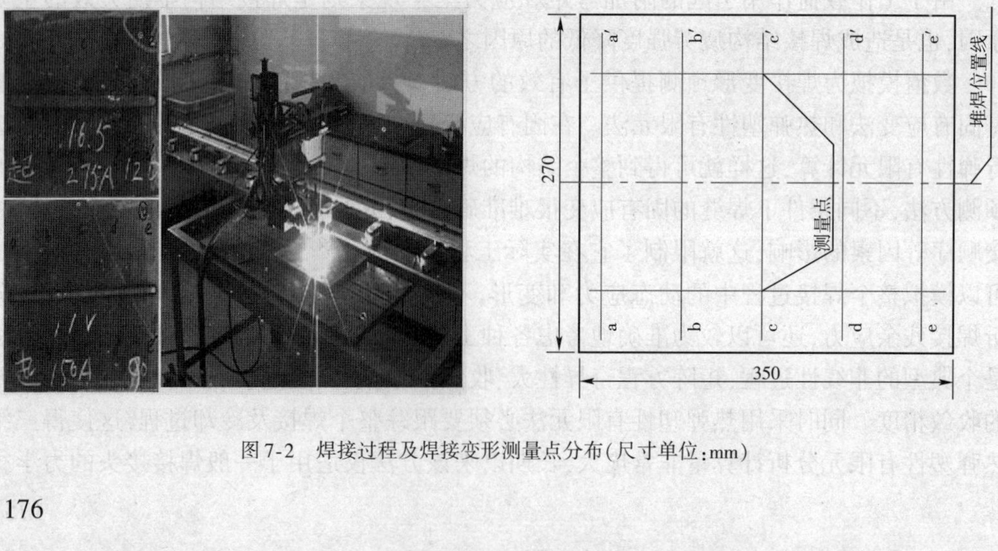

图 7-2　焊接过程及焊接变形测量点分布（尺寸单位：mm）

焊接方法采用钨极氩弧焊,焊接工艺参数见表 7-1(按线能量从小到大排列)。

焊接工艺参数　　表 7-1

编　号	电压 U(V)	电流 I(A)	焊接速度 v(mm·min^{-1})
1	10	100	90
2	11	150	90
3	13.9	175	120
4	15.2	226	120
5	13.3	200	90
6	16.5	275	120
7	17.7	275	100
8	16.5	275	80
9	16.2	275	60
10	17.4	275	50

在焊接工件对应的测量点上测量了横向收缩和角变形,测量的结果分别见表 7-2 和表 7-3。

横向收缩测量结果(mm)　　表 7-2

编　号	a－a′	b－b′	c－c′	d－d′	e－e′
1	0.1	0.42	0.64	0.44	0.72
2	0.2	0.3	0.44	0.52	0.5
3	0.5	0.4	0.58	0.44	0.28
4	0.48	0.58	0.44	0.8	0.42
5	0.66	0.14	0.48	−0.34	−0.24
6	0.72	0.8	0.9	0.82	0.52
7	0.64	1.06	1.02	1.08	1.04
8	0.72	0.66	0.68	0.8	0.68
9	0.66	0.08	1.46	1.42	1.6
10	0.98	1.08	1.22	1.48	1.52

角变形测量结果(mm)　　表 7-3

编　号	a－a′	c－c′	e－e′
1	0.74	1	0.96
2	1.1	1.46	1.74
3	1.64	1.6	1.26
4	1.5	1.52	2.66
5	2.04	2.02	1.84
6	1.6	1.04	2.7
7	1.82	1.96	2.62
8	1.46	1.64	2.36
9	0.82	1.26	2.14
10	1.9	2.02	3.32

2)平板堆焊热弹塑性有限元分析

304L 不锈钢常温下的物理性能和力学性能参数收录在相关参考文献中。304L 是新的不锈钢材料,其高温下的参数比较缺乏。304L 和 304 相比主要是含碳量更低了,但常温下的参数比较接近,可对 304 的高温参数进行合理修正来初步确定 304L 高温下的参数。

应用热弹塑性有限元法进行平板表面堆焊模拟,焊接工艺参数见表 7-1。采用间接耦合法,运用 ANSYS 软件的热分析功能对整个焊接过程计算温度场,并将温度场的计算结果作为热载荷进行结构的力学分析。

首先应用初步确定的材料参数进行计算。为减少计算量可先选取 3 或 4 个线能量相差较大的工艺参数计算,观察变形趋势是否与实验结果相符合,如果不符合就要重新检查模型。在保证变形趋势相同的条件下,通过反复调整和修正材料参数,最终确保模拟变形值与实验测量结果得到较好地吻合。通过对 10 组工艺参数进行模拟和对实验测量结果进行整理,得到焊接变形与焊接热输入(线能量)关系曲线,如图 7-3 所示(图中 Q 为线能量,δ 和 φ 分别为横向收缩和角变形)。

由图 7-3 可见,模拟曲线和实验曲线的变化趋势和数值大小都非常接近,而计算中采用的 304L 不锈钢材料具体性能参数如图 7-4 所示,因此可以认为所假定的材料性能参数是合理的。

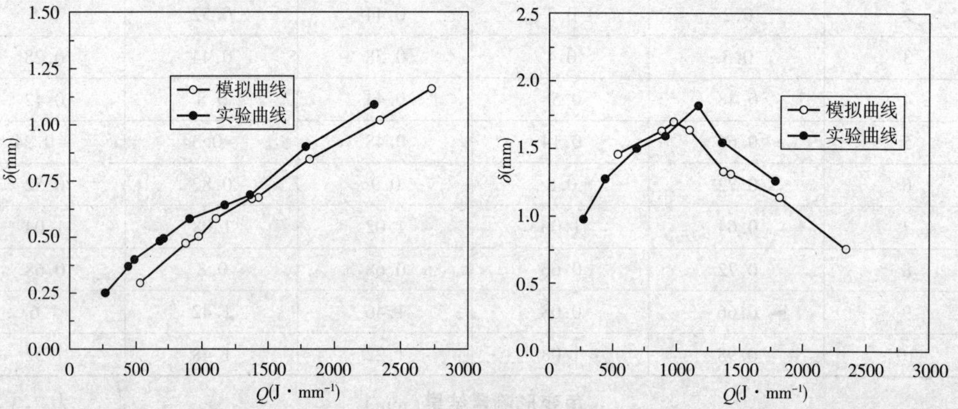

a)　　b)

图 7-3　焊接变形与热输入关系曲线图

a)横向收缩与线能量关系曲线;b)角变形与线能量关系曲线

3. 有限元模型和边界约束

考虑到对称性,只需取对象的 1/2 建模。为了减少计算量,在不影响计算精度的前提下,采用非均匀的过渡网格,在焊接影响区域,采用相对较细密的网格划分,远离焊缝的区域则采用相对稀疏的网格划分。筒体和气室都采用实体单元 SOLID70,而筒体内侧的 T 形肋骨部分可以利用等惯性矩、等抗弯刚度原则采用带厚度的平面应力单元 PLANE55。筒体与气室装焊的有限元模型如图 7-5 所示,单元总数为 16803,节点总数为 22194。

温度场计算过程中,结构外表面存在对流和辐射换热,为此给定一个总的换热系数,把对流和辐射换热同时考虑进去。此外,忽略相变潜热的影响。结构分析时,面 YOZ 上加对称约束 $UX=0$,A 点 $UY=0$,B 点 $UY=0$、$UZ=0$,C 点 $UZ=0$;这样,限制了结构整体的刚体位移和转动。

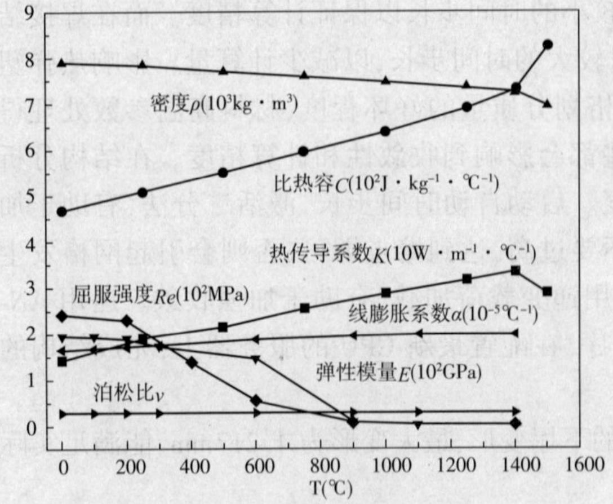

图 7-4　304L 不锈钢材料性能

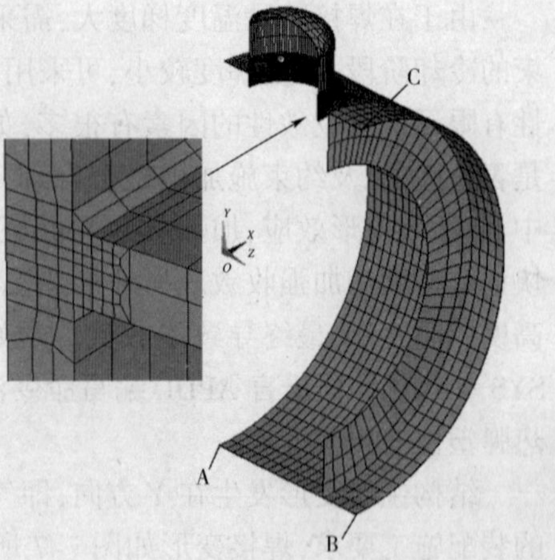

图 7-5　有限元模型

4. 焊接工艺

结构采用双面焊的焊接形式,具体焊接工艺参数见表 7-4。

焊接工艺参数　　表 7-4

电压 U(V)	电流 I(A)	焊接速度 v(mm · min^{-1})	效率 η
23 ~ 28	165 ~ 175	140 ~ 270	0.8

对于气室与筒体,实际需焊接约 20 道。对于该结构模型,单元和节点数都很多,而热弹塑性有限元分析是非线性的迭代过程,且需要跟踪整个焊接及冷却过程,对计算机的计算能力和容量要求都很高。目前受计算机计算能力和容量的限制,不能每一道都计算。本文主要着眼于焊接变形的预测,经验表明可以通过组合多条焊道来归并焊道数以简化焊接过程。在等热效应前提下,将几道焊接组合成一道焊接,且一次输入这几道焊的焊接能量,这样能保证组合后的焊道在焊接区域内单位体积的能量方面和组合前不变。

将模型简化为 2 道(内、外表面各 1 道)、4 道和 5 道试算。气室与筒体装焊过程的最大变形是焊接部位的整体下塌变形,即 UY 方向的焊接变形,其最大变形与焊接道数简化的关系如图 7-6 所示。图中可见,沿 Y 方向最大变形处,简化为 2 道时最大变形量为 7.562mm;简化为 4 道时,最大变形量为 4.987mm;简化为 5 道时,最大变形量为 4.217mm。随着简化模型中焊接道数的增加,变形越来越接近实际

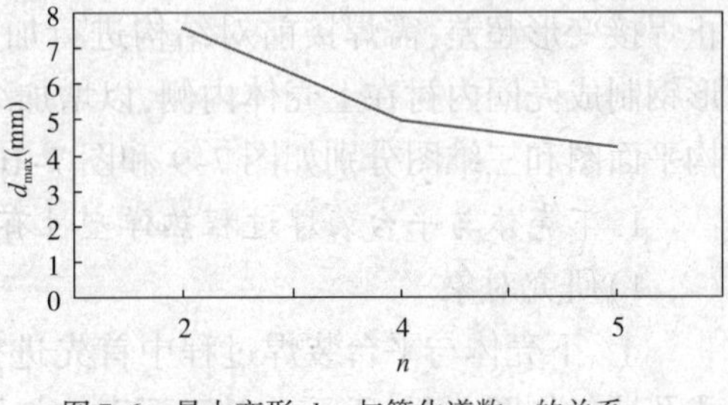

图 7-6　最大变形 d_{max} 与简化道数 n 的关系

焊接变形,4 道和 5 道时的焊接变形相差不大,Y 方向最大变形量减小趋势变缓,因而更多的焊道计算意义不大。最终将气室与筒体装焊简化为焊接道数为 5 道的焊接过程,其最大下塌量小于 4.22mm,这样的计算结果能满足工程应用的要求。

5. 热弹塑性有限元分析

由于在焊接阶段温度梯度大,需采用较小的时间步长以保证计算精度。而在焊接结束的冷却阶段,温度梯度较小,可采用相对较大的时间步长,以减少计算量。影响热弹塑性有限元计算收敛性的因素有很多,如网格划分质量的好坏程度,材料高温参数处理得是否正确,以及约束施加得是否合理,这些都会影响到收敛性和计算精度。在结构分析中,激活大变形效应,加强收敛和保证精度。启动自动时间步长,激活二分法,有助于加快计算速度和加强收敛。另外加热温度不要过高,达到熔点即可,否则会引起网格发生高度屈曲变形,最终导致不收敛。最好采用递变载荷加载,有助于加强收敛。运用 ANSYS 参数化编程语言 APDL 编写命令流程序,在配置最新 CPU 的服务器上,完成结构的热弹塑性有限元计算。

结构主要变形发生在 Y 方向,即气室的下塌变形,最大变形为 4.217mm,能满足实际的装配施工要求,焊接变形如图 7-7 所示。

最大等效残余应力位于焊缝中心处,大小为 309.857MPa,且沿着环向焊缝向两侧逐渐降低,残余应力分布如图 7-8 所示。

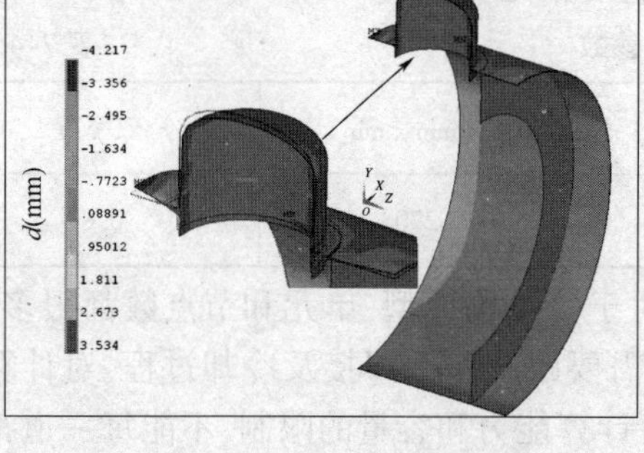

图 7-7　Y 方向的焊接变形 d

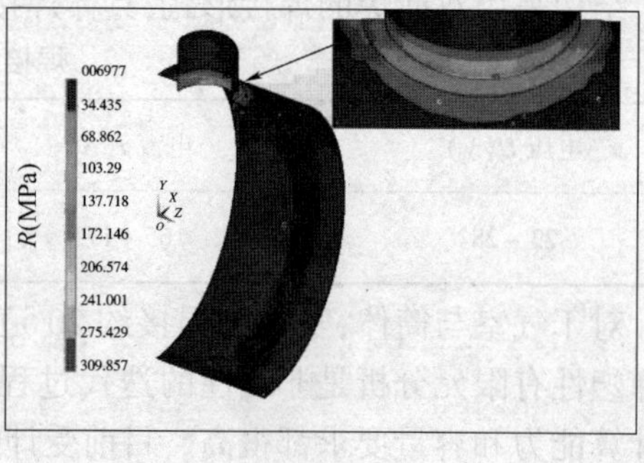

图 7-8　Mises 残余应力 R 的分布

二、“8”字体耐压舱装焊力学行为分析

“8”字体耐压舱在结构形式上采用了“8”字体耐压结构,是船体结构建造中难度最大的部位,由平台、上壳体、下壳体和围栏四部分焊接而成。在结构焊接制造过程中,为防止焊接变形超差,需焊接前对结构进行加强。上壳体和下壳体分别用槽钢支撑,还用 T 形钢制成壳圈内衬在上壳体内侧,以增加结构的刚度,减小焊接变形。“8”字体耐压舱结构平面图和三维图分别如图 7-9 和图 7-10 所示。

1. 下壳体与平台装焊过程热弹塑性有限元分析

1)研究对象

上、下壳体与平台装焊过程中首先进行的是下壳体与支撑平台的装焊,具体焊接形式及坡口如图 7-11 所示。对于下壳体与平台装焊过程中存在的外部 T 形肋骨和内部的支撑槽钢,采取与前面一致的处理办法,分别用带厚度的平面单元和杆单元建立模型。在焊接过程的高温条件下,材料的热物理机械性能参数随温度变化。具体焊接过程采用两边对称、5 人同时同向分段多道焊接。先焊接内表面,后在外表面清根焊接,具体焊接工艺参数见表 7-5。

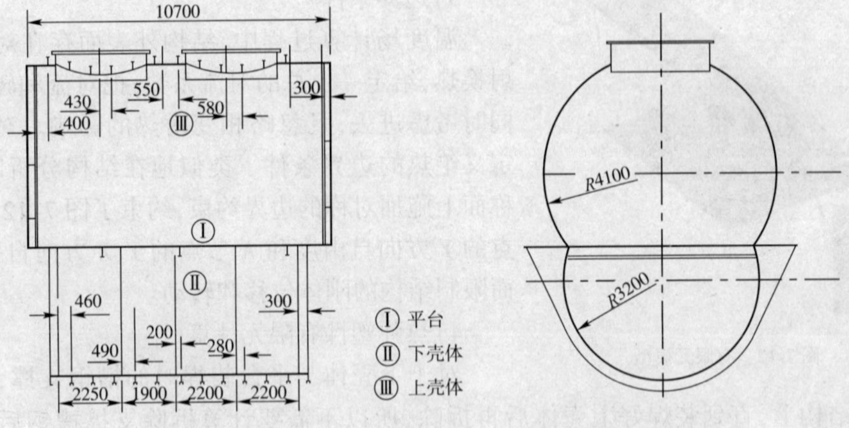

图 7-9 耐压舱结构图(尺寸单位:mm)

图 7-10 耐压舱三维图

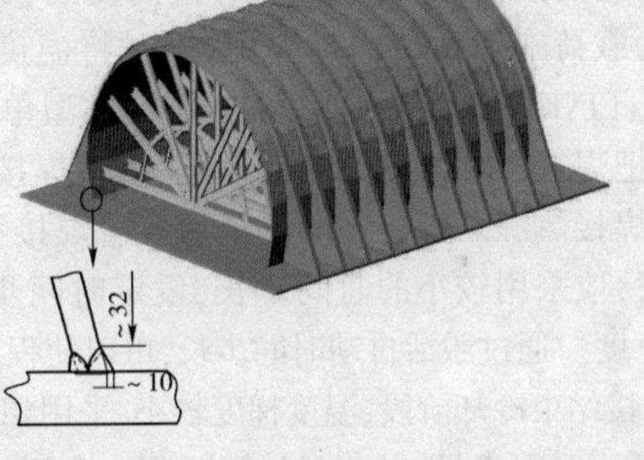

图 7-11 焊接结构及坡口

焊接工艺参数 表 7-5

焊条牌号	焊条直径(mm)	焊前预热(℃)	焊接电流 I(A)	焊接电压 U(V)	焊接速度 $V(mm \cdot s^{-1})$	热效率 η
CW395/A557	4.0	100 ~ 130	120 ~ 160	24 ~ 27	1.6 ~ 3.2	0.75

实际焊接过程需焊接约 30 道。而受计算机计算能力和容量的限制,不能每一道都计算。通过组合多道焊道来减少焊道数以简化焊接过程。在等热效应前提下,合并焊道,将焊接道数简化为内、外表面各 3 道,大大减少了计算量。

2)有限元模型

由于结构和载荷对称,取结构的 1/2 建立模型。采用非均匀的网格划分,在焊接影响区域,温度梯度大,应力应变的变化大,采用相对较细密的网格划分;在远离焊缝的区域则采用相对稀疏的网格划分。依据坡口形状,实体部分选用 8 节点实体单元 SOLID70,支撑槽钢选用二节点杆单元 LINK32;而外部 T 形肋骨利用等惯性矩、等抗弯刚度原则,用带厚度的二维实体单元 PLANE55 建立 T 形肋骨部分。建立与结构实际尺寸完全相同的三维有限元模型,如图 7-12 所示。模型单元总数为 16757,节点总数为 20878。

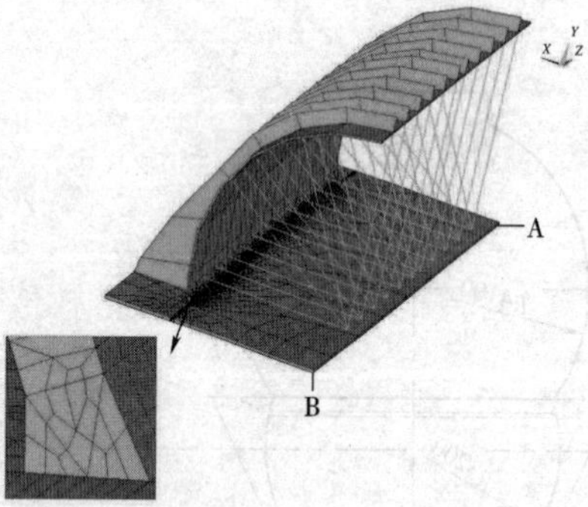

图 7-12　有限元模型

3)边界条件

温度场计算过程中,结构外表面存在对流和辐射换热,给定一个总的对流系数,把对流和辐射换热同时考虑进去,且忽略相变潜热的影响。对称面上定义绝热的边界条件。类似地在结构分析时,在对称面上施加对称的边界约束,约束了图 7-12 中 B 节点的 Y 方向自由度和 A 节点的 Y、Z 方向自由度,从而限制结构的刚体位移和转动。

4)热弹塑性有限元计算

对于下壳体与平台装焊时的槽钢支撑,焊后仍保留在结构上,直到装焊好上壳体后再拆除,所以不需要计算拆除支撑槽钢后结构的反弹。只考虑热与结构的弱耦合作用,即只考虑热对结构的作用,而不计结构对热的作用。采用间接耦合法,先计算焊接温度场,保存每一步计算结果。把温度场的计算结果作为载荷施加到结构计算中,同时将温度分析单元转换为对应的结构分析单元 SOLID45、LINK1 和 PLANE42,耦合不同类型单元连接处节点的自由度。应用单元生死技术,先把焊缝区域的单元全部杀死,随着焊接电弧的移动,逐个激活电弧位置处的单元,施加焊接热源。焊接完第一道后接着焊接第二道,直到焊接结束。在焊接阶段,温度梯度大,应采用较小的时间步长,设定时间步长为 0.2s,同时打开自动时间步长,加快计算速度。通过激活自动时间步长,可以使程序决定在每一个载荷步内使用多少个时间步。而焊接结束冷却阶段,温度梯度较小,采用相对较大的时间步长,且随着温度的逐步降低,逐渐增大时间步长,以节省计算时间。由于计算过程是非线性迭代过程,采用修正的 Newton - Raphson 方法进行线性搜索,每迭代一次就修正一次刚度矩阵,激活大变形效应,保证计算精度。用 ANSYS 参数化编程语言 APDL(ANSYS Parametric Design Language)编写命令流程序,在配备最新 CPU 的服务器上,完成结构的热弹塑性有限元计算,得到结构的焊接变形。

5)计算结果及分析

利用 ANSYS 通用后处理器/POST1 扩展对称部分,得到整个结构的变形云图,如图 7-13 所示。由于结构厚度大、截面庞大,有很好的抵抗横向和纵向收缩的能力。图 7-13a)和图 7-13b)表明,总体横向和纵向收缩都较小,最大的横向和纵向收缩都出现在焊缝处。通过计算得到结构沿 Y 方向变形云图,如图 7-13c)所示。从图中看出,由于有内部支撑槽钢和外部 T 形肋骨的加强,下壳体刚度很大,能很好地抵抗焊接变形。平台的角变形受到外侧 T 形肋骨的抑制和内侧自身对称张力的影响,呈现出双侧角变形,但变形也较小,如图 7-13d)所示。为进一步减小焊后平台的平面度,焊前可以在平台上安装横梁,增大平台抵抗角变形的能力,焊后再拆除,结构总体变形可以达到要求。焊后Mises残余应力分布如图7-14所示。

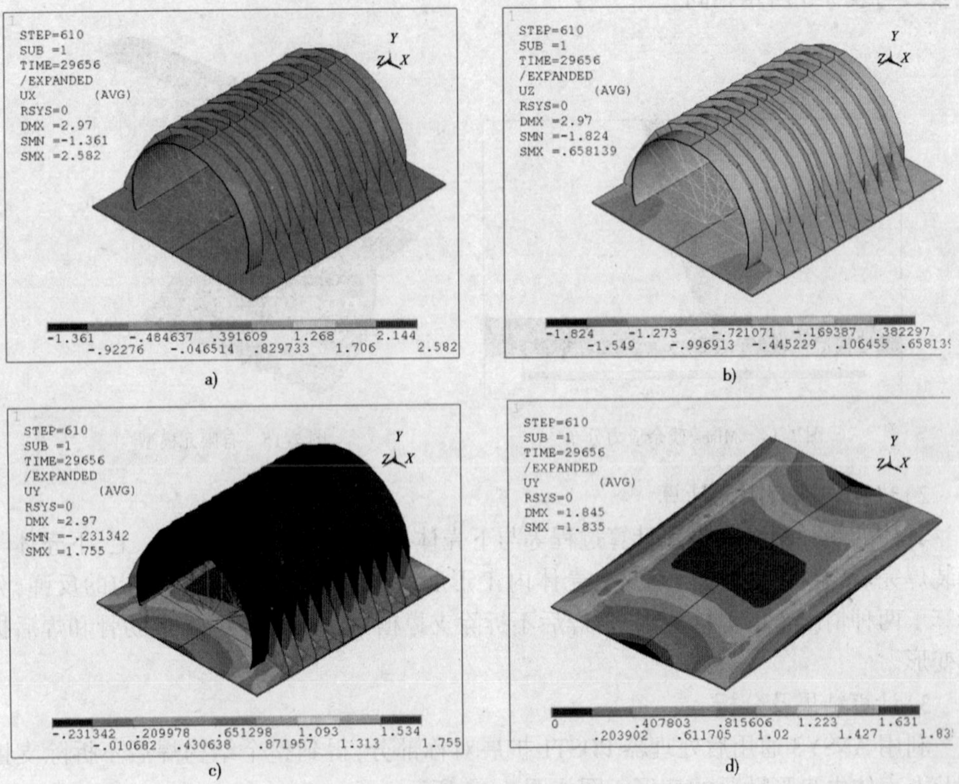

图7-13 下壳体与平台装焊的变形云图

a)横向变形;b)纵向变形;c)沿Y方向变形;d)平台沿Y方向变形

由于热弹塑性有限元分析特有的过程跟踪特性,可以预测各种工艺参数、焊接顺序、支撑约束等边界条件下的焊接变形和残余应力分布。通过在焊接变形大的区域增加各种有效的支撑、约束,增大结构变形刚度,可以有效减小焊接变形,使变形达到要求。

2. 上、下壳体与平台总体装焊过程热弹塑性有限元分析

1)研究对象及有限元模型

下壳体与平台装焊好后,下一步是装焊上壳体。上壳体上有两个围栏,这给建模带来了很大的困难。在上壳体非整圆切割时,由于围栏距离切割线很远,该处的变形很小,可以忽略不考虑。同理,上壳体装焊时,由于焊缝位置距离围栏较远,焊接变形受围栏的影响很小。建模分析时,若将围栏考虑进去,模型将会变得很复杂,而实际意义却不大。为简化建模,不考虑上壳体的两个围栏。为考虑下壳体与平台焊接时的变形,建立由上、下壳体及平台组成的模型,而内外T形肋骨和支撑槽钢模型如图7-15所示。模型单元总数为30239,节点总数为37378。约束图7-15中B节点的Y方向自由度和A节点的Y、Z方向自由度,限制结构的刚体位移和转动。在焊接过程高温条件下材料热物理力学性能参数随温度变化。焊接过程采用两侧对称、5人同时同向分段多道焊接。先焊下壳体

与平台的内表面,后在外表面清根焊接;再焊上壳体与平台的内表面,最后焊上壳体与平台的外表面,拆除辅助用来增加结构刚度减小变形的附加T形肋骨和支撑槽钢,具体焊接参数与表7-5所示相同。

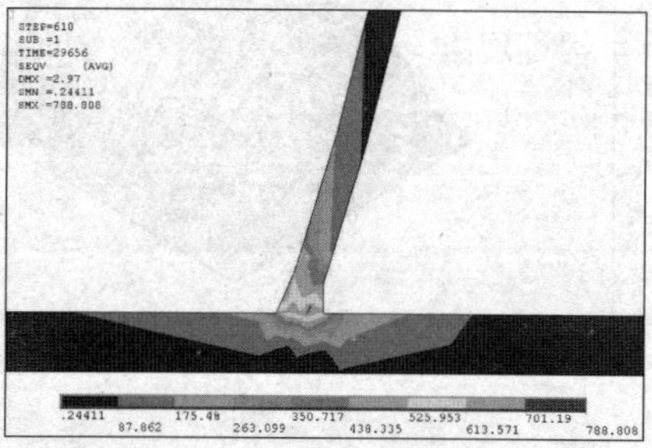

图7-14　Mises残余应力分布

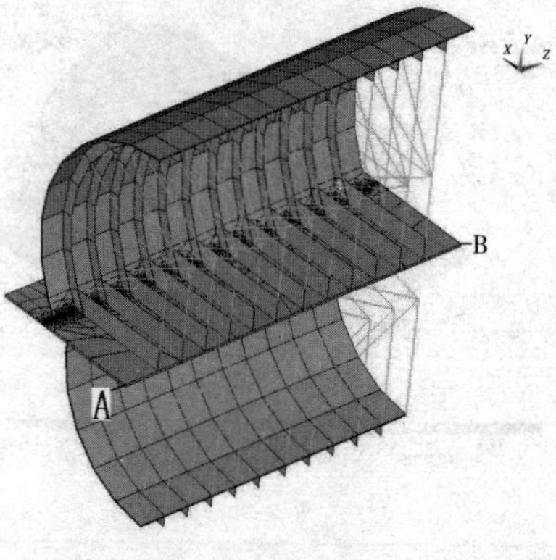

图7-15　有限元模型

2)热弹塑性有限元计算

具体的热弹塑性有限元计算过程等与下壳体和平台装焊过程一致。上、下壳体与平台装焊完后,要拆除支撑槽钢及上壳体内T形肋骨。为考察拆除前后结构的反弹,分别计算了两种情况下的焊接变形,即焊后不拆除支撑槽钢及上壳体内T形肋骨和焊后拆除的变形。

3)计算结果及分析

利用ANSYS通用后处理器POST1扩展对称部分,得到整个结构焊后不拆除支撑槽钢及上壳体内T形肋骨的变形云图如图7-16所示。

同样地,由于结构的厚度大、截面庞大,它有很好的抵抗横向和纵向收缩的能力。图7-16a)和图7-16b)表明,总体横向和纵向收缩都较小。通过计算得到结构沿Y方向变形云图如图7-16c)所示。从图中看出,上壳体有很小的整体下沉,而平台内侧受上壳体上肋骨的作用,变形较小,平台外侧受下壳体外侧T形肋骨的作用变形很小,最大的变形出现在远离肋骨相对自由的两端角点上,有微小的上翘趋势,但变形也都很小。关于上壳体围栏的忽略处理,从变形图(图7-17)上看出,在围栏所在的位置,上壳体各个方向的变形很小。由此可见,忽略上壳体上的两个围栏给建模计算带来了很大的简化,而对结果却几乎没有影响。换言之,在建模、计算过程不考虑上壳体上的两个围栏是必要且可行的。

对于支撑槽钢和上壳体内的T形肋骨都是为增加结构刚度、减小焊接变形而设置的附加结构,焊后要拆除。为此,计算了焊后拆除支撑槽钢和T形肋骨后结构的反弹,得到反弹后结构的变形如图7-17所示。

对比焊后不拆除支撑槽钢、T形肋骨与拆除这两种情况下结构的变形发现,这两种情况下结构的横向和纵向变形都很小,拆除的影响不明显,而沿Y方向的变形却受到了一定的影响。拆除支撑槽钢、T形肋骨后,上壳体整体下沉的区域扩大,且平台的外侧变形也有较大的增加,特别是平台的两端角点上。

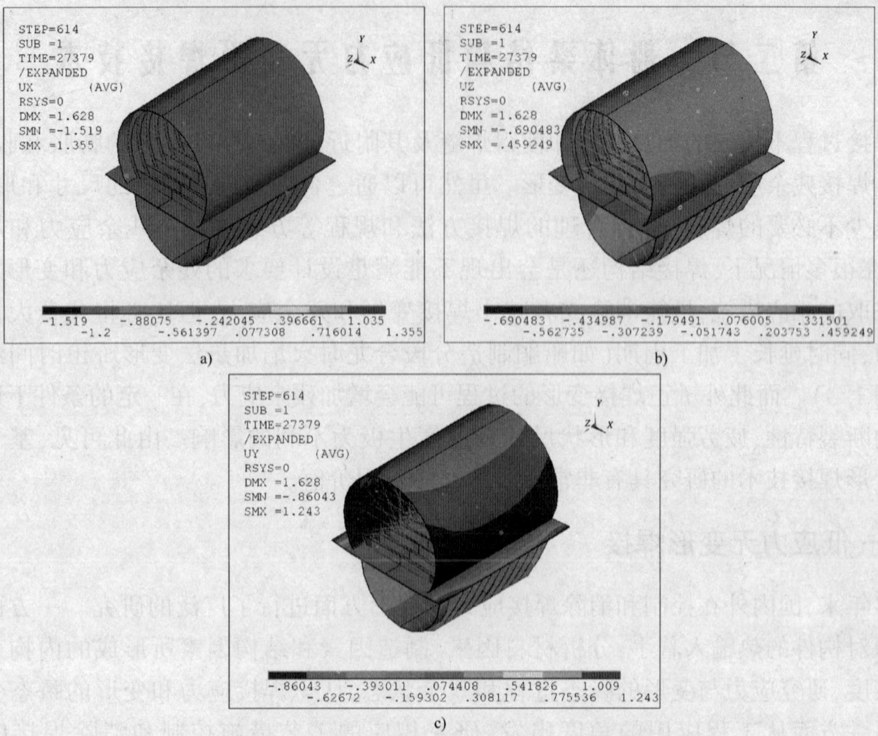

图 7-16 不拆除支撑时上、下壳体与平台焊后变形图

a)横向变形;b)纵向变形;c)沿 Y 方向变形

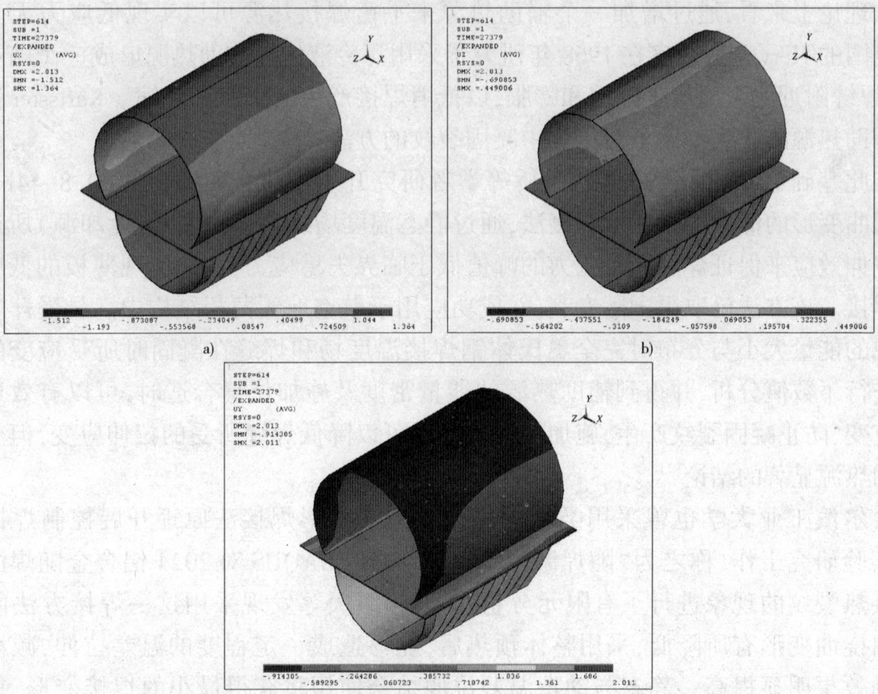

图 7-17 拆除支撑时上、下壳体与平台焊后变形图

a)横向变形;b)纵向变形;c)沿 Y 方向变形

第二节　船体梁结构低应力无变形焊接技术

焊接过程不均匀的加热和冷却使得焊缝及其附近金属产生非均匀的膨胀和收缩，从而产生焊接残余应力和各类焊接变形。虽然可以通过合理地选择焊缝的尺寸和形式、尽可能减少不必要的焊缝、选择合理的焊接方法和规程等方式来减小残余应力和焊接变形，但在很多情况下，焊接结构还是会出现不能满足设计要求的残余应力和变形。焊前焊后采取的相应措施，虽能消除或者减小焊接变形和残余应力，但这必将花费大量的人力物力，同时延长了加工周期（如船舶制造分段合龙时火焰加热法变形矫正时间约占造船时间 1/3）。而此外矫正焊接变形的过程可能会增加残余应力，在一定的条件下还会对结构的断裂特性、疲劳强度和形状尺寸精度产生极为不利的影响。由此可见，基于低应力无变形焊接技术的研究具有非常重要的实际应用价值。

一、低应力无变形焊接

多年来，国内外在控制和消除焊接应力和变形方面进行了广泛的研究。一方面从焊接热源对构件的热输入着手，分析材料因素、制造因素和结构因素所形成的内拘束度与外拘束度，研究应力与变形的瞬态过程和残余状态，认识焊接应力和变形的瞬态变化机理。另一方面从工程应用的角度出发，研究相应的工艺措施控制和消除焊接应力和变形。

从理论上来看，通过增加一个辅助热源来平衡焊接热源可以实现低应力无变形焊接。美国的 Hervey 实验室在 1968 年研究了采用深冷液体和辅助热源形成一个畸变温度场，使焊缝附近的金属产生收缩和膨胀，以抵消焊接产生的膨胀和收缩。Karlsson 提出了利用辅助热源防止大型翼板对接焊中凝固裂纹的方法。

在此基础上，20 世纪 90 年代关桥等学者研究开发了防止薄壁构件（0.8～4mm 厚）失稳翘曲变形的低应力无变形焊接法，通过静态温度场或动态的热潭（冷却源）所产生的温差拉伸效应来保证焊后残余应力的峰值低于临界失稳应力，从而实现薄板的低应力无变形焊接。该方法已取得国际专利，并成功应用于航空航天薄板结构中。吴爱萍等对辅助热源的能量大小与分布对完全奥氏体钢焊接温度场和焊缝在凝固时所受应变的影响规律进行了数值分析，并得到辅助热源的能量密度及施加位置合适时，可以有效地降低拉伸应变，防止凝固裂纹产生，施加辅助冷源也可以降低焊缝所受的拉伸应变，但效果没有辅助热源显著的结论[11]。

哈尔滨工业大学也曾采用类似动态低应力无变形焊接法原理开展控制焊接热裂纹的实验研究工作，称之为“随焊激冷法”，并采用 ABAQUS 对 2024 铝合金随焊激冷减小焊接热裂纹的现象进行了有限元分析[15]。郭绍庆等发现采用这一焊接方法能使焊件纵向挠曲变形有所降低，采用整体预热后，能够造成一定程度的温差拉伸，减小焊接变形的效果明显提高。静态与动态温差拉伸结合使用将获得最小的焊接变形，靠随焊激冷增加冷却阶段的纵向塑性拉伸进一步抵消焊缝区已经形成的压应变也将有效地控制焊件的残余变形。林德超对静态低应力无变形焊接控制技术中辅助热源影响焊接残余应力的规律进行了数值模拟，结果表明只有焊缝冷却至低温阶段后再冷却的辅助热源才有利于降低焊接残余应力。赵维义等研究表明使焊缝及其近区的材料受到拉伸并达到塑型变形的程度，从而使焊缝近区的拉伸残余应力消除（或变低）。姚君山等在焊接热源之后设置一随动于热源的射流冷源的方法对铝合金等进行压曲变形控制研究，焊接构件中的残余压应力可以降到临界值以下，从而消除薄板构件的压曲变形。龙昕等用外部冷却源和热源来调节焊接温度场，造成与常规焊接不同的温度分布（畸变温度场），很好地解决了焊接结构（特别是压力容器）的应力腐蚀和薄板的焊接挠曲变形。徐文立等研究结果表明随焊激冷与随焊锤击两种动态、低应力、小变形、无热裂的焊接方法均能有效地防止焊接热裂、控制纵向焊接变形。陈怀宁等采用冷却介质使待处理的焊接区获得比相邻区母材更低的负温差，抵消焊接过程中形成的压缩塑性变形，达到消除应力的目的。吕建民等对小直径管道环缝焊接接头的原始残余应力及温差消除残余应力进行了有限元模拟，结果表明在内外表面的焊缝处都可以得到零值左右的残余应力。李菊等对钛合金动态控制低应力无变形技术控制应力与变形的机理进行了定量的系统分析，并研究了热源与热源之间距离及热源冷却强度对应力应变影响的规律。柴鹏等的研究表明低应力、无变形技术有助于减小接头残余应力。

国外其他一些学者跟踪低应力、无变形焊接技术的发展相继对类似的方法也进行了研究。

I. E. Henrnadez 对铝合金焊接过程中采用随焊两侧加热，横向应变、纵向应变和最大剪切应变的分布更加均匀起到减小焊接残余应力和变形的作用。Ueda 在焊接过程中对核电站不锈钢管子内表面通冷却水冷却，从而将管子内表面的残余应力转换成压应力，有效地改善焊接残余应力的分布。

Michalerish 对低应力、无变形法降低薄板残余应力的技术进行了有限元分析，结果表明该方法有效降低了焊接残余应力，从而减小失稳变形。Dong[38] 对在工件上预置温度场进行补焊情况的焊接残余应力进行了有限元分析，计算结果表明在工件上预置温度场进行补焊是一种有效降低焊接残余应力的方法。Gabzdyl 将该技术延伸应用于激光焊接中，有效的减小了焊接变形及残余应力。Preston 在电弧前方焊缝中心线两侧对称地施加激光辅助热源，研究表明采用该法可使铝合金纵向焊接残余应力降低到原来的 60%。Deo 针对 A36 钢常规焊接时在适当的热源前方中心线两侧的辅助加热能够产生纵向拉伸应力，降低焊接残余应力，避免翘曲变形的发生。2003 年，英国焊接研究所（TWI）启动了一项低应力无变形焊接的研究计划，可以预见在国外这方面的研究工作正方兴未艾。

二、T 形梁无变形焊接模拟计算

在船体结构中 T 形梁是最基本的结构单元，在焊接后沿纵向长度将产生一个较大的挠曲变形。通过以上的综述分析，在 T 形梁焊接过程中在腹板上施加一个辅助热源，其产生的变形与本身焊接产生的纵向挠曲变形相抵消，就能实现无变形的目的。

1. 材料属性

铝合金材料与钢材相比热传导率和线膨胀系数都大，焊后易于软化，在拘束条件下焊接时易产生较大的焊接变形、熔点低、焊接时容易氧化等诸多不利因素使得铝合金的焊接工艺很难控制。因此以5052H32铝合金材料为研究对象,该材料在高温时的力学性能和热物理性能见相关文献。

2. 网格划分模型

T形梁长为5000mm,腹板和底板板厚均为16mm,腹板高500mm,底板宽100mm。焊角长度为8mm。该T形梁的模型共划分了3250个单元,5141个节点。有限元分析采用的T形焊接接头的总体模型如图7-18所示,T形梁有限元单元格划分如图7-19所示。

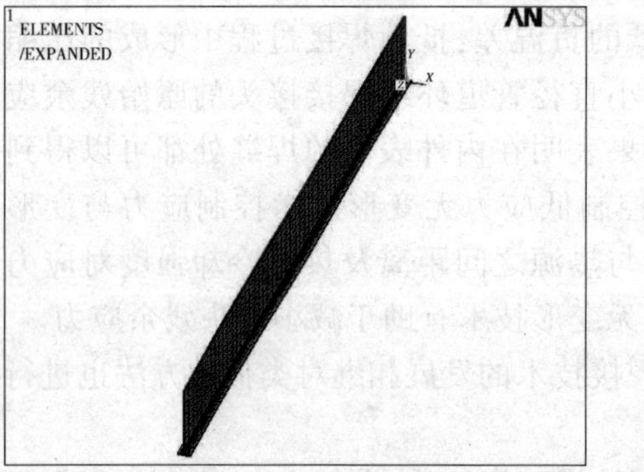

图7-18　T形梁网格模型

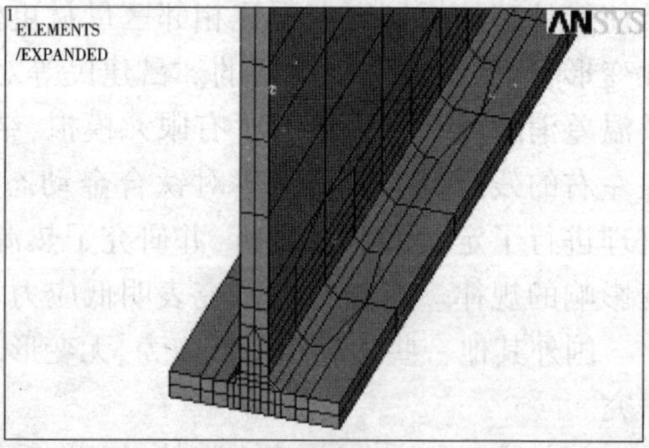

图7-19　T形梁有限元单元格划分

3. 添加辅助热源的T形梁焊接有限元模拟分析

初步设定辅助热源线能量 Q 为0.886J/mm^3,随后沿模型腹板高度方向上下移动,调整辅助热源的位置,找出变形最小的加热带。再在此位置上调整辅助热源的大小,使变形进一步减小,理论上可以达到无变形的效果。由图7-20可观察到添加辅助热源的温度场分布。

Case 1模型模拟分析(图7-21):辅助热源中心线位置 $y=102$mm,最大挠度方向变形为31.13mm。改变辅助热源中心位置及线能量见表7-6。

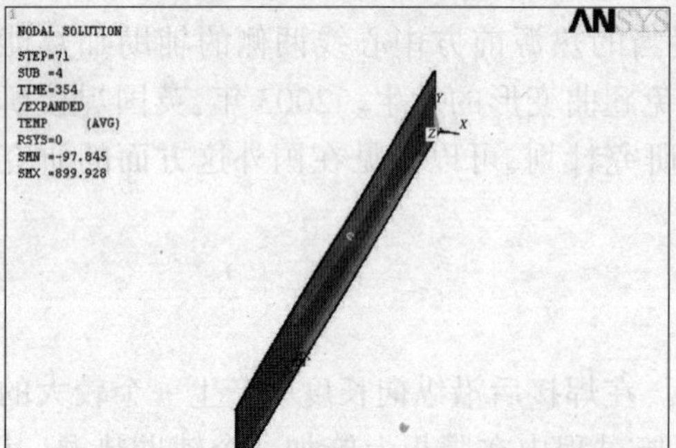

图7-20　施加辅助热源T形接头某时刻的温度场分布

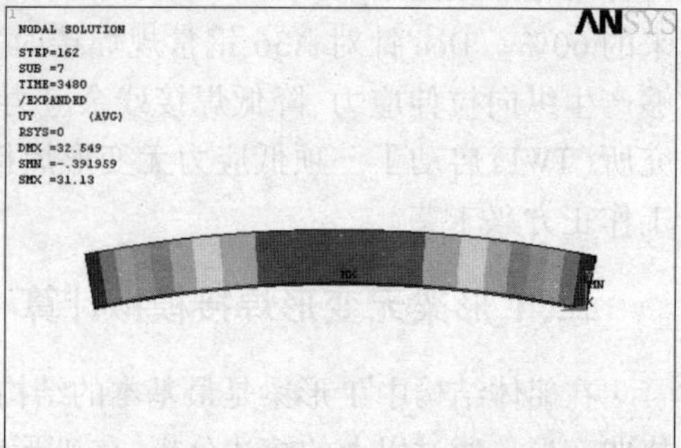

图7-21　Case 1模型 Y 轴变形图

移动辅助热源中心位置的挠曲变形结果列表　　表 7-6

模拟算例	辅助热源位置热源中心线 Y 坐标	线能量(J/mm^3)	Y 方向位移(mm)
Case 0	无辅助热源	0	44.805
Case 1	102	0.886	31.13
Case 2	149.75	0.886	23.606
Case 3	197.5	0.886	19.184
Case 4	245.5	0.886	17.619
Case 5	340.5	0.886	15.888
Case 6	436.5	0.886	6.65
Case 7	436.5	0.6815	5.054
Case 8	436.5	0.7088	3.654
Case 9	436.5	0.738	2.239
Case 10	436.5	0.805	1.281

由表可知,大致在腹板高度范围内,随着辅助热源向上移动,抵抗挠曲变形的效果也越来越明显。在 Case 6 中,Y 方向的挠曲变形量已下降到 10mm 以下,为最低点,所以把它作为施加辅助热源的最佳位置。

由于初次选取辅助热源大小是为了获得最佳辅助热源的位置,辅助热源的大小并不是最佳值,对辅助热源的大小的限制只是通过温度场来控制。通过调整辅助热源的大小,可以进一步减小焊接变形。在焊接变形最小的位置调整辅助热源的大小,最终得到了沿挠度方向最小的焊接变形 1.281mm.。随着线能量的增大,Y 方向的挠曲变形成减小趋势。所以,Case 10 的线能量大小是比较理想的,最终控制挠曲变形的效果不错,如图 7-22 ~ 图 7-25 所示。

由图 7-25 可知,在给了一个反向变形后,T 形梁 Y 方向的挠度变形已经得到了明显的控制,底板的变形已经很小了,主要的收缩集中在腹板上方。但是由于底板很窄,X 方向变形均很小,可以不考虑。由于减小了挠曲变形,所以 Z 轴纵向收缩也得到了改善,由原先的 25.40mm 减小到了 16.688mm。

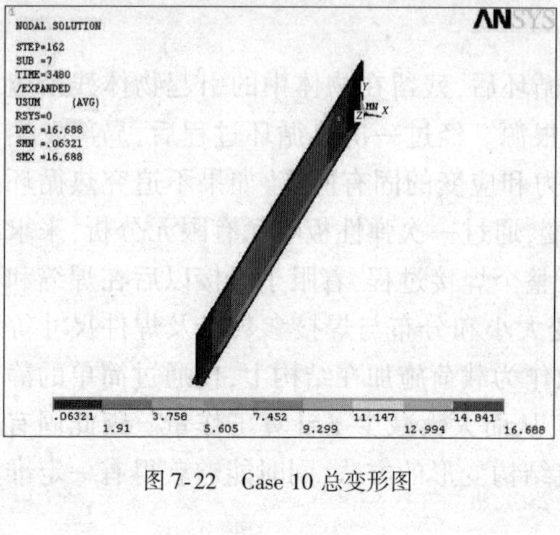

图 7-22　Case 10 总变形图

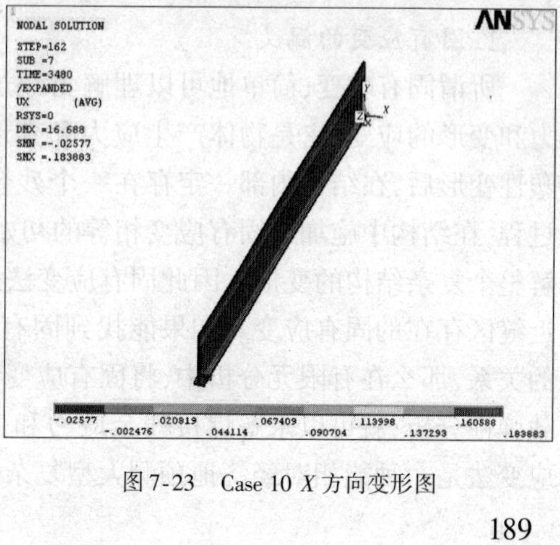

图 7-23　Case 10 X 方向变形图

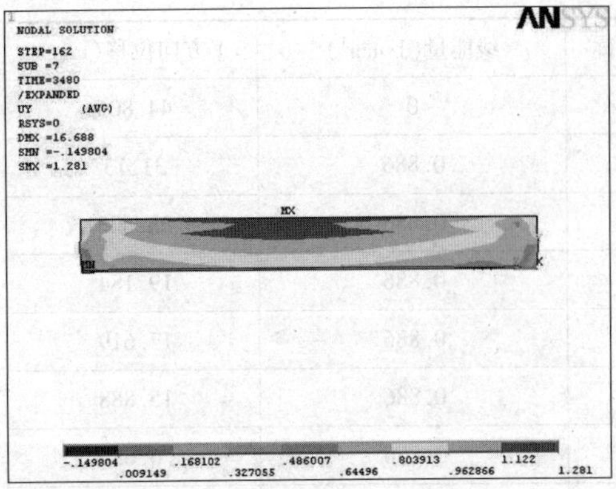

图 7-24　Case 10 *Y* 方向变形图

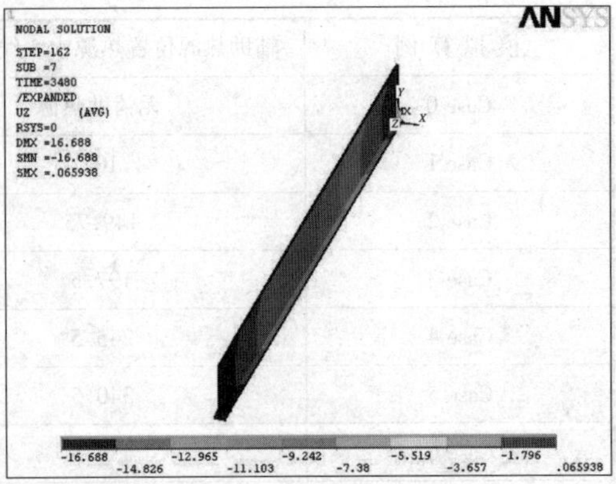

图 7-25　Case 10 *Z* 方向变形图

第三节　大型船舶结构焊接变形固有应变法预测研究

船体总段船台合龙是船体建造的重要阶段，也是决定船体建造质量的重要环节。而作为现代造船的主流模式的船体的分段模块化建造模式使得分段合龙中的对接形式从以往的“阶梯式”开始往“一刀齐”方式转变，因此大合龙环形缝的焊接就显得尤为重要了。焊接变形的存在不仅造成了焊接结构形状变异，尺寸精度下降和承载能力降低，而且在工作载荷作用下引起的附加弯矩和应力集中现象是焊接结构早期失效的主要原因。要解决船舶与海洋工程结构生产中的焊接变形问题，实现无余量精度制造，提高焊接质量和生产效率，施加反变形量（补偿余量）是最佳选择。反变形量（补偿余量）的确定必须对结构焊接过程进行准确的模拟，而对于船舶与海洋工程结构，完全的热弹塑性模拟难以分析各种非线性问题（几何非线性、材料非线性和状态非线性），而且也需要消耗大量的计算时间。为了确保焊接结构的完整性，有必要建立焊接变形模拟的合理计算方法，而不跟踪整个焊接过程的热弹塑性热力学行为，因此引入了固有应变的概念。

一、固有应变的涵义及研究现状

1. 固有应变的涵义

所谓固有应变，简单地可以理解为经过热循环后，残留在物体中的引起物体残余应力和变形的应变，它是物体产生应力和变形的根源。经过一次热循环过程后，局部发生塑性变形后，在结构内部一定存在一个残余应力和应变的固有应变，如果不追究热循环过程，在结构中施加与固有应变相等的初始应变，通过一次弹性板单元有限元分析，来求解整个复杂结构的变形。因此固有应变法避开整个焊接过程，着眼于焊接以后在焊缝和近缝区存在的固有应变。如果能找到固有应变大小和分布与焊接参数以及焊件尺寸等的关系，那么在有限元分析中，将固有应变参数作为载荷施加在结构上，仅通过简单的静载弹性分析，就可以求解焊接残余应力和变形，从而大大减少了计算工作量。因此固有应变法是一种能相对经济地预测大型复杂焊接结构变形的方法，同时能够获得有一定准确度的残余应力和变形值,有很大的实用意义和发展前途。

2. 固有应变的研究现状

从 20 世纪 90 年代开始,日本研究者就把固有应变的理论引入热加工过程的应力和变形的研究中,在船体的焊接变形的控制和船板的线状加热弯曲成形等领域取得了突破性的进展。在组装有纵横加强筋的结构焊接变形预测中,将焊接部位生成的局部变形也就是固有变形作为结构物变形的主要因素,并且考虑组合过程中的根部间隙、错边等,以及矫正这些间隙和错边过程中产生的变形,预测结果和实验值吻合较好,为日本船舶工业的工艺技术和自动化装备水平的进一步提高提供了理论指导。Jang 等预测了固有应变区,并提出了固有应变与材料的熔点温度和拘束度的关系,并基于固有应变理论提出等效载荷的方法且成功应用于加筋板的焊接变形的预测。Asifa 利用固有应变理论对平板堆焊和角接焊焊缝附近的等效收缩力进行了计算,预测了焊接变形,结果跟实验值吻合较好。Murakawa 等针对目前在大型复杂焊接变形预测的局限性,提出基于固有应变的热弹塑性分析和弹性有限元方法。Mochizuki 等基于固有应变理论提出一种新的焊接变形预测方法,该方法能利用小型焊接接头和部件的热弹塑性的分析结果,经过弹性分析得到大型焊接结构的焊接变形,并将该研究成果应用于管件的焊接变形预测中[10]。Dean 等利用固有应变理论预测大型结构在装配过程中考虑局部收缩和根部间隙的焊接变形,并基于固有应变理论,集合热弹塑性和大变形弹性有限元成功应用于大型薄板等焊接变形的预测中。

国内学者基于固有应变理论也开展了一定的研究。罗宇等通过对 TendonForce 的研究,提出了焊接接头中的固有应变所产生的固有应力的积分值 TendonForce 的计算方法,得到 TendonForce 与输入能量的关系式。通过典型船体结构的焊接变形预测和船板的热应力弯曲成形变形、低温储罐结构以及大型薄板结构的焊接变形计算的实例,验证了固有应变为基础的弹性板单元有限元残余变形预测法在船舶工业中应用的可行性。侯志刚基于固有应变理论提出了固有应变加载的温度载荷法,对薄壁箱形梁和大型空间细长薄壁梁的焊接变形进行了分析,为大型薄板构件的点焊变形分析提供了新的思路。李鸿等提供了准确预测焊接变形的固有应变等效载荷法,运用有限元法结合固有应变理论以及实验结果对焊接变形进行分析,计算结果与实验结果吻合较好。徐济进等采用了基于固有应变理论的有限元法预测与阀体结构相似的筒体对接多道焊以及多路不同尺寸的焊管的焊接变形,计算值与测量值比较吻合,验证了固有应变法的准确性及可靠性。

虽然国内外学者将固有应变法成功应用于各类结构焊接变形预测中,并对传统的固有应变理论进行了改进,但还是存在一定问题。首先该领域的研究主要集中在日本,中国学者研究较晚,而且目前主要针对平面对接焊、角焊以及大型复杂结构(比如船体平面分段)的焊接变形预测,对于曲面板的对接焊、角接、大型曲面船体总段船台合龙的焊接变形预测还没有取得相当的成果,需要我们研究这些复杂结构焊接变形的机理、焊接变形与残余应力之间的关系;其次,固有应变预测法是建立在固有应变数据库基础上的,而固有应变主要受热输入和拘束条件的影响,在不同的行业、不同的结构和不同的地方,热输入和拘束条件是不可能完全相同的,因而固有应变也是难以把握的,需要我们探明大型结构焊接时固有应变产生的机理以及各种工艺和材料对固有应变的影响,同时建立一个庞大的适合不同行业的固有应变数据库。

因此根据船舶行业的特点,探讨适合于该行业的焊接变形的固有应变法预测的理论和实践,对于增强中国现船舶与海洋工程制造业具有重要的现实意义。

二、T 形焊接接头固有应变的影响因素研究

1. 固有变形测量值与热弹塑性数值计算值的比较

1)研究对象及有限元模型

本研究以 T 形梁为研究对象,如图 7-26 所示。

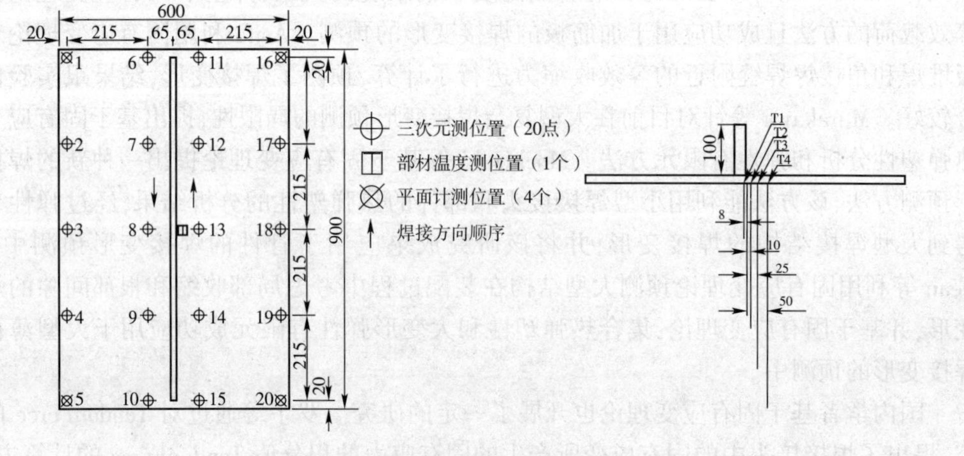

图 7-26 T 形焊接接头的模型(尺寸单位:mm)

有限元模型如图 7-27 所示,网格单元数为 4992,节点数为 6766。焊接条件为:焊接速度为 40cm/min,电流为 300A,电压为 29V,线能量为 9787.5J/cm。焊接过程的数值模拟采用不连续焊接—梁筋板两边的焊缝焊完一道后冷却到室温后再焊接另一道。

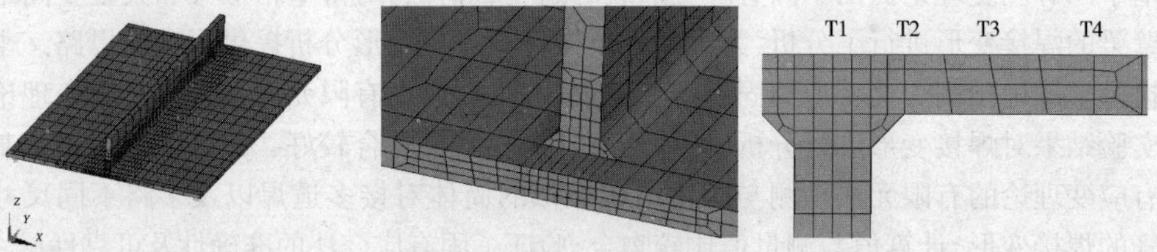

图 7-27 T 形梁的有限元模型

2)计算结果与实验结果及比较

数值模拟的温度历程与实验测得温度的比较如图 7-28 所示。

从图 7-28a)可以看出计算值比试验值稍大,温度区域也较宽。这是由于实验测量值的位置与数值模拟结果的位置稍有点偏差;从图 7-28b)可见在高温区域计算值比试验值高,而在低温区域实验值比计算值高。这是由于在第二道焊缝焊接历程中,实验过程中没有冷却到室温,而是在 50℃时进行焊接,可以看出,在起始阶段存在一个 30℃差值,两者是一致的。

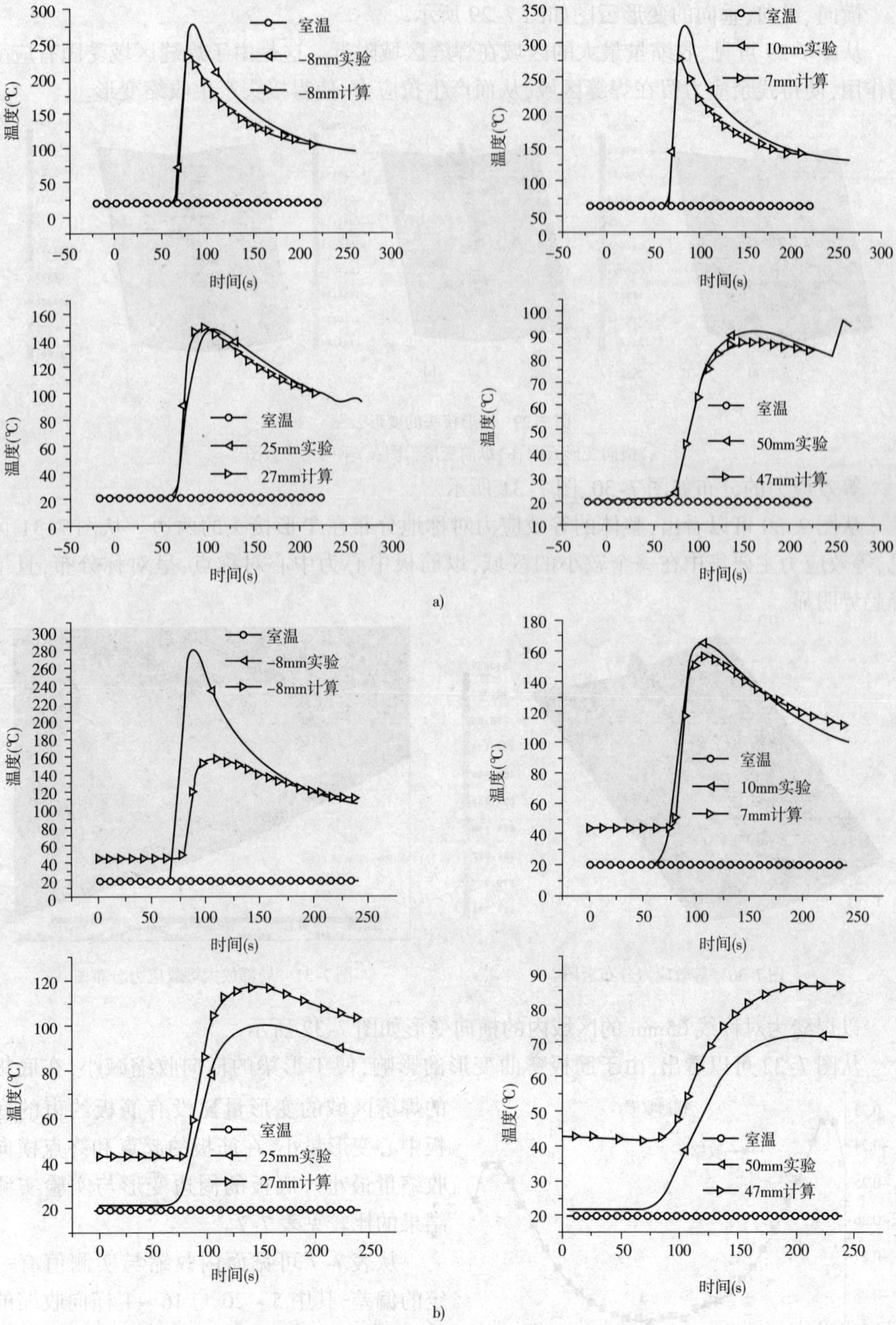

图 7-28　焊接温度历程(数值模拟结果与实验测量值的比较)

a)第一道焊缝;b)第二道焊缝

横向、纵向、垂向的变形云图如图7-29所示。

从图7-29可见,收缩量最大的区域在焊缝区域附近。这是由于焊缝区域受固有应变的作用,使得残余应力留在焊缝区域,从而产生拉应力,使得接头产生收缩变形。

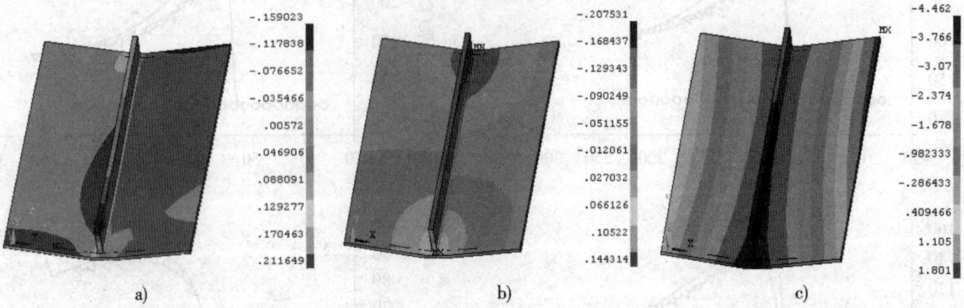

图7-29　T形接头的变形云图

a)横向变形云图;b)纵向变形云图;c)垂向变形云图

等效应力的分布如图7-30、图7-31所示。

从图7-30可以看出,整体的等效应力对称地分布在T形接头的两边。从图7-31可见,等效应力主要集中在一个较小的区域,以筋板中心为中心对称点,呈对称分布,且下降趋势明显。

图7-30　等效应力分布云图

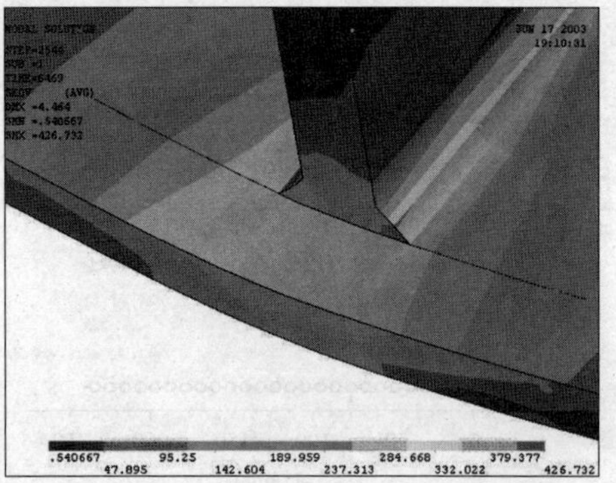

图7-31　局部放大等效应力分布图

以焊缝为对称线65mm的区域内的横向变形如图7-32所示。

从图7-32可以看出,由于筋板弯曲变形的影响,使T形梁的横向收缩减小,在底板的焊缝区域的变形量比没有筋板约束的底板中心变形量小,在筋板的起点和终点横向收缩量最小。底板的周边变形与实验实测结果的比较见表7-7。

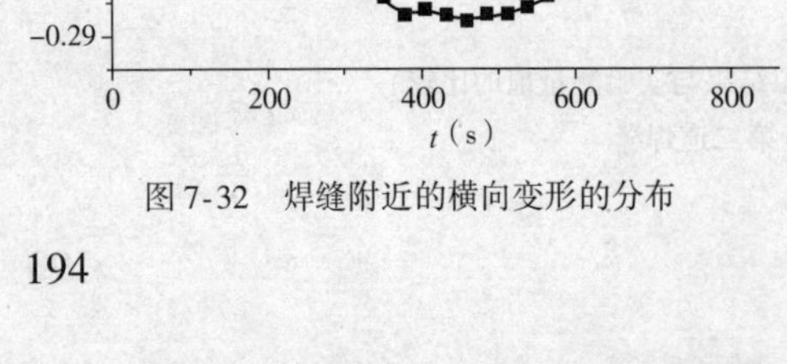

图7-32　焊缝附近的横向变形的分布

从表7-7可见面内收缩与实测值有一定的偏差,其中5~20与16~1横向收缩的数值模拟结果大概是实测值的1/2,1~5与20~16断面的纵向收缩量与实测值有很大的偏差。从计算的结果及测量的方法可见,计算值是实际的两点之间的距离，而三维测量的是两点的平面距离。由于T形梁焊接后在纵向上发生了较大的挠曲变形，因此采用平面测量得到的收缩量较大。

周边变形与实验实测结果的比较　　表7-7

断　面	计算数值	试验数值
1~5	-0.0307	-0.16
5~20	-0.2743	-0.40
20~16	-0.0246	-0.17
16~1	-0.2396	-0.54

2. T形接头的固有变形与焊接速度的关系

T形接头的尺寸为：底板长860mm、宽600mm、厚9mm；筋板长860mm、高100mm、厚12mm。为了减少单元数而不影响计算精度的情况下，采用过度法划分有限元网格，划分网格后单元数为4128，节点数为5439。焊接参数见表7-8。

焊接工艺参数　　表7-8

焊接电流(A)	焊接电压(V)	效　率	焊接速度(cm/min)	线能量(J/mm)	热输入参数(J/mm^3)
105	22	0.75	13.5	770	9.506
105	22	0.75	24	433.125	5.347
105	22	0.75	40	259.875	3.208

加热至焊缝中心时的温度场如图7-33所示。

从图7-33可以看出，随着焊接速度的增加，焊缝的高温区域减小，即随着焊接速度的增加，焊接热输入量减少，熔池也减小。

焊接后的等效应力分布情况如图7-34所示。

从图7-34可以看出，等效应力在T形梁的两边成对称分布，随着焊接速度的增加，等效应力逐渐减小，且在焊接的起点和终点有应力集中的现象。

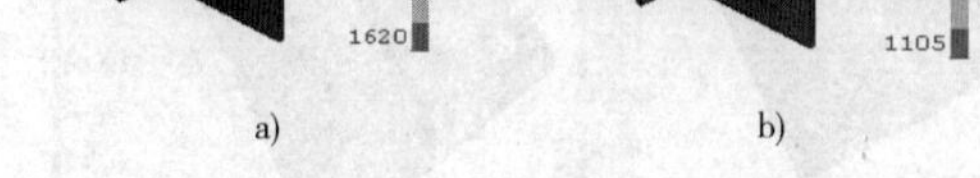

图7-33　加热至焊缝中心时的各温度场分布图

a)速度13.5cm/min；b)速度40cm/min

图7-34　焊接后的等效应力分布

a)速度13.5cm/min；b)速度40cm/min

计算得到固有应变与焊接速度之间的关系如图7-35所示。

从图7-35a)可以看出，当焊接速度增大时，角变形存在一个最大值。即随着焊接速度的增加，角变形先增大然后减小。从图7-35b)可以看出，随着焊接速度的增加，纵向收缩率减小，且存在一个类似的线性关系：$\eta=\eta_0-kv$（η为纵向收缩率、v为焊接速度、η_0为极限收缩率、k为一个与材料物理和机械性能有关的常数）。从图7-35c)可以看出，随着焊接速度的增加，横向收缩减小，也存在一个近似线性关系：$w = w_0 - \lambda v$（w 为横向收缩、v 为焊接速度、w_0 为极限横向收缩量、λ 为与材料及模型尺寸有关的常数）。

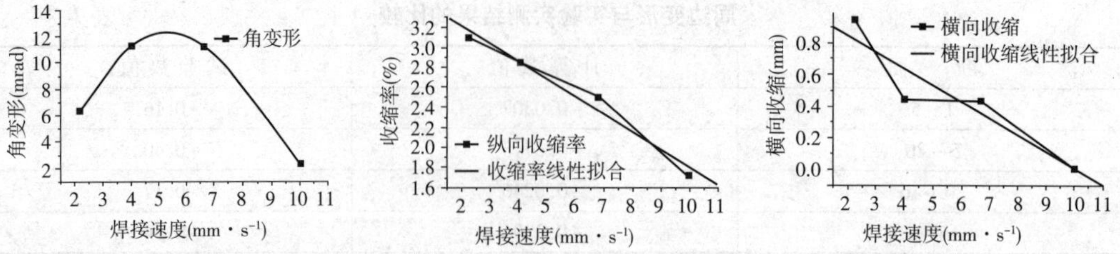

a)　　　　b)　　　　c)

图7-35　固有变形与焊接速度关系

a）角变形；b）纵向收缩；c）横向收缩

3. 固有变形与焊脚长之间的关系

焊接工艺参数以及焊脚长的关系见表7-9。加热至焊缝中心时的温度场如图7-36所示。

从图7-36可见，因焊脚长增大，焊缝区域横截面增加，虽焊接热流密度不变，热输入量将相应地增加，从而焊缝区域的最高温度也将逐渐增大。

焊接工艺参数以及焊脚长　　　　表7-9

焊接电流（A）	焊接电压（V）	效　率	焊接速度（cm/min）	焊脚长（mm）	热输入参数（J/mm^3）
105	22	0.75	40	5	1.636
105	22	0.75	40	7	3.206
105	22	0.75	40	11	7.917

焊接后的等效应力分布情况如图7-37所示。

从图7-37可以看出，随着焊脚长的增大，焊接等效应力增大，等效应力的分布区域变宽，且在焊接接头两端的等效应力分布比中央分布宽，这是由于横向固有应变主要集中在焊接接头的两端造成的。

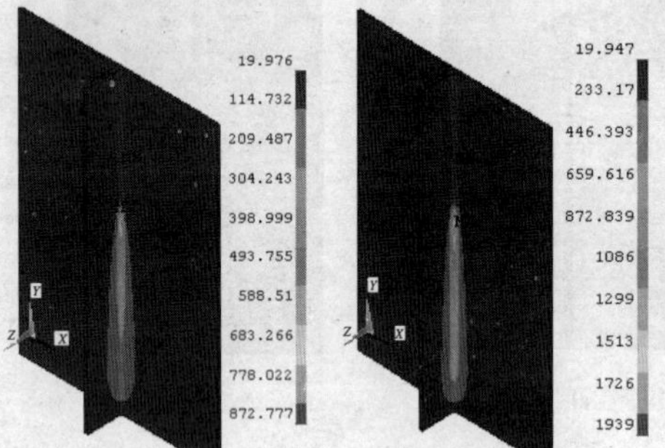

a)　　　　b)

图7-36　加热至焊缝中心时的各温度场分布

a）焊脚长为5mm；b）焊脚长为11mm

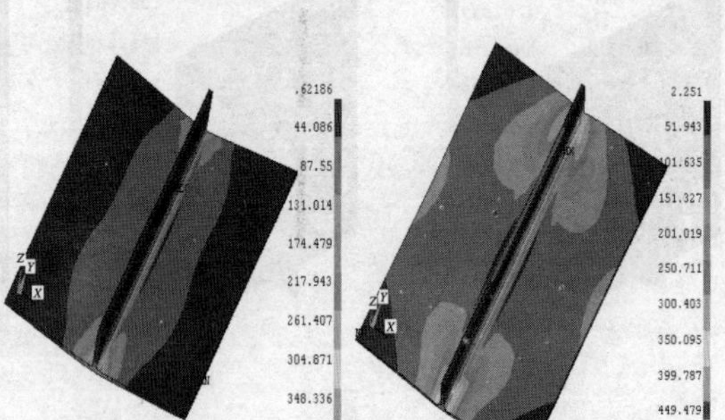

a)　　　　b)

图7-37　焊接后的等效应力分布

a）焊脚长为5mm；b）焊脚长为11mm

计算得到的固有应变与焊脚长之间的关系如图7-38所示。从图7-38a）可见随着焊脚长的增加，存在着一个角变形的最大值，角变形随着焊脚长的增加而增加，当焊脚长大于这个最值时，角变形随着焊脚长的增加而减小。从图7-38b）可见纵向收缩率随着焊脚长的增大而增大，且纵向收缩率与焊脚长存在着一个正比关系：$\eta = \eta_0 + \xi k_f$（ξ 为跟材料有关的常数，k_f 为焊脚长）。从图 7-38c）可见随着焊脚长的增大，横向收缩也增大，且存在着一个类似的线性关系：$w = w_0 + \zeta k_f$（ζ 为跟材料属性和几何尺寸有关的常数）。

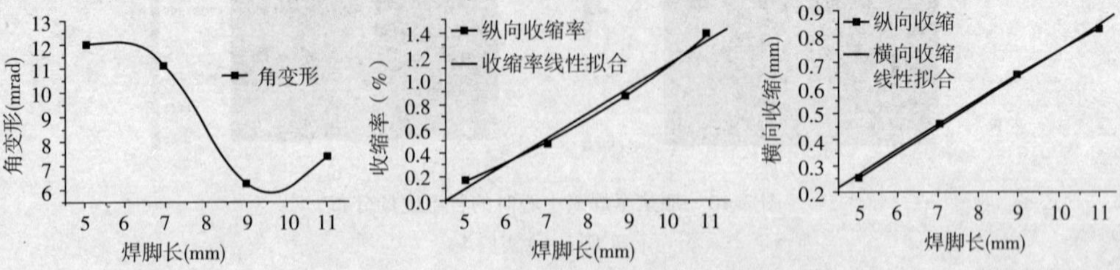

a)　　b)　　c)

图 7-38　固有变形与焊脚长关系

a）角变形；b）纵向收缩；c）横向收缩

三、对接焊接接头固有应变的影响因素研究

1. 研究模型及工艺参数

研究模型长度为 400mm，宽度为 400mm，板厚为 10mm，划分网格后的单元数为 1584，节点数为 2300，如图 7-39 所示。

焊接工艺参数见表 7-10。

对接焊接的有限元热弹塑性分析过程中，材料的属性随着温度的改变发生变化，须考虑材料非线性属性，且从力学性能随温度的变化，在计算中根据 Von. Mises 条件，采用多线性各向同性强化原则来模拟材料的应力应变曲线。

图 7-39　对接接头的焊接模型

焊接工艺参数　　表 7-10

实　例	焊接电流（A）	焊接电压（V）	效　率	焊接速度（cm/min）	线能量（J/mm）	热输入参数（J/mm^3）
1	80	22	0.75	25	316.8	3.168
2	150	22	0.75	25	594	5.94
3	200	22	0.75	25	792	7.92
4	280	22	0.75	25	1108.8	11.088

2. 固有变形与热输入参数之间的关系

加热 48s 时的温度场如图 7-40 所示。

焊接后的等效应力分布如图 7-41 所示。

从图 7-41 可见，在焊缝两端的等效应力分布区域更宽，而在焊缝中心区域的等效应力分布相对较窄。根据国外的研究结果，由于横向固有应变主要分布在焊缝接头的两端，当焊缝足够长，横向固有应变对于焊缝中心的焊接残余应力基本没有影响，决定焊缝中心的焊接残余应力分布的是纵向固有应变，因此在焊后的等效应力分布呈现中间窄、两端宽。由于模型的纵向尺寸长度有限，横向固有应变对整个等效应力的分布有一定的影响。另外，随着热输入参数的增大，等效应力也逐渐增大，当达到屈服以后，残余等效应力不再增大，而其分布区域不断增大。

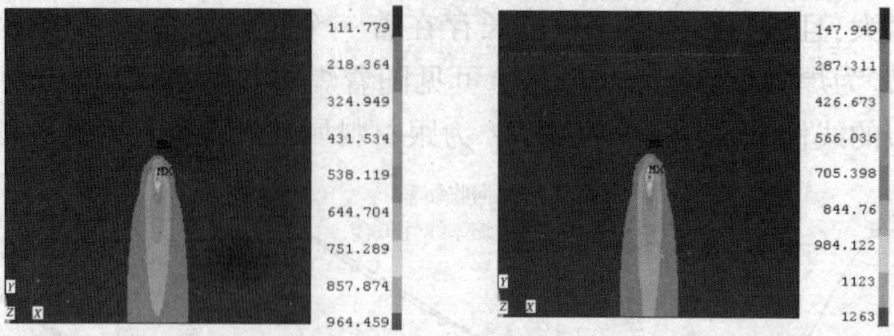

a)　　　　b)

图 7-40　加热至焊缝中心时的各温度场分布

a）实例 3；b）实例 4

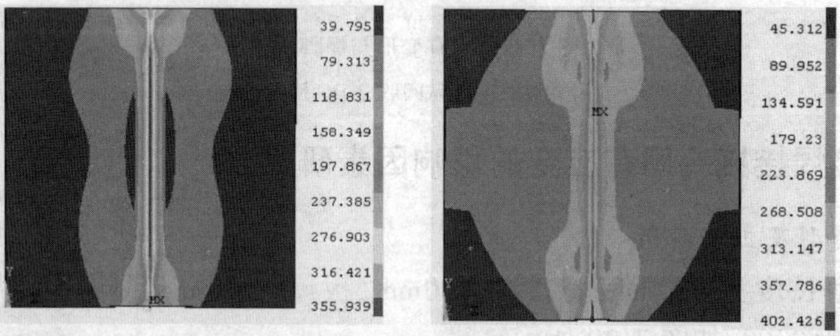

a)　　　　b)

图 7-41　焊接后的等效应力分布

a）实例 1；b）实例 4

计算得到固有应变与焊接热输入参数之间的关系如图 7-42 所示。

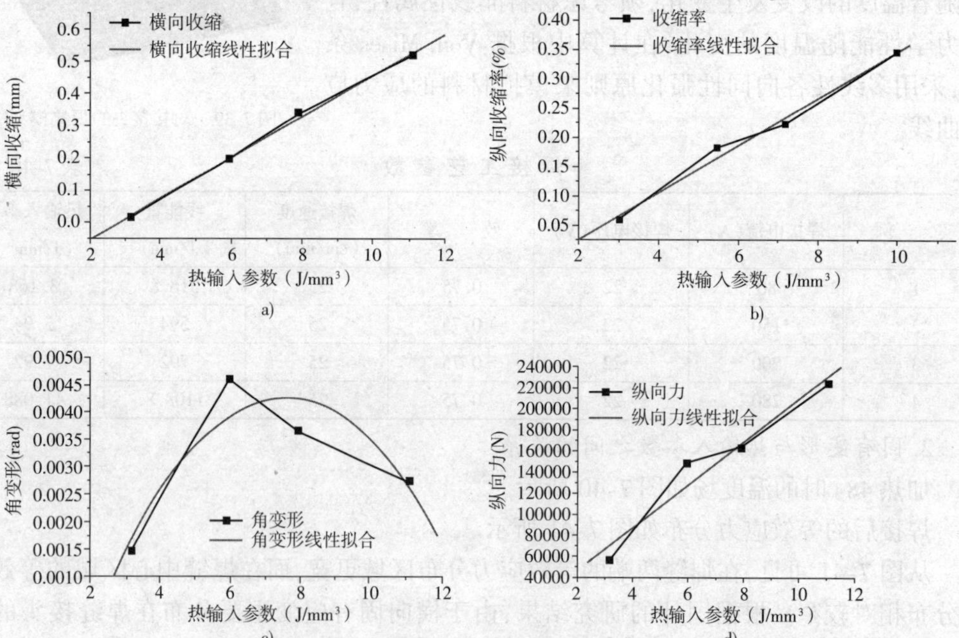

图 7-42　固有变形与焊接热输入参数关系

a）横向收缩和热输入参数之间的关系；b）纵向收缩率和热输入参数之间的关系；

c）角变形和热输入参数之间的关系；d）纵向力和热输入参数之间的关系

从图 7-42 可见，随着热输入量的加大，对接接头的横向和纵向收缩都增大，而角变形则存在一个最值，因此在焊接过程中尽量避免焊接输入参数在峰值附近。

3. 固有变形的多道焊与单道焊的比较

对于多道焊的固有变形，假设为 m 个焊道，则整个焊接接头的纵向收缩单位体积按下式确定

$$W_x = K_m W_{xm}$$

式中：W_{xm}——具有最大线能量的焊道的纵向收缩单位体积；

K_m——考虑其余焊道的影响系数，由下式确定。

$$K_m = 1 + 8\frac{\varepsilon_s m}{\dfrac{\alpha}{c\rho}\theta}$$

式中：ε_s——材料的屈服应变；

α——线膨胀系数；

c——比热容[J/(g·℃)]；

ρ——熔化金属的密度(g/cm^3)；

θ——加热系数(J/cm^3)。

焊接工艺参数见表 7-11。

焊接工艺参数　　表 7-11

		焊接电流(A)	焊接电压(V)	效　率	焊接速度(cm/min)	线能量(J/mm)	热输入参数(J/mm^3)
单道焊		200	22	0.75	25	792	7.92
二道焊	1	200	28	0.75	45	560	5.6
	2	220	28	0.75	48	577.5	5.775
三道焊	1	100	22	0.75	13.5	733.3	7.33
	2	130	22	0.75	24	536.25	5.3625
	3	180	26	0.75	24	877.5	8.775

在多道焊的有限元分析中为避免实际不存在的后道单元对前道单元的影响，采用生死单法，先将后道的单元杀死，也就是使其刚性为 0，从而不影响对于实际情况的忽略。

从多道焊的理论公式可以看出，当多道焊中线能量的最大值与单道焊的线能量基本相同时，由于 K_m 始终是一个大于 1 的数，多道焊的固有变形必然大于单道焊的固有变形。随着 m 的增大，K_m 也增大，因此焊道越多，固有变形则越大。

焊后的等效应力场分布如图 7-43 所示。

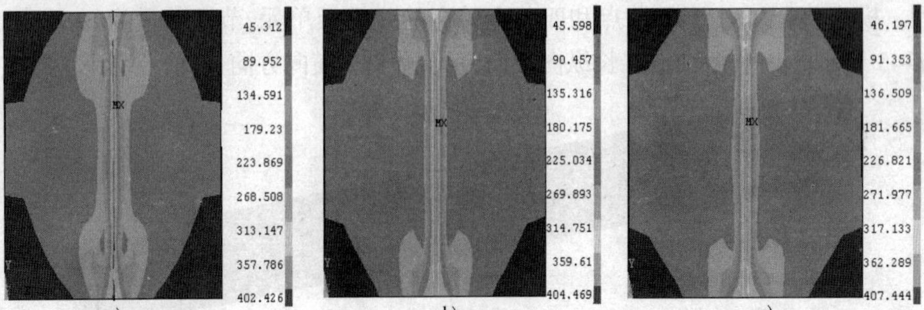

图 7-43　等效应力分布图

a)单道焊；b)二道焊；c)三道焊

从图 7-43 可以看出,单道焊接跟多道焊接的应力分布基本相同,因此焊道的数目对于残余应力的大小影响不大。

焊接后的变形比较如图 7-44 所示。

从图 7-44 可见,横向、纵向收缩以及角变形随着焊道数的增加而增加,这也符合焊道对于固有变形的影响理论,即随着焊道 m 的增加,固有变形呈线性增加。因此,在实际的生产应用中可以根据实际工艺的需要通过选择焊道数来控制焊接变形。

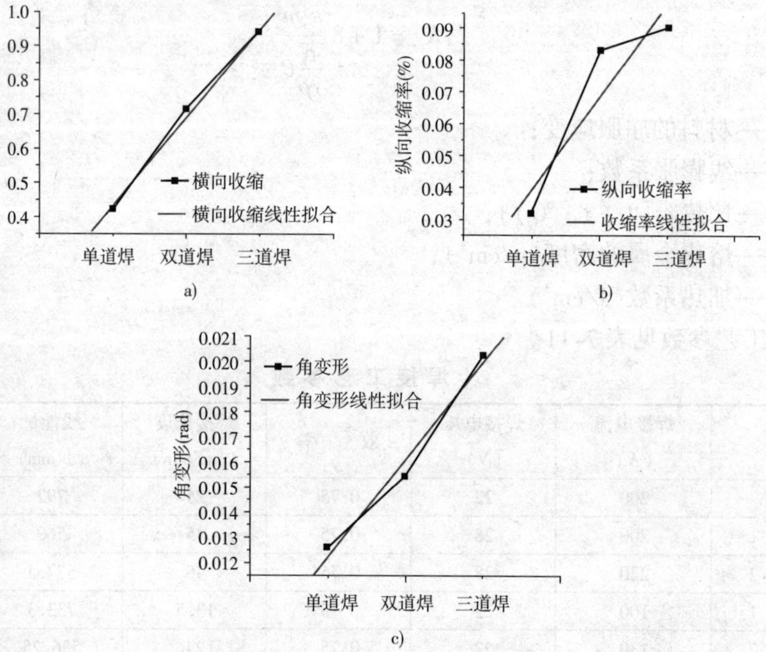

图 7-44　焊道数量对固有变形的影响

a)横向收缩与焊道数间的关系;b)纵向收缩与焊道数间的关系;c)角变形与焊道数间的关系

四、总段船台合龙焊接变形预测

1. 建立有限元模型

由于三维几何模型关于 X 轴对称,考虑对称性和节约计算时间,只取几何模型对称部分进行研究分析。根据上述模型简化原则,在 Hypermesh 软件中简化几何模型并建立有限元模型。模型共有 9391 个三节点和四节点并存的弹性板单元,节点数量为 6289 点。模型如图 7-45 所示。其中 X 轴沿船长纵向方向,Y 轴沿船宽横向方向,Z 轴沿型深垂向方向。

图 7-45　有限元模型

2. 模型分组及单元属性

模型各板单元属性是按照实际生产情况在商业软件 Hypermesh 中完成定义，然后导入上海交通大学力学研究所与日本大阪大学共同开发的专用软件 Weld_sta 中读取并应用模型的单元属性。模型中所用各板单元属性及其应用构件名称见表 7-12。

计算模型中板单元属性(mm)　　表 7-12

No.	名　称	厚　度	应用构件
1	Upper deck	7、11、15	上甲板
2	Sheer strake	13.5、14、15、17、20、25、35、44、45、50、55	舷顶列板
3	Side plate	13.5、14、14.5、15、15.5、16、16.5、17、17.5、18、18.5、19、20、30、37	舷侧外板
4	Bilge strake	14、14.5、15、16、19、30	舭列板
5	Bottom plate	15、15.5、17、18、20、20.7、21、22、24、30、37、45	船底板
6	Inner bottom plate	10、12、14、14.5、15、16.5、19、22、24、30、48	内底板
7	Platform deck	11、13	平台甲板
8	Elliptical stern	30、45	椭圆型尾
9	Bulb bow	20、25	球鼻首
10	Bottom girder	11、12、13.5、15、40、46、48.5、57、60、68	底纵桁
11	Floor	10、12、12.5、13.、13.5、15、28、31、38、40	肋板
12	Traverse bulkhead	10、11、12、12.5、13、14.5	横舱壁
13	Frame	7、8、11、11.5、12、12.5、13.5、14.5、56、80	肋骨
14	Side stringer	10、11、12、20、25、28、30、33、35.5、38、44、56	舷侧纵桁
15	Side longitudinal	9、10、11、12、13、15、16.5、17、17.5、18.5、19、20.5、20.7、22、28	舷侧纵骨
16	Inside plate	10、11、15、15.5、18、20、21、21.5、22、25、30、35.5、44、46.5、50、52、55	舷侧内板
17	Other structure	5、6、7、9、10、10.5、11、11.3、12、12.5、13、14、14.5、15、15.5、16、18、20、21、23、24、25、16.5、32、35、37、38	其他结构

3. 模型焊缝信息

模型共有 214 条焊缝。图 7-46 为有限元模型焊缝施加图，模型焊接步数为 14 步(即 14 个环段)，根据前面得到的固有应变与板厚的函数关系，分别输入板厚值计算出焊缝处的纵向收缩力、横向收缩和角变形三个参数值并将其参数值施加在对应的 214 条焊缝处。

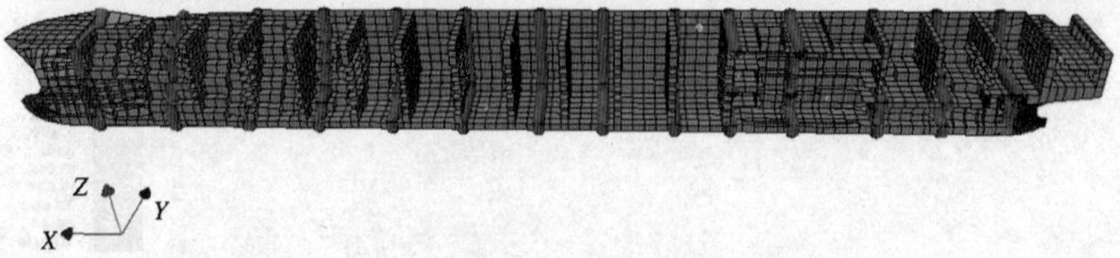

图 7-46　有限元模型焊缝施加图

4. 位移边界条件

根据模型对称性和实际装配时胎架的具体情况，在对称面上施加节点 Y 方向位移为 0 的约束边界条件；在纵向船长方向施加节点 X 方向位移为 0 的约束边界条件；在外板上施加了 Z 方向的约束，约束的节点位移为 0。如图 7-47 所示，这些节点的位移边界约束条件仅仅为了防止结构产生刚体位移。图中黄色的箭头代表施加的约束。

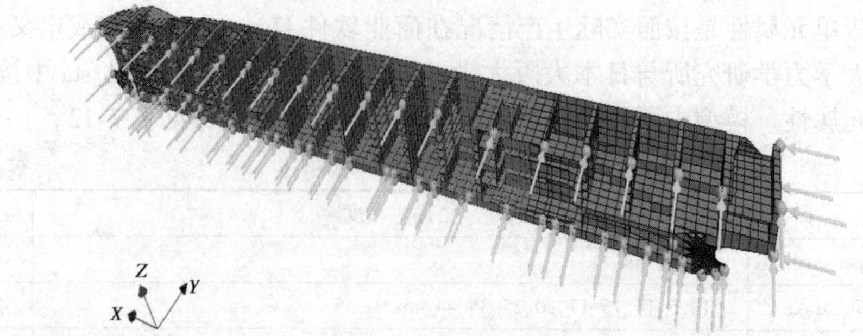

图 7-47　有限元模型约束条件

5. 计算结果及分析

在 Weld_sta 软件中，对有限元模型的整体环形缝的焊接变形进行模拟计算，得到整条船最后焊接变形的计算结果如图 7-48 所示，图中的红色实线为结构的原始有限元模型轮廓线。计算结果云图显示了位移沿纵向船长方向（X）、横向船宽方向（Y）及垂向型深方向（Z）的具体分布情况。

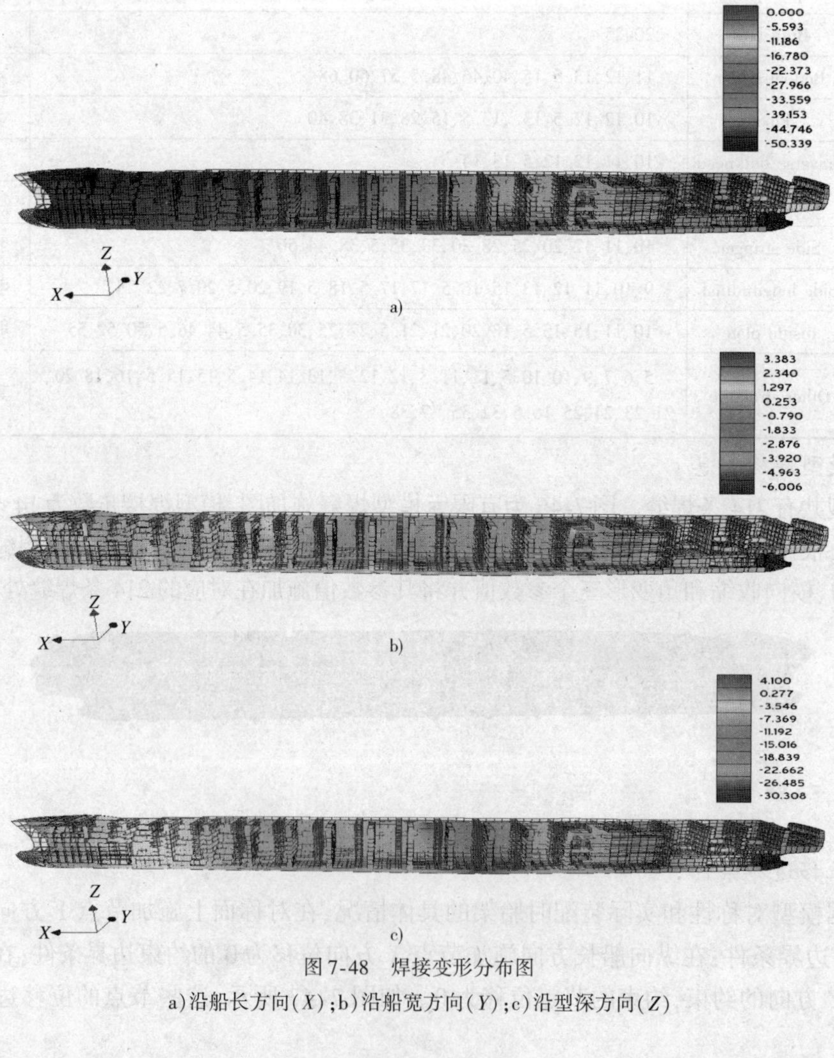

图 7-48　焊接变形分布图

a) 沿船长方向（X）；b) 沿船宽方向（Y）；c) 沿型深方向（Z）

图 7-48 表明了船体大合龙环焊缝焊后产生整体变形分布情况，从云图可以看出：沿 X 正方向最大变形量为 0.000mm，沿负 X 方向最大的变形量为 50.339mm，总收缩变形量为 50.339mm，实际加工过程中在没有余量的情况下每个环段收缩 3 ~ 5mm，因此计算结果与实际吻合。沿正 Y 方向最大的变形量为 3.383mm，沿负 Y 方向最大的变形量为 6.006mm，总变形量为 9.389mm。由于模型为原整模型关于 X 轴的对称结构，所以整体模型在 Y 方向总位移是云图显示总位移的 2 倍，Y 方向上最大总变形量为 18.778mm。沿 Z 方向最大的变形量为 4.100mm，沿负 Z 方向最大的变形量为 30.308mm，总变形量即挠度为 34.408mm，见表 7-13。

最大、最小位移及其所在位置(mm) 表 7-13

变形方向	U_{max}(节点号)	U_{min}(节点号)	$U_{max}-U_{min}$
X 方向	0.000(约束节点)	-50.339(5997)	50.339
Y 方向	3.383(3777)	-6.006(2613)	9.389
Z 方向	4.100(705)	-30.308(3472)	34.408

纵向收缩变形和垂向挠度一直成为工程实践关注的重点。图中的黄色圆点为结构沿船长纵向收缩曲线所选取的参考点。选取了 12 个参考点，从上至下，从左向右依次为节点 6019、节点 6150、节点 6149、节点 6022、节点 6158、节点 6159、节点 6216、节点 6219、节点 6185、节点 6171、节点 6172、节点 6228，如图 7-49 所示。不同焊接步数下全船结构沿船长纵向方向(X)的收缩曲线如图 7-50 所示。图中的黄色圆点为结构沿型深垂向收缩曲线所选取的参考点。选取了 15 个参考点，从左向右依次为节点 6170、节点 5988、节点 5003、节点 5303、节点 4603、节点 4165、节点 3721、节点 3415、节点 2887、节点 2616、节点 2279、节点 1609、节点 1150、节点 843、节点 468，如图 7-51 所示。不同焊接步数下全船结构沿型深垂向方向(Z)的收缩曲线如图 7-52 所示。

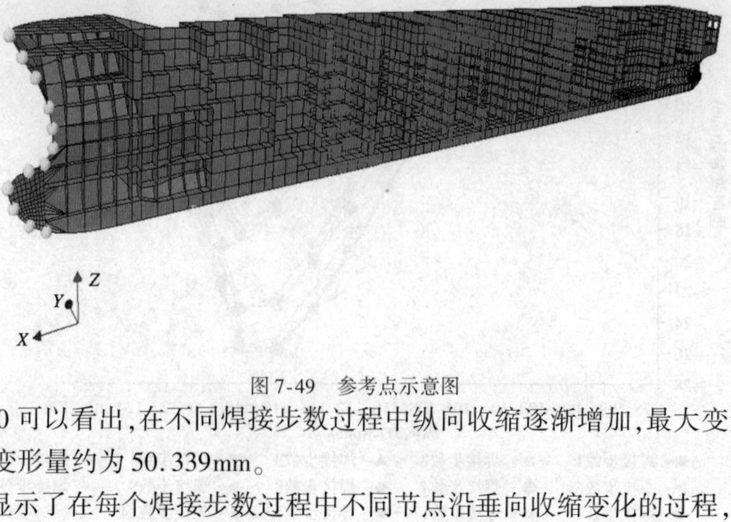

图 7-49 参考点示意图

从图 7-50 可以看出，在不同焊接步数过程中纵向收缩逐渐增加，最大变形发生在甲板表面，最大变形量约为 50.339mm。

图 7-52 显示了在每个焊接步数过程中不同节点沿垂向收缩变化的过程，随着装焊的进行，引起结构收缩呈现中垂状态，船中部收缩比其他部位变化较大。

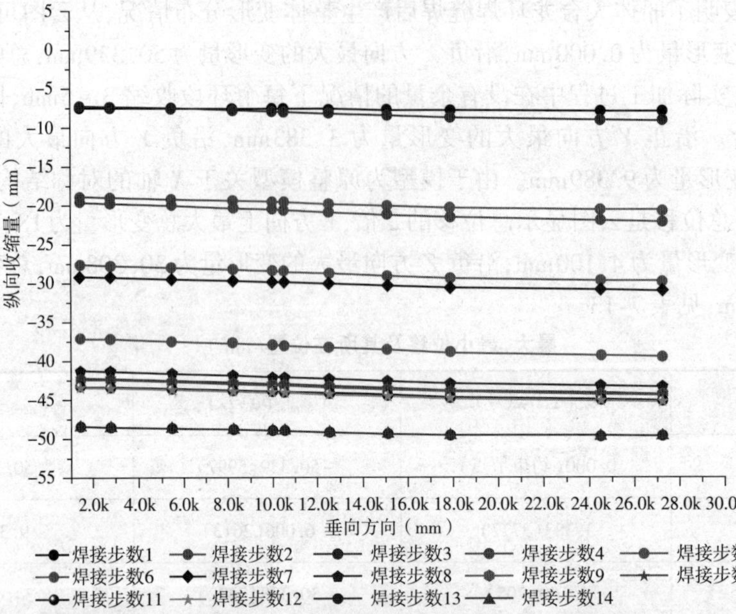

图 7-50　全船结构沿纵向的收缩曲线

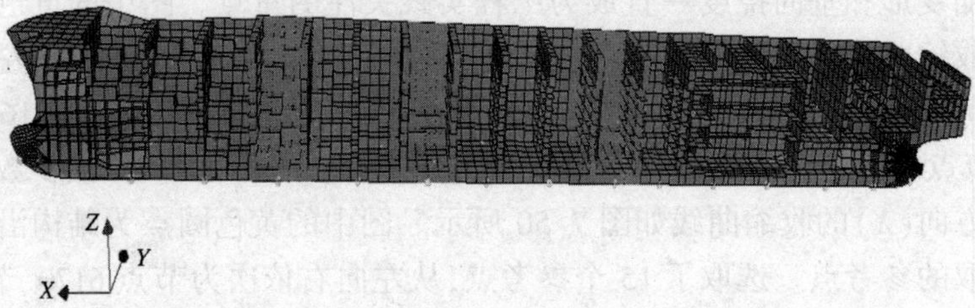

图 7-51　参考点示意图

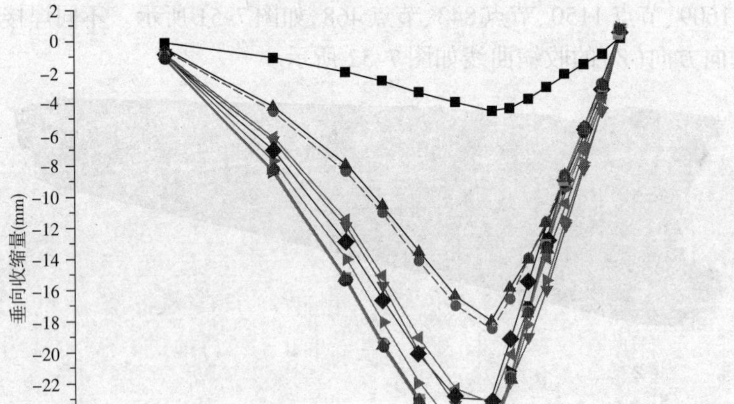

图 7-52　全船结构沿垂向的收缩曲线

第八章　模块化造船技术

第一节　舰船模块化技术的研究现状及发展趋势

模块化造船的概念萌芽于二战期间美国的大量造船时代，形成于20世纪六七十年代。20世纪60年代，美国为保持海上对前苏联海军的优势，需要迅速提高舰船的质量，因此对舰船设计采用“按性能设计”的原则。20世纪70年代上半期，由于造船经费受到限制，而美国海军为了与前苏联海军抗衡又急需建造一大批水面舰船以替换二战时建造的大量驱逐舰，故采用对单舰费用进行限制的办法以争取多造船。即“按费用设计的原则”设计舰船。这里所指的费用是研制和生产费，或称采购费。20世纪70年代下半期，出现了“按威胁变化设计”的设计原则。制定这项原则的主要原因是科学技术的迅速发展加速了武器的更新换代，因此舰船需要经常改装来对付敌方不断改变的威胁。

武器系统的技术寿命是10~20年，去掉5~10年的研制、生产时间，则其使用时间为5~10年。按照通常的“武器先行”的设计方法，武器系统设计完毕后还要等舰船设计建造(约7年)才能装舰使用，也就是说，整个舰船武器系统从研制到服役需经过14年的时间，而这时的武器已经相当落后了。

从舰船方面看，其寿命期一般为25~30年，如果武器系统的使用寿命为10年，则必须在舰船的服役期内进行2~3次现代化改装。这是一项费时、费钱的工作，不仅涉及到武器的更新，而且要考虑船体的结构、动力、能源供应、通风冷却等一系列问题，严重时还会影响船体的性能，造成舰船的长期停转。“按威胁变化设计”的设计原则就是为了解决上述问题而提出的。目的是使舰船以最小的寿命期费用和最少的改装时间保持武器系统的先进性，其手段就是模块化技术的应用：将舰船设计成具有标准接口界面的平台，武器系统设计成箱式结构的模块。这样，两者的设计可以平行地进行，对于变化的威胁，可以更换相应的武器模块，而不必对船体平台进行过多的改动。在舰船领域，模块化设计建造战斗舰艇达到一舰多型、具有多功能以及可随时进行换装与技术更新，保持全寿期战斗能力。在民船领域，模块化设计建造将能充分发挥标准化和通用化的优势，使技术复杂、批量小的船舶建造取得更大的效益。因此在国外，模块化造船作为现代船舶建造方法已成为一种趋势，它的研究和应用正在导致船舶设计思想、建造流程和维修管理方法上的重大变革。美国海军就曾提出，未来的舰船将使用由标准组件组成的通用模块来设计和建造。

一、国外研究现状

早在20世纪二三十年代，先进的造船国家已提出了模块化设计和建造船舶的课题，并逐步付诸实施。但真正驱动舰船模块化技术发展的是60年代末、70年代初现代市场意识和战场意识的共同作用。20多年来，模块化造船方法得到了广泛的研究和应用，德国、美国、英国、俄罗斯、日本、法国、挪威、丹麦、芬兰等众多工业国家在模块化造船应用方面都取得了很大的成就。

1.德国MEKO模式——经济效益型

MEKO模式是一种多用途标准组合设计方法，是由护卫舰制造商布隆·渥斯公司开发出来的，其主要目的是为了解决不同船东对舰艇多样化的需求，以及缩短建造周期、降低舰艇成本等问题。用MEKO技术可使舰船按照用户的需求配备武器和动力系统，使得建造周期缩短，降低费用，并可方便、快速地更新装备。

B+V公司设计了MEKO100的基本标准平台和各功能模块。其中平台已从基本标准平台的基础上，发展出MEKO200、MEKO360、MEKO140、MEKO130等不同主尺度的标准平台。目前，除了“标准”和“海标枪”这两种远程舰对空导弹外，西方水面舰船的大部分武器（包括火炮、舰对空系统、舰对舰系统和反潜系统等）均可装在武器功能模块上。武器功能模块由武器本身和安装载体构成，安装载体内装有武器发挥正常功能所需的全部元件和设备。武器功能模块有两种形式：集装箱式和构架式，其中前者占绝大多数。电子功能模块包括通信、雷达、火控、声纳、数据处理、导航等电子设备，其结构形式有集装箱式和托盘式两种。

MEKO技术的应用使德国B+V公司生产的护卫舰建造周期较传统建造周期大大缩短，从第一代的48个月到目前的26个月，同时也降低了造价，使得该公司在激烈的市场竞争中获得了巨大的成功。该公司至今仍致力于将MEKO系列扩大完善的研究中，目前最新开发有3500t级MEKO D型护卫舰及为满足未来十到十五年市场需求的MEKO X型护卫舰，使其系列的各型号排水量从1000t到8000t。

2.美国SEAMOD模式——军事效益型

SEAMOD模式是由美国海军提出来的，SEAMOD（Sea System Modification and Modernization by Modularity）的含义是通过模块化实施海上系统的现代化改装，其目的主要是解决电子平台与武器电子系统在技术性质和制造周期上存在的矛盾。采用这种模式，可以使海军一方面在平台和武器系统的开发研制上采取平行独立的开发计划，而不出现过多的相互干扰和制约；另一方面可以用相对较低的成本对一些相对稳定的平台进行持续的现代化改装或适应性换装，以实现其作战能力的不断升级和对不同阶段海军战略任务的执行。

美国海军于1973年开始进行SEAMOD工程，1975～1976年对DD-963和FFG-7睡眠舰船进行了作战系统模块化分析，其后对多型舰进行了模块化设计。1989年美国国会拨专款11亿美元，用模块化建造法建造了“海狼级”攻击舰船。其主要技术思想是：舰艇在设计时就要考虑到未来现代化改装的需要，使舰艇的总体设计能够适应现役、在研乃至研制规划中的武器系统的装舰要求。

3. 瑞典

瑞典考库姆潜艇系统公司与瑞典国防资料管理局(FMV)联合设计,并由考库姆船厂建造的A19型潜艇是完全采用模块化设计技术设计、建造的新一代常规潜艇。该艇分为5个独立的舱模块,其中A19系统—斯特林发动机是一个独立的舱段模块。

该艇首批共建3艘,第一艘A19型"哥特兰"(Gotland)号,排水量1490t,1992年11月开工,已于1995年2月下水,并于1996年7月完成试航,交付使用。

由于该型艇采用了模块化设计建造技术,不仅提高了设计、建造质量,而且也大大缩短了建造周期,从而较大幅度地降低了建造成本,为战时大批建造潜艇打下了良好的基础。

4. 澳大利亚与新西兰

近年来,澳大利亚与新西兰联合研制了"安扎克"(ANZAC)级护卫舰,该级舰共计划建造10艘,从1989年签订首制舰"安扎克"号合同起到2004年最后一艘"佩思"号建成服役为止,前后历时15年,总费用约为50亿澳元(合39亿美元)。其中8艘交付澳大利亚海军,另2艘为新西兰海军所有。

"安扎克"级护卫舰是以德国博隆·富斯公司的专利技术:MEKO平台的MEKO200为母型船开发而成。该舰结合澳大利亚海军的特定作战使用需求和技术规格书,被设计成能够容纳具有标准尺寸和接口的集装箱化的功能性模块,以及武器、探测器和火控系统单元。最初设计参考的基本型是葡萄牙的MEKO200PN舰,并按照MEKO200ANZ的性能规格书要求交船。

"安扎克"级舰的船体和上层建筑均分为6个单独的模块,共计12模块。这些模块先在室内完成舾装作业,然后再船台上装配合龙。舰上的通风系统以及许多管路和电气设施能在合龙之前的船体和上层建筑内预先安装完成。

在设计中还考虑了一系列诸如火炮装置、作战系统等类功能性单元或专用集装箱,这些单元或集装箱在装进舰内以前就已全部舾装完毕。

由于该舰是按照模块建造来设计的,即设计阶段是与建造阶段平行进行,因而有利于在整个设计过程中获取初步的材料明细表和设计图纸,从而有助于施工。

5. 日本

20世纪50年代,日本造船业吸纳推广了第二次世界大战期间发展起来的焊接技术和分段建造技术。1968年日本三井千叶船厂,为改善作业环境和产品质量,提高造船工业的自动化、机械化程度,着手研制、发展(Rotas System),其中的"Rotas"系回转和滑移(rotating and sliding)的缩写。

千叶船厂在建立"罗泰斯"建造系统时采用了边建设、边应用、边修改的办法。这样,就克服了通常在建立拥有大型设备的建造系统时,其基建投资金额大、周期长等缺点,同时也避免万一这种建造系统失败可能遭受较大损失的风险。

"罗泰斯"建造系统就是指把翼舱立体分段的零件在陆上装焊成完整的分段以后,把它运进船坞进行装配合龙的一整套装置。其作用有两方面:①船首、尾船体联合建造;②应用回转和滑移的原理和装置,可进行中部船体各分段的装焊、运送和合龙。

从应用"罗泰斯"建造系统建造油船的实际情况看,在建造翼舱分段时,所设置的脚手架数量可比通常减少约60个,坞内周期可缩短约10%。在改善作业环境和质量方面获得的效果也是很明显的,利用回转式施焊胎架,可以在最方便的位置上进行分段的装配和焊接,不必再使用起重机,而仅仅使用特殊装置就可将立体分段运送入坞,再通过坞内移动装置对分段位置作出调整。工程量很大的翼舱分段装焊工作,也可不受天气影响而能用“罗泰斯”建造系统顺利进行。

该系统于1972建成,效益较显著,而且对以后模块造船技术的发展产生了积极的影响。

日本模块化造船在建造批量标准船时得到了进一步发展。据称,在世界上各造船公司设计建造的20余种批量生产船舶中,以日本“自主轮”为替代“自由轮”较好的船型之一。“Fortune”型货船又是继“自由轮”之后的第二代批量生产的船舶,该船在石川岛播磨公司的东京第二船厂建造。该厂在建造“Fortune”型船时,几乎近90%的管路舾装工程都能够在内场大合龙阶段完成。另外,他们将船体和舾装工程设计几乎完全分开的形式,并扩大分段(模块)到接近起重机的最大起吊能力,其舾装作业则在内场完成。由于在内场就把管子舾装件、机械设备、电缆、地板、梯子和管路的支架等全部装在一个模块内整体吊装上船,因此,船内工程几乎已全部完成。

例如,地板的98%已在内场分段舾装时安装,通风管的完成率也在96%以上。特别是电气部分,以往安装不方便,采用模块建造时,能成功地将机舱控制室的主配电盘、其中起动控制盘等电缆舾装工程在内场完成,其完成率达机舱电缆敷设工作量的90%,且日施工精度也大大提高。

追滨船厂在模块造船方面也做了大量工作。追滨船厂是以连续建造超大型油船为目标建设起来的厂,1973年受到石油危机的冲击,不得不从原来建造超大型油船为中心转变为建造小批量、多品种船舶,于是采取了一系列改进措施,并用模块建造技术来建造船舶。

以机舱双层底模块的建造为例,该厂将机舱双层底模块在内场舾装场地进行总装配,然后进行舾装、涂装,包括完成双层底的气密试验和加热管的水压检查,已经主机、轴系的安装等作业,达到几乎完工状态后,吊运到坞内合龙。

应用模块造船法的效益是显著的,以该厂建造的8万吨级油船为例,据统计。机装部分的工时率从原来的60%提高到了70%以上,管系安装和铁制件的预装率可接近90%,工时消耗比过去减少了20%。

二、国内研究现状

中国在20世纪80年代中期引入了模块造船的概念。90年代初,国家技术监督局会同中国船舶工业总公司设立“模块化造船研究”课题,以35000吨级浅吃水散货船为工程依托,开始有计划、有组织地研究与开发船用模块,共开发了12个船用模块。它们是:船用热井模块,燃油分油机模块,船用压缩空气减压阀组模块,锚机、绞车、液压泵组模块,舷梯模块,高级船员居住舱室模块,燃油供油系统模块,二氧化碳灭火装置模块,普通船员舱室模块,海、淡水压力柜模块,输液系统遥控阀组模块,凸轮轴滑油系统模块。其中有6个模块已装船使用,效果良好。

在模块化造船的实施方面,从1992年开始沪东造船厂在深化生产设计的基础上,以

68000t 双壳油船、47500t 散货船、68600t 原油船为工程背景，开始研究及实施模块造船法。两艘 47500t 散货船的建造周期创造了双三月的新记录，68000t 双壳油船在下水前舾装完整率达到 90%，创造船台周期 120 天的记录，下水的同一天吊装上层建筑综合模块，5 天后通电动车。这些都是大力推广模块造船的结果。该厂模块造船的主要作法是在传统的船体分段划分的同时，进行船台总装模块的划分，以最大限度地减少船台上的舾装工作量，提高船台舾装完整率。

因此中国的模块化造船刚刚起步，理论和应用还处于摸索阶段，水面舰艇主要还是沿用常规的设计、建造方法，尚没有真正意义上采用模块化技术进行设计和建造的舰艇。目前中国水面舰艇模块化技术已进行了初步的研究，在舾装和机电设备等方面已有实践，在武器、电子设备模块化方面结合型号产品研制开展了研究工作，并在某型舰上实现了电子武备模块的上舰安装，取得一定成绩和经验。但仍存在以下的许多问题：①标准平台尚未形成模块化的设计标准或设计准则，总体布置设计中应用模块理念和技术上不成熟；②功能模块数量较少，目前中国舰船功能模块的品种和数量都不多，使得相关内容的试验和研究难以进行；③没有制定相应的接口标准，模块化接口标准包括模块尺寸的几何“硬”接口，以及通信协议等“软”接口。目前，中国还未就这些接口装置制定统一的标准文件。

三、舰船模块化技术发展趋势

随着国际海军任务多样化及舰船技术的发展，舰船模块化建造技术呈现一系列新的发展趋势：在舰艇设计思想、舰艇结构、安装技术等多方面均出现一些新的特点，接口技术也在向快速改变任务能力方向转变，各类新型模块更是层出不穷，甚至在一些领域开始应用非舰载模块化装备。

1. 新的模块化设计建造技术

1）舰船集成几何模块化设计方法

从模块化本质来说，船体结构模块和舾装模块都是体现舰船系统各种功能的模块。目前形成的以“舾装为中心”的舰船模块化建造技术发展现状是由于船体模块与舾装模块开发水平的不平衡造成的。随着造船技术的发展和未来国际海军装备市场的需求，以舰船整体系统为对象的、真正意义上的模块化建造技术开始出现。

目前，荷兰提出了一种舰艇模块化设计的新思路。这种方法被称为舰船集成几何模块化方法（Ship Integrated Geometrical Modularity Approach——SIGMA）。该方法以标准化为基础，将全舰定义为一系列具有特定几何参数的模块，这些模块是一系列可重复的、完全相同的模块单元（图 8-1）。

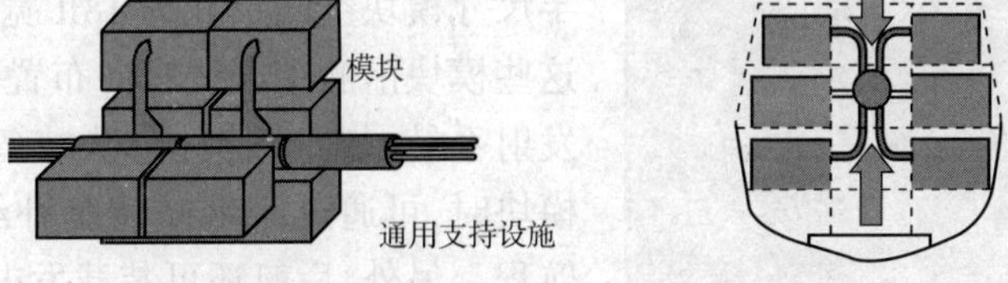

图 8-1　荷兰舰船集成几何模块化方法示意图

从模块化建造技术来说，就是模块的分解方式与以往的舰船模块分解方式不同，对舰船系统不再区分功能模块和船体结构模块，而是每个模块都具有舰艇的空间尺寸和系统功能，也就是舰艇的作战系统模块、辅助系统模块、推进系统模块、舱室模块和支援空间模块同时也是船体结构的一部分。舰艇的主尺度则通过广泛的水池试验，提出一系列多种船长、船宽尺度的基础船型。船型系列可根据客户要求进行组合，从而实现舰船的柔性化设计（表 8-1）。这种设计方法最大的优点就是可根据顾客要求研制：①该方法提供一个围绕基本型号的大量可供选择的方案，并且不会对已被认可的产品结构产生影响。②在制造中的费用和交付速度更具竞争力。目前，该船厂已提出一个舰长 55 ~ 98m，舰宽 9 ~ 13m，排水量 440 ~ 1840t 的巡逻舰系列。

舰船几何模块化船体系列表

表 8-1

排水量(t)		EX-9	EX-10	EX-11	EX-12	EX-13
	船体宽度(m)	9.0	10.0	11.0	12.0	13.0
分断数量	甲板参考长度(m)					
7	50.4	439				
8	57.6	507	642			
9	64.8	574	727	892		
10	72.0		813	996	1193	
11	79.2			1101	1317	1548
12	86.4				1442	1694
13	93.6					1840

2）有利于快速安装模块的舰艇结构

在舰船模块化建造技术发展中通过采用新的舰艇结构来适应快速换装模块的技术。在水面舰艇上新的方案是采用框架式舰艇结构。这种名为格栅部署模块艇方案是美国为濒海战提出的新概念舰艇设计概念，该舰将整个船体设计成框架式结构，能够通过更换模块，完成浅水域反潜、防空、对抗反舰巡航导弹攻击，并可灵活转换任务角色。这种小型舰艇具有较高的隐身性和较好的经济可承受性，可以大量部署。其基本战技指标是：最大航速 38kn，最小航程为 3000n mile（13kn），能够运载 190t 框架式组件，具有在海况 6 级航行的能力。该舰实际上是由两艘艇组合而成。一艘在前被称为作战艇，该艇艇后 20ft 距离上依靠半固定拖曳系统拖曳一艘被称为格栅部署模块艇（图 8-2）。两艘艇的艇壳结构相同，均为穿浪式双体艇体。这种艇型具有适航性好、高速航行时阻力小、吃水浅和甲板面积大的优点。位于前面的作战艇装备有传感器电子对抗装置、反舰和防空武器系统以及容纳特种部队士兵的舱室；后面的格栅部署模块艇装备 9 个尺寸为常规模块一半的传感器或武器模块的空间。一个这样的半尺寸模块空间尺寸为 18ft 宽、11ft 长和 9ft 深。这些模块沿艇中心线纵向布置，可装载垂直导弹发射系统、燃油、特种部队装备等。在运载燃料模块时，可通过脐带向前艇补给燃油，用以增大航程。另外，后艇还可装载发电机或诱饵发射系统。在危急时刻还可通过抛弃后艇形成假目标达到保护前艇的目的。若有可能，在行动结束后

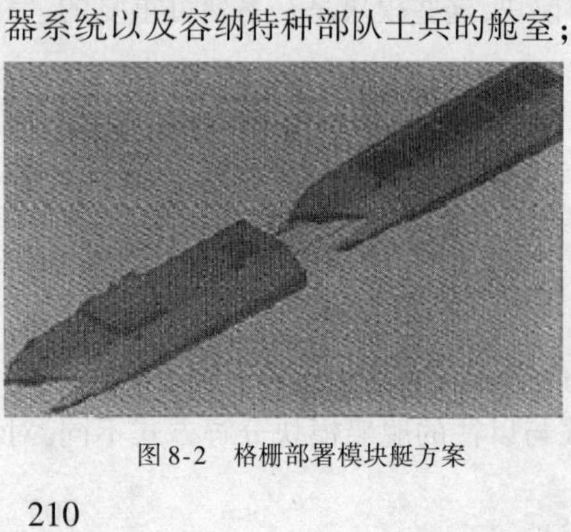

图 8-2　格栅部署模块艇方案

可重新利用它。为使节点部署模块的重量轻、价格低,所以不单独设置推进系统。

另一方面,在潜艇研制中,由于潜艇与水面舰艇有着截然不同的结构,模块化建造技术的应用水平和方法存在着巨大的差异。潜艇的模块化建造必须全面考虑艇体结构和内部各种功能,一旦建成,耐压壳对水密性的严格要求使其难以再进行模块更换。因此,为了充分发挥模块化建造技术的优势,一些国家也应用模块化设计理念对潜艇结构进行重大改进。其中,在艇壳方面出现的一种新的设计及建造方法——采用大舱口结构研制新概念的模块化潜艇(图8-3)。这种潜艇结构概念与以往模块化潜艇设计结构不同之处在于:以往潜艇装备的功能模块在其建造过程中进行安装和连接,在潜艇建成后很难再进行模块的更换。而这种大舱口结构概念则近似于在水面舰艇的甲板上安装功能模块,例如,垂直导弹发射模块和舰炮模块等。在这种新概念中,各种模块、特别是武备模块沿潜艇中轴线固定在潜艇平台上,置于潜艇耐压壳的外边。潜艇的水密结构与功能模块各自独立,自成体系,潜艇仅作为各类功能模块的搭载平台。这些模块可根据用户要求设计成耐压/非耐压、水密/非水密、释放/回收机械。模块只需符合要求的尺寸、重量和密度,并可根据客户要求定制。这种概念允许安装的各类模块分别是:配备垂直发射无人机和无人艇的情报、搜索、侦察和瞄准模块;装备垂直发射导弹的打击模块等。

图8-3 采用大舱口结构的模块化潜艇概念示意图

3)采用开放式体系结构

在舰船模块化建造技术中采用开放式体系结构是近年来的一个重要趋势。开放式系统就是建立一个标准通信设施和协议,或提供一条使用不同协议途径的开放式环境。采用该系统有利于不同厂商开发的产品兼容互联,使用者可以在很广范围内选择产品。在舰艇模块化研制中引进开放式体系结构的目的在于通过提供标准通信接口和协议,一方面增强适应多厂商、多种类功能模块的能力;另一方面使安装具有高度自动化的"即插即用"任务模块成为可能,从而达到增加执行任务种类和提高改变舰艇任务速度的目的。

目前,美国海军正在大力研究开放式体系结构,并在研发濒海舰过程中利用所谓"海上重塑"(Seaframe)概念(图8-4),提出设计一种采用可重新组合的、具有开放式结构的舰艇。该种舰艇可根据特定的任务需要"重塑舰艇任务使命"。美国海军在"海上重塑"概念中在两方面实现开放式体系结构:一方面是利用模块化舰船设计思想,改变舰艇甲板及上层建筑的结构,体现多任务能力;另一方面就是建立标准通信设施和协议,达到对换装模块迅速启动的目的。该技术意图是使模块的互换能在短时间内完成,从而保证舰艇在准确的地点、时间出现在海战场上。在执行任务时,可根据需要将具有不同功能的模块调换,以执行不同的任务。采用开放式结构,并使功能模块实现"即插即用"之后,作战舰艇可以利用模块化

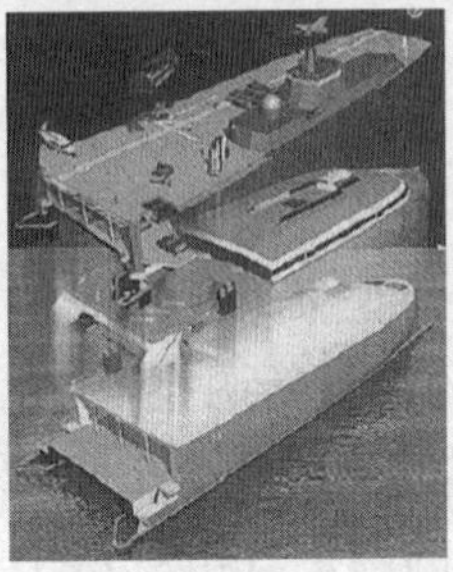

图8-4 "海上重塑"(Seaframe)概念

武器系统,完成大量不同性质的任务,例如:战场禁航,特别行动小组输送,支援水雷探测和对抗,进行近海作战指挥和控制,提供补给,完成特殊作战等。这些模块化武器系统均可在基地或母舰上安装,每种作战模块将由专业的维护人员从事服务、安装和修理,并能分别进行升级与维修。与此同时,另一项优势是让操作人员随同功能模块参加舰上相应的工作,在更换模块的同时,也同时更换其操作人员。从而避免某型舰在执行特定任务时,一些专业设备及人员数量不足、工作强度很大,而另一些却无所事事的情况发生。而且“海上重塑”概念还可通过实行舰员集体轮换,使舰艇能在海上长期运行(例如一年以上)。

采用开放式体系结构不但能提高战斗能力,还能提高战场恢复力。一旦舰艇出现某种问题,即可通过调换模块完成更新,进而由其母舰完成对模块的应急修理,还可以更换发动机、进行电子设备修理、无人空中和水下运载器大修、食品模块补给、零件储存和武器/传感器模块补给等。同时使作战舰艇具有较强的生命力,以允许舰/艇员在设备失效后仍能继续完成任务。另一方面,还可以起到模糊舰艇型号之间,甚至舰艇与某些军辅船的区别。通过更换或装备不同种类的集装箱或模块,还可以完成维和、运输、人道主义、医疗、巡逻等新形式的任务。采用开放式体系结构的模块化也可称为满足灵活性要求的模块化。

4)开发具备某一功能的分段模块

在舰船模块化建造技术的发展中,一些国家也一直在探讨开发具备某一种或几种功能的分段模块,通过直接插入切开的舰船船体,从而迅速提高舰船作战能力的方法。这种方法源于商船改装,即将船从中部切开,并加入一段平行中体,采用这种方法能使商船的运载能力迅速得到提高。军用舰艇的现代化改装由于工程量巨大、费用昂贵,牵一发而动全身。因此,一些国家思考将升级的武备、电子设备、电源等组合成一个完整的模块分段,直接嵌入舰体,从而减少工作量,降低费用,节约时间。MK-41 垂直发射系统模块、AIP 推进系统模块等一系列功能模块的迅速普及和扩散,也为这种方法提供了技术基础。例如,新西兰海军为了提高安扎克级护卫舰的反舰导弹防御能力、防空能力、联合作战能力,曾提出过一种“切断并插入的改装方案(图 8-5)。该方案的核心就是将计划改装的军舰从中切开,加入一个完整的作战分段模块。分段中包括:①集成的改进型海麻雀导弹,NULKA 诱饵发射系统和加强的数据链系统;②集成标准 SM BlockIII 导弹,增加安装 2 具 Mk4 垂直发射系统,要具有联合作战能力和战区导弹防御能力需加装先进的相控阵雷达系统;③安装新的带有雷达的桅杆,增加两部大功率发电机和配电箱用于满足更高的电力需求。

由于安扎克护卫舰本身采用模块化建造,因此可以直接插入新的模块。该模块重量为 300t,包括一座 Mk41 垂直发射系统、配电箱、发电机及冷却水设备。如果采用常规的改装方式,在不动整体结构的情况下,要把所有的新设备装入舰体内约需重新调整 40 个舱室。但若采取插入的方法,则仅需切开 15 个舱室,改动另 8 个。又如,美国海军在计划对现有两栖攻击舰进行改装时,也提出了一种类似的方案,即将现有的两栖攻击舰从中间切开,加入一段新的分段模块,旧的两栖攻击舰在得到更长和更宽的飞行甲板的同时,也增加了大量的燃料存放空间和指挥控制设施。潜艇也是采用这一方式的主力,近年来由于 AIP 不依赖空气推进系统技术发展很快。而大量前些年建造的常规潜艇并未装备该种先进的推进系统，为提高潜艇战术性能，一些国家也采取将潜艇从中切开，并加入 AIP 动力分段模块的方式进行改造。例如，日本海上自卫队在其“早潮”号潜艇上插入一段新造的 AIP 模块舱段（图 8-6）。该舱段长约 9m，使该潜艇排水量增加了约 400t。该舱段包括 4 台斯特林发动机及其自动运转控制装置，在铺板下布置 2 个液氧罐和废气排放装置等相关配套装置。在瑞典海军 A-17 潜艇改装计划中，都通过插入动力模块分段的方式进行升级，换装最新型不依赖空气的采用斯特林 Mk3 发动机的推进系统。换装采用新的模块化“切开并插入”方式，增加一段大约 10m 长的分段。这类通过直接引进功能模块，在舰中部直接插入整个分段的模块的改装方案采用的数量不多，但由于改装后对舰艇作战能力产生质的提高，因此值得我们特别关注。

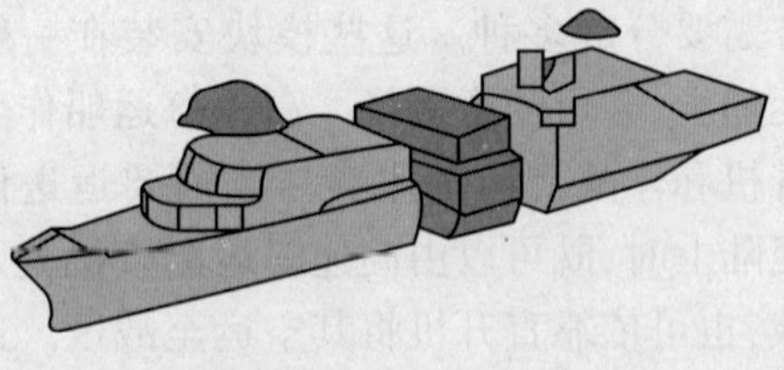

图 8-5　安扎克护卫舰“切断并插入”改装方案

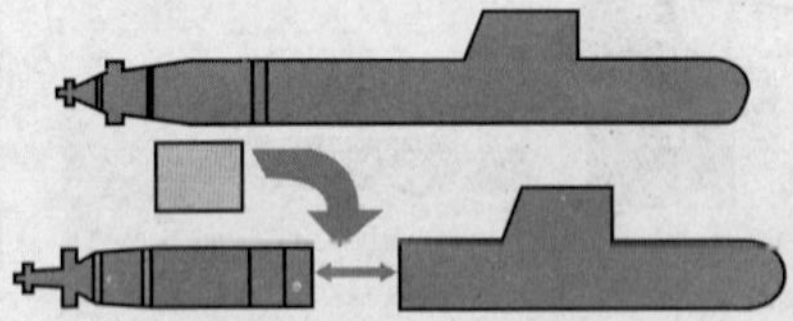

图 8-6　插入 AIP 舱段

2. 开发新的模块安装技术

随着模块化建造技术的不断发展，为使通过更换模块达到迅速改变舰艇作战任务成为可能，在模块装配技术开发方面也出现了一些新的趋势。通过改进安装技术、换装方法和安装位置，使模块从更换到启用时间仅需几天、几小时，甚至几十分钟。

1）基座导轨安装技术

在模块化安装技术上，为提高模块更换的速度，在以往通过注塑等固定模块方法的基础上，美国海军提出了一种被称为“舰载模块布置再组合技术”（SMART）的设计、制造和安装新方法（图 8-7）。

该方法是基于一种“基座导轨系统”的设计方法。这种设计类似于飞机上将客机快速布置成货运飞机，或将货运飞机布置成客机的客座/货位互换导轨技术。使用中，首先将导轨以一定间距固定在舰内指定结构上，如甲板、舱壁扶强材或天花板的 T 形结构钢上。然后，将需要安装的模块通过轨道滑入指定位置，舱内壁与模块上均装有可快速安装/重新定位的插接式模块配电板等。导轨可根据设备的需要分为轻、中和重型固定件。因此，这种新技术的介入能使最新技术获得迅速采用，比焊接基座的标准方法更快地支持各种设备安装就位。

图 8-7　美海军“科罗拉多”号联合作战中心的基座导轨系统

采用上述新的安装技术后，舰艇可以在指定的空间内进行重新布置，以接纳新的系统，安装更新的设备，并且能以最小施工量（焊接、磨削、绝缘、油漆等）重新布置工作区域，且最大限度地节省开支。美海军舰艇装备的 C4I 系统的关键部位，诸如战术编队指挥中心(TFCC)、联合作战中心(JOC)、通信中心等均可以根据需要重新布置。“舰载模块布置再组合”系统已应用到美国“蓝岭”(LCC 19)两栖指挥舰的支援武器协调中心(SACC)和“科罗拉多”(AGF 11)号舰的联合作战中心上。

2)利用直升机快速换装模块

利用直升机快速换装模块是美国提出的一种直升机与海运船组合新概念(图8-8)。由一家直升机制造公司与两家船厂合作开发,目的是研制一种新的部队运输方式。该概念主要包括3个方面:研制多种新型任务功能模块;制造一型超级重型起重直升机;开发一种浅水、高速海运船。通过将三者有机组合使用,能够克服军队进入港口时面临的各种困难。该概念是将执行任务的装备、人员集成在一个大约20t的大型模块内,该模块可以根据任务需要分成多种。这些模块安装在一艘高速海运船上,并可随意更换。高速海运船作为运载直升机和作战部队的平台。当需要运送作战部队至陆上时,既可以由高速海运船直接驶入港口卸载,也可依靠直升机将其空运至战区。这种设想的好处包括减少舰艇在港口卸货的时间和使部队能够独立作战。

图8-8 直升机与海运船组合吊装概念

超级重型起重直升机的主要特征是一套同轴旋翼系统和小巧的机身。飞机的旋翼直径达35m,机身则比UH-60“黑鹰”直升机的机身还小。这种超级重型起重直升机能够运载20t与美国陆军未来作战系统平台的重量等同的有效载荷其航程可达500海里。而高速海运船则采用双体、气垫设计,主要特征包括采用重量轻并应用减阻技术的碳复合材料,以及用于支持武器系统和网络集成的“电子龙骨”技术。利用该技术可以使模块换装速度得以极大提高。

3)利用现有舰艇设施装备武备模块

另外,在潜艇装备武备模块技术方面还出现了一种趋势,这种方法更确切地说是开发潜艇装备模块化武备系统的潜力,对潜艇艇体结构不动或少动,就达到装备新型武器系统的能力。这些方法主要是利用潜艇现有的艇体或各类装备的出入口,安装或连接模块化武器系统。这种方法由于基本不需改动潜艇的结构,因此技术难度相对较小。目前正在研制的发射方法包括:嵌加连接分段、弹道导弹发射筒管、鱼雷管、潜艇对抗发射器、废料处理设备和桅杆系统等。

美国海军正在俄亥俄级潜艇的“三叉戟”D5导弹发射筒中研究安装多用武器系统的方案,其中包括:垂直127mm舰炮,该舰炮可发射增程制导弹药;多管火箭系统;超空泡水下武器;使用高能激光或高功率微波的定向能武器系统;能够发射足够强度脉冲以引爆水雷的设备等。另外,利用潜艇潜望镜桅杆也是目前正在开展研究的内容。美国海军为弗吉尼亚级潜艇研制通用模块化桅杆,该桅杆可以安装1门25mm火炮。火炮及其弹药和送弹装置安装在桅杆内部,作战时采用垂直送弹方式,可用于自防御,打击水面舰艇和直升机。另外,通用模块式桅杆(UMM)也是一种十分具有前途的方案,该方案可在潜望镜深度用火箭从桅杆发射非密封无人机。应该说,这种改装并不是真正意义上的模块化改装，充其量只能称之为“次尺寸模块化技术”。

3. 应用模块化技术试验新装备、新技术

1）研制或改装模块化武备测试平台

随着功能模块的广泛应用和开发，许多国家海军为验证这类模块的装舰适用性，在新的武备、电子等系统的开发阶段，就利用专门设计或经改装的平台进行新的功能模块的测试。例如，美国海军专门将“司莱斯”号小水面多体船作为模块化技术的验证船，研究模块化技术在滨海作战中的使用（图 8-9）。“司莱斯”号将通过更换多种任务模块以执行不同的作战任务，对抗来自水面、水下和空中的威胁。在 2003 年的数次测试中，美海军将模块化武备系统 35mm 舰炮、导弹发射系统和鱼雷发射管分别安装在司莱斯舰上，并进行实弹射击；同时也根据不同武备的要求换装不同的模块化传感器。上述试验结果令美海军十分满意，试验充分展示了小型、快速、高机动的平台在融入模块化设计后所带来的灵活性。

图 8-9 “司莱斯”号装备的多种任务模块

美国海军在开发未来驱逐舰 DD（X）的相关技术时，采取的方法则是将刚刚退役“阿瑟·雷德福”号驱逐舰改装为测试平台。该舰将安装 3 套 DD（X）技术开发模块，包括综合电力系统（IPS）、复合舱面船室和双波段雷达。IPS 能够允许快速地重新配置电力，减少噪声和给予在舰船设计上更大的灵活性。另外，英国海军为验证计划配备于 45 型驱逐舰的基本防空导弹系统（PAAMS），也开始改装导弹试验驳船“长弓”号。该试验船装备全套的 PAAMS 设备，包括“桑普森”多功能主动相控阵雷达（安装在水线以上 35m 的桅顶，这与 45 型的桅顶高度一致）、“西尔维亚”垂直发射单元和相关的 PAAMS 试验设备。

意大利海军近年来也通过改装“龙骑兵”号护卫舰作为导弹试验舰。试验了一系列模块化武器系统，其中包括：与英海军相同的基本防空导弹系统（PAAMS）的法国—意大利改型，该导弹用于“地平线”防空护卫舰；意大利的舰对空/反导（SAAM/IT）点防御导弹系统（“紫菀 15”导弹）；欧洲多功能相控阵多功能雷达；“米拉斯”反潜导弹；“西尔维”A43 型 8 管垂直发射系统等。

2）试验应用非舰载模块化装备

陆上/机载系统用于舰艇有着显而易见的优势和缺陷。在优势方面，陆上/机载武器能最大限度地缩短开发研制时间、减少研制费用；提高多军种装备的共用化、通用化程度；这类装备往往已装备于部队，具有技术成熟的特点。但它也存在着明显的缺点：首先，设计环境不同，若要应用在海上需要解决一系列防腐、保养等问题；其次，重量、尺寸难以满足要求。因此，以往舰艇应用陆上/机载武器装备的事例并不多，我军在解放初期曾在登陆舰上装备陆军山炮；俄罗斯边防军在其巡江炮艇上，朝鲜海军在其一型巡逻艇上安装了 T62 坦克炮。

其他国家海军也有应用，但数量较少，不成系统，且多是应急之举。

随着舰艇研制模块化的广泛开展，许多新研制的舰艇为今后的武器装备改装预留了较大的接口空间和重量裕度，从而使新型舰艇对武器装备的选择有了更为广阔的选择空间。甚至一些原本不是模块化的陆上武备，也因其外廓尺寸和整体重量符合舰艇接口要求而具备了应用在舰艇上的条件。一些国家开始进行利用陆上/机载武器系统舰用试验。

陆上武器系统上舰试验的一个突出范例是德国海军在 2002 年开始实施的在 F124 护卫舰上试验陆军 155mm 自行火炮计划（图 8-10）。该计划于 2002 年 9 月提出，被称为模块化海军炮概念（ModularNaval Artillery Concept）。起因是由于德国海军感到现有舰炮对陆攻击火力的不足，单独研制一型舰炮周期长、费用高。于是考虑以陆军 155mm 自行火炮为基础研制大口径舰炮。德国莱因金属公司研制的 PzH2000 自行火炮的炮塔因指标接近而被选用。为了演示，在 2002 年 12 月由德国 HDW 公司将一座该型炮塔短时期安装在 F124“汉堡”号护卫舰上。德国军方仅装备了炮塔，而没有在甲板下安装升弹机。试验结果表明：①该火炮具有运动中射击的能力，配备全自主导航和火控功能，满足舰艇运动中的射击要求；②该炮塔在装备全自动的弹药供弹装置（炮塔内可装载 60 发炮弹）的条件下，炮塔体积和重量仍比舰载 76mm 中口径炮塔在甲板上/下两个方面所占空间还小；③面临的最重要问题是大口径火炮的后坐力问题，但经过试验，柔性炮座优于刚性炮座安装。

图 8-10　德国 F124 护卫舰安装的陆军 155mm 自行火炮炮塔

这次试验使人们认识到如果选择适当的陆上武器，将会使舰载武备的研制取得意想不到的好处。与此同时，我们也注意到，世界其他国家近年来也开始关注陆上武器舰用的研究。美国洛克西德马丁公司和瑞士厄利孔公司正在对著名的厄利孔 35mm 火炮进行改进，以使之能够装备在舰艇上。该火炮采用模块化设计，体积很小，可装备于大到驱逐舰、小到近海高速作战艇的各类舰艇上。其连线并准备工作的时间不超过 15min。今后有可能用于美国海军 DD(X)、美国海岸警卫队的深水型舰艇以及未来的美国海军的小型作战舰艇。

另外，瑞典海军将 AMOS120mm 双管迫击炮系统安装在其 90H 式“高速战船”突袭艇上。该迫击炮由芬兰帕特里亚 · 万马斯公司和瑞典赫格隆车辆公司投资研制。设计用于安装在履带式车辆（如赫格隆车辆公司的 CV90 底盘）和轮式装甲车（如帕特里亚车辆公司的 XA－180 系列 6×6 底盘）上。

目前，随着各类武器大量采用模块化技术，许多陆上武器系统在研制初期就考虑到陆上/舰载两方面的使用要求。例如，美国正在研制“网火（Netfires）”项目，该项目用于发射巡航攻击导弹。该系统安装在运输集装箱中，每个集装箱内可装 10 个储运/发射装置，总共150枚导弹。集装箱总重不超过16t，以便能用托盘式装载系统和增强了机动性的重型战术卡车运载。在目前美国濒海战舰艇的测试中，洛克希德马丁公司的方案就已将该系统考虑装备到舰上的可能。其战术应用中的一种方案是，将舰上的“网火”发射器利用空运运送到岸边，由舰上指挥提供对登陆部队的火力支援。

在机载武器舰用方面，美国洛克希德马丁公司正在研制一种名为“海鸥”的舰载武器系统，该系统是基于机载“地狱火II”AGM－114M的最新改型。该系统的典型配置包括6具导弹发射轨，2具装在1门25mm火炮炮塔的两侧，其他4具安装在桅杆上。

另外，法国计划将“米卡”中程空对空导弹改装为垂直发射的新型舰对空系统。该系统结合了标准的“米卡”导弹（安装有主动雷达导引头或图像红外导引头），以及经认可的和流行的垂直发射的海狼发射集装箱系统。垂直发射的“米卡”导弹系统包括模块化垂直发射集装箱（8、16或更多）及一个定序器。使用一种或两种“发射后不管”“米卡”导弹的改型。利用舰艇的作战系统提供目标指示数据。

4. 探讨模块化应用的新领域

舰船模块化发展的一个显著趋势就是利用模块化理论探讨新形式的应用范畴。这些模块与传统意义上的模块在尺寸和使用方式上有了很大区别。

1）大型平台模块

模块化建造在种类、技术上不断发展的同时，在模块尺寸上也突破传统概念，从船体模块发展到大型平台模块。

例如，美国海军在近年来开展的机动式近海基地计划中就采用了模块化技术。而且这种海上基地不是某个平台的概念，而是一种不同平台形成网络化、模块化，进行协同作战的概念。美国海军认为当组成“海上基地”的多个任务模块在海上移动时，如果任务模块都能通用，那么就能提高海军的战斗力和灵活性（图8-11）。这种机动式近海基地包含多种方案，每一种均采用多个长方形半潜式钢结构模块组合使用的方式。其中混凝土/钢混合结构方案采用4只模块，每个模块长约380m、宽约152m，组合成的海上基地长约1520m。铰链对接半潜式结构方案由5个模块组成，每个模块长约300m、宽约152m，组合后的近海基地全长约1500m，全部由铰链连接。独立的半潜式结构方案由3个模块组成，每个模块长约485m、宽约120m。带有弹性桥的半潜式结构方案由3个模块构成，每个模块约长258m，模块间由弹性桁架桥连接，每个桁架桥长约430m，组合成全长约1634m、宽约120m的海上基地。这些方案中，组成近海基地的各个模块均应用了动力定位系统，使模块之间可以保持相对动态定位，完成需要的组合方案。有些方案的模块甚至还可以作为一个小的海上基地独立使用。

另外，英国也曾研制过一种海上模块式后勤系统。该系统一共有6个平台。由于采用模块化的设计概念，因而其可在现场组合装配。该系统以20ft×8ft×4.5ft（6.1m×2.4m×1.4m）半高集装箱模块为基础，与ISO尺寸要求相匹配的浮箱单元，使平台系统的组成部件都可通过一般的集装箱化海运、公路和铁路系统运送到作业区域。Mexecell系统的用途包括构成浮游栈桥、滩头登陆门桥、车辆能驶上驶下的滚装平台、水下施工平台、钻井平台、海上高架平台、驳船纵列、潜水支持平台、高架结构和海上防波堤等。

2)大型拖带模块

大型拖带模块是近年提出的一种十分新颖的模块化设计概念,即一艘舰艇在其后拖行另外一个船体。该船体整体结构采用模块化设计,船上可装备各种功能模块。目前,这类模块的设想方案数量很少,主要是美国海军提出的潜艇拖曳方案。该方案是让潜艇拖曳一个大型的模块化、潜水式武器载荷舱(图8-12)。该舱具有以下功能:安装大量的武器发射系统,能够储存和发射数百枚巡航导弹或弹道导弹;安装传感器网络系统,可收集和处理声/电磁信息,并与母艇保持通信联络;布置"海豹"突击队员和其他特种作战部队的居住空间;设立为无人潜水器添加燃油的补给站。当攻击型舰船到达作战海域后,该舱将被安置在适当的海底位置,成为一个可随时控制的武器发射场。

图8-11 多任务模块"海上基地"概念

图8-12 模块化、潜水式武器载荷舱

四、中国舰船模块化技术与国外的差距

多年来,中国船舶设计一直沿袭着单件设计的传统做法。从中国舰艇研制历史看,一型舰艇的研制周期非常长。这是因为舰船平台的研制必须在武器等系统确定后方可开始,而一个新的武器系统的研制经常要用几年的时间。若在武器系统尚未研制成功的情况下就开始研制平台,一旦武器系统与舰船的接口关系有变化,则舰船总体上就需作相应变化,有时甚至是大的变动。这样既影响舰船总体研制进度,又影响研制产品的质量。研制周期太长,既无法满足部队作战使用急需,也无法在使用性能上真正地满足作战要求,且随着研制周期的延长,研制经费也直线上升。那么,解决这一问题的途径就是采用模块化技术。

中国的模块化造船刚刚起步,理论和应用还处于摸索阶段,水面舰艇主要还是沿用常规的设计建造方法,尚没有真正意义上采用模块化技术进行设计和建造的舰艇。目前中国对水面舰艇模块化技术已进行了初步的研究,在舾装和机电设备等方面已有实践,在武器、电子设备模块化方面结合型号产品研制开展了研究工作,并在某型舰上实现了电子武备模块的上舰安装,取得一定成绩和经验。但仍存在诸如以下的许多问题:①标准平台尚未形成模块化的设计标准或设计准则,总体布置设计中应用模块理念和技术上不成熟;②功能模块数量较少,目前中国舰船功能模块的品种和数量都不多,使得相关内容的试验和研究难以进行;③没有制定相应的接口标准,模块化接口标准包括模块尺寸的几何"硬"接口,以及通信协议等"软"接口。目前中国还未就这些接口装置制定统一的标准文件。

综上所述，为提高中国舰船模块化的设计建造水平，必须广泛、深入地开展理论研究、更新观念、建立模块化设计概念，对模块化标准平台设计中的模块划分、设计方法、技术准则、实施途径等关键技术等进行广泛的研究，只有这样才能实现真正意义上的模块造船。

第二节　舰船标准平台典型区域模块化设计方法及可制造性准则研究

一、标准平台典型区域模块的设计方法

舰船模块化设计就是在设计阶段研究舰船的自身特点，对其进行各类、各级模块的合理划分（尽可能形成系列的通用模块或标准模块），充分考虑在制造、维护及改装等方面问题，达到制造过程快速化和维护、现代化改装快速化的目的。

除功能模块以外的舰船其他部分，包括舰体、舾装等统称为标准平台。标准平台必须能十分方便地容纳各种不同的战斗系统，其设计的基本目的在于使任何一个或多个武器设备模块都具有互换性，而对系统的其他部分的影响降低到最小。

标准平台的模块化，一是将舰船分出几个功能区域，以便为装载功能模块提供位置，为功能模块提供甲板开口以及安装所需的标准接口。二是舰体内各系统、装置的模块化，其中最主要的是通风、消防、电力系统的模块化。为此在标准平台的设计制造中引入“区域模块化”的概念。在这个概念中，全舰分为若干个区域，其中，每一个用于功能模块安装的区域都应在空间布置上保证功能模块的适装性和进行局部改换装时布置上的机动余地，确保拆装时不至于多影响其他部分。同时每一个功能模块安装区域还应配备在今后改换装时需要的供给系统，如水、电、气等，而这些供给系统同样需要留有现代化改装的裕度。

1. 区域的划分原则

1）结合舰船功能开展区域划分

根据舰船功能分解，可以将舰船分成以下区域：推进功能区、武器功能区、信息接受区、指挥控制区、舰员生活区、辅助功能区。

2）结合模块化设计功能划分要求

将舰船分解为若干总段，总段分为若干分段和许多标准的功能模块。

3）结合总段建造方针

在总段及其功能划分的同时，要结合考虑船厂的建造能力，考虑其建造方针，以便顺利实现舰船建造。如设备设施能力允许，船厂可考虑将区域在上船台（坞）前合龙成形——区域总段。目前国内大多数船厂在船台（坞）配有一台或多台 600t 吊车，船台（坞）最大起吊能力一般在 1000t 以上，因此设计时应将区域总段的起吊重量控制在 1000t 以下（2 台吊车联吊），总段的起吊重量控制在 550t 以下（单台吊车起吊）。总布置和结构设计应考虑一个区域总段或总段能够形成一个或多个独立功能模块区域，以利于军舰的快速建造和改装。

4)同一系统尽可能划分在同一总段中

对舰体进行总段模块分解及总段功能设计,作战功能等其他功能均“封装”于总段中。在该总段内封装了区域配电系统、区域海水消防系统、区域空调通风系统等。功能模块封装体之间、作战与平台之间联接则采用标准信息、能源接口连接。在体系结构上,则主张作战系统、平台监控管理系统等为分布开放式,从而便于模块化的重新组合,以适应新的作战任务需求。

但是对于同一系统冗余设计的设备,从生命力上讲要分散布置,可不在同一总段中。

5)总段具有足够的强度和刚度

总段端部尽可能是舱壁等强力结构件,以保持总段的刚性和稳定性。

6)便于舾装和涂装

总段开放端部应有适当的通道,供舾装和涂装作业用,尽量提高预舾装率。

2. 统一设计软件平台

随着信息技术的发展,造船技术充分体现了信息密集性的特点,信息技术和智能技术的发展,使数字化造船技术成为现代造船技术的核心支撑技术,使造舰技术向集成制造和敏捷制造方向迈进,实现快速和高效造船。

目前,国内军船设计呈现多个不同软件平台共存的状况,包括:Tribon、CADDS5 等。

实施模块化造船技术对于设计软件平台提出了更高的要求,主要体现在以下 3 个方面。

1)支持 100% 三维数字化产品模型

100% 三维数字化产品模型包括的不仅是设计信息,同时还包括管理、建造、使用、维护等产品全生命周期的信息。

Tribon 系统具有专业化、针对性强等优势,涉及造船设计的各阶段、各专业,系统比较紧凑,三维数字化模型的信息完整性较高。目前在国内的民船建造领域有着广泛的应用,部分院所和军工企业也将其用于舰船的设计。

CADDS5 系统是通用的机械三维设计软件,具有功能齐全、真三维造型、数据库开放等一系列优点。但相对于 Tribon 软件而言,CADDS5 在造船这个领域的专业化功能相对较弱。但由于它本身具有 CVMAC 开发平台,以及其底层的数据库是基于 Oracle 数据库的特点,因此给用户留有很大的开发余地。CADDS5 系统在国内主要用于舰船的设计。

总之软件的现有版本都基本实现了 100% 三维数字化产品模型,但在管理、建造、使用、维护等信息的集成方面均需作进一步完善。

2)支持上下游设计信息无缝对接

舰船的设计是由总体到局部的逐步细化的过程。在推行舰船区域设计模式后,舰船设计过程包括①初步设计;②技术设计;③施工设计;④生产设计四个过程。上下游设计信息的无缝对接是并行设计、协同设计的基础,在提高设计质量、缩短设计周期方面拥有明显优势。

3)实现舰船全生命周期的虚拟仿真

实现舰船全生命周期的虚拟仿真就是应用计算机技术,模拟舰船的建造过程、维护和现代化改装过程,使得在舰船的设计阶段就可以分析、评价其制造、维护和改装的难易程度，并进行有针对性的改进，从而有效减少设计时间，降低制造、维护和改装的难度，缩减产品全生命周期内的总成本。

虚拟仿真软件系统在汽车、航空和机械等行业应用得比较成熟，将其应用于造船行业才刚刚起步，美国、欧洲等发达国家已在这方面进行了大量的研究。TRIBON、CADDS5和国产化造船集成软件目前均不支持虚拟仿真技术，且在短时间内还无法实现技术突破。

CATIA V5 是 IBM 和达索系统公司联合开发的 CAD\CAE\CAM 软件，可对产品的开发过程进行仿真，并能够实现工程人员和非工程人员之间的电子通信；且 CATIA 系统为造船工业开发了专门的船体产品和船载设备、机械解决方案。由于其在技术上采用全相关性三维模型，普通计算机无法支持舰船这样巨型复杂产品的庞大数据运算，这极大制约了其在造船领域的应用。研究表明，CATIA 系统并不适用于舰船设计特别是施工设计、生产设计，但其拥有强大的虚拟制造仿真功能，因此可选用 CATIA 系统作为虚拟仿真的软件平台。此外，由于 CATIA 系统在机械制造、电子/电器等产品设计领域的优越性，非常适合将其作为舰船功能模块的设计平台。

4）设计平台的选择

TRIBON 系统满足①支持100%三维数字化产品模型；②支持上下游设计信息无缝两方面要求，而 CATIA 系统在虚拟仿真和机械制造、电子/电器等产品设计方面有其优势。可考虑将两者结合以满足舰船模块化设计需求，即：

①标准平台采用 TRIBON 系统作为设计全过程的统一平台；

②功能模块的设计采用 CATIA 作为设计平台；

③舰船虚拟仿真平台采用 CATIA 作为设计平台。

3. 建立适应模块化造船的设计流程和组织体系

1）优化设计流程

在舰船区域设计模式中，总体所负责的施工设计与船厂的生产设计在工作内容上部分重叠，将施工设计分解合并到技术设计、生产设计可进一步避免重复设计，缩短设计周期。

2）功能模块与标准平台并行设计

在舰船设计的初期应尽早确定功能模块的划分方案，并以此将各功能模块独立于标准平台进行设计。功能模块都具有与标准平台的接口界面，显然，在展开各功能模块设计前，应明确功能模块与标准平台的接口界面。

3）打破专业导向型组织模式，构建矩阵型项目组织结构

构建由横向的专业组和纵向的项目组构成的矩阵型组织结构可以很好地处理专业与项目组在设计过程中的关系，矩阵型项目组织结构可大大减少中间协调环节，符合模块化造船、并行工程对设计组织的需求。

4）设计阶段的工作内容划分

舰船设计的各阶段工作内容应编制相应标准文件予以明确。需要指出的是，在技术设计阶段的建模应确保几何模型的完整性，而模型的施工工艺信息，如结构的余量、补偿量、划线、坡口等，管子的表面处理等应在生产设计阶段由船厂完成。表8-2列出各阶段主要工作内容。

各设计阶段的主要工作内容　　表 8-2

序号	设计阶段	主要工作内容	备　注
1	初步设计	确定总体性能,绘制总体图样	技术规格书 总布置图 线型图 机舱布置图 典型横剖面图
		建造总策划	建造方针 设计标准 功能模块的划分方案 标准平台的区域、总段、分段划分方案
		建立结构 JUMOB 板架,主要设备布置	
2	技术设计	按区域建立标准平台的三维模型	建立 100% 三维几何模型
		按区域绘制技术设计图纸	结构图 系统图 原理图 设备布置图
		各功能模块的设计	
3	生产设计	添加工艺施工信息,细化技术设计模型	
		绘制各专业的施工图纸	
		提供施工用的各类数控数据	

5) 建立适应模块化造船的设计评审体系

模块化造船要求在舰船设计阶段即可分析、评价其制造、维护和改装的难易程度,并进行有针对性的改进。实践证明,产品的设计、制造、维护及改装总是相互影响、紧密关联的。一方面,制造及维护、现代化改装过程的快速化问题必须在设计阶段充分考虑,这必然增加了设计工作量进而导致设计周期的延长;另一方面,在其他影响因素相同的条件下,制造过程的快速化往往意味着维护、现代化改装的快速化。因此可将分析、评价舰船制造、维护和改装的难易程度问题归纳为舰船可制造性问题。

为确保舰船设计质量和优化设计方案,必须通过一系列制度化的会议(表 8-3)进行专业之间的协调和设计结果的评审。

各类评审会议　　表 8-3

序　号	会议类型	评审内容	备　注
1	模块划分评审会	功能模块的划分方案	
2	初步设计评审会	建造方针 设计标准 区域、分段及总段划分方案 初步设计的三维模型	
3	功能模块评审会	功能需求	各功能模块分别评审

续上表

序　号	会议类型	评审内容	备　注
4	技术设计评审会	解决技术设计专业间协调问题 优化区域内的设备、舾装综合布置 技术设计的三维模型	按区域分别评审
5	生产设计评审会	检查三维模型与技术设计的一致性 协调各专业间模型 生产设计的三维模型	按区域分别评审

可制造性评价成为设计评审的重要组成部分，建立100%三维数字化模型和虚拟仿真技术是评价舰船可制造性问题的有效途径，评价分为3个方面：

(1)模块划分对于产品可制造性的影响。

(2)标准平台的各级中间产品划分对于产品可制造性的影响。

(3)标准平台的各类模块(结构模块、舾装模块、壳舾涂一体化模块)自身的可制造性评价。

6)舰船模块化设计流程

基于三维数字化建模和虚拟仿真的舰船模块化设计流程如图8-13所示。

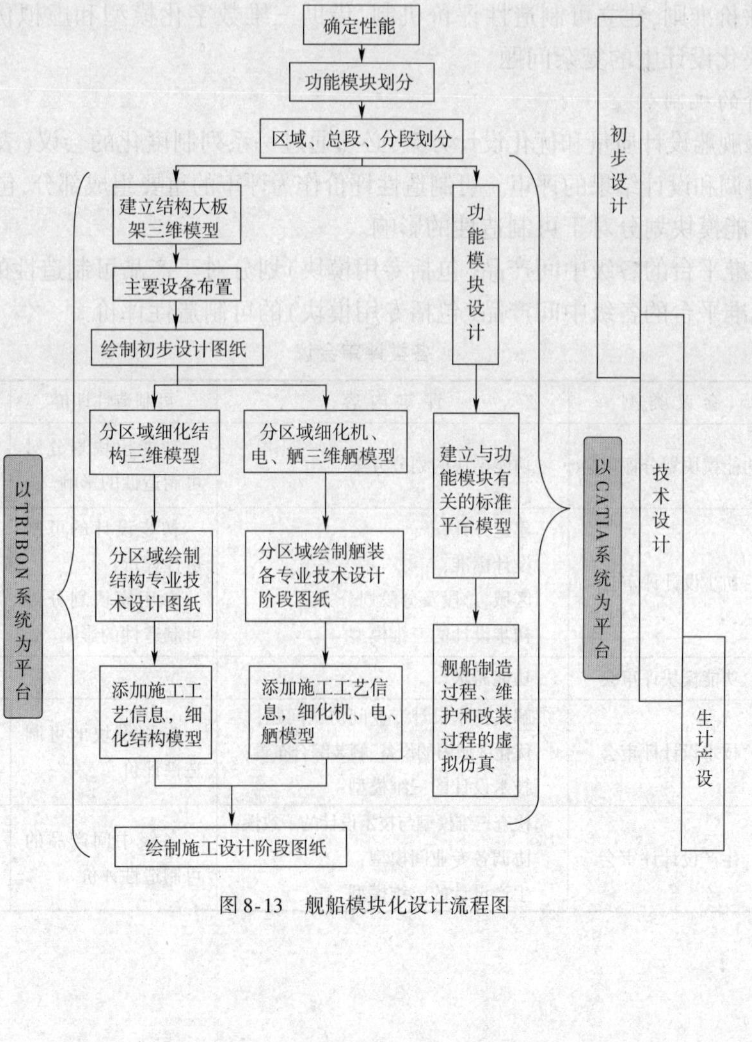

图8-13　舰船模块化设计流程图

二、基于舰船模块化设计的可制造性评价准则

1. 评价的方法

目前,研究产品可制造性评价的方法正成为热门领域,许多新的理论和方法被提出,这些方法可分为定性评价和定量评价两类。相比而言,定量评价法更加科学,而定性评价法虽然较为粗糙,但在分析对象过于复杂,数据资料不够充分的情况下比较适用。必须指出,两种分析方法对数学知识的要求虽然有高有低,但并不能就此把定性分析与定量分析截然划分开来。事实上,定性分析方法同样要采用数学工具进行计算,而定量分析则必须建立在定性预测基础上,二者相辅相成,定性是定量的依据,定量是定性的具体化,二者结合起来灵活运用才能取得最佳效果。

可制造性问题贯穿于整个舰船的设计过程,从"两种分段划分方案哪种更易于制造"的复杂问题到"焊接式面板和折边面板哪种制造成本更低"的细节问题。目前的研究水平和制造数据的积累还难以在舰船设计中应用定量评价法分析解决复杂的可制造性问题。

将舰船设计过程中遇到的可制造性问题按设计的阶段、问题的复杂程度进行归类,通过以定性分析为主、定量分析为辅,两种方法相互结合进行可制造性评价。通过编制可制造性评价准则,建立可制造性评价机制,借助三维数字化模型和虚拟仿真技术来解决舰船模块化设计中的复杂问题。

2. 评价的机制

为确保舰船设计质量和优化设计方案,必须通过一系列制度化的会议(表8-4)进行专业之间的协调和设计结果的评审。可制造性评价作为评审的重要组成部分,包括3类内容:

(1)功能模块划分对于可制造性的影响。

(2)标准平台的各级中间产品(包括专用模块)划分对于产品可制造性的影响。

(3)标准平台的各级中间产品(包括专用模块)的可制造性评价。

各类评审会议　　表8-4

序号	会议类型	评审内容	可制造性评价	可制造性准则
1	功能模块划分评审会	功能模块的划分方案	功能模块划分对可制造性的影响	6项
2	初步设计评审会	建造方针; 设计标准; 区域、总段及分段划分方案; 初步设计的三维模型	初步设计的可制造性评价; 专用模块划分对可制造性的影响	16项
3	功能模块评审会	功能需求		
4	技术设计评审会	解决技术设计专业间协调问题; 优化区域内的设备、舾装综合布置; 技术设计的三维模型	专用模块的可制造性评价	13项
5	生产设计评审会	检查三维模型与技术设计的一致性; 协调各专业间模型; 生产设计的三维模型	各级中间产品的可制造性评价	13项

可制造性评价的评委应由设计方、制造方、用户方共同组成,设计方为总体所,制造方由船厂的技术、生产和管理等部门熟悉制造工艺的管理者或工程师构成,海军应选派具有丰富水面舰船使用、维护经验的官兵参与设计评审。为了保证可制造性评价的规范性、客观性、准确性,还应做好两方面工作:①编制基于水面舰船模块化设计的可制造性评价准则;②构建可制造性评价专家库。

需要指出的是,可制造性评价并不是简单得出"好"或"不好"的结论,例如同样的分段划分方案,采用不同的制造工艺可能在可制造性评价上得出完全相反的结论。因此,可制造性评价的结论应明确设计方案如何修改或在设计方案不变的情况下制定最优的制造工艺。

3. 可制造性评价准则

可制造性评价准则有两方面作用:①指导设计人员在设计过程中关注可制造性问题;②在设计评审阶段作为规范评价内容的标准化文件。

可制造性评价准则是在充分考虑其他行业现有的可制造性标准的基础上,同时结合了本课题的研究成果提出的。需要指出的是,准则需在实践过程中不断予以补充、完善。

1)功能模块划分评审

可制造性评价内容:功能模块划分对可制造性的影响。

可制造性评价对象:总布置图、功能模块划分图。

可制造性评价准则:

(1)功能模块在结构大小、功能大小方面分配得当。

(2)功能模块在划分过程中,要使其具有一定的功能独立性和结构完整性。

(3)应以功能为基础,将功能关联比较大的设备及系统组合在一起,形成具有功能比较独立的模块。例如武器发射装置本身与该武器系统的指挥、探测、火控等电子设备高度集成在一起,使其能独立完成战术技术指标中所要求的完整功能。

(4)要有利于模块的制造、安装、调试和检测。

(5)为提高功能模块的适用性,满足不同的布置需要,功能模块可由多个子模块组成,以便于拆分、组合,以形成不同布置的功能模块。

(6)功能模块的划分和布置要有利于对其进行维护、现代化改装。例如重构舰内电子设备或添加传感器模块的工作要相对简单,能快速完成新任务所需设备的配置工作。

2)初步设计评审

可制造性评价内容:专用模块划分对可制造性的影响。

可制造性评价对象:区域、总段、分段划分图,初步设计的三维模型。

可制造性评价准则:

(1)标准平台必须能十分方便地容纳各种不同的战斗系统,使任何一个或多个武器功能模块都具有互换性而对系统的其他部分的影响降低到最小。

(2)舰船改换装时需要的供给系统,如水、电力、气源等在设计时需留有设计裕度。

(3)区域总段的起吊重量不超过1000t,总段的起吊重量控制在550t。

(4)分段的尺寸应有利于钢材的利用率。

(5)总段、分段的划分应尽量减少舱室涂装的破坏。

（6）分段划分应尽可能减少高空作业量，减少辅助性脚手架的设置数量。

（7）分段尽可能标准化，工作量相近，为组织均衡生产创造条件。

（8）有利于扩大平面分段的范围和数量，提高装焊机械化程度。

（9）有利于减少装焊及运输的变形，提高分段制造精度。

（10）分段划分有利于减少船台（坞）对接缝作业在封闭狭小的舱室内施工的情况。

（11）为了减少分段接缝的对接工作量，简化工艺，提高质量，分段接缝应尽量划在切断骨架数量少的位置上。纵骨架式结构多作纵向划分，横骨架式结构多作横向划分。

（12）有利于大型设备、功能模块、舾装模块的进舱吊装。

（13）分段划分有利于扩大预舾装。

（14）设备布置时应考虑设备及系统组合的可能性，使这些设备集中布置以形成舾装模块。

（15）舾装模块的划分要考虑对产品布置、制作、安装的工艺要求及对精度和刚度带来的影响。

（16）舾装模块的布置需考虑设备的维修空间及操作、维修通道，以及单元的外形尺寸，以保证其布置、吊装的可行性，一般情况下的通道间距可参照图 8-14。

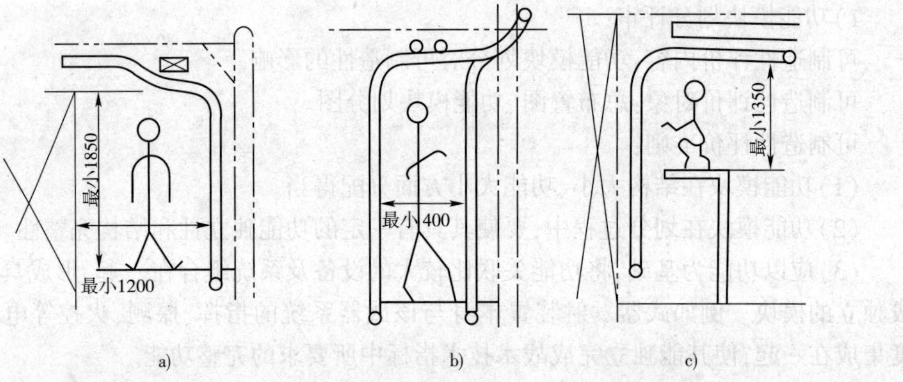

图 8-14　通道间距（mm）

a）正常站立步行所需的间距；b）横向进出通道所需的间距；c）弯蹲行走所需的间距

3）技术设计评审

可制造性评价内容：专用模块的可制造性评价。

可制造性评价对象：技术设计图纸，技术设计的三维模型。

可制造性评价准则：

（1）结构的设计应尽可能标准化、通用化。

（2）结构的板缝应有利于提高原材料利用率，减少材料规格。

（3）板缝排列应有利于船体结构零件的加工。

（4）船体结构节点应有利于实施预密性试验。

（5）专用模块的制造工艺应有利于扩大预舾装。

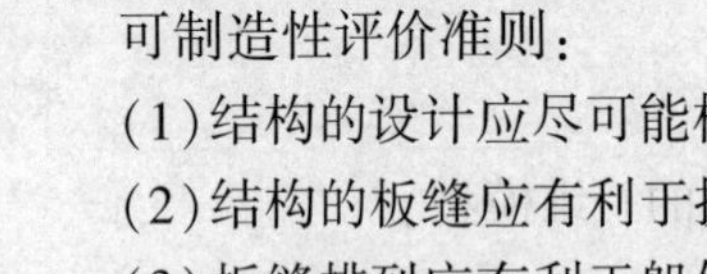

图 8-15　成束管子法兰的排列形状

（6）应最大限度的扩大组件范围，使分段胎位时间最短。

（7）船台（坞）内临时通道设置是否能走通。

（8）在舾装模块之间不设嵌补管的情况下，成束管子法兰的排列形状一般应为平面形或阶梯形，如图 8-15。

(9)管子通过无水密要求的舱壁或平台时,其安装形式参照表 8-5。

管子通过无水密要求的舱壁或平台时的安装形式 表 8-5

序号	简　　图	适 用 范 围
1	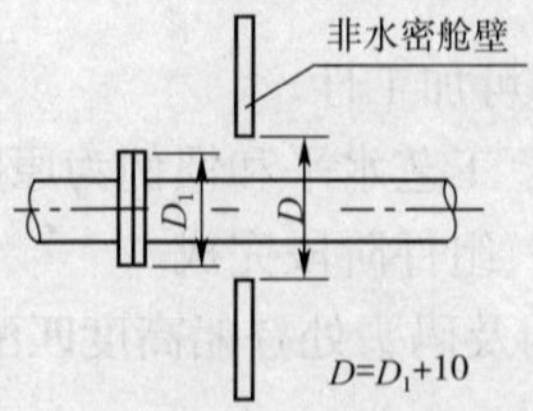	适用于非水密且无阻挡水要求的管子通道
2	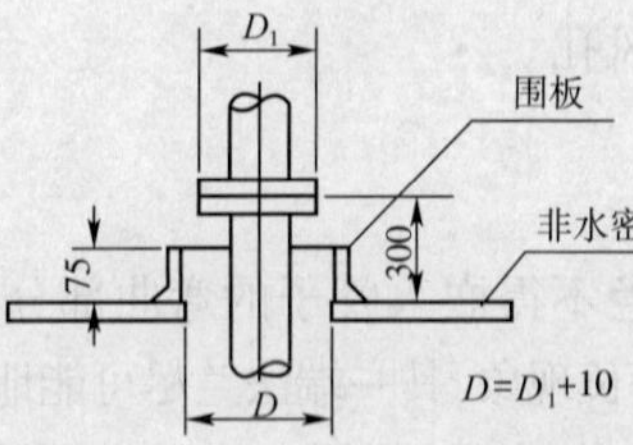	适用于非水密且需阻挡水和油流入另外舱室的管子通道
3	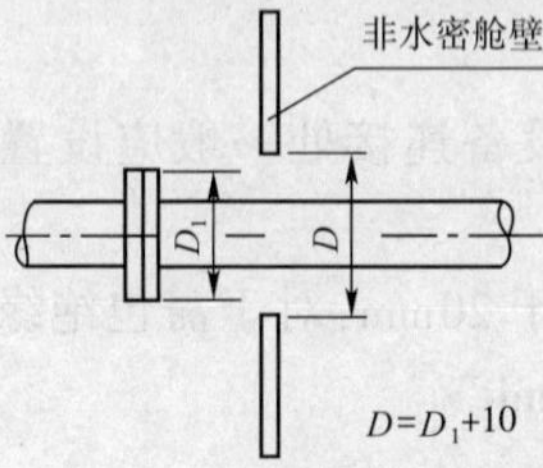	与上图相似,只是数根管子通过同一通道孔
4	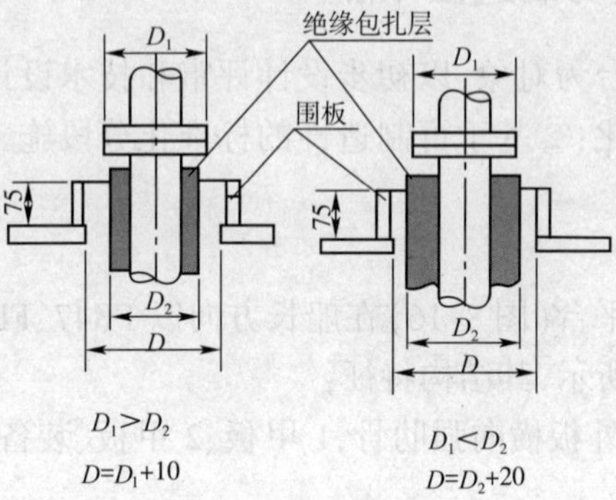	适用于需包扎绝缘的管子

(10)管系布置除要求保证系统的使用功能外,还要求整齐美观,符合使用要求,便于施工、清洁和拆检修理。

(11)管子形状优先顺序:a 直管;b 平面弯曲;c 立体弯曲。

(12)为了便于管子的布置,对于安装要求不高的设备基座最好采用角钢或其他型材制作,如箱柜、热交换器等。但对于安装要求高的设备(如泵、分油机等)最好采用板材焊接基座。

(13)设备、泵类、热交换器等周围管子不能占用其维护、拆检、清洗的空间,如滤芯的取出、热交换器的拆装等。

4)生产设计评审

可制造性评价内容:各级中间产品的可制造性评价。

可制造性评价对象:技术设计图纸,生产设计的三维模型。

可制造性评价准则:

(1)通过三维模型进一步验证船体结构零件的可加工性。

(2)船体结构的余量、补偿量设置应以符合船厂工艺水平和惯例为原则。

(3)各阶段所用的脚手架马板是否全部在部件、组件阶段完成。

(4)机舱区外板临时工艺孔是否与船台(坞)内及码头处登船高度匹配。

(5)工艺孔是否便于焊接电缆、通风和照明。

(6)狭小部位是否设置了临时工艺孔、临时通风孔。

(7)应考虑分段涂装阶段出砂工艺孔。

(8)各类舾装托盘的施工工作量应标准化。

(9)在管子弯头处附近设置法兰时,原则上法兰不得嵌入管子的弯曲部分。

(10)直角弯的管子,应避免出现较长的直角边等长现象,其一端法兰尽可能地靠近弯头。

(11)在采用先焊接两端法兰,再弯曲管子的工艺时,则必须在法兰端留有弯管机夹头所需的直管长度。

(12)在船体分段连接处,舾装模块连接处和设备连接处一般应设置嵌补管(合龙管),嵌补管长度约为1m。

(13)相邻两管(包括附件)之间的距离必须大于20mm,对于需包绝缘的管子(含附件),包绝缘后绝缘边与相邻管之间间隙应大于30mm。

三、某护卫舰功能模块标准平台的可制造性评价

以某护卫舰的垂发功能模块的标准平台为对象,以初步设计评审和技术设计评审为背景,讨论:①基于可制造性的分段划分优化;②基于可制造性的标准化分段施工工艺优化;③基于可制造性的结构节点优化。

1. 基于可制造性的分段划分优化

某吨级护卫舰的垂发功能模块的标准平台(图8-16)在船长方向以FR47、FR68两个水密横舱壁为分界,典型横剖面如图8-17所示,其结构特征:

(1)纵骨架式结构,包括:外板及纵骨,外板横向强肋骨,1甲板、2甲板、装备平台,中纵舱壁,支柱等主要结构。

图8-16 垂发功能模块的标准平台三维模型

(2)外板型线复杂,底部瘦削。

(3)1甲板、2甲板为垂发功能模块的吊装设大开口,结构强度和刚度较弱。

根据分段划分的可制造性准则以及该区域的结构特征,将标准平台划分为两种标准化分段,即:

(1)装备平台以下的托底分段。

(2)左舷舷侧分段。

(3)右舷舷侧分段(与左舷对称)。

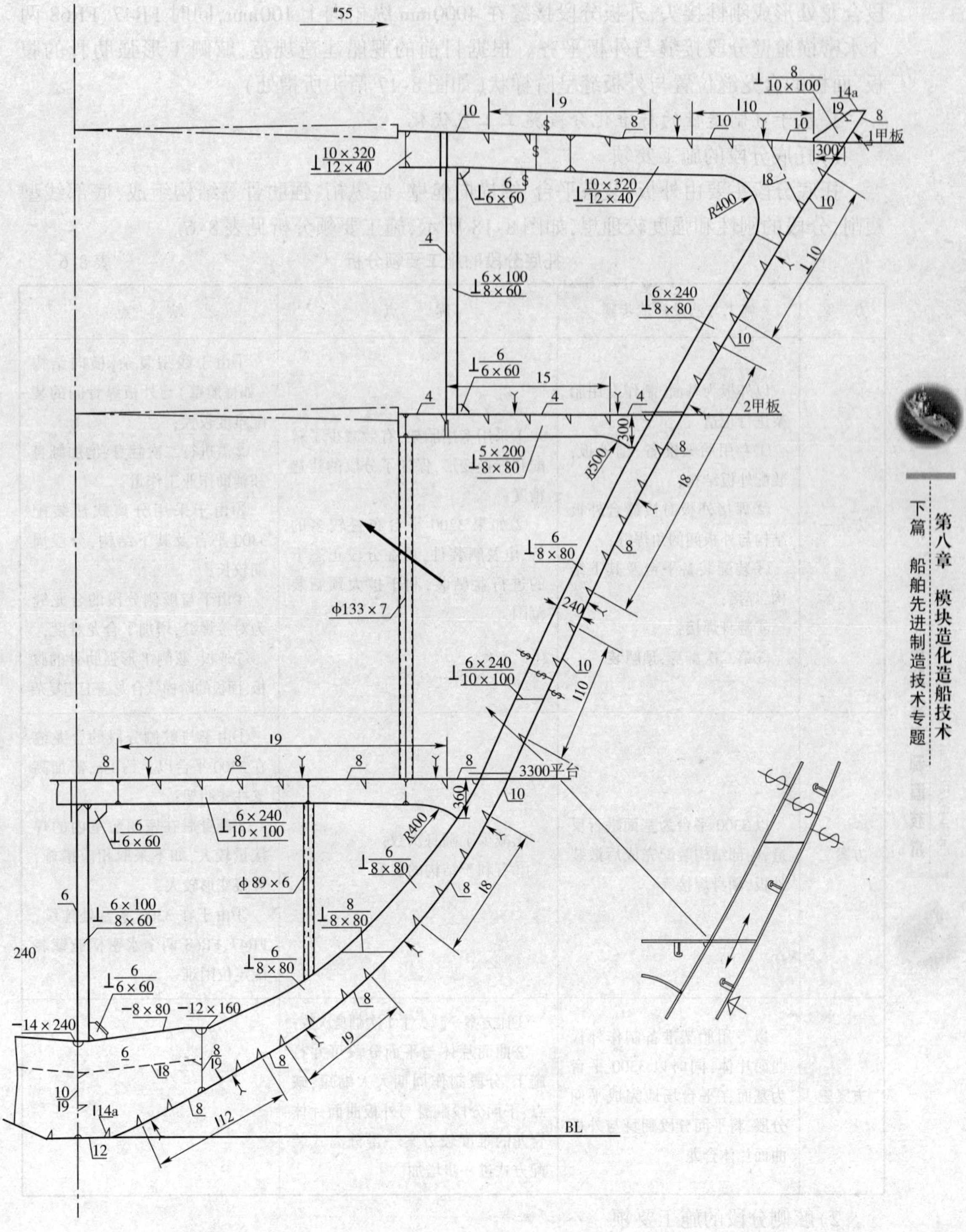

图 8-17　典型横剖面示意(尺寸单位:mm)

舷侧与底部分段划分的位置：由于舷侧强肋骨在平台、纵桁位置连续，为避免托底分段合龙处形成刚性接头，外板分段接缝在4000mm纵桁向上100mm，同时FR47、FR68两个水密横舱壁分段接缝与外板平齐。根据目前的舰船建造规范，舷侧T形强肋骨的腹板、面板的合龙缝位置与外板缝呈阶梯状(如图8-17箭头所指处)。

2. 基于可制造性的标准化分段施工工艺优化

1)托底分段的施工要领

托底分段主要由外板、装备平台、纵横向舱壁、底纵桁、强肋骨等结构组成，底部线型瘦削，分段的刚性和强度较理想，如图8-18所示，施工要领分析见表8-6。

托底分段的施工要领分析 表8-6

方 案	施工方法及建造步骤	优 点	缺 点
方案一	以外板为基面，制作专用胎架进行正造 ①专用胎架准备，铺外板，装配外板结构； ②焊接外板对接缝合外板结构与外板间的角焊缝； ③装配装备平台及其下结构，焊接； ④翻身焊接； ⑤第二次翻身，预舾装	①采用专用胎架，有效减少了转配和焊接变形，保证了分段的建造精度； ②如果3300平台布置较多的管、电及舾装件，可在分段正态下的进行盆舾装，利于扩大预舾装范围	①由于线型复杂，横向结构(如横舱壁)与外板纵骨间的装配难度较大； ②需进行二次翻身，增加翻身和辅助作业工作量； ③由于采用分离式法装配3300平台及其下结构，分段周期较长； ④由于与舷侧分段的合龙缝为对接焊缝，增加了合龙难度； ⑤外板、舷侧T形强肋骨的腹板、面板的阶梯状合龙缝工艺复杂
方案二	以3300平台为基面进行反造，内部结构装配完成后散装外板，翻身焊接	①减少了翻身次数； ②有利于结构的装配	①由于与舷侧分段的合龙缝在3300平台以上约1m，需加高支柱式胎架； ②翻身后在密闭舱室内的焊接量较大，如不采取相应措施，焊接变形较大； ③由于在3300平台处连续，FR47、FR68两个水密横舱壁装配定位困难
方案三	以专用胎架准备制作外板曲面片体，同时以3300平台为基面在平台场地完成平面分段，将平面分段翻身与外板曲面片体合龙	①比方案一减少了1次翻身次数； ②曲面片体与平面分段可并行施工，分段制作周期大大缩短；缺点：平面分段翻身与外板曲面片体合龙的难度较方案一得分离式装配方式进一步增加	

2)舷侧分段的施工要领

舷侧分段主要由外板、1甲板、2甲板及纵横向舱壁等结构组成，高度方向的尺寸较大，分段的刚性较差，如图8-19所示，施工要领见表8-7。

托底分段的施工要领分析　　　　　　表 8-7

方　案	施工方法及建造步骤	优　点	缺　点
方案一	以 1 甲板为基面反造。 ①1 甲板拼板，装配并焊接甲板纵骨； ②装配并焊接纵舱壁、横舱壁、2 甲板及外板纵骨、强肋骨等结构； ③散装外板，焊接外板对接焊缝以及外板与内部结构的角焊缝	不需专用胎架，装配简单	①由于分段高度尺寸大，需搭设大量脚手架，施工安全性降低； ②大量焊缝的施焊条件较差，尤其是外板缝以及外板与内部结构的角焊缝处于平焊或仰焊状态，焊接质量难以保证； ③焊接后分段变形较大
方案二	分别以 1 甲板、2 甲板为基面，与其相连结构组合成平面分段，外板与外板纵骨以单斜切或双斜切胎架制作曲面片体。 ①以 1 甲板为基面，装焊与其下相连的结构和纵桁舱壁组合成平面分段； ②以 2 甲板为基面，装焊与其下相连的结构和纵桁舱壁，组合成平面分段； ③制作单斜切或双斜切胎架，外板铺板，装焊外板纵骨； ④以 1 甲板为基面，分别合龙 2 甲板平面分段和外板曲面片体	①与方案一相比，装配焊接条件大大改善，特别曲面片体的制作，使外板上的对接焊缝和角焊缝由平焊和仰焊变为俯焊状态； ②分段焊接变形得到有效控制； ③三部分作业可并行，分段制作周期大大缩短	①由于平面分段的结构刚性较弱，需增设支撑、加强等，增加了辅助作业工作量； ②在一定程度上，增加了对分段作业场地的需求； ③曲面片体合龙时的装配难度较大，精度难以保证，与内部构件（如横舱壁、甲板）的角焊缝的焊接状态差
方案三	在方案二的基础上，改变合龙方式，以曲面片体为基面，分别合龙 2 甲板和 1 甲板平面分段	焊接条件、焊接变形进一步改善，分段制作周期进一步缩短	如果曲面片体线性过于复杂，需制作双斜切胎架，平面分段合龙时需考虑装配角度，装配难度增加

图 8-18　托底分段三维模型

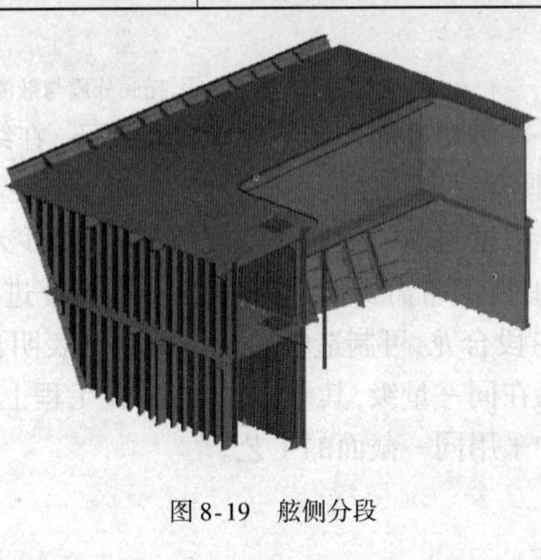

图 8-19　舷侧分段

3)分段施工工艺的分析

对于外板曲度较大的双层结构的托底分段,采用上述第三种方案既可保证分段精度,也能大大缩短分段制作周期,因此最为有利。

与托底分段类似,对于由多层甲板或平台组成、结构刚性较弱的舷侧曲面分段,采用上述第三种方案最为有利。

近年来积累的分段制造经验表明,分段建造过程中增加形成曲面片体、平面分段这一工艺环节,在施焊条件、分段精度、制作周期等方面较传统方法有明显优势,但增加了船体结构装配的难度。

3. 基于可制造性的结构节点优化

从上述分析结果表明,在满足性能和结构规范的前提下,结构设计、结构节点的可制造性应重点考虑如何避免因曲面片体、平面分段带来的船体结构装配难度增加的问题。

横向舱壁与作为建造基面的平台的结构连续性应有利于装配定位,如图 8-20 所示。

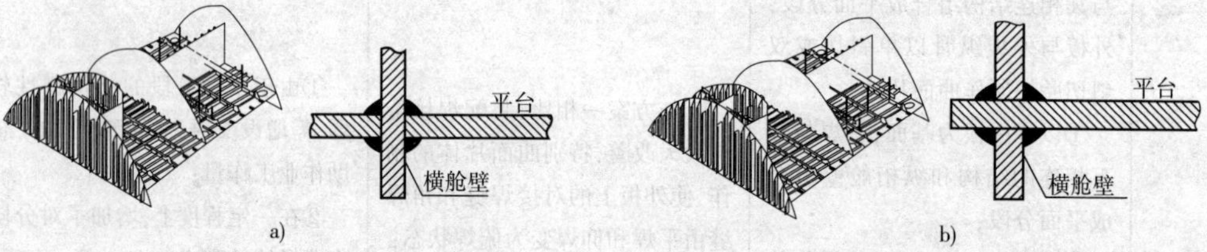

图 8-20 横向舱壁与作为建造基面的平台的结构连续性

a)不利于装配定位;b)有利于装配定位

除非盆舾装的需要,否则托底分段与舷侧分段的合龙缝应考虑设置在平台以上100~150mm,如图 8-21b)所示。

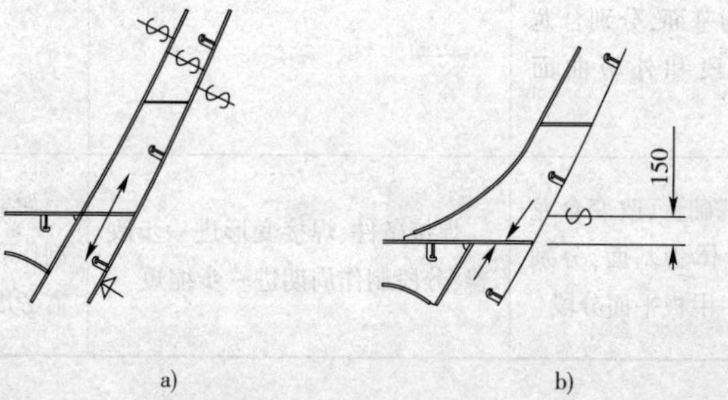

图 8-21 托底分段与舷侧分段的合龙缝(尺寸单位:mm)

在满足性能和结构规范的前提下,在结构设计时考虑有利于形成以甲板或平台为基面,具有一定刚性的平面分段。

根据目前的舰船建造规范,为了减少对接缝对疲劳强度的影响,分(总)段对接面上的构件,通常需要伸出或缩进一段长度进行对接,这样处理的工艺非常复杂,极不利分(总)段合龙,可制造性差。试验数据表明,结构与板的对接焊缝是否在同一截面,其疲劳寿命在同一量级,其差异非常小,在工程上可认为是同等疲劳寿命,应尽快推广在舰船建造中采用同一截面的工艺。

第九章　船舶制造机械化、自动化技术

第一节　船舶制造装备的现状及趋势

一、造船装备发展现状

现代造船正逐步采用自动化设备代替人操纵各种机械，采用智能化设备替代人脑劳动，从而向工厂无人化方向发展。世界各先进造船国家造船装备的发展也基本如此。

日本：致力于实现全自动化无人造船，大力发展造船机器人。

早在20世纪70年代，日本就提出“无人化船厂”的概念。1978年日本全国有7万多造船工人，而现在已减少到约2万人，主要原因之一在于日本船厂大力应用了自动化设备和造船机器人。据称，船厂通过应用机器人，可以降低成本50% ~70%。

自20世纪80年代初到20世纪末，机器人在日本得到较大发展。NC(数控)切割机器人已经成为船厂的基本技术：从火焰切割到等离子切割，并向激光切割发展，装配焊接机器人；从船体零部件制造到平面分段纵向构件的装焊、外场焊接、坞内船底仰焊，并正致力于向曲板单面焊和纵横构件装焊努力，目标是实现船体建造的全自动化。采用线加热机器人自动加工复杂曲面船壳板的热兴奋塑型分析理论，使获得实现钢板目标曲度所必需的加热过程指令成为可能，以此开发的线加热自动钢板弯曲成形机则是造船技术的一大进步。由于双壳船体结构的大量使用，使涂装环境恶化，涂装机器人的应用将有助于减轻工人劳动强度，提高劳动效率。目前，涂装机器人正在研制中。日本专家认为，随着机器人的广泛应用，船厂将成为没有灰尘、没有危险和疲劳，真正现代化的工厂。

韩国：开发机器人技术，以实现船厂的自动化。

20世纪90年代，韩国大力扩展造船能力，同时还极力引进国外先进技术，并进行造船装备的自动化改造。其主要采取利用自动化和机器人对现有的造船设备进行逐步改造的政策，以期最终实现无人化生产。

例如，韩国三湖(sauho)船厂从挪威的TTS公司购置关键部件，对钢板预处理线、钢材加工线、型材加工等进行改造，使其成为自动化生产线，全部型材加工仅一人控制。韩国大宇(Daewoo)重工的玉浦船厂通过采用含有机器人的新型平面分段生产线等各种现代化造船装备，使劳动生产率大大提高，走出了一条不依靠扩充造船设施而使造船能力得到提高的蹊径。韩国船厂的这种做法，很值得我们学习。

美国：投资开发船厂用机器人，以实现舰船生产自动化。

20 世纪 80 年代，美国军方对军用机器人的发展给予了特别关注。对于造船行业，在 1983 年向 MTs 系统公司提供了 1100 万美元，用于“激光辅助机器人”(LARS)的研制。

据预测，美国船厂若由国外船厂引进机器人，初始投资至少需 300 万～400 万美元，总投资高达 1000 万～2500 万美元。许多船厂将无力承受这笔巨资。为此，美国“再投资技术项目”将船厂用机器人纳入了研究计划。目标是：

(1)开发造船用全机器人焊接系统。

(2)开发模块组装机器人，可按任务要求组装成功不同的机器人，其具有先进的传感和适应能力，可在杂乱的环境中工作。

(3)开发具有用户友好接口的系统，可被不了解机器人和自动化的造船工人所接受。

(4)开发以开放式结构个人计算机操作为基础的模块式网络系统。

(5)开发可与船厂各种 CAD/CAM 系统相连接的自动脱机程序编制系统。

同时，美国还对全新概念的船舶及其自动化生产、由机器人操作的船体曲板激光成形加工技术等进行了研究开发。

此外，英国、芬兰、挪威、德国、法国、意大利、荷兰、俄罗斯等国在船舶制造中都先后不同程度地采用了自动化装备和机器人。应用最多的是机器人切割、装配、焊接和涂装。主要装备有：

(1)钢材预处理流水线。其功能有预热、抛丸除锈、喷漆、干燥，是由 CNC 控制的自动化全封闭系统。

(2)钢板切割生产线。包括可进行零件切割、划线、坡口直线及变截面切割的由 CNC 控制的等离子切割机和激光切割机。

(3)型材加工流水线。包括可进行型材切割、开孔、端头处理的由 CNC 控制的全自动封闭系统。

(4)T 形材加工线。有装配、焊接、校直等功能。

(5)小构件加工流水线。经钢板生产线及型材加工流水线处理的钢材，配套后进入小构件流水线进行装配焊接。该系统配有小型门式 CNC 控制机器人。

(6)平面分段流水线。其功能包括拼板，配有大型门架拼板焊接机器人。型材装配由型材焊接机器人完成。构件配装，配有 CNC 构件箱形结构焊接机器人。如果是双层结构的平面分段，翻转后进入流水线，装配后用 CNC 机器人焊接，然后用液压顶升平板车运送进入下道总装工序。

(7)曲面分段流水线。由 TTS 公司研制成功的第一条流水线目前已安装在丹麦的欧登塞船厂。该系统的单面焊接工作站能全方位倾斜，使其能在水平位置进行 SAW 单面焊作业。

(8)管子加工生产线。20 世纪 70 年代开始，日本和欧洲的一些船厂在成组技术原理指导下，广泛采用了无余料下料和先焊后弯工艺，建立了半自动或全自动的管子加工生产线。其主要装备有管子料架、管子送料机、数控切管机、法兰供料机、法兰装配机、自动法兰焊接机和数控弯管机等设备。国外先进船厂在总装及船台(船坞)合龙生产线上，已开发和成功应用的自动化装备还有供外板焊接的垂直焊、小平焊、仰焊及供潜艇合龙用的环形全方位自动焊机器人。在涂装方面除了钢材预处理外,日本、韩国,以及欧洲一些先进船厂都拥有功能完善的大型喷砂和涂装房。室内的环境温度、湿度、粉尘、漆雾等都控制得很严格,可以进行全天候自动化喷涂作业。有的船厂还配置了可在特殊环境进行打磨和喷漆的机器人。

二、造船装备发展趋势

造船装备的发展趋势是自动化。综合起来可以分为3个阶段:第一阶段为单机自动化或机械化;第二阶段为自动化生产线,由自动化单机加自动化输送装置组成,具有较高的柔性,有时亦称为柔性自动化生产线;第三阶段为无人化工厂(FA),即全自动造船,它是由 CIMS 环境下的 CAD/CAM 等与机器人之间联动操作,即由计算机和智能机器人等高技术系统组成。综上所述,造船装备发展历程为,单机自动化→自动化柔性生产线→智能无人化造船。

1)单机自动化

造船技术先进的国家基本上都已实现了单机自动化,如型钢切割自动化、肋骨自动弯曲机,以及数控弯管机等。这些单机主要是充分采用数控技术、计算机技术和机器人技术,其目的是使造船过程中某一工位实现自动化加工,以此减轻人工劳动强度,提高生产效率和加工质量。

2)柔性自动化生产线

柔性自动化生产线的基础是单机自动化。它在国外的先进船厂也较普遍,如平面分段流水线、预处理流水线、型钢加工流水线、管子柔性生产线等。它是采用自动化单机,充分运用传感和检测技术、监控自诊断和自维修技术、自动物流技术及机器人等高新技术,使造船生产过程某一流程和某一制造阶段实现自动化。对于船舶及其设备,由于有多品种、小批量的特点,有的自动化生产线建成柔性生产线或柔性制造系统(FMS),以适应产品多样的需求。

3)智能化造船

该阶段是造船生产最高阶段,它是以企业为对象,在系统科学的指导下将企业的全部生产经营过程(包括市场研究、经营决策、产品设计、加工制造、生产管理、销售及服务等)采用软硬件综合集成为一个集成系统。它是由智能计算机、自动化装备和智能机器人组成。

第二节　船舶数控切割及焊接技术

一、船舶自动化热切割技术

造船用板材、型材和管材的切割加工是船舶建造的先行工序,具有品种及规格多、工件轮廓线形复杂、切割加工要求高、切割加工工作量巨大等诸多特点,这些因素促使中国造船业成为了引入先进切割技术最早、覆盖的切割技术面最广、并持续进行现代化升级改造的行业。面对当前火热的造船形势,各家船厂为了腾出船位接新船,都力求缩短造船周期,因而针对船厂切割工段而言,人们不约而同地将目光集中于采用高新自动化热切割技术,以保证自己在竞争中占得先机。

自动化热切割技术在中国造船业的应用历史可以追溯至20世纪70年代中期,国内骨干船厂在研究船体计算机辅助设计程序的基础上,通过引进数控切割机,实现了船体钢板的数控切割下料。历经30多个春秋的持续发展,今天已全面进入了一个崭新的阶段,数控火焰切割、数控等离子切割、数控激光切割、数控管子相贯线切割、机器人型材切割等先进自动化热切割技术被先后引入到在中国造船行业,从根本上突破了以往困扰船舶建造周期的下料切割工段的瓶颈,较好地满足了这些年中国造船总量快速增长的需求。

1.板材切割

经过多年的发展壮大,高速、优质的数控等离子切割技术受到了中国造船界的普遍认同,伴随着这些年中国造船用钢板和其他金属材料切割量的急剧增大,目前数控等离子切割机已无可争辩地在造船生产中发挥着主力军的作用。至此,很久以来关于造船厂采用等离子或火焰切割方法孰优孰劣的讨论,也随着当今“速度和效率优先”的造船形势,以及数控等离子切割在中国船厂的广泛应用而结束。这使得前10年还一直担当主角的数控火焰切割机,如今所扮演的角色已悄然发生了转变,人们更多的是将它作为数控等离子切割机等先进设备的补充,用于切割厚度超过30mm的钢板、切割加工多种形状的坡口和多割炬大批量切割直条钢板等场合。

长寿命氧气等离子弧切割是一种新颖的切割碳钢的等离子弧切割技术。其无挂渣切割速度范围大、切口质量好;相同电源功率下切割速度可提高30%;无切口表面氮化问题,切割后的工件具有良好的焊接和加工性能。它的另一个突出的优点是电极寿命长,与普通氧气等离子相比较,平均寿命延长4~6倍,穿孔次数上升了近10倍。在中国造船厂,切割厚度25mm以下的钢板,采用长寿命氧气等离子切割的运行成本比火焰切割低。所以它一直以来都受到了中国造船业的青睐,成为了等离子切割装置的首选机型,这与国际上造船业企业的普遍做法是相吻合的。

最近国内各骨干船厂启动了数控等离子切割设备新一轮的现代化升级,不失时机地把当今等离子切割领域的最新理念、新技术、新工艺移植到板材切割的生产实践中来。例如:①采用同轴辅助喷射气流技术的HySpeed高速消耗件来替换原先使用的割炬消耗件,能够在保留系统构成完全不变的情况下,将切割速度提高30%~50%,并改善切口断面质量,起到了节流增效的作用。②选用新一代大电流(400A)干式长寿命氧气等离子弧切割系统(例如HYPERTHREM MHT4400),发挥其无与伦比的氧气高速度、高质量切割碳钢的能力。当切割20mm钢板时,速度为2298mm/min,而切割32mm钢板时的速度可达1386mm/min,同时配以性能良好的环保型抽气除尘切割平台,使干式等离子切割越来越成为造船厂高效率等离子切割方式的一种潮流。近几年,外高桥船厂、江南船厂、江南长兴、沪东船厂、大连及大连新厂等新添的数控等离子切割机几乎都采用了干式切割的方式。③等离子自动回转坡口切割装置,通常用来切割焊接的V形坡口或用于补偿等离子切割面所形成的倾斜角度,坡口角度的变化范围为±45°。

2.型材和管子切割

船舶建造会用到大量的型材(包括组焊型材和轧制型材),其用量依照船型的不同占到船舶总用钢量的10% ~20%。型材的品种有:扁钢、球鼻钢、角钢和T形钢。这些型材在成形或焊接加工前要切割各种形状的端头、中间孔和焊接坡口,并标志记号及加工装配用的线段。由于型材的品种、规格尺寸多种多样,加上经常变更的切割内容和要求,使我们无法借助现有的设备和手段来自动化地批量生产,造成了国内造船厂在多数情况下只能靠熟练工人利用手工或半自动的切割设备进行人工操作,这与板材已普遍运用数控切割相比形成了鲜明的反差,成为了一个亟待解决的难题。为了改变这一作业的落后状况,国内部分造船企业开始尝试从国外引进自动化型材切割设备,如:外高桥和江南两家船厂的数控等离子型材切割机(KOIKE),上海船厂(HGG)及沪东造船厂(IMG)的机器人等离子型材切割流水线。另有不少骨干船厂在投资建新厂和技改项目中也已把此项工作提上了议事日程,相信用不了多久,目前的状况将会有所改变。

造船厂传统手工工艺条件下的管材切割加工,需要经过制作样板、手工放样、划线、切割、割后修复打磨等多道繁琐的工序,不仅劳动强度大、效率低,且切割后的加工尺寸、精度及切口表面质量也很难保证。随着中国造船总量的迅速增大,国内大、中型船厂已开始在管子加工生产线上,采用自动化的切割设备来担当管材切割加工任务。数控管道相贯线切割机按照机器控制轴的数量(一般为2 ~6 轴)分为各种功能档次的机型,船厂则依据生产实际需要选用合适的功能及规格,以满足不同的加工需求。

3. 外国造船业先进自动化热切割技术

1)为造船专门设计的多功能大型数控平板切割机

船厂用钢板在正式进入生产制造流程前都必须经过预处理工序——经抛丸除锈后在钢板的表面涂上锌基底漆。船舶制造中要用到大量的平面构件,即在数控切割下料完成的平面钢板上焊接纵向加强材(stiffeners)和横向肋板(webs)。如果焊接前不把钢板上焊缝处的锌基底漆去处,那么其中的锌元素将会降低焊接时的速度,并且产生焊接气孔,最终会由于不必要返工修补而增加成本支出和影响生产进度。为此,ESAB公司推出了专门用于切割造船平面构件钢板的多功能大型数控平板切割机(panel cutting machine),这款机器的特点是轨距非常宽,为15 ~30m,以适应如今造船大尺度的板材加工的需求。这台设备安装在平面构件的生产线上,钢板是经滚道输送到切割工位的;除了精确的数控切割功能外,该机还具有焊接坡口切割、等离子或喷粉划线、喷印字码和清理钢板锌基底漆的功能(图9-1)。其中为后道焊接工序做准备的打磨底漆,DH强材安装线的工作可一次完成,工效较高。被磨除底漆处的宽度为50mm(图9-2)。

图9-1　多功能大型数控平板切割机(法国大西洋船厂)

图9-2　钢板表面清理和等离子划线作业情况

2)数控激光切割技术

激光切割能量密度高,加工过程中输入工件的热量小,因而热影响区和热变形小;切割所形成的割缝窄,能显著提高零件尺寸精度和材料利用率;切口光洁、边缘垂直。

激光切割产生的噪声和粉尘小,对环境的污染少。激光切割的上述特点,使其一直以来都是高精度、高效率切割薄板的首选工具。进入21世纪以来,激光发生器的功率逐渐增大,激光的光束品质不断改善,使得激光切割中、厚板材的技术日益精良,已成为发达国家(尤其是日本)造船生产中被采用最多的激光加工技术,并从中获得了令人瞩目的社会效益和经济效益。下面就举两个典型的例子进一步加以阐述:

(1)20世纪末,美国Bender造船和修船有限公司购买了Tanaka LMX III门架式数控激光切割机,成为了全美第一家装备CO_2大功率激光切割设备的造船企业。这台激光切割机配置了Fanuc 6kW高速轴流CO_2激光源,最大切割厚度可达32mm,有效切割加工范围4000mm×30000mm。使用了激光切割机以后,工件的加工精度大为改观,消除了切割热变形,改善了切割面质量,这样一来,既可减少切割后整修工时,又方便了装配作业,收到了提升综合经济效益的实效。2002年,他们又推出了“LASOX”——激光+(增压)氧气的切割新工艺(图9-3),其神奇之处在于:功率仅为2kW CO_2激光系统就可以用来切割50mm厚的钢板,这一切割方法具备了切割100mm厚钢板的潜能。以切割38mm厚钢板为例:“LASOX”能够在大约1s内完成切割穿孔,连续切割速度可达200mm/min,割缝宽度仅有几毫米,每切割一张钢板比火焰切割平均可以节省时间40min。“LASOX”的成功引起全世界造船界的关注,人们寄望于它能在不久的将来为造船业更经济、更有效地应用激光切割技术开辟出一条新的途径来。

(2)德国Blohm+Voss船厂投资1000万欧元,创建了船体构件制造的激光切割和焊接生产线。其中用于切割的TRUMPF TFL 12000 CO_2激光发生器的功率高达12kW,最大加工板材尺寸为12000mm×4000mm(图9-4)。应用激光切割加工的板材,尺寸精度和切口质量直接满足了后续激光焊接的工装要求,不但节省了机械加工和工件往返的运输成本,而且大大地简化了工艺流程,提高了生产效率,由此该厂还赢得了全球首家在船舶生产中同时使用激光切割和激光焊接造船厂的美誉。

图9-3 “LASOX”切割新工艺

图9-4 德国船厂5轴控制门架式激光切割机

3)天然气切割技术

(1)天然气切割技术的原理。

天然气切割技术是利用天然气燃烧火焰的热能将切割处金属预热到一定温度后,喷出高速切割氧流,使预热处金属燃烧,并放出热量实行切割。天然气火焰切割是钢中的铁元素在高纯度氧中燃烧的化学过程和借助切割氧流排除熔渣的物理过程相结合的一种加工方法,其切割的金属大多数是低碳钢。

天然气火焰切割的实质是被切割的材料在纯氧中氧化燃烧的过程,并非熔化过程。因此,并不是火焰温度越高,切割速度越快。气割过程一般分为3个阶段:①钢材表面,铁和氧开始燃烧反应;②铁和氧的燃烧反应向钢材内部传播;③将反应生成物(主要是氧化铁)强行排除,达到切断目的。在气割过程中,铁与氧反应是预热钢材的主要热源,而预热火焰的热作用则是次要的。切割时所需总热量的85%来自燃烧反应,只有15%的热量来自预热火焰。

(2)天然气切割的应用过程。

根据天然气与乙炔气的燃烧性能和气体消耗量分析,天然气耗量较乙炔气耗量大。因此,在采用氧—天然气切割时须改变原乙炔割具的混合室预热氧喷嘴孔径和射吸管孔径,同时扩大燃料气接头入口孔径,并调整氧与天然气气体比例。另外天然气沸点低(-161℃),不受环境温度的影响,不存在气化问题。但其热值较低(35.32MJ/m^3),在氧气中的火焰温度最高仅为2540℃,不能满足某些气割的需要。故需要加入助燃添加剂,使天然气的火焰温度与乙炔相等,或者采取加速其反应过程,使其充分反应提高切割效率等方式。添加剂按一定的比例与天然气混合,改良原有的割具、割嘴,可解决天然气用于金属切割的技术问题。

(3)天然气切割技术发展中存在的问题。

采用天然气替代乙炔进行切割会更加安全、可靠、环保,实践证明具有良好的使用效果。但要大力推广天然气切割技术,会遇到如下问题。

①天然气供应的影响。船厂往往位于沿海地区或岛屿,与管道天然气连接困难。而使用液化天然气作为气源,建设气化站的初期投资相对较大,且需要一定的场地,使部分船厂特别是老船厂在是否采用天然气切割上面临两难的抉择。

②天然气切割技术尚无标准。近年来,尽管国内天然气切割技术有所发展,但是还没有相应的行业标准。在不同价格品质的添加剂面前,用户容易不知所措,从而一定程度上阻碍了天然气切割技术的发展。

4)用于船舶建造中的切割机器人

造船过程中会遇到大量诸如:曲面板材、型材、管子等需要在3D空间完成切割的加工任务,先进的机器人切割技术为人们提供了高效率、高精度自动切割加工3D工件的最佳解决方案。毫无疑问,切割机器人也必将成为造船厂3D工件自动化切割生产线的主流,并且代表了船厂未来型材和管材热切割加工继续向自动化、柔性化纵深发展的方向。到目前为止,国外造船厂机器人切割技术应用最普遍和最成功的范例当推“机器人型材切割生产线”。工业化国家为了解决造船业技术劳动力不足的矛盾,早在20世纪90年代起,就已经在船厂型材切割工段普遍使用切割机器人,以达到控制雇用技术劳动力的开支,改变手工切割作业的落后状况,改进产品质量及提高综合效益的目的。经过多年来的持续滚动开发,离线编程、网络通信、集控、交流伺服驱动、大功率等离子切割和环保除尘等新技术被大量嫁接使用,改变了以往存在的生产线成套性差、程序编制困难、加工能力低、作业效率差,以及对环境污染大的诸多不足,使机器人型材切割生产线脱胎换骨,达到了一个新水平。其中荷兰的 HGG 集团为大型造船厂专门制造的 PCL600 机器人型材切割生产线颇具代表性,几年时间内,已经为各国造船厂提供了近 20 套这样的生产线。其中最具说服力的例子莫过于:韩国现代造船(世界造船量排名第一)先后订购了 4 条以及安装在丹麦欧登塞船厂(北欧最大的造船厂)的 3 条 PCL600 机器人型材切割线。

PCL600 机器人型材切割生产线(图 9-5)加工的型材种类有:扁钢、角钢、球鼻钢和 T 形材;可以加工型材的端头、中间截面、切割流水孔、切割坡口,以及在型材上喷墨划线段和作标记。其最吸引人的优点在于:结构紧凑、占地面积小;工艺流程合理,各个加工动作间衔接精准,效率极高,单班生产能力平均为 70 根型材。

图 9-5 安装在韩国现代造船厂的 2 条 PCL600 机器人型材切割生产线

PCL600 机器人型材切割系统的技术数据如下。

整个系统控制轴数:9 轴,其中包括,机器人切割单元控制轴数:6 轴;另外附加机器人水平移动轴、加工材料纵向进退运动轴和加工材料横向进出运动轴。

生产线加工方式:连续切割,喷墨划线和标记采用飞行操作;

机器人可选用的切割方法:等离子切割或火焰切割;

可加工型材情况:型材长度范围 1500 ~ 16000mm;

型材最大横截面尺寸 600mm × 150mm;

最大可定位重量 2500kg;

型材最大壁厚 38mm。

二、船舶焊接技术

焊接技术是船舶工业的关键技术之一。目前,焊接工时和成本各占船体建造工时和成本的 30% ~ 50%,同时焊接质量是反映船舶的建造质量的重要指标。因此,开发和推广新型高效焊接技术是船舶工业提高造船质量和效率、降低生产成本、缩短造船周期的有效途径,对各国造船业具有重要的意义。

1. 船舶高效焊接工艺的现状

先进的船舶高效焊接技术涉及船舶制造中的工艺设计、小合龙、中合龙、大合龙、平面分段、曲面分段、平直立体分段,管线法兰焊接、型材部件装焊等工序和工位的焊接工程。中国的船舶建造焊接技术基本满足船厂生产的需要,高效焊接在船舶建造中发挥着极其重要的作用。对于技术含量越高的高端焊材,则仍需进口来满足生产的需求。常见的高效焊接技术主要有:

(1)焊条电弧焊。

①向下立焊焊条：与向上立焊相比，效率提高 1 ~ 2 倍。

②铁粉焊条焊接工艺：工艺简单实用，通过提高熔敷效率达到高的生产效率，一般提高 50% 以上。

③重力焊条：采用高效铁粉焊条（一般直径为 5 ~ 8mm，长度为 550mm、700mm 和 900mm），熔敷率在 130% ~ 180%，常见的焊条牌号 CJ501FeZ 等。

(2) CO_2 气体保护焊。

①实芯焊丝。

中国气体保护实芯焊丝的品种太少，今后大力扩大品种的同时，也需进一步改进实芯焊丝的工艺性能，降低飞溅、成形美观等。焊丝表面应具有防锈、润滑功能。国内常见的牌号是 E49-1、E50-6 焊丝。

②药芯焊丝。

药芯焊丝将是 CO_2 气体保护焊的主要焊材，配合各种类型的衬垫可以实现单面焊一次成形。特点是焊道成形美观，电弧稳定、飞溅小、全位置焊接、工艺性能良好、焊接熔敷速度快、生产率高等。现在船厂普遍采用药芯焊丝来焊接船舶结构。以后 CO_2 气保护药芯焊丝焊接将成为船厂的主要焊接材料和工艺。目前，在常用船用结构钢方面，药芯焊丝已经可以完全国产化。但是对于技术含量高的高端焊材，船厂仍需进口来满足生产的需要。具体地有以下几种焊接工艺：

①SG-2 法焊接（气电垂直自动焊）。

SG-2 法是日本神钢开发的垂直气电焊（EGW）的简称，主要用于船舶建造分段合龙时的立向上对接焊，其工艺示意图如图 9-6 所示。

该工艺使用的焊接材料为 $\phi1.6$mm 的药芯焊丝，典型牌号为 DWS-43G，配 KL 和 JN 型陶质衬垫。由于日本神钢的专利技术和良好的产品质量，在国内船厂应用普遍；而且由于合龙缝的重要性，对神钢以外的同类产品均采取格外谨慎的态度，不轻易替换。焊接过程中，用 CO_2 气体作保护，并对焊接熔池强制一次成形的方法来完成的，焊缝的前后面分别用水冷铜滑块和带有梯形凹槽衬垫，以保持熔池稳定和成形良好。

②高速纵骨焊焊丝。

平面流水线的平板 FCB 法对接焊之后进行纵骨的双面 CO_2 自动角焊，在纵骨焊接工位采用双面双丝 CO_2 高速焊工艺。每个纵骨的两侧各有 2 把焊枪，4 把焊枪同时焊接，焊接速度最高为 1000mm/min。焊丝为 MX-200 和 SQJ50MX，适用于 A、B、D、AH32、AH36、DH32、DH36 钢的焊接。目前这些焊材仍然是进口。开发该焊丝的难点主要是在高速焊接时如何能获得良好的焊缝成形和耐钢板底漆的性能。

(3) 埋弧焊工艺。

其主要应用于平板平直焊缝。主要有单丝、多丝埋弧焊和窄间隙埋弧焊，其中应用于平面分段流水线为 FCB 法焊接，FCB 法是铜板上撒布厚度均匀的衬垫焊剂，并用压缩空气软管等顶升装置把上述填好焊剂的铜板压紧到焊缝背面，从正面进行焊接而形成背面焊道的一种单面埋弧焊接法，如图 9-7 所示。

流水线生产厂商有日本新日铁、神钢以及欧洲的厂商。焊丝为 Nittetsu Y-A（$\phi6.4$mm 和 $\phi4.8$mm），底层焊剂 NSH-1R，主要是保证焊缝的背面成形；表面焊剂 NSH-50，主要作用是保持电弧稳定燃烧。该工艺焊接速度快,最高可达1500mm/min。因此,需要在高速和大热量输入的情况下保证焊缝具有良好的力学性能和背面成形。

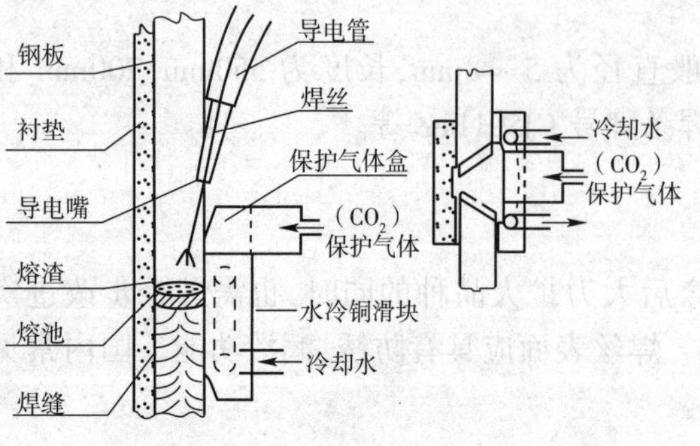

图9-6　气电垂直自动焊示意图

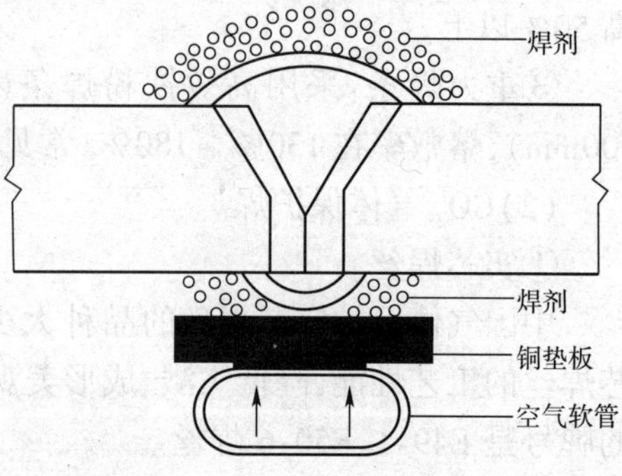

图9-7　焊剂铜衬垫法焊接示意图

另一种应用较广的方法是焊剂石棉衬垫单面焊(FAB法)。它是一种单面埋弧自动焊方法,利用柔性衬垫材料装在坡口背面,并用铝板和磁性压紧装置将其固定。其特点是简便、省力、材料成本低廉。它主要应用于曲面钢板的拼接以及船体建造中船台合龙阶段甲板大口的焊接。

(4)不锈钢焊接。

不锈钢焊接多见于不锈钢管及其附件之间的对接和角接,焊接方法多采用纯CO_2气体或CO_2 + Ar混合气体的CO_2半自动或自动焊接(MA焊),也可采用钨极氩弧焊。根据母材的不同,对于CO_2半自动或自动焊焊丝,焊丝牌号常为1Crl8Ni9Ti焊丝、316L实芯或药芯焊丝,以及317L实芯或药芯焊丝,焊丝直径为细丝(ϕ1.0mm和ϕ1.2mm);对于钨极氩弧焊,焊丝牌号一样,只是焊丝的规格为粗丝(一般为ϕ1.6mm和ϕ2.4mm焊丝)。对于以铁素体—奥氏体双相不锈钢为船体主要结构材料的化学品船来说,目前都采用国外的名牌产品。

(5)活性气体保护焊焊接技术(MAG焊)。

所谓的活性气体保护焊焊接技术就是采用CO_2 + Ar混合气体的CO_2半自动或自动焊接,普遍应用于不锈钢的焊接。上海船舶工艺研究所开发适合船厂专用的双丝单面MAG焊接技术与装备。该项技术的主要特点是:可无间隙装配,坡口内定位焊、添加切断细焊丝,背面应用陶瓷衬垫,板厚在12~22mm范围内可一次成形,焊接速度快、效率高、质量好。

2.船舶制造中的高新焊接技术

(1)焊接机器人系统。

机器人焊接是计算机技术、自动控制技术、气保护焊接技术的完美结合,适用于船舶构件批量化、小型化焊接生产以及狭窄舱室短焊缝全位置焊接。在造船业成功应用的有:欧登塞船厂的舱体格子形构件焊接移动机器人;韩国Pukyong国立大学的KamBO等研制的复杂焊接环境的轮式智能移动焊接机器人;上海交通大学研制的具有自寻迹功能的焊接移动机器人,实现了大型舰船甲板的高效自动化焊接,保证焊接质量;欧盟研制了一套双层外壳船舶焊接机器人,以满足双层外壳船舶建造的需要,如超级巡洋舰和巨型油船,该机器人在实验室环境下实现了基于电弧传感的6自由度焊缝跟踪。

(2)激光——电弧复合焊接。

激光——电弧复合焊接具有焊接速度快、自动化程度高、焊接热变形小等优点,是船舶焊接技术发展不可缺少的一种新技术,尤其在铝合金的焊接中有明显优势。近来,这一技术已经在日本、韩国和欧美一些国家得到了广泛的研究与应用,而中国应用的还很少。

激光与电弧复合焊接技术特点:可有效利用激光能量。电弧先熔化母材,提高激光吸收率;增加熔深,利用激光束作用于熔池底部,进一步提高熔深;稳定电弧,激光使气体电离产生等离子体,有助于稳定电弧;降低对焊缝装配精度要求,装配间隙可由0.3mm增大至1mm。激光——电弧复合焊接的另一个主要优点在于:焊接变形非常小,焊后的修整工作量大为减少。

(3)搅拌摩擦焊。

1991年,英国焊接研究所发明了搅拌摩擦焊(Friction Stir Welding,FSW)。这项杰出的焊接技术发明正在为世界制造技术的进步做出贡献。搅拌摩擦焊属于固相焊接,与传统的熔化焊接相比,具有无强光、无飞溅、无烟尘、不需要焊材、接头无气孔、夹杂及裂纹等优点,并具有细晶组织,属于优质、无污染的焊接技术。

搅拌摩擦适用于制造大型船舶铝合金结构件,国外已采用此技术生产预成型结构件,使船舶制造由零件的制造转变为船舶甲板以壳体的预成型结构件的装配。迄今搅拌摩擦焊已经在英国、法国、挪威、瑞典等得到船级社的认证,甚至美国、澳大利亚和日本的船级社也批准搅拌摩擦焊成为新型船舶制造工艺技术。如大型豪华游轮"Star Princess"号的25%的船用铝合金壁板构件由搅拌摩擦焊制造,总体成本降低约5%。在中国新研制的"双体穿浪隐形导弹快艇"的宽幅铝合金壁板的制造上也应用了搅拌摩擦焊技术。

第三节　高频感应弯板成形技术

船体外板曲面的成型加工是船舶制造的关键及重要环节之一。一艘万吨级的船舶,超过1/2的船体外板都要经过曲面成形加工工艺进行加工。目前国内在船体建造过程中,船体外板曲面成形加工之前的工艺已实现了计算机化,其后的装配、焊接均实现了机械化和流水线化,只有船体外板曲面成形加工这一环节仍靠手工。

因此,船体外板曲面成形加工过程已经成为造船工业中影响造船速度和质量的一个"瓶颈"。据国外统计资料表明自动加热系统的使用至少可以比人工加热成形提高3~4倍的生产效率。

高频感应加热作为一种新型的热源,克服了传统的水火弯板氧炔焰炬热源的缺点。因此实现水火弯板成形的自动化已经是造船界的共识,而高频感应加热是船厂实现曲面自动化的最佳选择。

一、弯板成形自动化现状

感应加热成形的研究目标是开发自动化的加热成形设备和自动化的成形检测设备。

因此，人们都集中研究线加热板材自动成形系统的设计，包括待成形曲面的变形量确定和根据工艺参数关系给出成形时的加热线布置和具体的加热参数。

利用数值模拟分析，人们能够预测已知加热参数条件下的板材变形，并且能够理解加热过程的机理。然而，数值模拟计算需要做大量的计算工作，因此需要很长的计算时间。原因是：

(1)因为钢板温度分布的急剧升降性，沿着热源移动方向的空间网格尺寸在有限元计算时必须精细划分，以使热传导分析和应力应变分析可以收敛。

(2)由于同样的原因，热传导分析和应力应变分析时的时间载荷步必须要小。

(3)分析时需要先进行热传导的有限元分析，而后进行应力应变分析。通过线加热过程的热弹塑性数值模拟，人们可以得到线加热作用的变形结果，可是不能求解出变形和加热参数之间的关系。即数值模拟方法不能够设计加热方案，因为加热过程工艺参数设计是模拟的逆问题。在给定加热过程参数时，利用数值模拟可以获得变形，但是当给定设计的船体外板形状时，它无法给出具体的一套加热工艺参数。

实际上，人们更关心的是在已知船体板形状和尺寸的情况下，如何确定板的初始形状、加热线的布置、热源参数、热源移动速度及冷却条件等工艺参数，以得到所需要的目标形状。因此，人们从实际需要出发提出了多种水火弯板过程设计方法。

作为水火弯板工艺的发源地，日本早在20世纪五六十年代就开始了对此工艺的探索，20世纪七八十年代开始了自动加工设备的研究。1999年日本石川岛播磨重工业株式会社研制出一台曲板成形的自动化加工装置IHI-α，如图9-8所示。该装置有以下几个特点：

图9-8 日本IHI-α系统

(1)自动计算出曲板的加热路径和加热头热输入率等参数，以及加工后曲板形状变化的误差。

(2)加工过程中能在PC机显示屏上对板的实际和理论弯曲状况进行比较和评估，并进行修正。

(3)采用数控机器和激光测量器，能连续进行弯曲加工和形状测量。工作台上设有23个液压千斤顶，高度可根据选择的弯曲形状自动调节。

IHI-α系统软件自动计算出加工方案然后进行加热，在加热时除了钢板翻面需要人工干预外，全部实现了自动化。它的成形速度远高于基于手工操作或工人经验的加工系统，大大减少了加工时间。一个高度复杂的船体曲面以前要2~3天的手工成形，现在只需要5~6h，其中还包括2~3h的方案计算时间。日本在精细化造船方面走在了世界前沿。

日本钢管公司(NKK)也试制了这样的设备。韩国汉城大学研制了自动水火弯板加工系统，它可以进行船体外板建模、外板展开、加热信息计算、钢板形状的自动测量，该系统已经在合作船厂进行了试用。美国M.I.T研制用激光作为热源的全自动水火弯板设备，在薄板水火变形控制研究方面已经有很大的成果。Atlantic & Edison焊接研究所有简易自动水火弯板设备。欧洲如西班牙、意大利、丹麦等也试制过自动水火弯板机。

中国第一台水火弯板机是由大连理工大学、大连新船重工有限责任公司、清华大学和北京航空航天大学合作研制的,该设备于2001年初通过了863计划智能机器人验收专家小组的验收,成果水平在当时处于领先地位。该机器人控制器是基于激光测量的高精度仿型测量系统,实现了三维曲面测量和水火加工测量引导,解决了加工时钢板随机变形引起误差的难题。机器人具有4个自由度,可用于复杂曲面钢板水火成型自动加工,提高生产效率2倍以上。

广船国际和上海交大于2005年底也开发出一台数控水火弯板机。它的加工参数预报系统是基于氧—乙炔火焰对钢板进行的实验研究,所以此设备仍采用传统的氧—乙炔火焰对钢板进行加热。该设备经过试用,加工了大量的船体外板(以帆形板为主)。

2006年广东工业大学采用多轴运动控制系统和三维立体成型的加工方法也研制出一种水火弯板机。该设备的控制系统由多轴运动控制部分和PLC控制部分组成。其中多轴运动控制系统是当前先进的开放体系结构的数控系统。它的特征在于:由工控机把运动数据和运动命令传递给多轴控制器,多轴控制器通过伺服驱动器对多轴的电机系统进行联动控制及位置控制。

2007年上海船舶工艺研究所(船舶611所)研制出SGQ-1241数控感应加热曲板成形机,如图9-9所示。该设备采用高频感应加热与计算机数字控制,具有自动加热、自动均载支撑、自动测量、自动画线及手动操作等功能。其中的支撑装置由称重传感器和机电伺服系统构成,它比日本的液压千斤顶所牵涉的液压伺服系统具有更强的实用性。

以上这些设备都是采用龙门架的结构,龙门架结构的优点是结构简单,刚度高,保证定位精度,稳定性能好,不需要太长的机械手臂。此外,还可以将控制主机、伺服驱动器等放置在距离高温区较远的操作平台上。但是移动龙门架结构的不足是体积相对庞大,需要一定的工作空间和专门的工作场地,不适用于随机灵活的工况。基于此,2007年大连理工大学又设计了适合于大挠度曲面钢板自动化加工的悬臂式水火加工机器人和适用于现场施工的小型曲面钢板水火加工装置。

图9-9　数控高频感应弯扳机

在数控水火弯板机的加工过程中,加工参数软件系统起着至关重要的作用。数控系统上的激光测量仪能够测出钢板的初始形状,如板长、板宽、曲率大小等,然后由加工参数软件系统自动计算出所需要确定的加工参数以达到目标形状,如在钢板不同位置上的加热线长度、加热线宽度、加热线形状、加热速度、水冷速度、加热路径等,再由执行机构按照此方案进行加热。所以该软件应该能够科学地给出加工参数及其工艺过程,以代替工人的经验。

日本石川岛播磨重工业株式会社的IHI-α系统中,Morinobu Ishiyama(石山隆庸)通过建立变形场的有限元模型来确定加热方案,并给出了自己的计算软件。

韩国汉城大学的Shin等人开发了基于关系数据库管理系统及面向对象技术的水火弯板加工信息系统，它是自动化设备的基础。该软件系统考虑了不同船厂的成型习惯，既可以适应大船厂的辊弯后板的水火成形，也能够应用于中小船厂的完全成形。但其加热时火焰喷头的移动速度需沿加热线分三段变化，这对于实现自动成形是不利的，如图9-10所示。

图9-10 韩国ICAML系统

上海交通大学董大栓等人基于曲面叠加的加工参数确定的算法开发了一套计算机辅助加工参数确定软件：CAFF软件（Computer Aided Flame Forming System）。他只是验证了帆形板的加工，而对鞍形板及扭曲板的加工参数的确定的基础理论存在着较大的设计缺陷。

大连理工大学开发的水火弯板加工参数的软件系统具有船体外板精确展开计算、水火弯板变形规律数学模型、船体外板水火加工焰道布置优化、船体外板加工用见通数据计算、与船舶设计软件Tribon系统的集成连接、系统的工程数据库等功能，并根据系统功能设计建立相应模块和系统结构流程，应用VisualBasic 6.0软件设计开发了水火成形工艺参数预报系统。它是国内最先进的弯板加工信息的软件系统，并且在不断地日益完善。

在现代造船生产中，从前期的船舶设计、板材号料和下料，到后期的船体装配都已基本实现计算机化、机械化和自动化流水线。船体外板的水火加工是整个造船工艺体系中一个不可或缺的环节，它的加工模式无论是在加工速度上还是在成形质量上都拖了现代造船的后腿，这个工艺上的技术革新已是现代船舶制造业迫在眉睫的大事，而且必将带来巨大的经济效益。虽然国内外学者对此问题已经进行了许多有价值的研究工作，但目前弯曲钢板加工这一环节仍靠手工完成的居多，且船板曲面变形受到钢板材质、环境温度、氧及乙炔的流量、喷嘴高度、冷却方式、支撑形式、加热速度、焰道间距和钢板特征等众多因素影响，船板曲面成形机理十分复杂。由于水火弯板过程中最终形状和加工参数间的关系的复杂性，到目前为止仍没有一个可为大多数人接受的关于水火弯板过程中加工参数和最终形状间关系的理论和完美的确定加工参数的方法。即使对于已经取得的结论和方法，或因是其假设条件件和工程实际不相符合，或计算过程和步骤过于复杂，或结论仍需作进一步的验证等原因而无法应用于工程实践中。目前国内的广船的设备主要是应用在帆形板的成型过程中，存在加工板形单一，而且工艺软件对加工完但不理想的板形不能进行二次计算生成焰道，存在焰道形成过程的数学建模和焰道算法不够完善问题。同时水火弯板工艺完全实现自动化还有许多有待于完善的地方，例如，数控设备样机存在速度不够理想、缺少与生产设计的数据接口和设备稳定可靠性急需提高等问题，并且在智能化、集成化以及精度上与发达国家同类产品有较大的差距。上述因素直接导致相关技术成果转化困难，没有形成成熟的数控设备产品，因此形成了制约造船生产效率的瓶颈，必须进行深层次的研究。

二、数控高频感应弯板成形设备曲板成形数据库系统

1. 曲面板架数据抽取程序

使用 Tribon 进行船体生产设计时，当船体外板建模完成后，经过板架分离后，可以将外板的几何数据（包括二维、三维数据及样板数据）存入 PLDB 数据库，读取每个外板的在 PLDB 中的数据，并且对这些数据进行分析，可以作为曲面外板加工提供依据，方便数控高频弯板机加工指令的生成。

本程序的开发使用 VS2005 C#(.net 2.0)编程语言，采用 Access 数据库，在有 Tribon M2 的环境下运行。曲面板架数据抽取程序主界面如图 9-11 所示。

使用 TRIBON 中的 Project Selection 功能选择所需工程；运行曲面板架数据抽取程序，单击“查询曲面板架”按钮，程序在列表中显示所选工程的所有曲面板架。如果输入查询条件，则显示符合查询条件的曲面板架。如输入要查询“222”的曲面板架，则在查询条件中输入“222”后单击“查询曲面板架”，或输入“222”后按回车。在曲面板架列表中单击需要查看的曲面板架名称，则会在右边的列表框中显示该板架下所有板的名称，如图 9-12 所示。选择需要查看的板的名称，则显示如主界面中所示数据，并显示平面和三维模型。

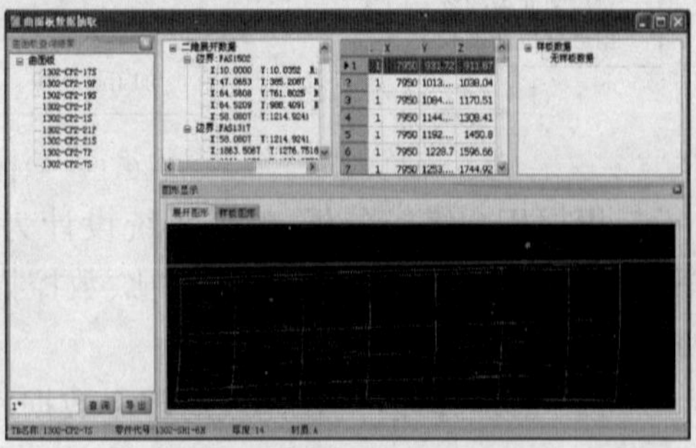

图 9-11　曲面板架数据抽取程序主界面

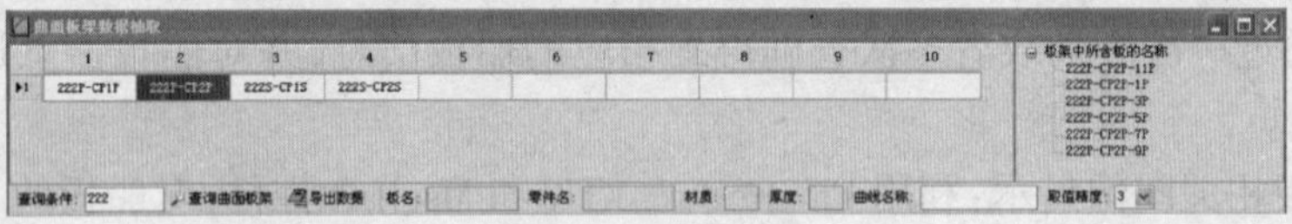

图 9-12　曲面板架查询图

2. 数据库管理系统

针对弯板加工工艺的特点和实际生产的具体要求，结合计算机技术和数据库技术，在探明弯板加工工艺的基础之上，前台运用面向对象的并运行于.NET Framework 之上的高级程序设计语言——C#语言开发应用程序，后台则采用 MySQL 6.0 建立数据库，共同实现数据库管理系统的各项功能。旨在收集和总结技术工人熟练的加工经验，快速确定出弯板加工的工艺参数，从而大大提高产品质量、效率和生产安全性，工作流程如图 9-13 所示。

1）数据库设计

数据库作用有两个：第一是运用数学原理总结已存入的加工经验，并将此提供给新老用户。其次是在实际生产中便于生产、管理等部门对过去某些加工过程进行咨询。因此，数据库中的数据来自实际生产，最后用于指导生产。

利用图形化数据库第三方软件——MySQL Administrator 建立数据库 BendingPlate。该数据库中由船板信息表（information.frm）、用户表（user.frm）、日志表（log.frm）和信息处理中间过程表（temp.frm）等组成，其中船板信息表为该数据库的核心表。

2)软件构架及主要功能

前台应用程序采用 C#软件,后台数据库采用 MySQL 6.0 软件。

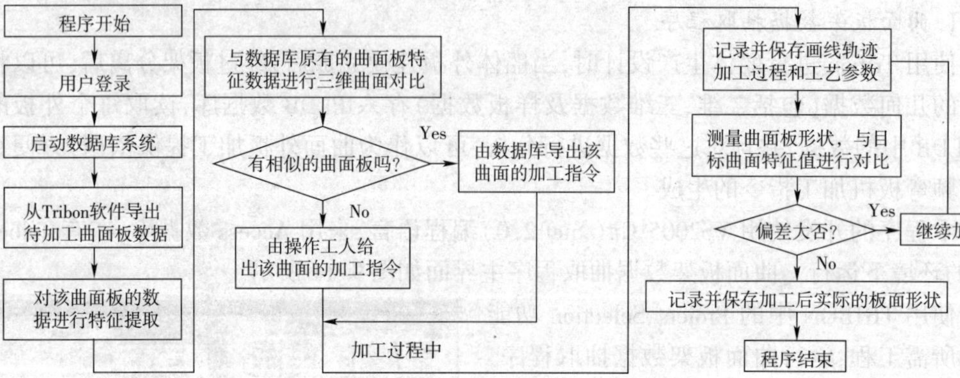

图 9-13　数据库管理系统工作流程

根据用户需求分析,整个系统设计为系统管理、新船板数据导入、船板数据查询、船板相关图像显示、船板相似度对比、数控指令自动生成、图像打印等功能模块。其功能模块主要功能描述如下:

(1)系统管理:主要完成对整个数据库的备份、还原,以及数据库连接设置、用户设置和操作日志。

(2)新船板数据导入:通过数据信息预处理,将辅助船舶设计和建造的 TRIBON 软件导出的新船板数据存储到数据库中。

(3)船板数据查询:根据船板的船号、分段号、板名、零件名、材质、厚度、加工时间等查询条件,通过一次查询或者多次查询得到相应的船板信息,并对船板信息进行删除、插入等数据操作。

(4)船板相关图像显示:利用 PictureBox、VTK 和 Mschart 控件,对船板的二维、三维图像和加工轨迹曲线信息进行图像显示。

(5)船板相似度对比:通过基于形状分布算法的船板曲面对比功能,能够得出与新载入船板相近似的船板加工轨迹信息,可供技术工人借鉴。

(6)数控指令自动生成:根据制定好的加工轨迹,自动形成数控加工指令。

(7)图像打印:主要完成对加工轨迹曲线的打印,还包括页面设置、打印预览等功能。

3)系统实现的关键技术

(1)数据库连接。

连接数据库是建立用户应用程序到数据库系统的对话通道的过程,作为一个动态信息管理系统,使用到主要功能模块时都需要利用与数据库的操作。因此在系统开发和运行时,必须实现 C#与 MySQL 数据库的正确连接。在这个基础上,才能够使用 C#的相关函数在数据库中完成读写数据的工作。程序通过引用 C#与 MySQL 数据库链接动态链接——MySQL Driver CS · DLL 进行数据库连接。

(2)VTK 技术。

本系统为了实现船板曲面立体显示,软件程序通过利用 VTK 技术进行船板曲面三维绘制。

视觉化工具函式库(Visualization Toolkit,VTK)是一个开放源码,跨平台、支援平行处理(VTK 曾用于处理大小近 1 个 Petabyte 的资料,其平台为美国 Los Alamos 国家实验室所有的具 1024 个处理器之大型系统)的图形应用函式库。VTK 是一个用于可视化应用程序构造与运行的支撑环境,它是在三维函数库 OpenGL 的基础上采用面向对象的设计方法发展起来的,它将我们在可视化开发过程中会经常遇到的细节屏蔽起来,并将一些常用的算法封装起来。

(3)基于形状分布算法的船板曲面相似度对比技术。

形状分布算法是一种简单而有效的三维物体相似性度量的算法。其主要思想是通过形状分布函数测量三维物体,即采用物体绘制面上随机采样点间几何距离的概率分布来作为形状比较的基础。与其他算法比较来看,形状分布算法主要的优势是它的简便性,这种算法直接从物体表面获取少量的数据就可以进行相似性的比较,具有较高的鲁棒性。

程序框图如图 9-14 所示。

(4)MsChart 控件。

本系统为了实现船板加工轨迹显示,软件程序通过利用 MsChart 控件进行船板加工轨迹绘制。MsChart 控件与一个数据网格(DataGrid 对象)关联。该数据网格存放了要显示的数据。图表应用程序设计者在数据网格中插入数据或从报表或矩阵中输入数据。

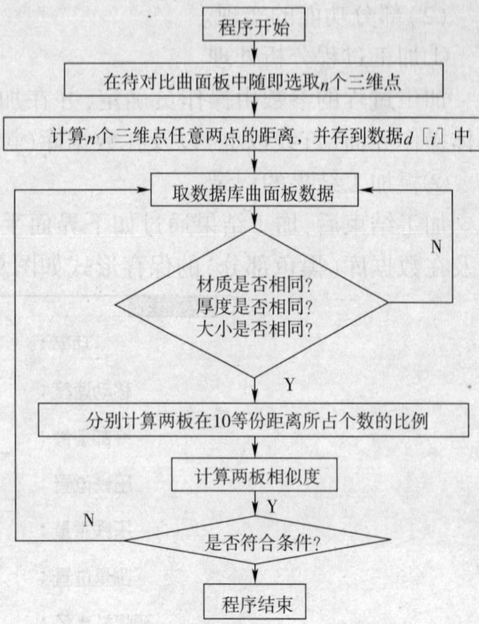

图 9-14　形状分布算法程序框图

4)主要界面及功能的实现

(1)主要界面。

①船板查询主界面。

主界面如图 9-15 所示。用户使用时,在“检索内容”、“检索类型”、“时间”中输入查询条件,单击“检索”按钮,系统会自动提取输入框中的内容,去现有的数据库中进行分析对比,并将结果输出到查询结果栏。用户选中相应的查询结果,进行双击操作,即可显示具体弯板的 2D 图、3D 图信息和加工轨迹。首次检索完后,点击选取在结果中查询标签,可实现二次检索和多次检索功能。此查询界面使用简单明了,显示信息多样化。

其中:2D 船板平面图使用 PictureBox 控件绘制程序,能够直观地反映出曲面板的加工位置和加工线条;3D 船板曲面立体图,使用 VTK 控件为主要绘制程序,能够让用户更加形象深刻地了解曲面板加工完成后的整体外观;轨迹图为 2D 图形,使用 MSchart 控件进行绘制,轨迹图精确地说明了加工的轨迹和过程,红线代表加热线、黑线代表空走线;查询界面的左下角为曲面板信息栏,信息栏显示:船号、分段号、板名、零件名、材质、厚度、加工时间等曲面板的主要信息。

②加工轨迹自动生成界面。

界面如图 9-16 所示。

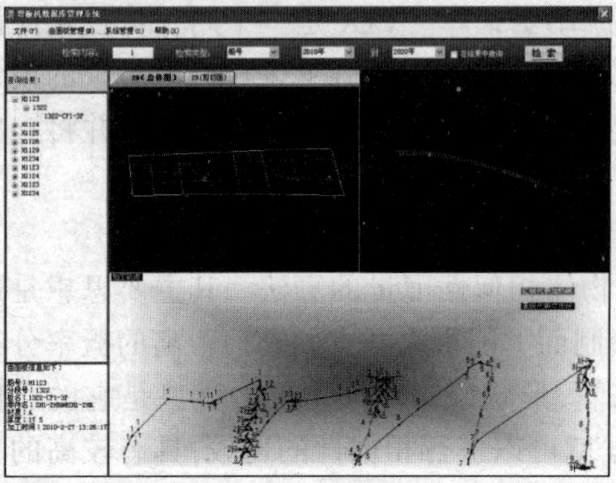

图 9-15　主界面

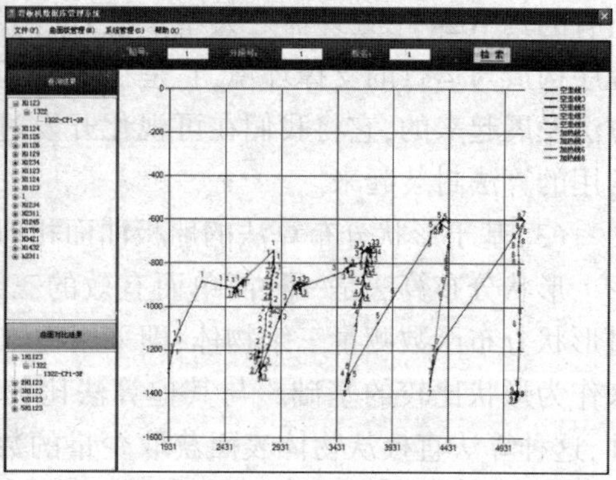

图 9-16　加工轨迹自动生成界面

(2)部分功能的实现。

①加工过程分析处理。

加工过程的参数由操作员确定,并在加工结束后通过如下界面手工输入给数据库,具体操作界面(红线以上)以及在数据库(黑色部分)的保存形式如图 9-16 所示。

②板加工结果的记录。

加工结束后,加工结果通过如下界面手工输入到数据库,具体操作界面(红线以下)以及在数据库(黑色部分)的保存形式如图 9-17 所示。

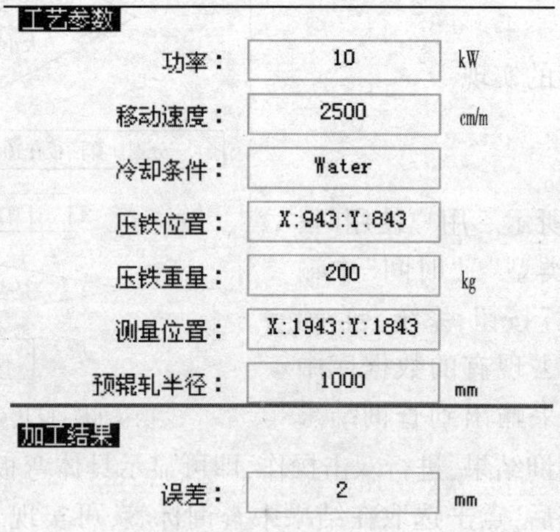

图 9-17　加工过程和结果的操作界面

参考文献

[1] WANG Y X, ZHANG P, HOU Z G, LI C Z. Inherent strain method and thermal elastic-plastic analysis of welding deformation of a thin-wall beam[J]. Journal of Mechanics, 2008, 24(4): 301-309.

[2] 徐济进,陈立功,汪建华,倪纯珍. 基于固有应变法筒体对接多道焊焊接变形的预测[J]. 焊接学报,2007,28(1):77-80.

[3] 姚熊亮,庞福振,许维军,等. 焊接工艺对不规则厚壁球台结构变形的影响[J]. 中国造船,2007,48(3):134-144.

[4] DEAN D, HIDEKAZU M, WEI L. Prediction of welding distortion in a curved plate structure by means of elastic finite element method[J]. Journal of Materials Processing Technology, 2008, 203: 252-266.

[5] 鹿安理,史清宇,赵海燕,等. 厚板焊接过程温度场、应力场的三维有限元数值模拟[J]. 中国机械工程,2002,2(12):27-29.

[6] 徐琳,余昌莲,周旭春,严仁军. 焊接变形预测的研究进展[J]. 机械工程师,2006(2):27-29.

[7] 陈连山,陈兵辉,安金平. 304L 不锈钢氩弧焊接工艺特点及常见缺陷的防治措施[J]. 石油工程建设,2008,34(3):49-50.

[8] 中华人民共和国家标准 GB/T 20878—2007 不锈钢和耐热钢牌号及化学成分[S]. 北京:中国标准出版社,2007.

[9] 李建强. 304 不锈钢激光焊接的建模与仿真[D]. 天津:天津大学材料科学与工程学院,2004:46-49.

[10] 蒋文春,巩建鸣,陈虎. SS304 半管夹套焊接部位残余应力三维有限元模拟[J]. 焊接学报,2006,27(10):77-80.

[11] 薛忠明,曲文卿,柴鹏. 焊接变形预测技术研究进展[J]. 焊接学报,2003,24(3):87-90.

[12] 张朝晖. ANSYS 热分析教程与实例解析[M]. 北京:中国铁道出版社,2007:88-89.

[13] 李鸿. 基于固定应变的船体分段焊接变形预测[D]. 哈尔滨工业大学博士论文,2005.

[14] Cole, D. Q.. Development of Techniques for Controlling Warpages and Residual Stresses in Welding Structures, Final Report under Contact NAS8-21174 from Harvey Engineering Laboratories, July 1968.

[15] L. Karlsson. Mathematical Models Approximating Butt Welding Process—Cause And Prevention of Hot Crack. II W-X-806-76.

[16] Q. Guan. Low Stress Non-Distortion(LSND) Welding-a New Technique for Thin Materials. Welding International. [J] 1994, 8(7): 41-48.

[17] 关桥,张崇显,郭德伦. 动态控制的低应力无变形焊接新技术[J]. 焊接学报,1994,

15(1):8-15.
[18] 关桥. 轻金属材料结构制造中的搅拌摩擦焊技术与焊接变形控制[J]. 航空科学技术,2005,(5):29-32.
[19] Guan Qiao. Thermal Tensioning Effects to Prevent Welding Buckling Distortions Manufacturing of Thin-Walled Aerospace Shells and Panels. Engineering Sciences. September 2006, Vol. 4, No. 3, pp. 1-10.
[20] 关桥,李菊. 热拉伸效应控制飞行器板壳结构焊接变形[J]. 航空制造技术,2007,(9):30-34.
[21] 吴爱萍,任家烈,鹿安理. 辅助热源防止焊缝凝固裂纹的研究[J]. 焊接学报,1993,14(1):7-11.
[22] 吴爱萍,任家烈,鹿安理. 辅助热源影响焊缝应变规律的数值分析[J]. H-IXa-020-93:4-96~4-100.
[23] 吴爱萍,任家烈,鹿安理. 辅助冷、热源防止焊缝凝固裂纹的研究[J]. 航空材料学报,1996,16(1):38-46.
[24] 郭绍庆. 高热裂敏感铝合金薄板焊接裂纹与变形的控制研究[D]. 哈尔滨工业大学博士学位论文,1999.
[25] 田锡唐,杨愉平,张忠. 随焊激冷防止焊接热裂纹新方法的研究[J]. 材料科学与工艺,1994,2(1):69-72.
[26] 田锡唐主编. 焊接手册[M]. 第 2 版第 3 卷. 北京:机械工业出版社,2001.
[27] YP. Yang, P. Dong, J. Zhang and X. Tian. A Hot-Cracking Mitigation Technique for welding High-Strength Aluminum Alloy. Welding Jounral[J]. 2000, (1):9s-17s.
[28] 郭绍庆,田锡唐,徐立文. 随焊激冷减小铝合金薄板的焊接变形[J]. 焊接,1998,(9):8-11.
[29] 郭绍庆,徐文立,刘雪松,田锡唐. 温差拉伸控制铝合金薄板的焊接变形[J]. 焊接学报,1999,20(1):34-42.
[30] 郭绍庆,袁鸿,徐文立,谷卫华,田锡唐. 温差拉伸和随焊激冷配合使用控制焊接变形[J]. 焊接学报,2004,25(6):82-86.
[31] 林德超. 辅助热源影响焊接残余应力的研究[J]. 中国机械工程,1999,10(4):447-45.
[32] 赵维义,刘烈全. 局部低温热处理消除焊接残余应力方法研究[J]. 华中科技大学学报,2001,29(增刊I):31-32.
[33] 姚君山,张彦华,张崇显,等. 有源强化传热控制薄板焊接压曲变形的研究[J]. 机械工程学报,2000,36(9):55-60.
[34] 龙昕,汪建华. 温差法在焊接残余应力和变形控制中的应用[J]. 压力容器,2000,17(4):37-40,59.
[35] 徐文立,李世萍,郭绍庆,田锡唐. 动态低应力小变形无热裂焊接方法的研究[J]. 哈尔滨工业大学学报,2002,34(3):297-301.
[36] 陈怀宁,陈亮山,林泉洪. 逆焊接加热处理引入压缩残余应力的数值分析[J]. 机械

强度,2002,24(1):073~076.
[37] 吕建民,陈怀宁,林泉洪.一种消除小直径管道焊接应力技术的数值分析[J].焊接学报,2003,24(4):83-86.
[38] 吕建民,陈怀宁,林泉洪,陈静.协调形变法消除小直径管道焊接应力方法的研究[J].机械强度,2004,26(3):291-294.
[39] 李菊,关桥,史耀武,郭德伦,张崇显,杜欲晓.钛合金薄板带热溿的TIG焊温度场[J].焊接学报,2003,24(1):69-72.
[40] 李菊,关桥,郭德伦,杜欲晓,孙永春,史耀武.热溿影响钛合金薄板焊接残余应力的试验分析[J].焊接学报,2003,24(6):29-32.
[41] 李菊,关桥,郭德伦,孙永春,杜欲晓,史耀武.热溿位置对钛合金薄板焊接残余应力的影响[J].机械强度,2003,25(6):637-641.
[42] 李菊,关桥,郭德伦,孙永春,杜欲晓,史耀武.垫板散热条件对带热溿GTAW焊焊接应变的影响[J].焊接,2004,24(1):15-18.
[43] 李菊,史耀武,关桥,郭德伦,杜欲晓,孙永春.垫板导热能力对钛合金薄板焊接残余应力的影响[J].机械工程学报,2004,40(3):133-136.
[44] Ju Li, Qiao Guan, Delun Guo, yuxiao Du, Yongchun Sun and Yaowu Shi. Effects of distance arc and heat sink on stress and distortion in DC-LSND welding technology[J]. CHINA WELDING. Vo1.16, No.3, September, 2007.
[45] 柴鹏,栾国红,郭德伦,李菊.FSW接头残余应力分布及控制技术.焊接学报[J],2005,24(11):79-82.
[46] I. E. Henrnadeznad. TH. North. The Influence of Extternal Local Heating in Perventing Craeting During Welding of Aluminum Alloy Sheet[J]. Welding Journal, 1984, 63(3):84-90.
[47] Y. Ueda, K. Nakacho, T. Shimizu. Improvement of Residual Stresses of Circumferential Joint of Pipe by Heat-Sink Welding. Journal of Pressure Vessel Technology[J]. Transaction of the ASME. 1986, 108(2):14-23.
[48] P. Michaleris, X. Sun. Finite Element Analysis of Thermal Tensioning Techniques Mitigating Weld Buckling Distortion[J]. Welding Journal, 1997, 76(11):451s-456s.
[49] P. Michaleris, J. Dantzig, D. Tortorelli. Minimization of Welding Residual Stress and Distortion in Large Structures[J]. Welding Jounral. 1999, 78(11):361s-366s.
[50] P. Dong, J. K. Hong, and P. Rogers. Analysis of Residual Stresses in A l-Li Repair Welds and Mitigation Techniques. Welding Jounral, 1998, 11:439s-445s.
[51] Gabzdyl, J., Johnson, A., Williams, S. and Price, D. Distortion control by cryogenic cooling[J]. Proceedings of SPIE-The International Society for Optical Engineering, 2002:269-274.
[52] R. V. Preston, H. R. Shercliff P. J. Withers, et al. Finite Element Modeling of Tungsten Inert Gas Welding of Aluminum Alloy 2024[J]. Science and Technology of Welding and Joining, 2003, 8(1):10-18.

[53] M. V Deo, P. Michaleris. Mitigating of Welding Induced Buckling Distortion Using Transient Thermal Tensioning[J]. Science and Technology of Welding and Joining, 2003, (1): 49-54.
[54] 王祝堂,田荣璋.铝合金及其加工手册[M].长沙:中南工业大学出版社,1989.
[55] Ueda Y, Yuan M G. A predicting method of welding residual stress using source of residual (report Ⅲ)[J]. Trans of Joining and Welding Research Institute, 1993, 22(1): 157-168.
[56] 日本造船研究協会第246研究部会.船ズロックのデジタル生產技術の基礎研究.平成14年度报告書.
[57] W. Liang, D. Dean, S. Sone and H. Murakawa. Prediction of welding distortion by elastic Finite Element Analysis using inherent deformation estimated through inverse analysis. Welding in theWorld, Vol. 49(2005), No. 11/12, 30-39.
[58] 西川弘泰,芹澤久,村川英一.大規模溶接シミュレーションの機適用溶接論文集, 24-2(2006), 168-173.
[59] Jang C D, Ryu HS, Lee C H. Prediction and control of welding deformations in stiffened hull blocks using inherent strain approach[R]. Proceedings of the International Offshore and Polar Engineering Conference, Proceedings of the Fourteenth (2004) International Offshore and Polar Engineering Conference-ISOPE 2004, 2004.
[60] Jang Chang Doo, Ryu Hyun Su, Lee Chang Hyun. Prediction and control of welding deformations in stiffened hull blocks using inherent strain approach[J]. Proceedings of the International Offshore and Polar Engineering Conference, Proceedings of the Fourteenth (2004) International Offshore and Polar Engineering Conference-ISOPE 2004, 2004, pp. 159-165.
[61] Asifa Khurram. Prediction of Welding Deformation & Residual Stress by FEM[D]. 2006, 10.
[62] Murakawa Hidekazu. Computational welding mechanics and concept of inherent strain for industrial applications [J]. Materials Science Forum, Vol. 539-543, No. PART 1, Supplement to THERMEC 2006, 5th International Conference on PROCESSING and MANUFACTURING OF ADVANCED MATERIALS, THERMEC 2006, 2007, pp. 181-186.
[63] Mochizuki M., Mikami Y., Yamasaki H., Toyoda M. Elastic predicting method of weld distortion of large structures using numerical simulation results by thermal-elastic-plastic analysis of small components[J]. Welding in the World, Vol. 51, No. 11-12, November/December, 2007, pp. 60-64.
[64] Mochizuki M., Okano, S., An G. B., Toyoda M. Measurement of through-thickness residual stress in primary piping of girth welded joint[J]. Materials Science Forum, Vol. 580-582, Materials Science Forum-Advanced Welding and Micro Joining/Packaging for the 21st Century-Selected peer reviewed papers from the International Welding/Joining Conference-Korea 2007, IWJC 2007, 2008, pp. 577-580.
[65] Dean Deng, Hidekazu Murakawa, Wei Liang. Numerical simulation of welding distortion in large structures. Computer Methods in Applied Mechanics and Engineering, Volume

196, Issues 45-48, 15 September 2007, pp. 4613-4627.

[66] Dean Deng, Hidekazu Murakawa, Wei Liang. Prediction of welding distortion in a curved plate structure by means of elastic finite element method. Journal of Materials Processing Technology, Volume 203, Issues 1-3, 18 July 2008, pp. 252-266.

[67] 罗宇,鲁华益,谢雷,朱枳锋. Tendon Force 的概念及计算方法[J]. 造船技术,2004(4):35-37.

[68] 罗宇,邓德安,江晓玲,朱枳锋. 热变形的固有应变预测法及实例[J]. 焊接学报,2006,27(5):17-20.

[69] 罗宇,朱枳锋,鲁华益. 船用大型焊接结构的焊接变形预测实例[J]. 造船技术,2005(3):34-37.

[70] LuoYu, Deng De'an, Jiang Xiaoling. Prediction of welding distortion during assembly process of thin plate structures[J]. China Welding (English Edition), Vol. 14, No. 2, November, 2005, pp. 153-157.

[71] 侯志刚. 薄板结构焊接变形的预测与控制[D]. 华中科技大学学位论文,2005.

[72] Li Hong, Ren Huilong. Prediction of welding distortions of stainless steel ship[J]. Key Engineering Materials, Vol. 348-349, Advances in Fracture and Damage Mechanics VI, 2007, pp. 373-376.

[73] 徐济进,陈立功,汪建华,倪纯珍. 基于固有应变法简体对接多道焊焊接变形的预测[J]. 焊接学报,2007,28(1):77-80.

[74] Xu Jijin, Chen Ligong, Wang Jianhua, Ni Chunzhen. Prediction of welding distortion in multipass girth-butt welded pipes of different wall thickness[J]. International Journal of Advanced Manufacturing Technology, Vol. 35, No. 9-10, January, 2008, pp. 987-993.

[75] 杨运桃. 舰船模块化技术发展综述[J]. 中外船舶科技,2006,(1). 1-5.

[76] 朱炜. 浅析舰载武器系统的模块化设计[J]. 上海造船,2006,(2). 23-25.

[77] 冀凯,蒋志勇. 基于模块化设计的舰船标准平台的设计流程研究[J]. 舰船科学技术,2009,31(3):56-59,72.

[78] 邵优化,许军. 模块化技术在舰船设计建造中的应用和研究[J]. 船舶,2007-4,(2). 25-30.

[79] 张平. 水面舰艇模块划分方法[J]. 中国舰船研究,2006,1(4):7-10.

[80] 张平,洪伟宏. 舰船总体区域设计技术研究[J]. 中国舰船研究,2009,4(3):33-37.

[81] 滕晓艳. 船体分段模块划分方法的研究[D]. 哈尔滨工程大学工学硕士学位论文,2006-2:9-22.

[82] 孔凡凯,张家泰,钟宇光. 船体分段模块装配工艺决策研究[J]. 海军工程大学学报,2005-10,17(5). 59-63.

[83] 纪卓尚,等. 船舶制造工艺力学[M]. 北京:国防工业出版社,2005:88-128.

[84] LuoYu, Deng De'an, Jiang Xiaoling. Prediction of welding distortion during assembly process of thin plate structures [J]. China Welding (English Edition), Vol. 14, No. 2, November, 2005, pp. 153-157.

[85] 周宏,马坤明,罗宇,等. 大型船舶结构焊接变形固有应变法预测研究,第四届全国船舶与海洋工程学术会议论文集,2009:157-163.
[86] 罗宇,鲁华益,朱枳锋. 固有应变的概念及其在船舶建造中的应用[J]. 造船技术,2005(2):35-39+20.
[87] Dean Deng, Hidekazu Murakawa. FEM prediction of buckling distortion induced by welding in thin plate panel structures[J]. Computational Materials Science, Volume 43, Issue 4, October 2008, pp. 591-607.
[88] 徐小峰,赵金楼. 面向数字化造船的中国船舶企业信息化发展趋势分析[J]. 现代管理科学,2009(6):76-77.
[89] 王文荣. 数字化造船技术的现状与展望[J]. 中国制造业信息化,2008(10):27-31.
[90] 程庆和,潘建辉,张荣. 以数字化造船促进中国船舶工业跨越式发展[J]. 上海造船,2005(1):10-13.
[91] Tribon M3- User'S Guide: User'S Guide Planar Modeling, Chapter: XML Based Format.
[92] ISO/TS 10303-28: Product' data representation and exchange Implementation methods—XML representations of Express schemas and data. 2002.
[93] 邵四立. 数字化造船的标准化思考[J]. 上海造船,2005(1):13-16.
[94] 张俊毅,葛世伦. 王志英. 基于 Petri 网的现代造船车间工作流建模研究[J]. 中国造船,2009,50(4):186-192.
[95] 殷浩澍. 高新切割技术在现代造船业中的应用[J],机械工人,2009(3):18-27.
[96] 张雪彪,刘玉君,徐宏伟. 船舶高效焊接工艺现状及发展[J]. 2008 中国大连国际海事论坛论文集,2008.
[97] 关念. 天然气切割技术在船舶建造业中的推广应用[J]. 造船技术,2009(6):39-42.
[98] 郑兴富,关新兰. 自动化——船舶制造装备的发展趋势[J]. 船舶经济贸易,2001(5):20-23.
[99] 梅顺齐. 现代设计方法[M]. 武汉:华中科技大学出版社,2009.
[100] 韩林山. 现代设计理论与方法[M]. 郑州:黄河水利出版社,2011.
[101] 王风岐. 现代设计方法及其应用[M]. 天津:天津大学出版社,2008.
[102] 刘玉君,李艳君,李瑞. 现代造船技术[M]. 大连:大连理工大学出版社,2012.
[103] 李梦群,庞学惠,王凡. 先进制造技术导论[M]. 北京:国防工业出版社,2005.